Gerd Gerken

# Abschied vom Marketing

Gerd Gerken

# Abschied vom Marketing

Interfusion statt Marketing

ECON Verlag
Düsseldorf · Wien · New York

CIP-Titelaufnahme der Deutschen Bibliothek

*Gerken, Gerd:*
Abschied vom Marketing: Interfusion statt Marketing/Gerd Gerken. –
2. Aufl. – Düsseldorf; Wien; New York: ECON Verl., 1990
ISBN 3-430-13169-3


2. Auflage 1990
Copyright © 1990 by ECON Executive Verlags GmbH,
Düsseldorf, Wien und New York.
Alle Rechte der Verbreitung, auch durch Film, Funk und Fernsehen,
fotomechanische Wiedergabe, Tonträger jeder Art, auszugsweisen Nachdruck
oder Einspeicherung und Rückgewinnung in Datenverarbeitungsanlagen aller Art,
sind vorbehalten.
Lektorat: Ulrike Preußiger-Meiser
Gesetzt aus der Times, Linotype
Satz: Formsatz GmbH, Diepholz
Papier: Papierfabrik Schleipen GmbH, Bad Dürkheim
Druck und Bindearbeiten: Ebner Ulm
Printed in Germany
ISBN 3-430-13169-3

Gewidmet
Professor Dr. Otto Walter Haseloff
im Andenken an sein
Lebenswerk

# Inhaltsverzeichnis

# Prolog

Dieses Buch ist das Ergebnis vielfältiger Diskussionen, Workshops und Planungen in der Praxis. Es ist kein theoretisches Werk, obwohl es auf den ersten Blick den Anschein haben könnte, hauptsächlich durch die vielen neuen Vokabeln, die aus dem Arsenal des neuen Paradigmas entstammen, zum Beispiel von Ilya Prigogine, Humberto R. Maturana, Gregory Bateson und vielen anderen Neudenkern. Neues Denken bringt eben auch neue Wörter hervor.

Lassen Sie sich deshalb davon nicht verwirren oder entmutigen. Interfusion ist im Prinzip eine ganz praktisch ausgerichtete Strategie. Genauso praktisch, wie sich heute Marketing darstellt.

Der eine oder andere wird sich noch erinnern: Als vor vielen Jahren das Marketing eingeführt wurde, stöhnten auch viele Praktiker. Sie meinten, das Ganze sei viel zu kompliziert und eher eine Art »aufgepfropfte Theorie«, die mit den klassischen Prinzipien des Verkaufens nichts zu tun habe. Zu Beginn gab es sogar viele, die das neue Wort Marketing als unnötiges Fremdwort beschimpften und sich lange weigerten, es in den Mund zu nehmen.

Aber heute verteidigen fast alle das Marketing und tun so, als hätte es dieses Denken immer gegeben und als sei es das Natürlichste auf der Welt. Aber auch Marketing war nichts anderes als eine neue Methode, die eine lange Zeit äußerst gut funktioniert hat. Nun ändern sich aber die Zeiten. Und das Marketing, das inzwischen auch die damaligen Gegner so liebgewonnen haben, beginnt disfunktional zu werden.

In den sechziger Jahren veröffentlichte ich in einer Werbe-Fachzeitschrift einen Artikel. Sein Titel: »Opas Werbung ist tot. Es lebe die Kommunikation«. Sie können sich gar nicht vorstellen, was dieser Beitrag damals für Reaktionen provozierte. Zuerst einmal distanzierte sich der Chefredakteur von den Ausführungen und setzte so eine Art »Entschuldigungs-Präambel« vor den Aufsatz. Kaum war das Heft verteilt, hagelte es schon Beschwerden, Beschimpfungen und Verfluchungen. Die Werbebranche war sauer, daß ihre heißgeliebte Werbung nun der »abstrakten Kommunikation« weichen sollte. Aber wenige Jahre später hatte sich das Wort »Kommunikation« schnell und deutlich durchgesetzt. Und einige Zeit danach benannte sich der BDW (Bund Deutscher Werbeberater) offiziell um in einen Kommunikations-Verein. So geht das!

Ich erzähle diese amüsante Episode, um darauf hinzuweisen, wie verrückt uns oft neue Dimensionen vorkommen und wie schnell wir doch unsere Meinung der veränderten Situation anpassen. Genauso wird es in Sachen Marketing und Interfusion sein. Am Anfang werden die meisten sagen, daß es Unsinn ist, sich vom Marketing zu verabschieden, und irgendwann werden dann doch neue Begriffe und neue Techniken an die Stelle des alten Marketings treten. Die Zeit ist reif für ein *neues Markt-Management*, weil sich die grundsätzlichen Prinzipien und Beziehungen des Marktes entscheidend verändert haben. *Das neue Markt-Management kommt, weil die Dynamik des Marktes neu ist.*

Deshalb will dieses Buch die Dimensionen eines anderen Markt-Managements beschreiben, davon ausgehend, daß ein gesundes und effektives Markt-Management dadurch gekennzeichnet ist, daß es rechtzeitig seine eigenen Ideologien überprüft und sich dann von ihnen trennt, wenn neue Methoden und neue Bausteine gefunden werden müssen, um sich veränderten Markt-Realitäten besser anzupassen.

Auf diesem Buch steht die Formel »Interfusion statt Marketing«. Warum heißt es »statt« und nicht »und« Marketing? Nun, das liegt am Marketing selbst, weil es inzwischen eine universale Haltung geworden ist, darauf ausgerichtet, dem ganzen Unternehmen eine verbindliche Haltung zum Markt einzuprogrammieren.

Marketing ist also kein x-beliebiges Instrument, es ist die grundsätzliche Konditionierung einer Company durch die Überzeugung, man müsse alles auf den Bedarf ausrichten.

Natürlich gibt es das Phänomen des Bedarfs noch, aber es ist längst nicht mehr so statisch, seriös und anzielbar wie zu den Zeiten, in denen wir Marketing erfunden haben. Der Bedarf ist inzwischen längst ein augenzwinkernder Schelm, der Überraschungen und Paradoxa mehr liebt als seine eigene Kalkulierbarkeit. Deshalb sollten wir den Bedarf nicht mehr in das Zentrum des kommenden Markt-Managements stellen.

Aus diesem Grund sollten wir uns vom Marketing verabschieden und eine Konzeption entwickeln, die den Unternehmen diejenige Haltung zum Markt vermittelt, die dem derzeitigen Markt mit all seinen Instabilitäten, Fließ-Prozessen und Widersprüchen mehr entspricht.

Aber welche Haltung könnte das sein? Zuerst einmal müßte sie das Unternehmen befähigen, trotz der Markt-Turbulenzen wieder etwas mehr Souveränität zu bekommen. Gesucht wird also etwas, was im Markt immer da ist, auch wenn der Bedarf, dieser Luftikus, nicht mehr so verbindlich da ist. Und das sind die Beziehungen.

Des weiteren wird etwas gesucht, was dem Unternehmen die Kraft gibt, besser zu lernen, weil die Turbulenz der Märkte nur den überleben läßt, der das Richtige lernt. Gesucht wird also etwas, was wie ein echter Lehrer funktioniert und zugleich voll im Markt integriert ist. Und das sind die Beziehungen.

Also geht es um diese magischen Beziehungen. Sie sollen den Unternehmen diejenige neue Haltung vermitteln, die für die neue Markt-Dynamik besser ist – besser als das Marketing. Diese magischen Beziehungen sind nämlich im Markt immer da:

> Soziale und geistige Beziehungen sind stabiler als Bedarf und Konsum.

Deshalb propagieren wir also die Interfusion, verstanden als ein System optimaler Beziehungspflege.

Interfusion bedeutet vollständige Integration, Verschmelzung und wechselseitiges Ineinander-Aufgehen. Interfusion ist die hohe Schule der Beziehungen, wenn man so will eine Beziehungsqualität mit reichlichen und intensiven Folgen für beide beteiligte Partner. Wenn die Beziehungen in jeder Hinsicht optimiert werden, haben wir perfekte Interfusion.

Interfusion statt Marketing! Marketing, wie wir es heute praktizieren, steht mit seinem universalen Anspruch, das ganze Unternehmen zu programmieren, der Interfusion glatt im Wege. Marketing will alles konsequent auf den Bedarf ausrichten, Interfusion will alles konsequent auf die Beziehungen ausrichten. Gute Beziehungen entstehen nicht, wenn alles nur über den Bedarf läuft.

**15**

Es muß also eine Wachablösung stattfinden, auch wenn es schwerfällt. Doch einen Trost gibt es: Damals, als Marketing das Verkaufen ablöste, hat es auch viele gegeben, die sich ängstlich fragten: »Aber wo bleibt das Verkaufen?« Nun, wie wir heute alle wissen, ist das Verkaufen keineswegs vom Marketing vollkommen abgelöst worden. Marketing dominiert heute, und das Verkaufen funktioniert besser, weil Marketing so gut funktioniert. Der Sinn der Wachablösungen ist es, daß das eine so auf dem anderen aufbaut, daß am Schluß das Unternehmen immer am meisten davon hat.

Also wird es das Marketing auch dann noch geben, wenn Interfusion die Kraft haben sollte, sich als universale Haltung zur Spitze hochzukämpfen. Dann werden wir in Zukunft – immer vorausgesetzt, Interfusion hat das Zeug dazu, was keineswegs sicher ist! – eben dreierlei Strategien nebeneinander haben: sowohl Verkauf als auch Marketing und erst recht Interfusion.

Wir sollten das Ganze sehr locker sehen. Nicht die Ideologien und unsere historischen Überzeugungs-Schwüre und schon gar nicht die wissenschaftlichen Wellen sollten entscheiden, mit welcher Programmierung Unternehmen in den weltweiten harten Wettbewerb eintreten – ausschließlich das sollte sich durchsetzen, was dem Unternehmer und dem Manager hilft, auch dann noch erfolgreich zu operieren, wenn sich die Märkte grundlegend gewandelt haben. Warten wir's ab!

Dieses Buch basiert auf einer Reihe von Studien des Instituts für Trend-Forschung, Worpswede, veröffentlicht im Rahmen des Info-Services RADAR für TRENDS. Ihre Durchführung wäre nicht möglich gewesen ohne die vielen Diskussionen, Kritiken und Hilfen meiner Beratungskunden, denen ich hiermit danke. Ebenso danke ich den Mitarbeitern des Instituts für Trend-Forschung für die vielfältigen Recherchen und Hilfen sowie dem Econ Verlag für seine aktive Förderung dieser neuen Gedanken.

Worpswede, März 1990                                        Gerd Gerken

## Teil 1

# Auf dem Weg zum High-Speed-Management

# Zeit gestaltet die Märkte um

Management findet in Epochen statt, weil Management den gesellschaftlichen Strömungen folgt und den geistigen Brüchen antwortet. Deshalb ist Management gerade in der letzten Zeit besonders stark vielseitigen Wandlungen unterworfen. Betrachtet man die internationale Management-Literatur, so stellt man fest, daß alle paar Jahre eine neue Epoche erkannt und ausgerufen wird. Das System des Managements wandelt sich also in der praktischen Umsetzung. Es ist, als ob man aufgrund bestimmter Erfahrungswerte beim Spielen die Spielregeln ändert.

Hinter der geistigen Wandlung im Management steht der massive Einzug des Faktors Zeit in die Märkte. Zeit gestaltet die Märkte um. Für die neunziger Jahre – so zeigen die Trend-Daten – ist deshalb *High-Speed-Management* angesagt. Das ist eine neue Dimension, die besonders das Markt-Management verändern wird. Und wenn sich das Markt-Management verändert, dann stellt sich natürlich sofort die Frage:

### Kann das Marketing überleben?

Marketing ist ja nichts anderes als eine zeitgemäße Form des Markt-Managements. Und natürlich sitzen im Marketing vielfältige Annahmen, Ideologien und paradigmatische Bausteine, die nur deshalb stimmen, weil sie bisher funktioniert haben. Wenn sich aber die Märkte zeitlich dynamisieren, verwandelt sich das Markt-Management in ein *Management mit neuer Zeit-Dynamik*. Und dieses neue High-Speed-Management prallt schon heute auf das klassische Marketing und löst dessen Bausteine auf, weil sie beginnen, disfunktional zu werden. Deshalb ist die Zeit gekommen, sich vom Marketing zu verabschieden.

Dieses Buch will die wichtigsten Ursachen, Hintergründe und Konsequenzen für die Veränderungen des Markt-Managements aufzeigen. Die Grundrichtung dieses Wandels lautet:

## Vom zielorientierten Marketing
## zur zeitorientierten Interfusion.

Bei diesem Umschalten auf ein *zeitdynamisches Markt-Management* ergeben sich zwei unterschiedliche Problemzonen:

① das Problem der Verschmelzung,
② das Problem des sozialen Arrangements.

Die Frage der Verschmelzung wird deshalb für Manager so wichtig werden, weil High-Speed und Just-in-time nur praktiziert werden können, wenn man *mit den fließenden Prozessen mitfließt*, indem man sich intensiv mit ihnen verschmilzt. Diese Verschmelzung wird in der Literatur »Mimesis« genannt oder auch Interfusion.

Aus diesem Grund lautet der zweite Teil des Buches:

### Interfusion statt Marketing

### Das Management der Verschmelzung

Der zweite Problemkreis beschreibt die Tatsache, daß die neue Zeit-Dynamik zugleich auch eine *Entmachtung der Manager* mit sich bringt. Wenn alles immer schneller und sprunghafter wird, kann man die Systeme nicht mehr in Schach halten, sich ihrer also nicht mehr bemächtigen. Das verändert das Handlungs-Konzept der Unternehmen beträchtlich, geht es doch jetzt darum, neue Techniken zu finden, um sich mit dem *sozialen Umfeld* der Unternehmen früher und besser zu arrangieren.

Dieser Bereich wird in diesem Buch am Beispiel der PR dargestellt, weil sie das Instrument ist, um die Zeit-Dynamik der öffentlichen Konflikte (Öko-Krisen etc.) zu planen. Die klassische PR kann diese Konflikt- und Zeit-Dynamik aber immer weniger in den Griff bekommen, deshalb lautet das Thema des dritten Teils dieses Buches:

### Issure-Politik statt PR

### Das Management des sozialen Arrangements

Soweit die Gliederung. Ich möchte nun einen Streifzug vorschlagen durch die wesentlichen Herausforderungen des neuen High-Speed-Managements. In meinem ZUKUNFTS-LETTER schrieb ich zu diesem Thema folgendes:

## High-Speed-Management –
## die neue Dimension

Seit ungefähr zwei Jahren erzähle ich in den Workshops und bei den Trend-Treffs von den *Japanern* und wie gut sie es verstehen, vor der Zeit dazusein: Hase und Igel. Das Ganze wird inzwischen *Tempo-Führerschaft* genannt, und in den ersten Fachzeitschriften kann man lesen, daß wir in den neunziger Jahren eine Achsenverlagerung bekommen werden: *von der Markt-Führerschaft zur Tempo-Führerschaft.*

Es geht also um Zeit. Es geht darum, zu begreifen, daß Zeit und Tempo in den Mittelpunkt der Markt-Strategien gerückt sind. Im Prinzip haben viele Unternehmer und Manager das auch begriffen und akzeptiert. Aber sie haben eine Dimension, die dazugehört, bisher noch nicht richtig erkannt:

**Wenn man Tempo-Führerschaft will, muß man sich vom Bedarf trennen und vor dem Bedarf operieren. Wenn der Bedarf erst einmal da ist, ist es immer zu spät.**

Das kann man am Beispiel der Japaner recht gut zeigen. Seit zwei Jahren berichte ich von den *Fashion-Cars* von Nissan und von den *Experimental-Cars* anderer japanischer Hersteller. Meistens höre ich dann: »Derartige Autos kaufen nur sehr wenige Menschen, das wird nie lohnend!« Oder ich höre: »Autos sind den Menschen viel zu wichtig, als daß man sie so zeitgeistig vermarkten kann.«

Nun sind inzwischen die Japaner mit ihren Zeitgeist-Autos und ihren Fashion-Cars ganz schön erfolgreich. Natürlich sind das keine Massenvolumen und auch keine Wagen für das breite Volk, aber darum geht es ja auch nicht. Es geht um etwas ganz anderes:

Die Sehnsucht der Menschen nach *mehr Differenzierung* und Selbstverwirklichung per Konsum ist schon sehr ausgeprägt und sie wird stärker. Gegen Ende der neunziger Jahre wird *Individuation* einer der zentralen Werte des Konsums sein. Immer mehr Menschen fühlen sich als einzigartiges Einzelwesen; dementsprechend wollen sie auch möglichst maßgeschneiderte Produkte, beispielsweise Autos, Kleidung und vieles andere mehr.

Aber das alleine reicht noch nicht: Sie wollen Produkte, die zum *Symbol ihres Lifestyles* werden. So verdient Nissan heute bei einigen Lifestyle-Cars mit den Accessoires und Additiv-Produkten mehr als mit den übrigen Autos. Man verkauft also *Lebens-Konzepte*, in deren Mittelpunkt ein Auto steht. So macht man Mikro-Segmentierung rentabel!

Nun sind die ersten Fashion-Cars inzwischen auch in deutschen Zeitschriften abgebildet worden. In der *Quick* (46/89) wurden bereits Farbfotos veröffentlicht. Interessant ist in diesem Zusammenhang, was nun die Medien dazu schreiben: überwiegend Schlechtes nämlich. Die deutsche Presse rümpft die Nase. Man findet die neuen, zumeist kleinen Fashion-Cars häßlich, so weit weg von den PS-Boliden à la BMW, Porsche, Mercedes usw.

Man erkennt offensichtlich gar nicht, daß hier *ein neuer Trend aufgebaut wird*, der vor dem Bedarf da ist. Die Japaner setzen nicht auf Fashion-Cars, weil da schon ein Bedarf wartet, sondern sie wecken die Nachfrage, weil da eine *unspezifische Sehnsucht* ist, die man formen kann.

Genau das ist High-Speed-Management: *vor dem Bedarf auf dem Markt sein*, also den Bedarf prägen, indem man sich mit den Trends und Sehnsüchten so frühzeitig koppelt, daß man das Konsumbewußtsein der Konsumenten per Lifestyle-Kooperation formen kann. Mit anderen Worten: Man steigt so früh in die Sehnsüchte ein, daß die Hersteller und die Konsumenten gemeinsam (also co-evolutionär) denjenigen Bedarf entwickeln, der dann später vom Hersteller mit Produkten bedient werden kann.

*Just-in-time* zieht damit ins Marketing ein. Und das hat weitreichende Konsequenzen. Zum einen muß man sich vom alten Bedarf verabschieden, damit der Weg für den *kommenden Bedarf freiwerden* kann. Dann muß man sich von der alten Metapher des »Zielens« verabschieden, um der neuen Metapher des »Surfens« zu folgen.

Nur derjenige, der mit frühen und völlig offenen Sehnsüchten und Bestrebungen mitfließt, also surfen kann, kann diese Sehnsüchte so zu Bedürfnissen machen, daß er sie als erster oder einziger bedienen kann. Das ist genau der *Tempo-Wettbewerb*, der jetzt international ausbricht. Und dieses soziale *Vor-der-Zeit-Investieren* ist genau das, was man Tempo-Führerschaft nennt.

Aber dazu gehören natürlich einige innerbetriebliche Voraussetzungen, die in den meisten deutschen Unternehmen noch längst nicht gegeben sind. Wer Tempo-Führer sein möchte, muß in der Lage sein, vor dem Bedarf zu investieren. Das gilt in den deutschen Companies noch immer als irrational oder gar verrückt. Man investiert nur *für* den Bedarf und nicht *vor* dem Bedarf. Natürlich lauern hier auch viele Flops, und wenn in den Unternehmen dann ein *James-Bond-Management* praktiziert wird (im Klartext:»Noch ein Fehler, und du fliegst raus«), dann läßt sich diese Strategie der Formung von Bedarf nicht praktizieren. Mit anderen Worten:

**High-Speed-Management benötigt eine andere innerbetriebliche Kultur: eine High-Trust-Kultur und ein verpflichtendes Klima für Wagnis, Fehler und Innovationen.**

Das ist genau das Gegenteil der jetzt überall noch praktizierten *Kader-Kultur*. Die deutschen Unternehmen sind tatsächlich in großer Gefahr, was Japan betrifft, auf der Verliererseite zu stehen, wenn sie die repressive Kader-Kultur nicht bald abbauen.

Wer Bedürfnisse erfinden und co-evolutionär formen möchte, benötigt ein Background-Management des Vertrauens, der Freiheit und der Flop-Erlaubnis.

Existiert dieses Klima nicht, dann sind die vielen Sprüche und Fachartikel, die derzeit von Just-in-time und *mehr Flexibilität* sprechen, im Grunde nur Redundanz. Ablenkungs-Gerede ohne Änderungskraft.

Aber Änderung tut not. Denn im internationalen Busineß verbinden sich zwei Mega-Trends immer konsequenter miteinander:

① der Trend zur Fragmentierung,
② der Trend zu sprunghaften Sättigungen.

Diese beiden Trends kann man nur bewältigen und konstruktiv nutzen, wenn man in der Lage ist, ein Handlungs-Konzept zu entwickeln, das das Unternehmen in den Fragmenten vor den Trends agieren läßt, damit man nicht ewig allen Trends hinterherlaufen muß. Denn wenn die *Trend-Phasen immer kürzer werden* (die Beschleunigung der Zeit), dann bedeutet jedes Etwas-Zuspätkommen den Verlust der Rendite. Das neue Credo lautet deshalb:

**Nicht mehr Masse sichert die Rendite, sondern Vorsprung im Fragment.**

Aber genau da liegt das Problem. Wie will man das, was noch nicht im Markt als Bedarf da ist, erkennen? Dazu ist erforderlich, daß man *Soft-Signals und Weak-Signals* permanent beobachtet. Also eine *Trendforschung* durchführt, die weit vor der üblichen Marktforschung liegt.

Ein zweiter Punkt kommt dazu: Wenn eine *Früh-Strömung* erst einmal erkannt ist, dann muß man sich mit ihr *strukturell koppeln*. Das ist das, was ich das Aufbauen des *gemeinsamen Geistigen* nenne.

Die Fashion-Cars von Daihatsu, Nissan, Mazda und Co. sind im Grunde *Dialog-Angebote an Kunden*, die es noch nicht gibt. Es sind Initiativen zur Formung des morgigen Bewußtseins. So macht man den Geschmack von morgen, den heute noch keiner hat und so sichert man sich die Akzeptanz von morgen, die heute nicht da ist.

Aber dazu gehört auch noch ein weiterer Faktor, ein geistiger Faktor, um den es in Deutschland im Moment sehr schlecht bestellt ist: der *Faktor des Entlernens*. Sehen wir uns den etwas genauer an.

Da hat doch glatt der führende Designer eines großen Automobil-Konzerns in Süddeutschland anläßlich der Tokio-Motor-Show zu den neuen Fashion-Cars gesagt: »Wenn die Japaner mit diesen Dingern zu uns kommen, können wir sorgenfrei in die Zukunft blicken.«

Der Mann tunnelt offensichtlich in seinem Expertenwissen von gestern. Er sieht nicht, daß er das, was morgen kommen kann, heute noch gar nicht sehen und bewerten kann. Sein Geist ist zu, was die Zukunft betrifft. Er kann nicht das in sein Denken einbeziehen – oder für möglich halten –, woran er heute noch nicht glaubt. Das ist ein mentales Problem. Und dahinter steckt eine *falsche Denk-Strategie*.

Die Japaner denken *zirkulär*, was ihr Modell von Zeit betrifft. Für sie kommt alles immer wieder. Deshalb ist es für sie viel leichter als für unser westliches Denken, auf *Trial-and-Error* zu setzen und damit vor den Zeiten zu operieren.

Das westliche Denken ist *linear* und logisch im Sinne des *Zeitpfeils*. Deshalb können wir in der Regel erst dann in die Zukunft hinein handeln, wenn wir sie einigermaßen gesichert vor uns sehen. In komplexen und zugleich turbulenten Weltmärkten ist diese Situation aber sehr selten anzutreffen. Im Gegenteil: In den neunziger Jahren werden wir sehr häufig handeln müssen, ohne eine Vorstellung von der Zukunft als Begründung vorweisen zu können.

Unser *rationales Zeit-Denken* fordert immer erst einen empirischen Beweis für das Handeln in Zukunft. Und im Marketing heißt dieser Beweis »Bedarf«.

Die Japaner, die zirkulär denken, können leichter vor dem Bedarf handeln und sind damit für das jetzt angesagte High-Speed-Management *mental besser vorbereitet*. Wir sehen also: Ein Großteil der Niederlagen unserer Industrie gegenüber Japan resultiert aus der *Unfähigkeit zum Entlernen* (oft ist auch ein Stück Arroganz dabei) auf der Basis eines falschen Zeitmodells.

Da trifft es sich gut, daß der Westen nun auch eine Art zirkuläres Denken entwickelt hat, das sogenannte *selbstreferentielle Denken*. Ich empfehle, sich diesem neuen Denken möglichst konsequent zuzuwenden. Die neunziger Jahre werden mit Sicherheit dadurch geprägt sein, und jeder mentale Fehler kann verheerende Folgen haben.

Um das selbstreferentielle Denken fühlen und praktizieren zu können, sollten Manager und Unternehmen den derzeit aufkommenden *Trend zum Hyper-Realismus* so intensiv wie möglich nutzen. Hyper-Realismus ist die erste Praxis des selbstreferentiellen Denkens. Was bedeutet das?

Der Hyper-Realismus geht davon aus, daß all das, woran wir glauben, nur eine Erfindung von uns selbst ist. Deshalb sagt der Hyper-Realismus, daß man nie bis zum letzten an das glauben sollte, woran man gerade glaubt. Einer der Vordenker formulierte das so:

**»Die Wahrheit ist nur der zweckmäßigste Irrtum.«**

Man erkennt an dieser Stelle, wie wichtig es ist, sein Bewußtsein dadurch beweglicher zu machen, daß man nicht mehr so fest und konsequent an dem festhält, woran man gerade glaubt.

Das kommende High-Speed-Management verlangt, daß wir unser *Bewußtsein schneller machen*, sonst bleibt die angestrebte Tempo-Führerschaft eine blasse Vokabel.

Die wichtigste Voraussetzung ist also die Fähigkeit, Hand anzulegen an sein eigenes Bewußtsein. Also Techniken zu entwickeln, um sich schneller von sich zu verabschieden. Um sein Bewußtsein von heute früher überholen zu können.

Das klingt alles recht seltsam oder abstrakt, aber es ist unendlich praktisch und wichtig. Der *SPIEGEL* hat in seiner Ausgabe 45/89 mit einer Serie über den Exportkrieg der Japaner begonnen und zu dokumentieren versucht, warum High-Speed-Management im Mittelpunkt des Überlebens stehen wird. Blicken wir auf einige Fakten:

Mitte der achtziger Jahre haben die Japaner einen großen Angriff gegen die *Fotokopiergeräte-Hersteller* in Deutschland und Europa gestartet. Ich selbst war damals gerade Unternehmensberater bei einem deutschen Hersteller, kenne also die Interna sehr genau. Obwohl wir alle wußten, daß die Offensive der Japaner uns mit einem *Bombardement an Innovationen* (Beschleunigung des Tempos), gepaart mit einer extremen *Fragmentierung* (segmentierte Produkt-Ideen in kleinen Losgrößen) treffen würde, hat einer meiner damaligen Klienten nicht nur zu langsam reagiert, sondern auch ignorant (»Wir haben unsere Strategie, und die ziehen wir durch«). Man war auch nicht bereit, die alles hemmende Bürokratie endlich abzubauen. Ja, man war noch nicht einmal bereit, wenigstens das Team, das die nächsten Innovationen entwickeln sollte, außerhalb des repressiven Kaderzwangs arbeiten zu lassen, was ich dringendst empfohlen hatte. Man blieb bei seinen Prinzipien, die Illusionen waren.

Und heute? In wenigen Jahren haben die Japaner ihren europäischen Marktanteil in diesem Sektor auf 80 Prozent steigern können. Zehn der europäischen Hersteller mußten ihre Produktion inzwischen einstellen. Mein Klient auch. Er ist in *strategischer Würde gestorben*, statt sich dem neuartigen Tempo-Wettbewerb anzupassen.

Das gleiche passierte in der Branche der *Computer-Drucker*. Auch hier war man mental viel zu langsam. Heute haben die Japaner rund 75 Prozent des Euro-Marktes fest in der Hand, obwohl Namen wie Olivetti und Triumph Adler diese Tatsache nicht unbedingt offensichtlich werden lassen. Große Namen, große Bürokratien. Langsames Tempo.

Und so geht das munter weiter. Jetzt sind die Japaner auch im *Finanzgeschäft* Spitze, und uns steht eine massive Offensive im *Dienstleistungs-Bereich* noch bevor. An fast allen Fronten fallen sie ein, dennoch stellt sich kaum jemand in Deutschland ernsthaft die Frage, was wir wohl falsch machen, denn technisch ist »Made in Germany« nach wie vor noch ein Qualitätssiegel.

Natürlich sind die Japaner sehr häufig extrem tricky und unfair. Natürlich haben sie eine *destruktive Auffassung vom Weltmarkt* (statt Warentausch einseitiger Verkauf). Aber wenn jemand das Spiel so spielt, dann muß man ihn einerseits strategisch »erziehen« und andererseits seine eigenen Stärken ausbauen.

Es ist schon richtig, was der *SPIEGEL* in diesem Zusammenhang schreibt: Unsere Wirtschaft hat es den Asiaten unnötig leichtgemacht. Ihr Erfolg ist mit ihren Regelverletzungen allein nicht zu erklären. Die Japaner waren schlichtweg »allzu häufig einfach schneller, schlauer, konsequenter und beweglicher«.

Ja, es geht um diese *Beweglichkeit*, und die beginnt im Bewußtsein. Im Brain. Im Kopf. Das High-Speed-Management der neunziger Jahre kann nur derjenige mitspielen, der hyperrealistisch denken und der dadurch sein Bewußtsein permanent beschleunigen kann. Das, was Frau von Bülow den *Wegwerf-Geist* genannt hat, das brauchen wir mehr denn je, wenn wir den Tempo-Wettbewerb mitgestalten wollen.

Der kanadische Management-Experte Professor Henry Mintzberg hat in seinem Buch »Inside of our Strange World of Organizations« die japanische Beweglichkeit im Gehirn analysiert. Auffällig ist, daß die Japaner an rationalen Konzepten weniger »kleben« als Europäer und Amerikaner. Für sie ist Rationalität eher so etwas wie eine momentane Plausibilität. Viel höher bewerten sie spontane Neu-Erkenntnisse, die zu Kurs- Korrekturen und situativen Anpassungen führen. Mintzberg geht davon aus, daß diese erhöhte Lernfähigkeit, die zugleich auch eine erhöhte Lernbereitschaft darstellt, den entscheidenden Unterschied zwischen dem westlichen und dem japanischen Management ausmacht.

Dagegen sprechen die viel zu linearen und rationalen Auffassungen von Strategie, Massen-Markt und Bedarf. Die *Portfolio-Methode* ist beispielsweise in turbulenten Märkten ein negatives Diagnose-Instrument, weil es gerade wegen seiner Rationalität das Vor-der-Zeit-Operieren unmöglich macht. Wenn ein Unternehmen auf Portfolio-Basis operiert, dann hat es »nicht die Stirn«, viele Flops bewußt zu produzieren und langsam aufkeimende Bedarfs-Entwicklungen so lange durchzupflügen, bis einige endlich sichtbar und nutzbar werden.

Oder denken wir an die klassische *Positionierungs-Technik*, die im Marketing die wichtigste Planungs-Technik ist. Dieses Instrument ist nun rund zwanzig Jahre alt, erfunden von Jack Trout und Al Ries, und es funktioniert nur auf der Basis von Zielgruppen, Typologien und *empirisch beobachtbarem Bedarf*. Aber per Positionierung kann man die Phase vor dem Bedarf, die immer wichtiger wird, überhaupt nicht managen.

Das Spiel, das Sony, Hitachi, Nissan und viele andere Japaner weltweit spielen, kann nur gespielt werden, weil man sich inzwischen längst von den *klassischen Planungs-Instrumenten* und bewußt auch von der *Strategie* getrennt hat.

So gibt es bei Mitsubishi überhaupt *keine Zielgruppen* im klassischen Sinne mehr. Dort koppelt man durch eine neue Matrix-Methode wichtige Mega-Trends an die internen Ressourcen. *Man plant fließende Trend-Prozesse und zielt nicht mehr auf feste Gruppen.*

## Die High-Speed-Epoche

Die achtziger Jahre haben das Management stark verändert: Ökologie und Ethik zogen ins Management ein. Das ergab neue Schwerpunkte für Manager: die ökologische Kompetenz und die soziale Kompetenz.

Die neunziger Jahre werden wieder völlig neue Varianten erforderlich machen: Kompetenzen im Umgang mit der zunehmenden Fragmentierung der Märkte bei gleichzeitiger Steigerung der Komplexität der Probleme. Alles wird immer unterschiedlicher und zugleich unüberschaubarer!

Zugleich ändert sich die Dynamik der Zeit: Alles dreht sich schneller. In immer kürzeren Rhythmen werden immer mehr Innovationen entwickelt. Die Veränderungs-Rate ist größer als die Adaptions-Rate der Systeme!

Faßt man diese beiden Strömungen der neunziger Jahre zusammen, so ergeben sich zwei zentrale Maxime:

> **Wenn die Wechsel schneller ablaufen,**
> **muß das Bewußtsein der Unternehmen sich**
> **auch schneller anpassen.**

Fazit: **Der Trend geht zum Just-in-time-Mind.**

> **Wenn die Welt immer vielfältiger wird,**
> **muß das Bewußtsein der Unternehmen**
> **vielfältiger werden.**

Fazit: **Der Trend geht zu Multi-Mind.**

Summa summarum: Wir stehen vor einer Epoche, in der geistige Kompetenzen ins Management einziehen, um das geforderte High-Speed-Management praktizieren zu können. Der neue Zeit-Wettbewerb verlangt neuartige mentale Kompetenzen.

Für das Instrumentarium der Manager bedeutet das eine entscheidende Ausweitung der Instrumente:

① *Das neue Instrument der Kontext-Vermittlung*
   Das Management bekommt die Aufgabe, den Mitarbeitern zu helfen, Welten sehen zu können, die diese bisher nicht sehen konnten.

② *Das Instrument das Entlernens*
Das Management bekommt die Aufgabe, Prozesse zu organisieren, durch die die Mitarbeiter sich von sich selbst verabschieden können.

③ *Das Instrument der Evolutions-Planung*
Das Management bekommt die Aufgabe, die Richtung und den Sinn evolutionärer Prozesse diagnostizieren und ganzheitlich deuten zu können.

④ *Das Instrument der Zeit-Kompetenz*
Das Management bekommt die Aufgabe, die unterschiedlichen Zeitlichkeiten in unterschiedlichen Prozessen zu steuern: Abschied vom starren Zeitbewußtsein.

**Das Management in der High-Speed-Epoche verlangt einen professionellen Umgang mit Bewußtsein und Mind.**

Faßt man alle Aspekte zusammen, so erkennen wir Entwicklungen:

- Die Tempo-Führerschaft wird immer wichtiger.

- Die klassischen Planungs-Methoden unseres Markt-Managements versagen dabei immer mehr, weil sie von einem falschen Zeitmodell ausgehen und weil sie den Bedarf im Mittelpunkt haben.

- Für das Management der neunziger Jahre sind neue mentale Voraussetzungen nötig, um den kommenden Zeit-Wettbewerb bestehen zu können.

- Die wichtigste Voraussetzung ist die »hyperrealistische Innenausstattung« der Manager, um sich schneller von sich selbst verabschieden zu können.

- Die Beschleunigung des Bewußtseins ist das Geheimnis für das High-Speed-Management.

Aber es gibt noch etwas, was die Europäer und die Deutschen in dem sich immer mehr verschärfenden Kampf mit den Japanern sehr schlecht aussehen läßt:

**die Langsamkeit der Organisation.**

Fragt man sich nun, warum viele Organisationen so langsam agieren, so entdeckt man sehr schnell die negative Rolle des Weltbildes und der Werthaltungen von Führungskräften. Aus diesen beiden Quellen speist sich die *Selbst-Blockade der Organisation.* Es sind also wiederum mentale und soziale Fakten, die die Organisation daran hindern, *zeitdynamischer zu werden.*

Zu diesem Thema gibt es nun eine ausgesprochen interessante Untersuchung. Ein großes europäisches Forschungsprojekt mit dem Namen »Stratos« bildet die Basis dazu. Man hat 1000 europäische Führungskräfte hinsichtlich ihrer Haltungen und Werte befragt. Die Grund-Hypothese: *Organisationen sind so rigide wie die Werte der Führenden.* Und Organisationen werden nur dann zu Bürokratie-Maschinen, wenn die Führenden ein Unternehmen wie eine Maschine führen.

Blicken wir deshalb auf die Werthaltung der europäischen Busineß-Elite. In der Dimension »geschäftspolitische Verantwortung« waren die wichtigsten Werte folgende:

- Die Chefs sollten von ihren Mitarbeitern verlangen, daß sie Grundsätze und Vorschriften der Unternehmen strikt beachten.

- Der Chef selbst sollte solche Mitarbeiter kontrollieren, denen er vertraut.

- Ein Unternehmer sollte sich nicht scheuen, Macht auszuüben.

- Die Führungskräfte sollten ständig alle geschäftlichen Aktivitäten aufmerksam überwachen.

- Die Führungskräfte sollten ihre Entscheidungen und Handlungen vor ihren Untergebenen nicht rechtfertigen müssen.

Soweit das empirische Ergebnis. Starker Tobak, wie ich meine! Das Weltbild, das hier durchschimmert, kann nur zu Bürokratie und zu ängstlichem Handeln und überzogenem Sicherheits-Streben führen. In einem solchen Führungsklima wird *Selbstorganisation* überhaupt nicht entfaltet, geschweige denn das bewußt riskante Vor-der-Zeit-Operieren.

Eine andere Werte-Dimension in der Stratos-Forschung wurde als »unternehmerischer Gestaltungswille« bezeichnet. Schauen wir uns diese Strategie näher an:

- Die Betriebe sollten für jeden Mitarbeiter schriftliche Stellenbeschreibungen haben.

- Arbeitsplätze sollten klar abgegrenzt und bis ins Detail beschrieben sein.

- Unternehmer sollten eher planen, als ihrer Intuition folgen.

- Eine Firma sollte bis ins Detail planen, selbst wenn dies einen Verlust an Flexibilität bedeutet.

Ein Widerspruch in sich? Nein! Lesen Sie den Satz vielleicht noch einmal: bis ins Detail planen, selbst wenn dies einen *Verlust an Flexibilität* bedeutet! Genau hier ist der Knackpunkt. Das ist die Metapher »das Unternehmen ist eine Maschine«. So funktionieren vielleicht technische Geräte, aber keine Menschen, Innovationen und geistige Prozesse.

Wenn man alle Werte-Dimensionen zusammenfaßt, dann erkennt man sehr schnell, daß hier das mentale *Maschinen-Denken* kombiniert wird mit einem extremen *Controlling*. Genau das ist die Basis für das überall noch vorherrschende Kadersystem.

Wieder zurück zu den Japanern. Wie wir analysiert haben, operieren sie immer häufiger vor den eigentlichen Zeiten des Bedarfs, um so zum *Besitzer des neuen Bedarfs* zu werden. Interessant ist, daß diese Strategie nicht nur andere Planungs-Instrumente benötigt (z. B. Trend-Monitoring) und eine *andere Mut-Kultur*, sondern ganz offensichtlich auch die Fähigkeit zur *Regionalisierung* und zur *Dezentralisierung*.

Honda hat inzwischen 77 Produktionswerke in der ganzen Welt. Und selbst so kleine Firmen wie zum Beispiel Edwin-Jeans aus Japan haben bereits eine intelligente *Anpassungs-Strategie* an regionale und kulturelle Unterschiede gefunden. Zwar gibt es immer noch die weltweit vertriebene Edwin-Jeans *made in Japan*, aber inzwischen sieht man sie mit dem Hinweis *made in Italy* oder *made in USA*. Betrachtet man die Jeans genauer, stellt man fest, daß sie tatsächlich unterschiedlich sind.

Gerade weil der Hersteller von Anfang an weltweit operierte, wurde frühzeitig erkannt, wie wichtig es ist, sich mit den unterschiedlichen Fragmenten und Szenen in den Ländern früher zu verschmelzen.

Genau das ist *Just-in-time-Marketing*. Es gibt nämlich für jeden Prozeß in jeder Region oder Szene eine eigene Zeitlichkeit, die man die *interne Zeit* nennt. Und die kann man überhaupt nicht mehr zentral koordinieren oder beherrschen. In Italien laufen die Sättigungs-Prozesse völlig anders als in Amerika. Man zielt also nicht mehr auf den *Welt-Kompromiß-Kunden*, sondern man fließt mit den unterschiedlichen modischen Strömungen in differenzierter Form mit.

Jedes Fragment hat eigene Strömungen. Und jede Strömung hat ihre eigene Zeit. Also beantwortet man auch jede Strömung mit einem eigenständigen Angebot – durch Dezentralisierung und Regionalisierung. Der neue Zeit-Wettbewerb macht also den Abschied von den stolzen *Macht-Zentralen* und den Einsatz von *autonomen Teams vor Ort* notwendig.

Was ist das Fazit? Es ist schon richtig, was Norbert Wieselhuber zum High-Speed-Management schrieb: »Die Schnellen überholen die Langsamen.« Und schnell kann man nur sein, wenn das Bewußtsein schneller wird und die Organisation flexibler.

Wenn man die Organisation dahin gehend verändern möchte, dann stößt das zumeist auf vehementen Widerstand. Viele Manager glauben, daß Schnelligkeit gleichzusetzen sei mit Flüchtigkeit und Planungslosigkeit. Tief im Inneren sitzen bei vielen Glaubensmuster, die davon abhalten, sich in die schnelle Zeit zu integrieren. Die Befürchtung, die gesamte Organisation würde in den Kollaps getrieben, hält die meisten davon ab. Dabei ist es genau andersherum: In turbulenten Märkten verfügt derjenige über eine ruhige Organisation – ruhig im Sinne von ungestört und mit wenigen Konflikten behaftet –, der mit den unterschiedlichen Zeiten und Prozessen flexibel mitschwimmen kann. Hier gilt das Zitat: Sei in der Zeit, dann hast du keine Eile.

Nur mit dieser Haltung kann man sich in die zeitliche Eigendynamik der unterschiedlichen Mikro-Segmente und sozialen Fragmente integrieren.

Damit stirbt das klassische Ideal der generalstabsmäßig vorgeplanten Strategie. Das neue Motto: Man muß es nicht mehr richtig machen, sondern richtig mitfließen. Und damit kommt eine neue Herausforderung auf die Manager zu: *die Organisation von mehr Risiko-Fähigkeit.*

**Wer Tempo-Führer werden will, muß Risiko managen können.**

## Warum das Weltbild so entscheidend ist

Wir stehen also vor einer Phase des High-Speed-Managements und eines Markt-Managements, für das Zeit das eigentliche Instrument des Wettbewerbs ist: just-in-time.

Viele Manager, die ich in den letzten Monaten zu diesem Thema befragt habe, glauben, daß die derzeitige Achsenverlagerung vom Ziel-Management zum Zeit-Management relativ einfach vonstatten gehen würde, man müsse nur *neue Planungs-Methoden* entwickeln, die »rollierender« oder »prozessualer« sind.

Ich glaube aber, daß es mit einem neuen Set von Planungs-Techniken nicht zu machen ist. Meine bisherigen Beobachtungen haben gezeigt, daß Marketing nicht nur ein Arsenal von Planungs-Instrumenten darstellt, sondern *auch ein ideologisches System*, und daß Marketing selbst wiederum eingebettet ist in Meta-Ideologien, zum Beispiel in das im Westen immer noch so vorherrschende *kartesianische Weltbild*.

## Vom Beobachter zum Schauspieler

Was immer unser beruflicher Hintergrund sein mag, mehr oder weniger haben wir heute alle das Gefühl, uns in einem Zeitalter des Übergangs zu befinden. Wir müssen neue Ressourcen aufspüren und erkunden; und wir müssen zu einer weniger destruktiven Koexistenz mit der Natur gelangen. Solch wichtige Ziele erfordern gravierende Veränderungen qualitativer Art, und diese müssen sich innerhalb einer Frist abspielen, die in keiner Weise mit den immensen Zeitspannen verglichen werden kann, die für die biologische oder geologische Evolution zur Verfügung gestanden haben. Es handelt sich nur um die Größenordnung von Jahrzehnten, und die Auswirkungen werden schon innerhalb der jetzt lebenden und der nächsten Generation spürbar.

Wir können nicht vorhersehen, wie unsere Welt nach dieser Übergangsphase aussehen wird. Es ist jedoch klar, daß Wissenschaft in zunehmendem Maße wichtig sein wird für unser Bemühen, den durch das Begreifen und Umgestalten unserer gesamten Umwelt an uns herangetragenen Herausforderungen zu begegnen.

Heute finden wir *Evolution, Diversifikation und Instabilitäten*, wohin wir auch schauen. Wir wissen seit langem, daß wir in einer pluralistischen Welt leben, in der sowohl deterministische als auch stochastische Phänomene vorkommen, reversible Phänomene ebenso wie irreversible.

Zu Beginn dieses Jahrhunderts waren die Physiker in Fortsetzung klassischer Forschungstraditionen fast einhellig der Meinung, die fundamentalen Gesetze des Universums seien *deterministisch und reversibel*.

Vorgänge, die nicht in dieses Schema paßten, wurden als künstliche Ausnahmen betrachtet, die nur wegen ihrer Komplexität nicht voll verstanden wurden. Dabei wurde die Komplexität selbst unserer Ignoranz zugeschrieben oder der Unfähigkeit, alle Variablen des Problems unter Kontrolle zu bekommen. Jetzt, gegen Ende des Jahrhunderts, wird die Zahl derer immer größer, die glauben, daß viele fundamentale Prozesse, welche die Natur gestalten, *irreversibel und stochastisch* sind; daß die deterministischen und reversiblen Gesetze, welche die elementaren

Wechselwirkungen beschreiben, womöglich nicht die ganze Wahrheit enthalten.

Dies führt zu einem neuen Bild von der Materie: Sie ist nicht mehr passiv wie im mechanistischen Weltbild, sondern mit spontaner Aktivität ausgestattet. Dieser Wechsel ist so grundlegend, daß wir wirklich glauben, von einem *neuen Dialog des Menschen mit der Natur* sprechen zu können.

All diese unerwarteten Entdeckungen hatten auch drastische Auswirkungen auf unsere Sicht der Beziehung zwischen *harten und weichen Wissenschaften.*

In der klassischen Physik steht der Beobachter außerhalb des beobachteten Systems. Er ist derjenige, der die Entscheidungen trifft, während das System deterministischen Gesetzen unterworfen ist. Mit anderen Worten, wir haben einen, der »frei« ist, einen *decider*, und wir haben die – individuellen oder organisierten – Mitglieder des Systems, die sich nach einem Generalstabsplan richten müssen. Das ist die Überzeugung, die aus dem Universum eine *große Maschine* macht. Diese Konzeption wird das kartesianische Weltbild genannt.

Heute entfernen wir uns immer mehr von einer solchen Unterteilung. Um ein bekanntes Bild von Niels Bohr zu benutzen: Wir wissen, daß wir *zugleich Schauspieler und Zuschauer* sind, nicht nur in den Humanwissenschaften, sondern auch in der Physik. Statt eine Welt zu konstruieren, in der die Gegenwart die Zukunft bedingt, gehen wir über zu einer *Welt mit offener Zukunft*, in der die Zeit eine konstruktive Rolle spielt.

So ist ein neues Weltbild entstanden, das dem Werden und der Zeit eine neue, ursächliche Rolle überträgt: Alles ist Evolution, und nur derjenige kann diese Evolution mitgestalten, der in den Strom der Zeit und in die Dynamik des offenen Wandels einsteigt.

Den objektiven Beobachter und den distanzierten Beherrscher der ganzen Maschine gibt es nicht mehr. Nur wer es wagt, sich voll zu integrieren, also mitzufließen, wird gestalten können. Deshalb bilden *Zeit und Evolution* die neuen Säulen des Managements.

Dieses Weltbild geht davon aus, daß das Universum und erst recht unsere Alltagswelt im Prinzip eine *triviale Maschine* sind. Diese Maschine funktioniert zwar meistens nicht, aber wenn man besser planen und korrekter handeln würde, könnte man sie zum endgültigen Funktionieren bringen.

Marketing ist ein Kind dieses Maschinen-Weltbildes. Und es ist in diesem Sinne interessant zu lesen, daß sich in den USA in den letzten Monaten das *Bottom-up-Marketing* entwickelt hat. Für mich ist das ein erster Schritt in Richtung Interfusion, weil das Bottom-up-Marketing nicht nur die Planung umschaltet auf prozessuale Zeitmodelle, sondern auch die ersten Schritte vollzieht, um sich vom »kartesianischen Weltbild der großen Maschine« zu entfernen, und zwar in Richtung eines biologischen und *evolutionären Weltbildes*: Alles ist ein offenes Fließen.

Zu diesem Thema schrieb ich im ZUKUNFTS-LETTER des RADAR-Service:

## Marketing übt den Abschied von der trivialen Maschine

In der Systemtheorie gibt es den Begriff der trivialen Maschine. Heinz von Foerster hat diesen Terminus eingeführt. Er steht für ein Denken, das in Richtung *mechanisch und linear* läuft. Genau das soll nun im Marketing überwunden werden.

Wenn man den Markt und die Konsumenten als triviale Maschine auffaßt, dann *werden die Konsumenten zu einem Apparat*, der theoretisch vollständig manipulierbar ist. Wer am meisten Marktforschung betreibt, wer strategisch am besten denkt, und wer am meisten Geld hat, der kann den »Konsumenten-Apparat« fast gänzlich manipulieren.

Das klassische Marketing hat unausgesprochen diese Metapher der trivialen Maschine zur Basis seiner Modelle gemacht. Deshalb gibt es das von Werbeagenturen so bevorzugte *Denken in Positionierungen* und die Strategie der *Penetration* inklusive der Theorie der »Unique Selling Proposition«, genannt *USP*.

Mit anderen Worten: Das bisherige Marketing ging davon aus, daß der, der einem Markt etwas anbieten möchte, diesen Markt auch verändern könne. Man glaubte, er brauche nur eine *überlegene Position* und die *Kraft zur Penetration*. Ein Großteil der – meiner Meinung nach – viel zu hohen Werbeetats resultiert aus diesen falschen Modellen. Man will durch Wiederholung die triviale Maschine – also die Konsumenten – zwingen, endlich das zu lernen, was sie bisher noch nicht gelernt und akzeptiert haben.

Was die Positionierung betrifft, so ist das im Grunde eine Distanzierungs-Technik, die gegen die Konkurrenz funktionieren soll. Deshalb wurde sie auch nicht für die dynamischen Lernprozesse der Konsumenten entwickelt. Die Positionierung repräsentiert zwar die Strategien des Wettbewerbs, organisiert aber nicht den *Dialog mit den Konsumenten.*

Was würde geschehen, wenn man sich vom Modell der trivialen Maschine entfernen würde? Zuerst einmal würde man erkennen, daß die Konsumenten ein *fragmentiertes System* darstellen. Das hieße: *Abschied vom Massen-Markt-Denken.*

Als nächstes würde man das Wesentliche erkennen, nämlich daß die Konsumenten *eigendynamisch* sind. Sie sind also keine Maschine, sondern das, was die Systemtheoretiker heute so anspruchsvoll ein *selbstreferentielles System* nennen.

Was bedeutet das? Die Lern- und Verhaltensprozesse der Konsumenten sind überwiegend *eigen-initiiert* und für den Außenstehenden unkalkulierbar. Die aufwendigen Marketing-Maßnahmen wirken im Rahmen dieser *Selbstbezüglichkeit* (Selbstreferenz) lediglich wie Impulse und Optionen. Mit anderen Worten: Sie haben nur dann eine Effizienz, wenn die Konsumenten diese Effizienz zulassen. Im Zweifelsfalle schlägt die Eigendynamik der Konsumenten immer die Dynamik des Marketings.

Aber wie gesagt, nun gibt es eine Trendwende im Marketing. Immer mehr Marketing-Manager erkennen, daß das klassische Marketing mit seiner *strategischen Top-Down-Planung* nicht mehr weiterkommt. Interessant ist, wie *ABSATZWIRTSCHAFT* 1/89 berichtete, daß nun auch in den USA die Kritik an diesem Maschinen-Modell immer lauter wird. Man erkennt, daß das System der Konsumenten so eigen-kreativ ist, daß praktisch überhaupt nichts per Strategie von oben verändert werden kann. Der US-Praktiker Al Ries dazu: »Top-Down-Planung basiert auf dem Gedanken, daß der Markt aktiv veränderbar ist.« Er und einige Mitstreiter tragen deshalb eine neue Welle in das Marketing, das *Bottom-up-Marketing.*

Dieses Marketing, das sich von unten plant, verzichtet im Grunde auf die überlegene Strategie und geht auch nicht von der Metapher der trivialen Maschine aus. Man weiß um die Selbstreferenz der Konsumenten, und deshalb muß man sich beim Bottom-up-Marketing durch die Selbstreferenz der Konsumenten *führen lassen: Der eigentliche Planer wird der Konsument.* Das Marketing muß sich innerbetrieblich so umorganisieren, daß es zum *Mitgestalter* wird für diese eigendynamischen und offenen Entwicklungen der Konsumenten.

Man verzichtet also darauf, den Markt zu verändern, und konzentriert sich darauf, *die Veränderung des Unternehmens* möglich zu machen. Eine völlig andere Perspektive: Nicht der ist König, der den Markt am besten steuert, sondern derjenige, der seine eigenen Veränderungen am besten im Griff hat. Das ist das Kennzeichen des neuen Denkens.

Welche Techniken sind für dieses Bottom-up-Marketing, das einen wichtigen und großen Schritt zur kommenden *Interfusion* darstellt, nötig?

Zuerst einmal das, was ich *Emotional Leadership* nennen möchte. Man kann die Konsumenten dann am besten gewinnen, wenn man sich von ihnen führen läßt. Das Marketing entdeckt damit die *Verschmelzung* (Mimesis) und die *Organisation von Nähe*.

Eine andere Technik ist die der *Marken-Mythen-Pflege*. Die Marken werden zu Eigen-Mythen, oder sie werden an bestehende Mythen-Felder strukturell gekoppelt. Für diese Prozesse benötigen die Marken jedoch *eigenständige Marken-Kampagnen*. So etwas wird bisher kaum gemacht. Das Motto dafür: Je mehr Nähe zum Markt, um so mehr Distanz zu den Marken.

Man sieht auf einen Blick, daß wir zu einem völlig anderen Instrumentarium kommen:

| Klassisches Marketing | Neues Marketing |
|---|---|
| Positionierung | Emotional Leadership |
| Penetration | Marken-Mythen |
| Der Konsument als triviale Maschine | Der Konsument als selbstreferentielles System |

Zuerst klingt das alles ein bißchen theoretisch, wie immer, wenn grundsätzliche Wandlungen vor der Tür stehen. Aber Al Ries hat schon einige Beispiele aus der Praxis anzuführen. Eines lohnt, näher beschrieben zu werden:

General Motors wollte besonders die Besserverdienenden ansprechen und hat dafür ein eigenständiges Auto entwickelt mit dem Namen »Alliante« der Marke Cadillac. Obwohl man sich viel Mühe gab, daraus ein

»Auto für reiche Leute« zu machen, schlug die Sache fehl. Die Amerikaner wollten keine 50 000 Dollar ausgeben für einen Wagen, der doch kein Mercedes oder BMW ist. Parallel dazu, so Ries, hat Honda (ein Unternehmen, das seit Jahren auf Trial-and-Error und Mimesis setzt) genau das Gegenteil getan: Statt von oben herab eine Top-Strategie in den Markt zu drücken, hatte man Bottom-up-Marketing praktiziert. Man hat das Auto entwickelt, das für Menschen, die sich wirkliche Luxuskarossen nicht leisten können, trotzdem eine Luxuskarosse ist. Man entwickelte den »Acura«. Dieses Edelauto von Honda wurde nicht in Honda-Shops verkauft, und man hat es so gestaltet, daß es voll den Sehnsüchten der Käufer entspricht. Mit anderen Worten: Honda hat sich so verändert, daß man fähig wurde, das zu erkennen, was die Leute schon lange gesucht haben.

Das Ergebnis: 1988 hat Honda 110 000 Acuras in den USA verkauft. General Motors nur 3000 Alliantes. Strategisches Positioning-Denken wurde geschlagen von integrativem Bottom-up-Verhalten.

Da wir gerade bei Autos sind: Kürzlich hat BMW ein wunderschönes 351i-Cabrio fertiggestellt, aber dann hat man das bereits vorbereitete Debüt verschoben. Begründung: Dieses Auto soll nur dann kommen, wenn der normale 5er-Absatz »unplanmäßig nachlassen sollte« (*Auto Zeitung* 12/89)

Auch hier: Man integriert sich nicht in die Sehnsüchte der Menschen, sondern denkt von Portfolio-Strategien aus. Man verschmilzt sich nicht mit den aktuellen Werte-Strömungen, sondern offeriert Produkte, die vom *egoistischen Gewinndenken* bestimmt werden. Man organisiert seine Produktion nicht von unten nach oben, sondern will dem Markt das zu dem Zeitpunkt geben, was für die eigene Strategie richtig zu sein scheint. Das bedeutet: Das schicke 5er-Cabrio kommt nur dann, wenn die anderen 5er nicht laufen. Hier wird die Distanz zum selbstreferentiellen Konsumenten besonders kraß sichtbar. Der Konsument wird behandelt wie eine Maschine, die zu gehorchen hat.

Gleichzeitig liest man in der *WIRTSCHAFTSWOCHE*, wie wütend der Gesamtvorstand von BMW auf die Japaner sei. BMW-Entwicklungschef Wolfgang Reizle: »Die spielen Krieg nach allen Regeln des Verdrängungswettbewerbs.« Man kann das auch ganz anders sehen, nämlich so:

**Nur derjenige, der in der Lage ist, seine Organisation und seine Markthandlungen flexibel in die selbstreferentiellen Bedarfs-**

**Prozesse der Konsumenten zu integrieren, nur derjenige wird in turbulenten Weltmärkten langfristig erfolgreich sein.**

Auch in Deutschland hat sich das Bottom-up-Marketing weiter durchgesetzt. Typisch dafür ist das, was der Osnabrücker Möbelhersteller Wolfgang Marquardt ins Leben gerufen hat: das *Tauro-Konzept*. Er geht davon aus, daß die klassischen Top-Down-Strategien, die im Möbelhandel gang und gäbe sind, im Grunde als nichts anderes anzusehen sind als das gut getarnte *Unvermögen der Hersteller*, »preiswert auf individuelle Wünsche einzugehen«. Dadurch blockiert man den Konsumenten, statt daß man seine selbstreferentiellen Prozesse stimuliert und animiert.

Sein Tauro-Konzept soll später an allen Standorten in Einzugsgebieten ab einer Million Einwohner plaziert werden. Es ist eine hochflexible Mischung aus Produktions- und Verkaufsstätte, entsprechend der neuen, *mimetischen Idee*, »dem Kunden alle Arten von Möbeln in einer von ihm gewünschten Ausgestaltung zu einem vom Kunden geforderten Zeitpunkt zur Verfügung zu stellen mit der Möglichkeit, innerhalb von zwei Wochen diese Entscheidung revidieren zu können« (Wolfgang Marquardt).

Eine völlig andere Auffassung vom Marketing! Der eigentliche Planer und Regisseur ist der Konsument, der ganz bewußt als unbeplanbar, unkalkulierbar, sprunghaft – also als selbstreferentiell anerkannt wird. Da man seine Eigendynamik aber nicht wirklich kennt, muß man seine eigene Strategie so offen und flexibel machen, daß man keine Strategie mehr hat, um mit allem, was kommt, mitfließen zu können. Es naht des Ende der Risiko-Absicherung per Marktforschung. Das Ende der Top-Down-Strategien.

Es gibt weitere Beispiele, die deutlich belegen, daß das Bottom-up-Denken ganz gut vorangekommen ist. Da wäre zum Beispiel das *MUSENALP-MAGAZIN*. Vielleicht haben Sie davon gehört. In einer sensationellen Rekordzeit hat ein Newcomer, der Schweizer Othmar Beerli, aus dem Nichts die größte Zeitschrift für Teenager in der Bundesrepublik aufgebaut. Im November 1988 hat er mit einer Auflage von einer Million Exemplaren begonnen. Das zweite Heft im März erschien schon mit einer Auflage von 1,25 Millionen. Das sind Rekordmarken, in etwa vergleichbar mit den Verkaufszahlen des *Stern*. Und das erreicht er ohne Redaktion, denn sein Konzept ist pure Mimesis: Die Leser selbst schreiben ihr eigenes Heft.

Das bedeutet: Die Verschmelzung zwischen Hersteller und Konsumenten wird um so enger, je besser und geschickter sich der Hersteller von den Konsumenten führen läßt. Mit anderen Worten: Die offenen, selbstreferentiellen Prozesse der Konsumenten finden dann in der Wirklichkeit des Herstellers statt. Genau das ist die Strategie der Interfusion.

In Österreich geht Marc O'Polo ebenfalls diesen Weg, und zwar per *Networking*. Man will in den Club-Tourismus einsteigen, um die Mode, die man herstellt, im Rahmen einer eigenständigen »Lifestyle-Bühne« über etwa 15 Club-Dörfern (bis 1997 geplant) repräsentieren zu können. Auch hier wieder das gleiche Strickmuster: Man gibt den Konsumenten die Möglichkeit, ihre Eigendynamik im Rahmen der Welt des Herstellers erleben und weiterentwickeln zu können. Das ist Lifestyle-Kooperation besten Stils. Bottom-up-Marketing in Reinkultur.

Langfristig werden *neue Technologien* die Bottom-up-Konzepte erleichtern. Das MIT arbeitet zum Beispiel an einem System, um den Kunden als qualifizierten Mitarbeiter in die Produktentwicklung integrieren zu können. Das MIT ist der Meinung, daß die klassische *Marktforschung zu spät* und auch nicht vollständig an die eigentlichen Bedarfsströmungen herankommt. Das MIT meint, daß das strategische Top-Down-Denken heute nicht nur überholt ist, sondern geradezu gefährlich wird (siehe General Motors). Seine Idee lautet: *Rapid Prototyping*.

Man befragt also nicht mehr die Konsumenten nach ihren Wünschen von morgen, sondern man stimuliert durch den Konsumenten selbst diejenigen Möglichkeiten, die der Konsument bisher noch nicht in seinem Bewußtsein hatte, weil es diese Möglichkeiten im Markt noch nicht gab.

Man setzt also voll auf den *eigendynamischen Prozeß* der Selbstreferenz. Man akzeptiert, daß kein Konsument per Befragung darüber Auskunft geben kann, was er morgen fühlen und wünschen wird, wenn er das erlebt hat, was er zum Zeitpunkt des Interviews noch nicht erleben konnte.

»Rapid Prototyping« wird eine *hochtechnologische Simulation* von Versuchsprodukten sein. High-Tech-Simulation also an die Stelle der Marktforschung. Das MIT dazu: »Die konventionelle Sicht von einem Kunden, den man studiert, um ihm anschließend das Ergebnis zu verkaufen, ist inzwischen contra-produktiv.«

Wie sehr sich das Marketing auf diesem Weg zur Interfusion befindet, sieht man auch an der neuen Marketing-Welle, die die Japaner ausgelöst haben: *Antenna-Shops*. Viele führende Hersteller wie Fuji oder Sony arbeiten mit speziellen Shops, die im Grunde nichts anderes sind als eine Mischung zwischen Prototyping und Labors für methodische Beobachtung. Interessant ist, daß die Japaner diesen Weg gewählt haben, weil sie erkannten, daß gerade die Bedürfnisse der *jüngeren Generation* viel unsicherer, sprunghafter und paradoxer sind als die Bedürfnisse der Älteren. Die Jugend kennt *keine Verhaltens-Stabilität* mehr. Das Verhalten älterer Käufer wird stark geprägt von Sicherheit, Normung und Wiederholung, aber der neue Typus des jugendlichen Konsumenten ist gekennzeichnet durch dynamisches Fließen seiner Bedürfnisse und durch das eigendynamische Entwickeln von Konsumwerten – also offene Selbstreferenz.

In diesem Zusammenhang sei auf den Typus des *Hyper-Realisten* hingewiesen. Wenn sich dieser Konsum-Typus in den nächsten Jahren weiter so gut entfaltet, dann wird mit linearer Strategie à la Top-Down immer weniger Erfolg zu erzwingen sein.

Auch die neuen *Scanner-Methoden* des Handels werden den Trend zur Interfusion massiv beschleunigen. Mars arbeitet zusammen mit Rewe-Leibbrand-Supermärkten an einem neuen Konzept. Es geht um den exakten und schnellen Zugriff zu Absatz-Strukturdaten via Handel, um Zappeligkeit (also Eigendynamik) und Sättigungs-Dynamik besser als mit Marktforschung und Monatsstatistik in den Griff zu bekommen. In den USA erfassen die elektronischen Scanner-Kassen mittlerweile über 50 Prozent des Gesamtumsatzes im US-Lebensmittelhandel.

Dazu kommt, daß immer mehr Handelsorganisationen ebenfalls zu *Networking-Konzepten* greifen, das heißt *Kundenkarten* und *Club-Services* aufbauen. Dadurch entsteht ein *Beziehungs-System*, in dem dann die Bottom-up-Prozesse besser vollzogen werden können.

Mit Sicherheit stehen wir vor einer Revolution, was die Rolle des Handels betrifft. Wie *THE ECONOMIST* schrieb, entsteht hier eine völlig neue Intelligenz, vom Handel organisiert, die zu einer immer *engeren Bindung an den Kunden* und zugleich zu einer immer besseren Interaktion mit dem Kunden führt.

Langfristig wird man durch die EPOS-Techniken (Electronic Point of Sale) in Verbindung mit intelligentem Rapid-Prototyping das Marketing auf *innovative Trend-Strategien* umschalten können. Wenn man erst einmal die Verhaltens-Pioniere und die Werteführer durch EPOS namentlich erfaßt hat, dann kann man per Networking und Sponsoring eine neue Epoche des Marketings einläuten: Man läuft dann nicht mehr den Trends nach, sondern macht sie zusammen mit den Trendmachern. Das ist *Co-Evolution*.

Auch die Automobil-Industrie beginnt zaghaft, auf Co-Evolution und Mimesis zu setzen. Bei Volvo sollen demnächst die Montage-Gruppen, die die Autos zusammenbauen, einen *direkten Personality-Kontakt* mit dem Käufer der Autos aufbauen können. Seit 1989 werden Besitzer von Chrysler-Automobilen in den USA von Chrysler-Mitarbeitern angerufen, um eine persönliche Beziehung aufzubauen: Der Trend geht *von der Manipulation zur Beziehung*.

Man hat mich oft gefragt, warum es denn so wichtig sei, das Unternehmen so konsequent auf »Beziehungen« umzuschalten, wie ich es oft empfohlen habe. Viele, die mich fragten, meinten, das klassische Marketing sei doch im Prinzip seit eh und je konsequent auf den Verbraucher und seinen Bedarf ausgerichtet.

Ja, das stimmt, aber das Modell des Verbrauchers, auf den das Marketing abgestimmt wurde, ist eben das Modell einer relativ berechenbaren Maschine, also kalkulierbar, manipulierbar und durch Penetration letztendlich auch erreichbar. Und genau diesen maschinenhaften, trivialen Konsumenten gibt es nicht mehr. Wir sind bereits mit einem Bein in dem, was amerikanische Futurologen das *Zeitalter des Individualismus* nennen. Dahinter steckt die mächtige und immer schneller werdende Auflösung von Normen, Standards und sozialen Kontrollen.

Sicherheit und Tradition werden von immer mehr Menschen aufgegeben zugunsten von Selbstverwirklichung und *individueller Identitätssuche*.

Dieser Wertewandel führt besonders Jüngere zu einer Sehnsucht nach Sinn und Grenzüberschreitung. Man will mehr Lebensqualität anstelle von höherem Lebensstandard. Und Lebensqualität definiert sich unter anderem durch »sich in seiner Unterschiedlichkeit im eigenen Leben fühlen können«.

Das wiederum führt zu einer *selbst herbeigeführten Ethik*. Und wenn sogar die Ethik individualisiert und damit fragmentiert wird, dann wird ein Bedürfnis frei, das darauf hinausläuft, das eigene *Leben als Unikat zu formen*.

Genau diesen Impuls haben die *Babyboomer* in die westliche Welt eingeführt. Der Werte-Forscher Joseph T. Plummer hat zu Recht darauf hingewiesen, daß durch die Individualisierung des Lebens auf einer höheren Ebene ein neues Bedürfnis entstanden ist, nämlich das, sich auch *per Konsum als Unikat zu profilieren*, um sich dadurch als eine *authentische Person* erleben und genießen zu können.

Der neue Konsument ist deshalb so unberechenbar, also selbstreferentiell offen, weil er seine eigene Offenheit als *psychische Bereicherung* des Lebens erlebt. Die Hyper-Realisten gehen hier ja noch einen Schritt weiter: Für sie ist gerade der *Wegwerf-Charakter der Konsummoden* der eigentliche Reiz. Der Marketing-Berater Klaus E. Linke hat in einer Zusammenstellung den Hintergrund dieser Unberechenbarkeit hervorragend zusammengetragen:

| Der neue Verbraucher | |
| --- | --- |
| **früher/heute** | **heute/künftig** |
| Das Große imponiert | Das Kleine ist sympathisch |
| Der Kunde ist mit seinen Erfahrungen allein | Der Kunde ist vernetzt, Erfahrungen werden weitergegeben. |
| Dinge, Objekte, Fakten stehen im Mittelpunkt | Prozesse, Beziehungen, Abläufe dominieren |
| Der Besitz einzelner Dinge ist wichtig | Einbezug der Dinge in ein größeres System |
| Der materielle Aspekt dominiert | Produkt muß eine Bereicherung, ein Versprechen sein |
| Der Produzent drückt seine Auffassung durch | Kommunikationssystem Kunde – Produzent – Kunde |
| Gute Differenzierung der Produkte und Angebote | Kaleidoskopartiger Wechsel herrscht vor |
| Begrenztes gefühlsmäßiges Engagement beim Erwerb | Konsumenten investieren Gefühle und Überzeugungen |
| Kauf und Konsum innerhalb eines vorgegebenen Ordnungssystems (Konsumentenhierarchie) | Verschiedene Ordnungen bestehen nebeneinander und haben jede ihre Gültigkeit |
| Klarer Verlauf und einigermaßen berechenbarer Ausgang eines Kaufvorgangs | Unsicherer Verlauf und zufälliger Ausgang eines Kaufprozesses |

Es ist genau dieser Trend zur Offenheit bei gleichzeitiger Individualisierung, der den *berechenbaren Konsumenten* nun für alle Zeiten über Bord werfen wird. Und genau deshalb versagt die klassische Bedarfs-Strategie des Marketings immer mehr, weil es diesen eindimensionalen Bedarf nicht mehr gibt. Kalkulierbarkeit und Planbarkeit der Bedürfnisse werden zur Fiktion. Das einzige, was wirklich stabil ist, ist der experimentelle, also selbstreferentielle Fluß der Werte, Emotionen und Gefühle im Rahmen der Fragmente und Szenen.

Diese neue Mehr-Dimensionalität, die ja auch *Multi-Optionalität* genannt wird, wird zum Beispiel von dem erfolgreichen Modehersteller THE GAP konsequent ausgenutzt. Man verkauft in den USA keine Kleidung allein mehr, sondern »den Träger«.

GAP setzt voll auf Unikat und Lebens-Authentizität. Die eigentliche Aufgabe von GAP ist es, mit denjenigen Menschen zusammenzuarbeiten, die glaubwürdig für Individualismus, Unikat-Life und Authentizität stehen. GAP bietet keine Materie mehr, sondern echte soziale Prozesse.

Damit zeichnet sich bereits ab, daß nur derjenige ein gutes Bottom-up-Marketing managen kann, der über zwei Grundbedingungen verfügt:

① Er muß in der Lage sein, seine interne Organisation so offen, so schnell, so fragmentiert und so flexibel zu gestalten, daß er umschalten kann vom Muster der Beherrschung auf das Handlungsmuster des Mitfließens (Stichwort: CIM-Marketing etc.).

② Er muß in der Lage sein, an der vordersten Kante der Emotionen und der sozialen Moden (zum Beispiel Szenen-Sponsoring) diejenigen neuen Gefühle, Sehnsüchte und Verhaltensmoden zu erfinden, die dann später sozialisiert werden können. Man muß also Lifestyles generieren können (Stichwort: Emotional Leadership).

Ein japanischer Konzern, nämlich Yamaha, ist hier schon ganz schön weit. Man versteht sich ganz bewußt als *Lifestyle-Konzern* und nicht mehr als Hersteller von Motorrädern und Musikinstrumenten. Das würde – auf Deutschland übertragen – in etwa bedeuten, daß sich ein Unternehmen, wie zum Beispiel der Kaffeeröster Tchibo, nicht mehr als Kaffee-Anbieter definiert, sondern als ein fast altruistischer Partner für kreative Lifestyle-Kulturen.

Yamaha demonstriert das neue Bottom-up-Denken in der Praxis. Man verzichtet auf die direkte lineare Vermarktung und investiert in das, was die Amerikaner »frames« nennen, jene *Werte-Cluster*, durch die Nähe und Sympathie, aber auch Innovation und Experimentalität möglich werden.

Das Produkt wird damit zur sozialen Interpretation. Man könnte fast ein Gesetz daraus machen:

**Je fragmentierter und fluktuierender die Märkte werden, um so mehr muß die Gestaltung des sozialen Rahmens zum Mittelpunkt des Marketings werden. Von der Hardware zur Socialware.**

Yamaha macht das sehr professionell. Die Firma beläßt es nicht bei ein bis zwei Events und bei ein bißchen Verkaufsförderung. Sie hat eine autonome »Epicurean World« erfunden. Der weltweit erfolgreiche Konzern produziert vorab seine eigenständige Erlebniswelt, durch die er später seine Produkte sozial interpretieren kann.

Der Konzernlenker Kawakami hat erkannt, daß Mimesis und Interfusion nur dann perfekt funktionieren können, wenn man die Frames, also die Lifestyle-Bühne, strategisch voll im Griff hat.

Wer den Lifestyle-Rahmen manipulieren kann, braucht nicht mehr den Trends hinterherzulaufen. Er kann zusammen mit Werteleadern und Szenen-Pionieren diejenigen Werte neu erfinden und durchsetzen, durch die die Produkte ihre Bedeutung erhalten.

Yamaha hat viel Geld in dieses Interfusions-System gesteckt, unter anderem in 8 Hotelanlagen und Club-Dörfer, diverse Kurse und Trainings-Programme. Dazu einen sogenannten *Feelin'-Club* gegründet, in dem bereits 350 000 Japaner Mitglied sind. Dazu kommen rund 400 Konzerte pro Jahr und viele Reisen, aber auch Musikschulen (15 000 in der ganzen Welt mit fast einer Million Schülern).

In den USA und in Deutschland fällt es den meisten Top-Managern noch schwer, ihre *Produkte so indirekt zu vermarkten*. Sie sind mental noch nicht in der Lage, den *Lifestyle-Rahmen* aufzubauen, durch den man viel schneller, viel näher und letztendlich auch viel effizienter verkaufen kann.

Erst wenn das Marketing durch Interfusion weitestgehend ersetzt worden ist, kann man sich vom überholten *Modell der Zielung* (Zielgruppen, Zielwirkung, Zielmittel etc.) entfernen, um sich der Kraft der Verschmelzung zuzuwenden.

Aber immerhin: Die Trendsignale zeigen deutlich, daß man sich von dem Modell der »Zielung« abzuwenden beginnt: Man schaltet langsam um vom Top-Down zum Bottom-up. Und ein zweites Signal ist ebenfalls deutlich spürbar: Die Anbieter entdecken den *Trend zur sozialen Interpretation* ihrer Produkte.

Hierzu ein Beleg aus den USA: Dort ist eine Studie der Total Research Corporation zum Thema *Brand Evaluation* (Markenbewertung) erschienen. Man hat dafür einen anderen Ansatz gewählt, weil man die Marken nicht innerhalb ihrer Kategorien bewertet hat, sondern über diese Grenzen hinaus Produkte, die keine Beziehung zueinander haben, miteinander verglichen hat, im Sinne von »Quality Mind Sets«, also komplexer Qualitäts-Vorstellungen.

Und siehe da, die Cluster-Diagnosen zeigen: Tolle Marken, die überall beste Noten bekamen, sind plötzlich gar nicht mehr so toll. Man kennt sie zwar, aber die Konsumenten interpretieren diese Produkte völlig autonom, eben selbstreferentiell.

Hohe Markenbekanntheit (Kennzeichen der Penetrations-Strategie) wird im Sinne der Eigen-Interpretation der Konsumenten noch lange nicht auf Kompetenz und Spitzenqualität interpretiert. Ganz offensichtlich – so Total Research – »beurteilen Verbraucher nicht Einzel-Qualitäten, sondern haben eine Art generellen Stil entwickelt zur Bewertung«. Die Eigendynamik der Menschen folgt nicht dem investierten Geld.

Die Konsequenz: In Zukunft müsse man eine Marke wesentlich konsequenter im größeren Zusammenhang von Produkten präsentieren und interpretieren.

Man hat also erkannt, daß mit der strategischen Positionierung und Penetration die eigendynamische Qualitäts-Interpretation der Konsumenten geradezu mißachtet wird. Wenn man sich in diesen eigendynamischen Prozeß wieder einklinken will, dann muß man sich in den eigendynamischen Prozeß der Konsumenten integrieren, das heißt, man muß indirekt arbeiten, indem man denjenigen sozialen Rahmen per Szenen-Sponsoring und Lifestyle-Kooperation formt, der dann *zum Rohstoff für die Selbstreferenz der Konsumenten wird.*

Der Trend zur sozialen Interpretation (Socialware) verlangt vom Marketing-Manager eine *neue fachliche Kompetenz*, nämlich die der *mentalen Identifikation* mit den Fragmenten und Szenen.

44

Bei dem Schweizer Unternehmen Attisholz hat der Vorstandsvorsitzende Martin Hodler dafür ein computergestütztes *Monitoring-System* entwickeln lassen. Ich kenne auch andere Unternehmen, die gerade jetzt beginnen, dieses Monitoring voranzutreiben, um die echten sozialen Prozesse in der Gesellschaft im Sinne eines Eigen- und Miterlebnisses erleben zu können.

Denn das sollte klar sein: Man kann sich nur mit dem verschmelzen, was man kennt und innerlich liebt. Was man nicht liebt, das kann man von außen vielleicht beschreiben, aber Verschmelzen ist immer gleichzusetzen mit einer mentalen Umarmung.

Es wird also nicht gehen, daß die Marketing-Entscheider die unterschiedlichen Fragmente und Szenen der Gesellschaft mental mißachten oder *zynisch bespötteln* (»verrückte Menschheit«), während man gleichzeitig versucht, sich im Sinne des Bottom-up-Denkens mit ihnen zu verschmelzen.

Ich kenne einige Fälle, wo man versucht hat, die Produkt-Manager so auszuwählen und auszubilden, daß sie das Monitoring und die Szenen-Verschmelzung leisten können, während das Top-Management selbst in höflicher, aber *großer Distanz* zu diesen Szenen verharrt. Motto: Wasch mich, aber mach mich nicht naß.

Das ist bisher nie gutgegangen, weil man sich um ein wichtiges Gesetz nicht herummogeln kann: Auch der Entscheider muß sich verschmelzen, sonst kann er nicht richtig entscheiden.

Es heißt also, sich auch innerbetrieblich – was die Entscheidungs-Prozesse betrifft – zu befreien von dem klassischen Top-Down-Modell. Man kann die jungen Produkt-Manager nicht auffordern, ein *echtes Szenen-Feeling* zu entwickeln, um dann – wenn sie daraufhin Ideen und Strategien präsentieren – davon weit distanziert die angeblich richtige Entscheidung zu fällen.

Man benötigt dafür eigentlich eine andere Entscheidungs-Struktur, nämlich eine, die ebenfalls Bottom-up ist. Motto: Wer am besten in der Szene integriert ist, soll entscheiden.

Da das aber oft mit den Machtstrukturen unvereinbar ist, gibt es noch einen zweiten Weg: Die Entscheider ganz oben müssen sich ebenfalls verschmelzen, das heißt ihre *eigene Bewußtseinsarbeit* so organisieren, daß auch sie in die selbstreferentiellen Prozesse der sozialen Fragmente wirklich eintauchen. Dieses Eintauchen geht nicht etwa kühl, distanziert per Statistik und so, sondern es geht nur durch echte Erlebnisse im Bauch und im Herzen.

**Das Bottom-up-Marketing ist auf dem Vormarsch. Die Entwicklung läuft damit ganz eindeutig – wenn auch langsam und zögernd – in Richtung Interfusion.**

**Wir werden bald Abschied nehmen müssen von dem heroischen Modell der Marketing-Strategie mit Positionierung und Penetration. Und wir werden neuartige Techniken entwickeln müssen, zum Beispiel die der sozialen Interpretation, des Monitorings und der fließenden Lifestyle-Kooperationen.**

## Die Auflösung der Zielgruppen

Eine andere wesentliche Vorbedingung für ein *zeitdynamisches Management der Verschmelzung* ist die Verabschiedung von den Zielgruppen. Dieser Abschied von den Zielgruppen kommt, aber er kommt langsam. Immerhin, in Amerika, Japan und Deutschland haben sich in den letzten Monaten die Zeichen verstärkt, daß auch hier ein Umdenken beginnt. Immer mehr Marketing-Experten, Theoretiker und Vorstände beklagen sich darüber, daß die neue Zeit-Dynamik in den Märkten und die immer intensiver werdende Fragmentierung der Märkte nicht mit den üblichen Zielgruppen-Kategorien beplant werden können. Die Zielgruppen beschreiben ganz offensichtlich immer mehr eine *Schein-Wirklichkeit*, die mit der Eigendynamik der Märkte immer weniger zu tun hat. Werfen wir einen Blick auf einige internationale Entwicklungen, die zum Abschied von der Zielgruppe führen:

Die Amerikaner diskutieren diesen Sachverhalt unter der Überschrift *Mikro-Marketing*. Interessant ist in diesem Zusammenhang, was die *BUSINESS WEEK* dazu in einer Titelgeschichte schrieb. Danach macht sich in den USA eine *neue Haltung zum Markt* breit, die indirekt auch eine Verabschiedung vom starren Beschreibungs-System der Zielgruppe mit sich bringt. Diese neue Haltung ist gekennzeichnet durch folgende Orientierungen und Maßnahmen:

① *Besseres Wissen über den Kunden*
   Hier setzt man alle Hoffnungen auf die neue *Scanner-Technologie* des Handels. Spezielle Unternehmen analysieren die Scanner-Daten im Hinblick auf *personalisiertes Kaufverhalten*. Langfristig will man

46

zur individuellen Kommunikation kommen, also weg vom breiten Wirksystem der Massenmedien. In Deutschland sind diese Tendenzen ebenfalls zu beobachten, wenngleich auch der Datenschutz vieles verhindert. Aber eines ist als generelle Trend-Entwicklung erkennbar: Immer mehr Unternehmen versuchen, ihre Kunden in eine *Netzwerk-Kooperation* einzubinden, um die tatsächliche Konsum-Dynamik tatsächlicher Kunden (und nicht abstrakter Zielgruppen) permanent beobachten zu können. Alle Tendenzen in Richtung Szenen-Sponsoring, Networking und *Consumer-Clubs* gehen in diese Richtung.

(2) *Der Trend zu Konsumenten-Clubs – das Networking kommt*
Die Trendsignale zeigen, daß Lester Thurow recht hatte, als er kürzlich folgenden Mega-Trend prognostizierte: »Die Grenze zwischen Unternehmen und Gesellschaft löst sich immer mehr auf.«

Deshalb gibt es den starken *Trend zum Networking.* Das bedeutet, daß sich die Unternehmen viel intensiver und vielschichtiger als bisher mit den Gruppierungen im Markt verbinden und daß sie aufhören, von passiven Zielgruppen zu reden, vielmehr umschalten auf *echte soziale Kooperationen* mit echten sozialen Gruppen.

Dazu gehört auch der Trend zum *Szenen-Sponsoring,* was beinhaltet, daß die Unternehmen nicht nur kommunizieren, sondern auch mit den sozialen Gruppen interagieren. Man betreibt also nicht nur Werbung nach dem Motto »Wir haben uns etwas Kreatives für eure Manipulation ausgedacht«, sondern man fördert die Initiativen und Projekte von Gruppen und Szenen, das heißt, man gibt Geld für deren Ambitionen, für deren Ziele, für deren Kommunikations-Prozesse. Man fördert die Initiativen und Entwicklungen von Szenen, um Freund und Partner dieser Szenen zu werden.

Diese neuen Entwicklungen gehören zum *mimetischen Marketing.* Das Wort Mimesis steht für *Verschmelzung.* Das Marketing wird lernen müssen, sich glaubwürdig, kontinuierlich und lernbereit mit den sozialen Gruppierungen zu verbinden. Beide Seiten lernen dann voneinander. Beide Seiten gestalten so ein *gemeinsames Erlebnis* und auch eine gemeinsame Perspektive im Sinne eines *gemeinsamen Weltbildes.*

Grundlage für diesen Mimesis-Trend ist die weltweit zu beobachtende *Wandlung des Wettbewerbs-Typus.*

In den fünfziger und sechziger Jahren dominierte eine Wettbewerbs-Umwelt, die in der Literatur als »ruhig und gebündelt« bezeichnet wird. In einer solchen Phase setzt man konsequent auf Abschöpfungs-Strategien und auf Qualitäts-Führerschaft.

Danach kam es in den sechziger Jahren zu einer Wettbewerbs-Umwelt, die als »dynamisch und reaktiv« bezeichnet wird. Das war die Phase der Segmentierung und der forcierten Neuprodukt-Planung.

In den *achtziger Jahren* machten sich dann zwei Wettbewerbs-Umwelten bemerkbar, die ein anderes Busineß und ein anderes Marketing erforderlich machten. Die meisten Märkte sind nämlich längst in eine »turbulente« oder gar in eine »hyper-turbulente« Wettbewerbs-Umwelt umgekippt.

Betrachten wir diese zwei Umweltarten ein bißchen näher. In der turbulenten Wettbewerbs-Umwelt kommt es zu einer *stärkeren Markt-Orientierung* als je zuvor. Stichwort: *close to customer*. Gleichzeitig prägen heute überall diskutierte Modelle einer *flexiblen Fertigung* das Bild. Stichwort: CIM.

Bei der hyper-turbulenten Wettbewerbs-Umwelt geht die Entwicklung hin zu bewußten Verkleinerungen der Organisation, Stichwort: *spin off*. So will man das Unternehmen von einer festen Organisation umwandeln zu einem *fließenden Organismus*. Dementsprechend kommt es auch zu fließenden und sprunghaft-temporären Schwerpunktbildungen. Im Grunde ist das das Ende der klassischen Strategie.

Und noch etwas gehört dazu: ein völlig *anderes Kommunikations-Konzept*, nämlich überbetriebliche, offene Kommunikations-Netze. Dazu ist beispielsweise der starke *Trend zum Issue-Management* zu zählen. Dieses löst die klassische PR immer mehr ab, weil diese immer weniger Glaubwürdigkeit erzielen kann. Zugleich kommt es zu neuartigen Kommunikations-Kooperationen und Aktions-Vernetzungen, durch die das Unternehmen fähig werden soll, mit der Zappeligkeit des Marktes gleichzuziehen.

Halten wir als Quintessenz fest:

**Je mehr sich die Märkte in Richtung Turbulenz und Hyper-Turbulenz entwickeln, um so weniger Strategie und um so mehr organisiertes Fließen wird wichtig.**

Dadurch kommt es zur Flexibilisierung in der Fertigung und zur Beschleunigung aller Planungs-Prozesse. Zeit wird zu einem wesentlichen Erfolgsfaktor.

Und weiterhin kommt es zur Verschmelzung mit dem, was man den Markt und die Gesellschaft nennt, also Mimesis. Man will also ganz bewußt die Grenzen zwischen innen und außen auflösen, damit man mit dem Außen soweit wie möglich identisch werden kann.

Auf dieser Basis ruht der Trend zum mimetischen Marketing und mit ihm das deutliche Anwachsen von Aktionen wie Szenen-Sponsoring und Konsumenten-Clubs. Soweit der Trend-Background.

In diesem Zusammenhang lohnt ein Blick auf das *IKEA-Club-Konzept*: Innerhalb von zwei Jahren hat es IKEA geschafft, den *Family-Club* zu einer echten Institution zu machen. Rund 400 000 Mitglieder gehörten 1988 dazu und genossen über ihre Club-Karte diverse Vorzugs-Behandlungen.

Parallel dazu gibt es einen *Contract-Club* mit 20 000 gewerblichen Mitgliedern (1988). Das sind Firmen, die sich auf diese Weise mit Büromöbeln von IKEA günstig eindecken wollen.

Zwar wuchs IKEA in den letzten Jahren sowieso immer dynamischer als die gesamte Branche (11 Prozent gegenüber 5 Prozent), aber dennoch hat man auf das Club-Konzept umgeschaltet, weil man erkannt hat, daß mehr Nähe und mehr Family-Emotion zu *mehr Umsatz pro Kunde* führen.

Jeder kann für einen Jahresbeitrag von 10 Mark, der bei einer Kaufsumme von über 100 Mark erstattet wird, Clubmitglied bei IKEA werden. Und er hat was davon: Er bekommt Kaffee und Kekse gratis, bessere Informationen über Sonderangebote, verbilligtes Essen im IKEA-Restaurant, Zutritt zum Family-Center, und im Sommer- und Winterschlußverkauf öffnen die IKEA-Häuser nur für ihn ein bis zwei Stunden früher.

IKEA hat eine eigene Zeitschrift für den Club und beginnt auch immer intensiver, *fremde Kooperations-Partner* in das Club-Geschehen einzubinden. Die Sixt Budget Autovermietung hat zum Beispiel einen Spezialtarif für IKEA-Kunden offeriert, und andere Unternehmen bieten spezielle Reisen an. In Zukunft wird man für die IKEA-Familie so etwas wie ein eigenes Lifestyle-Konzept entwickeln. Dann kann IKEA seine eigene Family anderen zur Kooperation und Vermarktung anbieten. Eine IKEA-Szene entsteht.

Die Family-Mitglieder bekommen sechs- bis siebenmal im Jahr ein Mailing, oft ist eine Einladung zu einer Party dabei, manchmal auch ein kleines Geschenk. Inzwischen hat man auch Quervernetzungen zu einem anderen Club geschaffen. So kann man auch gleichzeitig dessen Vorteile genießen. Eine neue Service-Vernetzung, die die Clubs sicherlich attraktiver macht.

Das ganze Club-System entwickelt sich also immer mehr zu einem geschickten *Netzwerk-System*. Der einzige Haken: Wenn man einmal anfängt, muß man weitermachen. Man kann das nicht wie bei einem Werbe-Etat nach dem Motto handhaben: mal etwas mehr, mal etwas weniger. Man steht *für viele Jahre im Obligo*. Und je mehr Erfolg der Club hat, um so größer die Kosten, zum Beispiel die Portokosten (bei IKEA bereits acht Millionen Mark pro Jahr).

Netzwerk-Strategien sind also nichts für Manager, die unverbindliche Konzepte bevorzugen. Hier muß man eindeutig Flagge zeigen, aber durch dieses Networking wird das ganze Unternehmen im Marketing flexibler. Wenn man sich einmal für so ein Netzwerk entschieden hat, gewinnt man auf der anderen Seite den Vorteil der emotionalen Nähe zu den Kunden und eine erhöhte Flexibilität und Reagibilität in allen Fragen des Marketings. Eine konstante Vernetzung bringt mehr kreative Flexibilität.

Und die zahlt sich auch finanziell aus. Family-Kunden kommen doppelt so häufig zu IKEA und geben ein Mehrfaches von dem aus, was normale Kunden ausgeben. Und der Club wird größer. Jede Woche kommen rund 6000 Aufnahme-Anträge hinzu. Nächstes Etappenziel: eine Million Club-Mitglieder.

Die Club-Idee als solche ist ein alter Hut. Was neu ist, ist nur die ganze Vernetzungs-Technik drum herum, und so verbindet sich das Club- Denken immer mehr mit dem Szenen-Sponsoring. Hier liegt das wirklich Neue. Man erwartet, daß gegen Ende der neunziger Jahre zwischen 20 und 30 Prozent der heutigen Werbe-Etats für Networking investiert werden. Damit wird Networking neben Werbung, Promotion und Produkt-PR zur *vierten Säule des modernen Marketings*. Networking ist das ideale Instrument für turbulente und hyperturbulente Wettbewerbs- Märkte.

Langfristig gesehen wird auch der Lebensmittelhandel stärker hier einsteigen. Denn das neue Spiel lautet: Wer aus einem anonymen Kunden echte und lebendige Szenen machen kann mit einer gemeinsamen Identität und aktuellen Lifestyle-Offerten, der *verbessert die Bindung* und *erhöht die Werbe-Effizienz*. Das Networking wird damit zum Qualifizierungs-Faktor für Promotion, Produkt-PR und Werbung. Es ist der Vor-Faktor für die Erfolgs-Faktoren.

Immer mehr Handelsorganisationen beginnen deshalb schon jetzt, formelle oder informelle Clubs aufzubauen, besonders in den USA. Dabei werden die neuen elektronischen Kassen-Möglichkeiten kombiniert mit dem klassischen Club-Prinzip. Der *POS-Kauf*, der noch vor einiger Zeit als »nicht gewinnbringend« galt, wird in den neunziger Jahren genauso normal werden wie die jetzt überall populäre Kreditkarte. In den USA bemüht sich der Handel, das *Card-Shopping* zu forcieren, während er gleichzeitig auf dieser Basis neuartige Vernetzungs- und Bindungs- Systeme ausprobiert. Dort sind fast 70 000 POS-Maschinen im Einsatz. Inzwischen erobert sich die Kreditkarte immer mehr Bereiche, Tanken und Telefonieren gehören dazu. Die POS-Systeme sollen nicht nur die Kassenzeiten verkürzen und die Personalkosten des Handels reduzieren, sondern auch Rabattsysteme, Bindungs-Promotions und *Lifestyle-Services* ermöglichen. In den USA, dem Vorreiterland, ist die *Regierung* inzwischen zum offensiven Befürworter des POS-Systems geworden. Man will das elektronische Bezahlen zur weitverbreiteten Normalität machen. Einige *US-Verwaltungen* haben ebenfalls darauf umgestellt. Die ersten Experten setzen bereits auf international funktionierende POS-Systeme, die zum Beispiel auch *das Reisen* deutlich erleichtern würden.

③ *Produkte besser maßschneidern*
In dieser Beziehung sind die Amerikaner zwar immer noch bei der klassischen Line-Extension-Politik, die inzwischen ganz klar ihre Grenzen zeigt. Aber immerhin: Man hat erkannt, daß der *hybride Konsument* immer weniger mit Durchschnitts-Produkten zufrieden ist. Der Trend geht deshalb zur *emotionalen Maßschneiderei* der Produkte. Das bedeutet nicht unbedingt, daß die Hardware der Produkte differenziert werden muß. Meistens reicht die soziale Verpackung. Die *soziale Interpretation* der Produkte wird damit Bestandteil der Produkte.

④ *Einsatz von Medien, die besser zielen*
In den USA legt man viel Gewicht auf Video und Kabelfernsehen. Insgesamt ist auch eine wachsende Bevorzugung von Special-Interest-Medien zu beobachten. In Deutschland werden auffällig viele

**51**

*Closed-Circulation-Medien* beobachtbar, die einen Lifestyle-Dialog zwischen dem Produkt und seinen Konsumenten organisieren sollen. Das Fernziel: eigene Medien für eigene Produkte.

⑤ *Die Entdeckung von Non-Medien*
Hierunter fällt der in allen Industrieländern stark ansteigende Boom zum *Sponsoring.* In Europa stehen wir vor der nächsten Etappe: Nach Sport- und Kultur-Sponsoring entdeckt man jetzt das *Sozio-Sponsoring.* In den USA hat man zum Beispiel für Pampers mobile Baby-Care-Center entwickelt. Auf dieser Basis versorgt man jährlich rund 80 000 Babys mit Wegwerf-Windeln, und zwar auf Stadtfesten und Bürger-Feten. Der Trend ist eindeutig: Das Mikro-Marketing organisiert sich seine sozialen Medien immer häufiger selbst und sponsert *soziale Bewegungen.*

In Deutschland findet man immer häufiger in Ankündigungen und Programmheften einen mehr oder weniger dezenten Hinweis auf den Sponsor. Mehr und mehr deutsche Unternehmen beginnen, *Sport-Sponsoring* oder *Kultur-Sponsoring* zu betreiben. Hier entwickelt sich ein bedeutsamer Trend.

In den USA ist Sponsoring längst zum *Marketing-Instrument erster Klasse* avanciert, während wir in Deutschland erst einmal einen *gewaltigen Rückstand* aufzuholen haben.

Deshalb ein Blick auf die USA. Dort ist das Sponsoring in der Tat in einem *Intensiv-Boom* ohnegleichen, obwohl man die *Patronats-Werbung* dort schon seit langer Zeit umfangreich betreibt. Aber in den letzten Monaten sind die Ausgaben für das Sponsoring weiter drastisch nach oben gegangen. Das ist um so bedeutsamer, als die jüngste US-Steuerreform die Absetzmöglichkeiten für den Sponsor reduzierte.

Einige Zahlen: Über 3000 amerikanische Unternehmen sind am Sport-Sponsoring beteiligt. Sie bringen rund eine Milliarde Dollar auf, hauptsächlich um wichtige Kunden und Lieferanten zu »Special Events« einladen zu können.

Inzwischen verfügen viele Konzerne sogar über eigene Abteilungen für *Events-Marketing.* Zwischen 400 und 500 Unternehmen haben auf diese Art das Sport-Sponsoring professionalisiert. Es gibt sogar schon eine eigene Fachzeitschrift dafür.

Langfristig wird das Sport-Sponsoring auch in Deutschland kräftig wachsen. Zugleich auch das Kultur-Sponsoring, weil dadurch die *kulturelle Faszination* der Marke relativ sicher und schnell gesteigert werden kann. Dazu kommt, daß der Trend ohnehin immer stärker wird, sich konstruktiv und ethisch für das *soziale Umfeld* zu engagieren. Die Unternehmen erzielen mehr und mehr Prestige durch gute Taten. Die *Meritokratie* (Verdienstadel) wandert ins Busineß.

(6) *Qualifizierung der Verkaufsförderung*
Eine *Renaissance der Proben-Verteilung* ist zu beobachten. *BUSINESS WEEK* verweist auf die ShopRite-Kette, die für die vielfältigen Proben sogar eigene *Erlebnis-Center* entwickelt hat, deren Theken man mit eigenem Präsenter-Personal an Hersteller-Firmen vermietet. Alles in allem zeigt der Trend folgende Richtung: Man organisiert eine *Emotionalisierung der Probier-Phase*. Langfristig werden große Unternehmen eigene Erlebnis-Center aufbauen, die eine Mischung zwischen Lifestyle-Bühne einerseits und Produkt-Testung andererseits darstellen. Typisch dafür ist zum Beispiel in Tokio das Wacoal-Center. Wacoal stellt Stoffe und Mode her und präsentiert in seinem Lifestyle-Center eine Mischung zwischen Kultur-Erlebnis und direkter Produkt-Animation.

Vernetzungen zwischen Hersteller und Kunden werden Mode. Audi etwa hat ein prachtvolles neues Auto vorgelegt, das 8-Zylinder-Flaggschiff V8 mit einem Grundpreis von fast 97 000 Mark. Der Ferdinand Piëch hat an dieses neue Auto auch eine neue Networking-Strategie geknüpft: *die Idee des Paten.*

Das ist eine deutliche Abkehr vom üblichen *Massen-Marketing.* Das ist ein erster Schritt in Richtung stabiler Netzwerke, denn der Pate ist eine Führungskraft von Audi (Mitarbeiter ab Abteilungsleiter). Er wird für den V8-Kunden der *individuelle Ansprechpartner* für alle Fragen, bei denen der Händler nicht mehr weiterhelfen kann.

Vom neuen V8 sind bisher 2000 Stück verkauft worden. In den nächsten Jahren will man jährlich im Inland 5000 an den Mann und an die Frau bringen, in den übrigen Exportmärkten 4000 und in den USA ebenfalls 5000. Das würde für das *Paten-Networking* bedeuten, daß schon in wenigen Jahren ein Großnetz individueller Service-Kontakte geflochten sein wird. *Marketing durch Beziehungen.*

(7) *Verbesserte Ansprache der Kunden am Ort des Verkaufs*
Die hybriden Konsumenten sind sprunghafter als je zuvor. Die

kommende Generation der Konsum-Kids definiert Konsum grundsätzlich um: mehr Konsum-Spaß durch *häufigeren Marken-Wechsel.* Damit wird die Quote der spontanen Impuls-Käufe im Supermarkt immer größer. Der Langfrist-Trend geht deshalb auf eine deutliche *High-Tech-Informatisierung der Regale,* aber auch der Einkaufswagen. Generelle Tendenz: den Einkaufs-Prozeß zum Informations-Prozeß umzuwandeln. Hier werden die wichtigsten Impulse demnächst vom Handel selbst kommen, weniger von den Herstellern.

⑧ *Noch engere Zusammenarbeit zwischen Hersteller und Handel*
Man versucht, das inzwischen klassische Key-Account-Management zu verbessern, damit die Gespräche nicht nur über Konditionen geführt werden. Bei Procter&Gamble gibt es eigene Teams, die mit dem Handel zusammen grundsätzliche Aspekte der Zusammenarbeit, der Präsentation und der Rationalisierung besprechen. In Deutschland ist dieser Trend zu mehr Partnerschaft derzeit nur sehr begrenzt zu beobachten. Aber langfristig wird der Trend zur Interfusion auch Hersteller und Handel zu einem neuen, *co-evolutionären Zusammenspiel* zwingen.

Soweit das Mikro-Marketing à la USA. In Deutschland hat dieser Trend bereits zu heftigen Kontroversen geführt. Eine typische Streitfrage lautet: Wird sich das Mikro-Marketing mit seinen vielfältigen Fragmentierungen durchsetzen, oder kommt es zu einer Renaissance der großen, breiten Massenmarken? Blicken wir deshalb auf die deutsche Marketing-Szene.

Hier zeigen die Trend-Daten deutlich, daß auch das deutsche Marketing umzudenken beginnt. In der sehr konservativen Zeitschrift *W&V* kann man plötzlich lesen, daß Fragmentierung und Mikro-Segmentierung das neue Ideal sind. In der Ausgabe Nr. 43/89 beschreibt im Editorial Peter E. Grossklaus, wie der bekannte Experte Dr. Rudolf Bossle das bisherige Marketing-Verständnis grundsätzlich in Frage gestellt hat. Bossle habe darauf hingewiesen, daß *Marketing in dieser Zeit keine Problemlösung mehr bedeuten kann.*

Die Zeit für das Post-Marketing scheint tatsächlich reif zu sein. Bossle argumentierte weiter: »Es gäbe auch *keine Zielgruppen mehr,* und wer das Gegenteil behaupte, habe immer noch nicht begriffen, was sich mit dem und im Verbraucher geändert habe.« Bossle fordert ein völlig anderes Marketing, weil von den 65 Marketing-Lehrstühlen fast nichts Neues mehr komme und weil die alten, großen Vordenker aus den USA, zum

Beispiel Philip Kotler, im Prinzip das alte Marketing immer nur renovieren, statt es zu überwinden.

Also:  **Der große Sprung weg vom Marketing liegt zwar in der Luft, aber noch wagt ihn keiner zu springen.**

Auf der anderen Seite wächst die Bereitschaft der Marketing-Planer, mit der Zeit zu gehen, weil *der Faktor Zeit* immer deutlicher zum zentralen Erfolgs-Faktor wird. Immer öfter spricht man in den Fachzeitschriften vom *High-Speed-Management,* und damit will man ausdrücken, daß völlig neue Techniken der *strukturellen Kopplung* nötig sein werden, um die immer schneller fließenden Konsum-Strömungen zu nutzen und die immer sprunghafter werdenden Verhaltens-Modi der Konsumenten beobachten zu können.

Gerade die junge Konsum-Generation, also die *Babyboomer* und ihre Kinder, die man Echo-Boomer nennt, erleben den *Kitzel des Konsums* darin, immer ungenierter von Lifestyle zu Lifestyle zu springen.

Die Auflösung der *Massen-Produkte* ist deshalb die Konsequenz. Die Massen-Produkte geraten in eine Zangenbewegung. Auf der einen Seite gibt es den Trend zu den Billig-Produkten – dieser Trend ist ungebrochen – auf der anderen boomt es aber auch bei den höherwertigen Produkten. *Der normale Durchschnitt verliert sein Volumen.*

## Die Epoche der Mikro-Segmentierung ist da

Zum Thema Fragmentierung hat Hans-Jürgen Anders, Mitglied der Geschäftsführung der GfK, anläßlich einer Tagung des Springer-Konzerns folgende Fakten präsentiert:

① Die Konsummuster haben sich in den letzten drei Dekaden gravierend gewandelt: von der Lebensunterhaltung zum Lebensstandard zur Lebensqualität. Wir stehen heute vor einer »Quality-Epoche, die begrifflich durch Charakterisierungen wie Individualität, Hedonismus, Gegensätzlichkeit etc. umschrieben werden kann«.

② Widersprüchlichkeit und Polarisierung sind die wichtigsten Dimensionen der kommenden Konsum-Epoche. Das bedeutet: »Der Konsum wird zunehmend von Ansprüchen und Erwartungshaltungen geprägt, die weit über Produkteigenschaften hinausgehen.« Soziale und geistige Qualitäten und »Beigaben« machen aus Waren fragmentierte Erlebnisprodukte.

③ Der Konsum wird dadurch mehrdimensional und für die Planer schwieriger kalkulierbar. Er paßt nicht mehr in das Ratio-Konzept der überholten Strategien: »Konsummuster alter Prägung haben historischen Wert und sind für die Vorausschau künftigen Verhaltens wertlos.«

④ Differenzierung ist kein Nebeneffekt mehr, sondern wandelt sich zu einem Hauptfaktor mit eigenständigem Bedarfs-Charakter: »Märkte sind Spiegelbilder des Konsums, der Käufermarkt bestimmt mit seinen sich quasi exponentiell entwickelnden Spielarten an Geschmack, Farbe, Design, Ästhetik, Größen und so weiter das, was morgen ›Bedarf‹ ist.«

⑤ Durch diese Polarisierung und Differenzierung zerfallen die Massenmärkte: »Sie zerfallen zunehmend in Teilmärkte und Spezialmärkte.« Die Epoche der Mikro-Segmentierung ist da.

Anders hat zu dieser Entwicklung folgende Fakten vorgelegt, die diese Trends eindrucksvoll bestätigen:

• Das durchschnittliche Lebensmittelgeschäft führt heute circa 3000 Produkte; vor 15 Jahren waren es weniger als die Hälfte.

Die angebotenen Produktvarianten steigen:

Die durchschnittlich geführte Anzahl an Biersorten betrug 1980 5; im Jahre 1987 6,2.

Die durchschnittlich geführte Anzahl an Deodorants belief sich 1980 auf 4,3; 1987 auf 5,2 Marken.

Ein ähnliches Wachstum gibt es bei den Premiumsegmenten, wie zum Beispiel bei Schokolade, Sekt, Whisky, Eiscreme usw.

• Neben dieser horizontalen Sortimentsdifferenzierung erfolgt eine vertikale Aufsplitterung durch eine Verschiebung der Preissegmente.

Die Entwicklung ist gekennzeichnet durch Wachstum der Hoch- und Niedrigpreissegmente auf Kosten der mittleren Preislagen.

Der Anteil der Hochpreislagen-Käufer hat sich von 1980 von 7,8 Millionen auf 8,9 Millionen Haushalte im Jahre 1986 erhöht; im Niedrigpreissegment veränderte sich das Käuferwachstum von 6,0 Millionen Haushalte (1980) auf 6,7 Millionen Haushalte (1986).

Neben dem Marken-Wachstum zeigt sich eine zunehmende Marken-Vielfalt. Voraussetzung dafür ist die Möglichkeit, entsprechende Distribution aufzubauen. Hier liegt der Vorteil »starker Marken«.

In den letzten 15 Jahren hat sich bei 23 beobachteten Marktführern die Markenvarietät von 2,4 auf 4,2 erweitert. Der aktuelle Trend lautet: zunehmende Beschleunigung des Varietäten-Zuwachses.

● Mehrschichten-Marketing auf der Basis von klaren Mehrmarkenkonzepten ist die strategische Antwort auf die heutige und künftige Bedürfnisstruktur.

Das G+I-Haushalts-Panel zeigt im Vergleich, daß die Hochpreislagen-Käufer deutlich zugenommen haben. Von 1980 7,8 Millionen auf 1988 9,8 Millionen Haushalte. Man wird 1990 vermutlich bei 11 Millionen Haushalten ankommen. Die Niedrigpreislagen-Käufer entwickelten sich von 1980 6 Millionen auf 7,4 Millionen Haushalte 1988. Man wird 1990 ungefähr bei 9 Millionen Haushalten liegen. Das alles geht zu Lasten der Mittelpreislagen-Käufer. Sie rutschten von 1980 8,5 Millionen auf 1988 nur noch 6 Millionen Haushalte. Es werden 1990 vermutlich knapp 5 Millionen Haushalte sein.

Fazit: **Alles, was *Durchschnitt und Mitte* ist, wird in Zukunft gemieden und als profillos erlebt. Die klassischen Prinzipien des Massenmarktes funktionieren deshalb immer weniger. Das Fazit daraus:**

Wer morgen Masse will, muß in allen polarisierten Werte-Zonen gleichermaßen zu Hause sein. Er muß durch Unterschiedlichkeit zum großen Umsatz kommen und nicht durch Massen-Profil.

Inzwischen hat diese Erosion von Massen-Standards auch in den USA beobachtbar zugenommen. Ein Beispiel von vielen: SRI-International hat in seiner VALS-2-Analyse zum Beispiel eine Kehrtwende vorgenommen, die die neue Richtung angibt. Bisher hatte das SRI-Institute das Verbraucherverhalten direkt verknüpft mit den Werten. So kam man zu Konsumwerten mit Innen-Orientierung und zu Werten der Außen-Orientierung. Wie das Institut schreibt, klappen derartige *Typologien* aber heute nicht mehr, weil der Konsum generell immer diffiziler, sprunghafter und auch »psychologischer« wird.

Das deckt sich mit den RADAR-Analysen: Die festen Zielgruppen gibt es nicht mehr. Auch das SRI-Institute sieht eine deutliche *Zunahme von Sprunghaftigkeit* und Zielunsicherheit. Man hat erkannt, daß Menschen immer weniger aufgrund fester Werte kaufen, sondern immer häufiger aufgrund von *fließenden Variablen* wie etwa Persönlichkeits-Konzept und Lebens-Programme.

Der neue Schlüsselfaktor aber scheint *das Selbstkonzept* der Menschen zu sein. Und das ist in unseren fluktuierenden Zeiten alles andere als stabil. Gerade das Selbstkonzept wird immer mehr zur *sozialen Mode* und zum Spielball der angestrebten sozialen Differenzierungen. Das Credo der Babyboomer, die jetzt beginnen, in der Konsumwelt den Ton anzugeben, heißt nämlich: *Jeder ein Unikat!* Alles in allem:

**Der Konsum wird immer mehr abhängig von der *fluktuierenden* Selbst-Programmierung der Konsumenten.**

Damit zieht der Faktor Geist (der die Programmierung erzeugt) ebenso in das Marketing ein wie der *Zeitgeist*: die Erfindung von Lebensstilen und die Liebe zur sozialen Differenzierung.

Das macht die Marketing-Strömungen immer stimmungsabhängiger und zeitgeistiger. Und zugleich rutschen immer mehr Märkte und Branchen in Richtung *Fashion*: Der Konsum wird modischer denn je zuvor.

## Die neue Aufgabe heißt: Animation statt Alleinstellung

Das klassische Marketing kann diese *neue Animations-Aufgabe* nicht erfüllen, weil es zu sehr auf die Penetration von Schlüssel-Argumenten (USP) und stabile Großzielgruppen ausgerichtet ist.

Des weiteren kann das klassische Marketing die neue *Liefestyle-Leadership*, für die es einen wachsenden Bedarf der Konsumenten gibt, nicht organisieren, solange Marketing zu einseitig als *Manipulation* fehlverstanden wird. Dazu kommt, daß die Konsum-Youngsters die erste Generation darstellen, die vollständig mit *Fernseh-Eindrücken* aufgewachsen ist und die intensiver mit Werbung gefüttert worden ist als jede andere Generation zuvor. Genau das macht sie so gleichgültig gegenüber den klassischen Manipulations-Strategien von Marketing und Werbung. Sie lieben die Werbung als Zeitgeist-Klamauk, sind aber fast immer dagegen.

Wie Paul Watzlawick einmal in einem Interview beschrieben hat, verschlimmbessert sich eine Situation immer dann, wenn man bei wachsender Krise auf immer mehr Konsequenz setzt, statt ins Neue zu springen, also in andersartige Formen des Verhaltens und in revolutionäre Konzeptionen. In der Tat versuchen die meisten Unternehmen die derzeit zu beobachtende Effizienz-Krise des Marketings und die unübersehbare *Glaubwürdigkeits-Malaise der Werbung* dadurch zu lösen, daß man sich konsequent auf die alten Strategien rückbesinnt: klare Markenprofile, sauberstes Positioning, intensive Massenmedien-Strategien. Damit schaukelt man aber die Spirale der Krisis immer höher.

Dennoch: In Deutschland scheinen die ersten Praktiker und Vordenker aufgewacht zu sein. Und hinter der glatten Oberfläche der herrschenden Marketing-Ideologie knistert es gewaltig, obwohl zum Beispiel das Motto für den Deutschen Marketing-Tag 1989 wieder die längst überholte USP-Masche aktualisiert, nämlich *Alleinstellung als Marketing-Ziel.*

Diese Alleinstellung kann es im Prinzip nicht mehr geben, weil die Märkte längst fließend geworden sind und weil wir nicht mehr mit der Metapher von *Zielen und Treffen* operieren können, sondern mit der Metapher des *Surfens*, verstanden als Mitfließen mit der fließenden Zeitgeistigkeit der Orientierungen. Es gibt den anzielbaren Konsumenten nicht mehr, es gibt nur widersprüchliche und fließende Orientierungen und Konsum-Kulturen, mit denen man mitfließen (deshalb »Surfen«) sollte.

Der Wunsch, eine möglichst stabile Alleinstellung herzustellen, beruht auch auf der nach wie vor vorherrschenden *Strategie-Gläubigkeit* der Marketing-Planer. Wer in Strategie-Dimensionen denkt, *denkt in Macht-Relationen.* Deshalb will er eine optimale Alleinstellung, damit er einerseits unverwundbar wird, andererseits den anderen Wettbewerbern sein Spiel aufzwingen kann.

Die tatsächliche *Eigendynamik des Konsums* ist davon inzwischen meilenweit entfernt. Und diese Eigendynamik in den Fragmenten und Szenen der Gesellschaft kann man überhaupt nicht sehen und nutzen, solange man in den strategischen Dimensionen von »Alleinstellung« denkt.

## Abkehr von der Strategie ...
## um Zeit zu gewinnen

Auch in Sachen *Strategie* ist weltweit ein Umdenken zu beobachten. In amerikanischen und deutschen Fachzeitschriften werden auffällig häufig Unternehmer und Manager vorgestellt, die sich von der Strategie getrennt haben, um zu Spiel und *floating planning* überzuwechseln. Ein Beispiel von vielen: Der sensationelle Erfolg der Senkrechtstarter aus den USA, Russell und ReBell. Das sind die beiden Inhaber des amerikanischen Software-Hauses Nantucket. Sie haben sich vollkommen von Strategie und Zielplanung getrennt. »Erfolg kann man nicht planen. Man muß nur zur richtigen Zeit am richtigen Ort sein.«

Natürlich ist die Software-Branche – ähnlich wie die Mode-Branche – eine extreme Branche mit viel Bewegung und Brüchen. Aber die meisten Märkte werden bald generell genauso »floating« und hysterisch werden. Deshalb lohnt ein Blick auf das *antistrategische Verhalten* der beiden jungen Bosse:

Man setzt ganz bewußt auf »anarchistische« oder chaotische Prinzipien, um nicht in der Sackgasse strategischer Planung zu landen. »Es gehört zu unserem Konzept, keine Zeit für die Planung zu verschwenden, denn *gute Ideen kann man nicht organisieren.*« Man setzt auf permanente geistige Flexibilität. Die Qualität eines Produktes ist deshalb nicht mehr alles. Die permanente Kreativität und Selbst-Überwindung ist mindestens die andere Hälfte. Wenn Märkte zu Floating-Märkten werden, muß man umschalten auf ein Markt-Management, das nicht mehr zielen will, sondern mitfließen kann.

Mit dieser Anti-Strategie-Haltung hat man in kürzester Zeit mehr als 100 000 Software-Programme vom Typ Clipper verkauft und operiert inzwischen weltweit mit Umsatzsprüngen von mehr als 100 Prozent pro Jahr.


## Die Japaner setzen
## auf Frühwarn-Systeme

Abschied vom Marketing – das bedeutet, das Mitfließen besser zu instrumentalisieren. Auch die Japaner sind dabei. Man will noch schneller werden und immer konsequenter vermeiden, zu lange an Zielen zu hängen, die nur noch auf dem Papier richtig sind, aber nicht mehr im Markt.

Die Japaner setzen deshalb verstärkt auf *intelligentere Frühwarn-Systeme*. Allein in den letzten zwei Jahren wurden 17 der insgesamt 32 Marktforschungs-Institute gegründet, viele Mäzene und Big Companies investieren viel Geld in neue Marktforschungs-Firmen und in *neue Monitoring-Systeme*. Nishiguchi vom Sanrio Culture Research Institute sagt dazu:

**»Die Vorwarnzeit zwischen einer Trend-Ankündigung und deren Verwirklichung wird immer kürzer.«**

In Japan ändern sich der Lebensstil und damit die fragmentierten Konsummuster inzwischen so schnell, daß es – so Nishiguchi – »fast unmöglich ist, zukünftige Tendenzen halbwegs vorherzusehen«. Das bedeutet: *Wir nähern uns der Ziellosigkeit im Markt.*

Interessant ist, daß die Japaner nicht nur mehr Geld in Monitoring und Trend-Forschung investieren, sondern auch erstmals *Szenen, Subkulturen und Randgruppen* wichtig nehmen, mindestens so wichtig wie den berühmten *repräsentativen Querschnitt*, der im deutschen Marketing-Denken leider immer noch einseitig dominiert.

Man setzt in Japan immer mehr auf die permanente Kopplung an *Trendsetter und Trend-Szenen*, weil man erkannt hat, daß sie die besten Frühwarner sind.

Tendenz: Weg von den Zielgruppen, hin zu den Szenen.

## Die Fitneß für Überraschungen planen

In den USA wächst inzwischen ganz deutlich die Kritik am klassischen Ziel-Modell der Planung. In einem der wichtigsten neuen Bücher, »Strategic Planning and Management Handbook« von Spyros Makridakis, kann man lesen, daß man das Instrumentarium der Zielung und der Strategie grundsätzlich neu durchdenken muß. Die Theoretiker der Strategie entfernen sich vom *Synopsis-Ideal* der Strategie, das dem Planer suggerierte, man könne *langfristig viele Operationen und Ziele* vorplanen.

Die Kritik an diesem Modell entzündet sich an der Frage der Info-Sicherheit für diese langfristige Zielung. In einer Zeit, in der die Märkte fließend und die Konsumenten fragmentiert und »schizoid« werden, kann es *keine langfristig sichere Datenbasis* geben. Also beruhen die meisten Strategien auf stabilen Annahmen, die nur deshalb stabil bleiben, weil sie von der Eigendynamik des Marktes abgekoppelt sind. Ihre Stabilität ist Illusion.

Das neue Credo der Planer heißt deshalb: *Fitneß für Überraschung planen.* Das erfordert neuartige Planungs-Instrumente. Die beiden wichtigsten sind:

① Szenario-Management,
② prozessuale Planung (contingency planning).

Man erkennt schon an diesem Punkt, daß sich das Markt-Management vom alten, paramilitärischen Macht-Modell trennt zugunsten einer *Markt-Politik der Zukunftsgestaltung.* Von der Macht zur Zukunft, das ist der Trend. Aber wenn man das Hohelied der Strategie nicht mehr singt, benötigt man auch ein *anderes Wahrnehmungs-System*, um das Fließen überhaupt wahrnehmen zu können. Auch die Amerikaner setzen hier auf das *Monitoring von schwachen Signalen*, um das besser organisieren zu können, was die Vordenker »Überraschungs-Management« nennen. Man erkennt daran, daß die Amerikaner den *myth of omnipotence*, der mit der Strategie bisher immer verbunden war, ziemlich konsequent auflösen. Damit ändern sich natürlich die geistigen Werkzeuge. Wie in dem Buch von Makridakis zu lesen ist, werden in Zukunft auch die klassischen *Analyse-Instrumente* des Marketings versagen, so zum Beispiel die überall so heißgeliebte *Portfolio-Methode* der Boston-Consulting-Group und die vielfältigen *Positioning-Modelle* der Marketing-Professoren. Makridakis dazu: »Gerade diese Werkzeuge entwickeln sich jetzt zum größten Schwachpunkt.«

In den amerikanischen Fachzeitschriften ist das Sterben der Strategie ebenfalls angesagt. Die meisten Autoren versuchen, die Strategie dadurch ein wenig zu retten, daß man den Begriff beibehält, aber inhaltlich etwas anderes damit verbindet. Hoadley und Zimmer dazu: »Strategisches Denken ist der *Prozeß der Visions-Entwicklung.*«

Man erkennt, wohin die Reise geht: *Strategie wird immer mehr zur Vision.* Zukunftsforschung, Trend-Monitoring und Vision sind die neuen Inhalte einer transformierten Auffassung von Strategie – oder um es anders auszudrücken: *Strategie wird zur Vision, Management wird zur Planung.*

In der Zeitschrift *FUTURES RESEARCH QUARTERLY*, die berühmt ist für brillante Strategie-Theorien, geht man inzwischen so weit, daß man die Strategie mit *Mission* gleichsetzt. Und diese Mission hat nichts mehr mit Wettbewerbs-Positionierungen und mit konkreten Marktvorgaben zu tun. Mission ist eine grundsätzliche Leit-Orientierung. Damit nähert sich die Strategie zwei völlig neuartigen Führungs-Instrumenten, nämlich

- der *fortschrittsfähigen Kultur* (Faktor: Innovation) und
- dem *kollektiven Glauben* (Faktor: Kohärenz).

Alles in allem: Man sollte sich mental frühzeitig auf das einstellen, was nach Marketing kommen wird. Mag es New Marketing heißen, mimetisches Marketing oder Interfusion. All diesen neuen Tendenzen ist gemeinsam das Aufgeben der Strategie als der zentralen Planungs-Methode, die Abkehr von Massenmarkt-Positioning und das Umschalten auf Verschmelzen und Mitfließen.

## Welches Denken braucht die Interfusion?

Erforderlich ist dafür mehr als nur eine andere *Box of Instruments*. Vielmehr brauchen wir tatsächlich einen neuen Zugang zu dem, was man das *neue Paradigma* nennt, weil das in ein Weltbild paßt, das als Modell des *fließenden Werdens* (Autopoiese) gekennzeichnet ist. Und die wichtigste Denk-Technik, die dafür erforderlich ist, ist *selbstreferentielles Denken*.

Das ist ein Denken, das nicht mehr rational-linear ist (zum Beispiel Ziel und Mitteleinsatz), sondern *evolutionär*: Das Neue entwickelt sich ausschließlich in sich selbst und durch sich selbst. Es folgt nicht mehr der Logik der Ratio, sondern der *Logik des Fließens*.

Dadurch wird eines deutlich: Ohne eine Anpassung der *persönlichen Denk-Strategien* an das neue Markt-Management der Interfusion wird es wohl nicht gehen. Man kann die neuen Verschmelzungs-Techniken und Fließ-Planungen geistig nur dann wirklich in den Griff bekommen, wenn man sein Weltbild und sein Denken auf *Selbstreferentialität* und Fließen umgestellt hat. Man kann die neuen Konzepte nicht mit dem alten Denken managen.

Erst durch selbstreferentielles Denken erhält man das Bewußtsein, das den Planer fähig macht, eine *andere persönliche Identität* aufzubauen, nämlich das, was man in der Psychotherapie das *expanded self* nennt. Darunter versteht man ein Selbstkonzept, das so weit ausgeweitet wird, daß man andere Menschen mit ihrer realen Emotionalität so authentisch erlebt, als wäre man »die anderen«, während man gleichzeitig sich selbst bei diesem *Verschmelzungs-Prozeß* beobachten und kontrollieren kann. Die Psychologen sprechen in diesem Zusammenhang von einer *gespaltenen Form von Verbundenheit*. Wer an lineare Logik glaubt, wie sie typisch für das derzeitige Marketing ist, kann den Weg zu diesem expanded self nicht finden.

Wir sehen: In Deutschland tut man sich deshalb so schwer mit der Entwicklung der Interfusion, weil man diesmal viel mehr benötigt als einige neue Begriffe und einige neue Planungs-Techniken – diesmal benötigt man den *Sprung in ein anderes Weltbild*, eine veränderte Denk-Strategie (selbstreferentielles Denken) und ein anderes Selbstkonzept. Das Eintrittsgeld, um für die Phase nach Marketing vorbereitet zu sein, ist hoch.

Aber es lohnt, es frühzeitig zu zahlen. Denn noch nie war Tempo-Vorsprung so wichtig wie heute.

## Floatingproduction –
## das Produkt wandert zum Kunden

In der internationalen Marketing-Szene ist ebenfalls problematisiert worden, daß das klassische System des Produkt-Managements immer problematischer wird. Es nähert sich der Zeitpunkt, an dem sich die ersten Unternehmen völlig *neuartigen Organisationsformen* zuwenden werden, um die neue Zappeligkeit des Marktes und die Verschärfung der *inneren Zeiten* in den Markt-Fragmenten besser in den Griff zu bekommen. Das Ganze läuft unter dem Stichwort »Floating production«: Darunter versteht man, daß die Konsumenten immer stärker in die Produktgestaltungen eingreifen. Aus klaren Qualitäts-Produkten werden immer mehr zeitgeistige Produkte. Immer mehr Produktbereiche und Branchen bekommen dadurch den Charakter *sozialer Moden* und *zeitgeistiger Interpretation*.

Der *ECONOMIST* schrieb dazu einen Beitrag mit dem Titel: »Ein neuer Tag . . . eine neue leuchtende Idee.« Die Redakteure hatten recherchiert, daß sich ein *subtiler Machtwechsel* im Produktions-Bereich angekündigt hat. Nicht mehr die Hersteller innovieren die Produkte, sondern *die Konsumenten*. Die Hersteller folgen mit ihrer materiellen und technischen Kompetenz den immer schneller werdenden *Bedarfs-Wandlungen* der Konsumenten. Die Konsumenten bombardieren die Hersteller mit immer *neuen Forderungen*.

Dadurch wird die Produktion immer mehr ein *Fließprozeß*, und deshalb wird es immer schwieriger für die Hersteller, die naturgegebene Starrheit der Produktion durch CIM und Roboterisierung auf dieses Fließen umzustellen. *Floating production* – das bedeutet auch, daß der Faktor *Zeit-Vorsprung* an die vorderste Front der Erfolgsfaktoren rückt. Wer auf die fließende Produktion und auf die fließende Innovation verzichtet, wird in Zukunft in Gefahr geraten, Produkte zu bieten, die so etwas wie ein Rolls-Royce-Image haben: perfekte Saurier aus vergangenen Zeiten ohne den Charme des *Zeitgeistes*, der immer mehr die Rolle übernimmt, *Produkte zum Kribbeln zu bringen.*

Einige Weltunternehmen haben bereits begriffen, daß das *Überfluten des Marktes* mit Produkten genau die Strategie ist, um dem Konsumenten zu helfen, aus latenten Forderungen konkrete Bedarfs-Strukturen zu machen. Sony zum Beispiel produziert mehr Produkte, als vom strategischen, also vom rationalen Kalkül her nötig wären. Man setzt also ganz bewußt auf *Trial-and-Error* und verzichtet auf die in vielen Branchen so übliche Sortiments-Pflege (*line extension*). Wenn die Konsumenten die Hersteller mit neuen Forderungen bombardieren, dann bombardiert Sony zurück – im Sinne einer *Entwicklungshilfe für die Konsumenten*, sich anhand echter, vorhandener Produkte besser darüber klarzuwerden, was man besser und neuer haben will.

Wer dieses Spiel morgen nicht mitspielt, wird unbewußt von den Konsumenten als patriarchalisch, starr oder verweigernd erlebt. Deshalb ist es wichtig, sorgfältig aufzupassen, wann welche Branchen umkippen zur Floating production, wie etwa vor einigen Jahren die *Mode-Branche*.

Bleiben wir bei Sony. 1988 hat Sony allein in England 101 neue Produkte auf den Markt gebracht. Apple bringt im Durchschnitt jede Woche ein neues Produkt auf den Markt. Und Benetton aus Italien bringt jeden Monat eine komplette neue Kollektion heraus. Es gibt auch schon den ersten Versuch in der Schweiz, eine Floating-Zigarette anzubieten.

Die Sortimente und Produktlinien werden dadurch immer *fragmentierter* und die *Produkt-Zyklen* kürzer. Die Überlebens-Chance für Produkte wird geringer, aber der Anreiz und der Lohn für diese Innovation wird für die Hersteller immer größer. Wer den Konsumenten hilft, durch Trial-and-Error-Produkte latente Bedürfnisse in konkrete Wünsche umzuformen, wird als *Lifestyle-Leader* honoriert und kann schnell neue Märkte öffnen und okkupieren.

Floating production verlangt jedoch ein *grundsätzliches Umdenken*, was die Entwicklungs-Strategien und Design-Politik betrifft. Auch das Marketing muß fließend werden. Es reicht nicht, »floating« gleichzusetzen mit »schneller produzieren«. Viele Unternehmen, wie zum Beispiel IBM, haben deshalb intern ihre Ansprechpartner und Teams wechseln und umformen müssen, um mit dem äußeren Fließen *intern mitfließen zu können.*

Das bedeutet eine neue *Sensibilität für das Außen,* zum Beispiel durch Monitoring und neue Techniken der Vernetzung, aber auch neue *interdisziplinäre Teams.* Die bisher vorherrschende *sequentielle Arbeitsweise* ändert sich durch Floating production zu einer *parallelen Arbeitsweise.* Alle Abteilungen arbeiten während des gesamten Prozesses gemeinsam. Rank Xerox ist in Amerika so weit gegangen, daß man individuelle Gruppen komplett zuständig gemacht hat für bestimmte Projekte: *autonome Mini-Unternehmen* im Großunternehmen, um flexibel und fließend werden zu können.

Langfristig wird man den klassischen Produkt-Manager austauschen zugunsten von *Szene-Managern,* die das *Networking* in den Mittelpunkt der Floating-Konzepte stellen.

Alles in allem: Ein neues *Kooperations-Verhältnis* zwischen Konsumenten und Unternehmer entwickelt sich. Versuchsweise erhobene Forderungen von Konsumenten werden durch versuchsweise hergestellte Produkte von Herstellern beantwortet. Diese Pionier-Kooperationen strukturieren den Markt frühzeitig und treten an die Stelle der klassischen *Marktforschung* und des strategischen Marketings. Ein *evolutionärer Drive* kommt somit in die Produktion: Evolution arbeitet immer mit einem Über-Bombardement an Ideen, um durch Offenheit das Risiko zu minimieren. In turbulenten Weltmärkten, die darüber hinaus durch *emanzipierte Konsumenten* geprägt sind, wird diese *Offenheit* wichtiger denn je, und sie kann nur durch Floating production und *Innovations-Überfluß* hergestellt werden. In Zukunft wird das Mitfließen zum Königsweg werden, weil die Gruppe der freizeitorientierten *Jung-Konsumenten* immer mehr dominieren wird.

Sie ist schon heute die *größte Lifestyle-Gruppe* in Deutschland. Der häusliche Familien-Mensch (1988 noch 16 Prozent) wird in Zukunft ebenso wie der Normbürger (1988 15 Prozent) an Wichtigkeit verlieren. Drei Lebensstil-Gruppen werden mit ihrem Bombardement von Forderungen die Zukunft entscheidend beeinflussen: der junge Freizeit-Konsument, für 1995 auf rund 20 Prozent geschätzt, der etablierte Berufs-Erfolgreiche, für 1995 auf rund 15 Prozent geschätzt, und der intrinsisch motivierte Jung-Engagierte, für 1995 auf 18 Prozent geschätzt. Diese drei Gruppen machen zusammen 53 Prozent aus. Und aus diesem kraftvollen Reservoir wird die *Explosion der Fragmentierung* folgen.

Dabei ist wichtig, daß diese 53 Prozent dem Motto folgen: *ausgeben statt anhäufen*. Die *Sparquote* wird in diesen Gruppen deutlich fallen. Schon jetzt ist die Bereitschaft, sich für Konsum-Zwecke zu verschulden, »stark ausgeweitet worden«, wie die Bundesbank in Frankfurt 1988 bekanntgab. Der *Konsum-Hedonismus*, der dahintersteht, verlangt von den Herstellern die Fähigkeit, Hedonismus zu produzieren durch Floating-Konzepte. Der neue *Genuß wird zeitgeistiger*. Hedonismus lebt vom Wechsel und von der Variation.

Hinter dem Floating-Phänomen steckt ein wichtiger kultureller Aspekt, den der Philosoph Peter Sloterdijk als *philosophische Kinetik* bezeichnet: Unsere Welt entsteht aus unserer eigenen Selbst-Bewegung. *Bewegung* wird damit zu dem Stoff, aus dem neue Chancen und zukünftige Erfolge entspringen. Deshalb gibt es zum Beispiel so viele soziale Bewegungen. Sie alle lassen sich durch eine »kinetische Utopie« beschreiben, weil mehr und mehr Menschen erkennen, daß nur das als Wirklichkeit in die Welt kommt, wofür man sich als Bewegung eingesetzt hat. Damit werden Bewegung, Wandel und Transformation zu normalen bürgerlichen Anliegen. Was früher nur wenige Exzentriker, Pioniere und Revolutionäre taten, tun jetzt Feministinnen, Graue Panther, Punker, New Ager und Grüne: Sie alle produzieren die Veränderung.

Durch diese *Verbürgerlichung der Umschwünge* rutschen wir in ein Zeitalter der permanenten »Selbst-Bewegung«. Das erklärt, weshalb alles immer schneller zu fließen scheint, auch der Konsum. Und mit ihm die Produktion.

Um das neue Floating-Phänomen besser in den Griff zu bekommen, wird auch das Mode-Thema der ersten Hälfte der achtziger Jahre, nämlich *Global-Marketing*, immer häufiger kritisch überdacht.

Natürlich ist es richtig, für Weltmarken und international operierende Anbieter *internationale Reputationen* aufzubauen und die Markenführung so zu managen, daß ein *Welt-Faszinosum* für die Marken entsteht. Auf der anderen Seite verzichtet man jedoch darauf, Produkte inhaltlich und optisch *weltweit zu uniformieren*. Man will keine global einheitlichen Angebote auf einen Weltmarkt bringen, der gerade dadurch gekennzeichnet ist, daß er sich immer mehr differenziert und fragmentiert. *Die Dynamik der Unterschiede wächst!*

Dadurch kommt es zu folgender Entwicklung: Die Industrienationen wandern mit großen Schritten auf die *Multi-Options-Gesellschaft* zu, das heißt auf eine Gesellschaft, die ganz bewußt die vielen Wahl-Möglichkeiten *als Lebensbereicherung* entdeckt. Motto: Je mehr Unterschiede, um so mehr Lebendigkeit. Je mehr Unterschiede, um so größer das Vergnügen am Konsum. Wer sich also marktgerecht verhalten muß, muß fähig sein, *diese Unterschiede bewußt zu produzieren*. Das bedeutet aber auch, die Gleichzeitigkeit von Ungleichem managen zu können. Und es bedeutet auch, daß man die unterschiedlichen »internen Zeiten« in den unterschiedlichen Fragmenten besser erkennt und ihnen besser folgt.

Mit anderen Worten: Die unterschiedlichen Fragmente erhalten ihre eigene Zeit-Dynamik. Deshalb gibt es unter dem Dach des Global-Marketings sich immer mehr verstärkende Tendenzen zur *Regionalisierung und Fragmentierung*. Immer mehr Markt-Manager erkennen, daß es *Szenen-Kulturen* gibt und *lokale Kulturen*, die eine eigene inhaltliche und zeitliche Dynamik entfalten, und daß diese interne Dynamik den eigentlichen Bedarf mindestens genauso prägt wie die sich ebenfalls mehr und mehr ausweitende *Weltkultur*.

Nach einer aktuellen Untersuchung von Prof. Boddewyn, New York, wollen in Zukunft rund 50 Prozent der Unternehmen in den USA, die er befragt hat, die nationalen und regionalen Kulturen in ihre Werbekampagnen wieder stärker integrieren. Bei seiner letzten Umfrage 1973 wollten dies lediglich 17 Prozent. Man sieht: Das Markt-Management ist auf dem besten Weg, *Fragmentierung und Fragment-Zeitlichkeit* ernst zu nehmen. Das bedeutet aber auch, daß sich das Marketing wandeln muß, was seine eigene Organisation betrifft. In RADAR für TRENDS schrieb ich zu diesem Thema:

## Das Marketing beginnt sich umzuorganisieren

In den letzten Wochen haben sich die Trend-Impulse verstärkt, die darauf hinweisen, daß die *klassischen Organisations-Formen* des Marketings umgebaut werden müssen, um sich in Richtung eines *Just-in-time-Marketings* (Kotler) entfalten zu können.

Wichtig ist nun, daß einer der großen Träger und Pioniere des Marketings, nämlich *Procter&Gamble*, ebenfalls beginnt, die Marketing-Organisation völlig neu zu gestalten. Wie Armin Ziegler in seinen »Annahmen über zukünftige Entwicklungen« (9/88) berichtet, will Procter &Gamble nach 56 Jahren aufhören, mit *rivalisierenden Produktgruppen* zu arbeiten. Bisher war man überzeugt, daß es gut sei, jede Marke gegen jede kämpfen zu lassen, auch wenn sie aus dem eigenen Hause kommt. Auf dieser Basis entstand das inzwischen weltweit praktizierte *Produkt-Management*.

Procter&Gamble hat dieses lineare Betreuungs-Prinzip aufgelöst zugunsten eines übergeordneten *Produktgruppen-Managements*. Dadurch gibt es Produktgruppen-Manager, die mit deutlich mehr Vollmacht operieren. Das wurde nötig, weil durch die *Fragmentierung der Gesellschaft* die bisherige Ideologie der Marktanteile brüchig geworden ist. Man kann nicht mehr mit jeder Marke automatisch Gewinn erzielen, und trotzdem braucht man viele kleinere oder unlukrativere Märkte, um eine *ganzheitliche Markt-Kraft* aufzubauen. Deshalb hat man diese radikale Organisations-Korrektur durchgeführt, um *mehr Ganzheitlichkeit* für die strategische und finanzielle Betreuung der Marken herstellen zu können.

Der Trend ist also klar: *vom Einzelprodukt zur Produktgruppe*. Das bedeutet auch ein grundsätzliches Umdenken: vom materiellen Denken zum *sozialen Denken*. Vermutlich wird man schon bald auch das Produktgruppen-Konzept verfeinern und ausweiten, ähnlich wie es Mitsubishi bereits praktiziert. Und dann wird man ein *Szenen-Management* praktizieren. Warum? Der Trend wird immer deutlicher, daß die Attraktivität der Produkte sich immer mehr verlagert von der materiellen Seite zur Seite der sozialen Interpretation. Die Marken müssen *soziale Stimmigkeit* garantieren.

Dadurch ergibt sich folgende neue Entwicklung: Man entfernt sich von der inneren Zeitlichkeit der Strategie und nähert sich der *inneren Zeitlichkeit der Szenen*, Netzwerke und sozialen Fragmente. Das Außen gibt nicht nur den Ton an, sondern auch die Zeitlichkeit vor.

Das klassische Produkt-Management kann diese Zuwendung zum sozialen Außenfeld kaum organisieren. Deshalb versuchen immer mehr Unternehmen in den USA, Produktgruppen-Systeme mit den sozialen Gruppen im Umfeld des Marktes zu koordinieren.

Colgate hat schon vor vielen Jahren auf Produktgruppen umgestellt mit der deutlichen Zielsetzung, dadurch auf Marktveränderungen *schneller reagieren zu können*.

Insgesamt wird viel experimentiert im Marketing, um die organisatorische Basis für das kommende Just-in-time-Prinzip herzustellen. Bei PEPSI-COLA zum Beispiel war die Organisation gegliedert nach den Absatzwegen, also Einzelhandel, Gaststätten usw. Nun experimentiert man mit einer *geographischen Organisation*, um die Rhythmik und Bewegungs-Dynamik unterschiedlicher Regionen schneller und ganzheitlicher erfassen und bedienen zu können.

In *MANAGEMENT WISSEN* (12/88) wurde das Konzept des *Turbo-Marketings* von Prof. Kotler genauer beschrieben. Dieser hatte es auf Einladung von Prof. Heribert Meffert von der Uni Münster erstmals dem deutschen Publikum vorgestellt. Theoretiker und Praktiker diskutierten anschließend über organisatorische Wandlungen im Marketing.

Interessant ist, daß offensichtlich auch die meisten deutschen Praktiker fest daran glauben, daß sich der Trend zum *individualisierten Massen-Marketing* weiter durchsetzen wird, gepaart mit dem Trend zur Flexibilisierung der Marketing-Rhythmen im Sinne eines Just-in-time-Marketings. Der Faktor Zeit-Vorsprung wird wichtiger als je zuvor im Marketing.

Wie der Bericht in *MANAGEMENT WISSEN* aufzeigt, war bei den 40 Praktikern, die mit Meffert und Kotler diskutierten, »die Befürchtung aufgetaucht, daß das Marketing in seiner heutigen *funktionalen Spezialisierung* künftig nicht mehr seine ureigene Aufgabe bewältigen kann: eine vom Markt her gesteuerte gesamthafte Unternehmensführung«.

Die Praktiker haben also das Problem voll erkannt. Die Marketing-Organisation muß sich ändern, um in den neunziger Jahren überhaupt noch so etwas wie Marketing betreiben zu können. Es wurde gefragt: »Sollen wir die Marketing-Organisation abschaffen?« Die Antwort von Meffert wies die Richtung. Er sagte, daß das Marketing stärker vernetzt sein müsse.

Alles in allem: Das Marketing erkennt, daß die *Beschleunigung der Reaktion* nicht nur abhängig ist von mehr Marktnähe (close to customer), sondern auch von einer anderen inneren Organisation, die eine bessere Vernetzung erlaubt. Und diese neue Organisation muß ganzheitlicher werden.

Deshalb gibt es in den USA dafür bereits das Schlagwort *category management*: die Betreuung gleichartiger Artikel unter einheitlicher Leitung. Das ist der erste Schritt zum *Szenen- und Lifestyle-Management*, weil der Konsument ebenfalls in emotionalen und sozialen Kategorien denkt und kaum noch in einzelnen Produkt-Kategorien.

## Die Orientierungslosen
## werden immer wichtiger

Vor zwei Jahren war das Lager derjenigen Konsumenten, die orientierungslos sind oder bewußt ihre Orientierungen wechseln (Lifestyle-Hedonisten), schon recht groß, nämlich 53 Prozent. Unsere neueste Schätzung für 1990 liegt bei 60 Prozent. Das bedeutet, daß rund zwei Drittel aller Konsumenten inzwischen umgeschaltet haben von einer *optimierenden Konsumhaltung* (immer das gleiche zu möglichst guten Konditionen) zu einer *experimentellen Konsumhaltung*. Die Orientierungslosen sind gekennzeichnet durch eine verstärkte Suche nach Orientierungen, hauptsächlich sozialen Orientierungen. Das neue Konsumgefühl heißt *anything goes*. Aus dem berühmten »Otto Normalverbraucher« wird der postmoderne »Markus Möglich«.

Für diese Konsumenten sind Konsum-Moden und Lifestyle-Wechsel (Socialware) von besonderer Wichtigkeit, sehr oft wichtiger als die reine Produkt-Qualität (Hardware). In dieser Phase des wachsenden Bedarfs nach Orientierung kommt es zu einer Neubewertung der *Lifestyle-Garanten*. In den USA werden verstärkt Prominente und Show-Stars zu Repräsentanten eigenständiger Lifestyle-Welten. Das Neueste: Robert Redford gibt seit September 1989 in den USA einen eigenen Katalog heraus. Er hat die Produkte nicht selbst produziert, aber sie tragen *seine Auffassung von Stil*, zum Beispiel Western-Mode sowie Wohnungs- und Geschenkartikel.

Wie kürzlich Rüdiger Szallies, Geschäftsführer der GfK, mitteilte, gibt es ähnliche Entwicklungen auch in Deutschland: *Die Stile des Kaufens* und die Kulturen des Genießens sind inzwischen ebenso wichtig wie die Hardware. Es entstehen vielfältige *Konsumkulturen*. Und der alte Grundsatz, »ich bin, was ich habe«, zerbricht immer mehr. Das neue Credo lautet: »Ich bin, wie ich etwas ausgebe.« Damit wird ein entscheidender Trend sichtbar:

Die Stilistik des Konsums wird zu einem eigenwertigen Attraktor. Und Stil-Repräsentanten bekommen eine Schlüsselposition.

Lebensstile werden also immer wichtiger für das Markt-Management der neunziger Jahre. Und das hat zwei Konsequenzen für das kommende Markt-Management der Interfusion:

① Das Markt-Management muß lernen, Szenen an die Stelle der Zielgruppen zu setzen.

② Das Markt-Management muß lernen, öffentliche Emotionen zu führen.

## Interfusion arbeitet mit Szenen

Kommen wir zuerst zu den *Szenen*. Szenen sind *soziale Prozesse*, durch die neue Lebensstile geboren werden. Szenen sagen an, was angesagt ist. Szenen sind Projektionen, die den Gruppen als Orientierungsmuster dienen. Szenen sind deshalb Geburtsquellen für soziale Moden, Bewußtseins-Trends und Leitbilder. Szenen sind die Väter für neue Stile.

*Lebensstile* sind Verhaltenskonzepte, die zumeist eng mit Szenen in Verbindung gebracht werden. Sie entwickeln sich überwiegend durch Networking, das heißt durch informelle Netzwerk-Kommunikation.

Betrachten wir hierzu einige Erkenntnisse von Berking und Neckel (*GDI-IMPULS* 2/88, »Lebensstil als Politik . . . Politik der Lebensstile«):

Die *Normal-Biographie* gibt es immer weniger. Der Normalbürger löst sich auf, weil er sich einer wachsenden Pluralität von Lebensformen konfrontiert sieht. Immer mehr Menschen öffnen sich so der kommenden multioptionalen Gesellschaft.

Das sogenannte »Alltagsbewußtsein« hat inzwischen seine *synthetisierende Kraft* verloren, weil es fragmentiert geworden ist, wie Jürgen Habermas schreibt.

Gleichzeitig wächst der *Individualisierungs-Grad* normaler Bürger. Immer mehr Menschen wollen ihren subjektiven Lebensraum erweitern. Je mehr Lebensstile zugleich gelebt werden, um so reicher wird das Leben.

Als Experimentierfeld für diese »Persönlichkeits-Bereicherung« gilt immer mehr der *Zeitgeist* und das Projekt der neuen Moderne. Zugleich wird die Großstadt, besser die *Metropole*, zur Quelle neuer Orientierungen, die immer schneller aufeinanderfolgen.

Je mehr sich die Gesellschaft in diesem Sinne fragmentiert, um so wichtiger werden die Lebensstile. Sie geben dem Menschen in der multioptionalen Gesellschaft die Möglichkeit, jemand ganz Individuelles zu sein und trotzdem nicht allein sein zu müssen. Bisher war es so, daß hohe Individualität zumeist erkauft wurde mit sozialer Vereinsamung oder

Außenseitertum. Durch das Konzept pluraler Lebensstile kann man immer individueller und zugleich auch immer integrativer werden.

Durch dieses Paradoxon kommt es jedoch zu einem *Beschleunigungs-Effekt* im Erfinden neuer Lebensstile. Es müssen immer einige neuartige Stile erfunden und sozial durchgesetzt werden. *Der Kurswert des Besonderen* steigt dadurch.

Immer stärker wird deshalb das, was wir *persönliche Identität* nennen, von der Qualität der gelebten Stile abhängig. Lebensstile werden zum Instrumentarium für neuartige Identitäts-Entwürfe. Sie verbinden sich damit mit *Sinnfindung und Selbstentfaltung*. Und das sind zwei kraftvolle Trends. Der Lebensstil-Pluralismus gehört also ganz logisch zum *Wertewandel*.

Bei der Erfindung und Durchsetzung neuer Lebensstile herrscht die *Horizontale* vor und nicht die Vertikale. Es gibt hier keine Oberschicht als Stil-Elite, sondern im Prinzip sind alle Stilerfinder gleich. Wer einen Stil durchsetzen kann, wird zum Stil-Präger, egal, wo er sozial steht.

Alle neuen *sozialen Bewegungen* sind potentielle Erfinder neuer Stilformen. Das Marketing der Zukunft wird sich deshalb viel früher auf die sich immer mehr differenzierenden Sozial-Bewegungen einstellen müssen. So hat es zum Beispiel rund 15 Jahre gedauert, bis die Süßwaren-Hersteller den Müsli-Riegel als Antwort auf den alternativen *Müsli-Stil* gefunden und vermarktet haben. In Zukunft wird man mit den sozialen Bewegungen und Szenen gemeinsam, das heißt von Anfang an neue Lebensstile formulieren, ausformen und sozial durchsetzen. Das Marketing von morgen wird nicht mehr warten können, bis sich die neuen Stile von selbst durchgesetzt haben.

Das kommende Instrumentarium für das frühere Einschalten ist Networking und *Lifestyle-Sponsoring*. Gehen wir weiter: Die neuen Lebensstile entpolitisieren sich immer mehr. Und gleichzeitig rutschen sie immer mehr in die *Welt des Pop*. Die Pop-Kultur wird zur eigentlichen *Volkskultur*. Kultur ist nicht mehr Hochkultur. Und die neue soziale Dynamik entfaltet sich somit einerseits zwischen der Entpolitisierung und andererseits mit der kulturellen Verallgemeinerung.

Ein Großteil der Energie für neue Lebensstile kommt aus dem *Protest*. Allen Protestbewegungen ist inhärent, daß sie sich permanent selbst überbieten müssen.

Je mehr sie sich durchsetzen, um so irrationaler werden sie tendenziell, so als würden sie sich substantiell verzehren. Im Rahmen dieser Entwicklung gibt es deshalb immer wieder Aufteilungen im Sinne von *Sub-Kulturen*. Für das Marketing der Zukunft wird es wichtig sein, mit diesen Sub-Kulturen frühzeitiger als bisher zusammenarbeiten zu können. Dazu ist aber erforderlich, daß die Entscheider die Sub-Kulturen akzeptieren können, statt sie zu bekämpfen.

Prinzipiell lassen sich alle sozialen Bewegungen frühzeitig kommerzialisieren, also in Form von Lebensstilen nutzen. Die Marketing-Politik der Zukunft wird neue Wege finden müssen, um die Dynamik der Außen-Kulturen (Szenen und Lifestyles) mit der firmeninternen Kultur zu verbinden. Die Zeit einseitiger Unternehmenskultur-Konzepte à la Tom Peters und Bob Waterman geht damit zu Ende. Die Außen-Kultur wird mit ihrer ganzen Zappeligkeit zum *Gestalter der Innen-Kultur*. Das ist der neue Trend in Sachen Unternehmens-Kultur.

Die *Corporate Identity* (CI) wird dabei immer mehr als Nachteil für ein flexibles und nach außen geöffnetes Szenen-Sponsoring entdeckt werden. Das private Weltbild der Leitenden und das kollektive Weltbild des Unternehmens tendieren automatisch zur Verfestigung, während die Szenen und gesellschaftlichen Fragmente zu einer Beschleunigung der Wandlungen drängen. Das führt dazu, daß die Wirklichkeit außerhalb der Unternehmen differenzierter, bunter und schnellebiger ist als die Wirklichkeit in den Unternehmen und in den Köpfen der Manager.

Fazit: **Wer in Zukunft das Innen und das Außen synchronisieren kann, kann von den starren Zielgruppen-Strategien umschalten auf fließende Lebensstile.**

Wenn man mit den Szenen neue Lebensstile formen will, dann sollte man bereit sein, den Szenen ein *aktives Mitsprache-Recht* bei der Gestaltung von Lebensmustern und Lebensstilen zu geben. Das kommende Markt-Management benötigt deshalb zum Beispiel ein *Szenen-Sponsoring*, also eine kooperative Unterstützung der Szenen, damit das Neue in den Szenen und durch die Szenen entstehen kann. Lebensstile entstehen *selbstreferentiell* in und durch Szenen.

Und tatsächlich entwickelt sich dieses Szenen-Sponsoring in den letzten Monaten sehr kraftvoll. Trend-Signale zeigen, daß immer mehr Markt-Manager begriffen haben, wie wichtig diese *gemeinsame Herstellung von neuen Lebensstilen* ist.

Wenn es darum geht, die wechselnden Lebensstile gemeinsam herzustellen, dann erkennt man auch, daß man dazu ein Database-Dialog-Medium braucht, etwa einen Club und ein Club-Magazin. Dieses Medium kann aber nur dann zur Herstellung neuer Lebensstile führen, wenn es *vorrangig den Mitgliedern gehört*. Die Impulse können zwar vom Unternehmen kommen – ganz im Sinne der Sponsorship – , aber die Interpretations-Dynamik, die Werte-Entwicklung und die Gestaltung der Wir-Emotionalität muß von den Konsumenten kommen.

Immer mehr Planer und Entscheider erkennen die *partizipative Rolle* des Konsumenten nun auch im Rahmen der Kommunikation. Bisher war es ja so, daß gerade in der *Werbung* der Konsument nicht mitbestimmen sollte. Offensichtlich hatte man Angst, man könne die lieben Konsumenten nicht mehr manipulieren, wenn sie über die Inhalte und Entwicklungen der Werbung mitentscheiden dürften.

In der abstrakten Sprache der Kommunikations-Theorie lautet das: Manipulation läßt nur eine einseitige Intention zu. Das klassische *Stimulus-Response-Modell* also. Der Konsument als ewige *Reaktions-Maschine*.

Aber – wie gesagt – jetzt wird eine Trendwende sichtbar. Immer mehr Hinweise zeigen, daß das Markt-Management bereit ist, mit den Fragmenten der Gesellschaft und ihren Szenen *gemeinsame Erlebnisse* und *gemeinsame Prozesse* zu organisieren.

Das hängt auch mit dem *Trend zur Kinetik* zusammen, der *Beschleunigung unseres Wandels* durch den Wandel selbst. Denn in einer solchen Zeit, in der die *Umbrüche zur Norm* werden, wächst das Potential der Suchenden. Und genau darum geht es: um *das Suchen*.

Das Marketing beginnt zu erkennen, daß diejenigen, die auf der *Suche nach Neuem* und anderem sind, nicht mehr die Avantgardisten und Jugendlichen allein sind, sondern in zunehmendem Maße ganz normale Menschen »wie du und ich«. Menschen mit durchschnittlichem Alter und bürgerlichem Habitus.

Das ist das eigentlich Neue: Die Suche nach dem Unbekannten ist dabei, *ein breiter Wert für normale Menschen zu werden*. Lassen Sie uns das als Gesetz formulieren, als Markt-Gesetz in kinetischen Zeiten:

**In Zeiten des permanenten Umbruchs wird die Zone des Unbekannten (*leading edge*) von der Mehrzahl der Menschen als eine vitale, positive Zone erlebt.**

Deshalb wächst die Anzahl der Menschen, die gerade in der Werbung nicht mehr diejenigen Inhalte lesen wollen, die sie ohnehin kennen und gut finden, sondern die erfahren wollen, was sie morgen gut finden könnten. Nicht platte Akzeptanz, sondern konstruktive Provokation.

Dieser Wechsel vollzieht sich übrigens auch in der Kultur, zum Beispiel in der Wissenschafts-Theorie. Auch hier gibt es die Verlagerung *vom Sein zum Werden*. Das Werdende wird zur neuen Heimat aktiver, moderner Menschen. Das Werden wird der zentrale Orientierungspunkt für dynamische Konsumenten. *Das Unbekannte wird positiv*.

Die Suchenden wachsen deshalb als Gruppe. Und damit werden sie langsam tonangebend. Die Zeiten gehen also vorbei, in denen das Neue, das Experimentelle und das Unbekannte automatisch gleichgesetzt wurden mit *avantgardistisch* und »zu früh«. Wenn sich immer mehr Konsumenten an der Leading Edge zu Hause fühlen, dann entsteht ein *neues Recht der Konsumenten auf Neues*.

Nun geht es darum, wie das Marketing dieses Neue organisieren will. Mit normalen Plakaten, Anzeigen und TV-Spots gelingt das immer seltener, denn was da »neu« ist, ist meistens nur der Stil, also die kreative Präsentation, ganz selten ist der Inhalt originär neu. Wenn das Markt-Management aber Leading-Edge-Qualitäten aufweisen will, dann muß es zuerst einmal *die Metapher der Manipulation überwinden*. Also Verzicht auf einseitige Intention. Dann sollte es sich trennen vom Modell der Behauptungs-Kommunikation, um zum neuen *Modell der Teilnahme* zu kommen. Warum? Weil die Glaubwürdigkeit für Leading-Edge-Themen nicht aus den Behauptungen und aus kreativem Gestalten entspringt, sondern aus der *gemeinsamen Entwicklung* von neuen Perspektiven, Lifestyles, Gefühlen und Konzepten.

Fazit: **Das Neue entsteht durch Teilnahme an der Eigendynamik der Szenen.**

Das Modell der Teilnahme ist also die Ursache für den aktuellen Trend zum *Szenen-Sponsoring*. Und in unserer Zeit der Kinetik kann diese Teilnahme nicht mehr *aus der Mitte* heraus funktionieren, denn die soziale Mitte erfindet keine neuen Gefühle, formuliert keine neuen Sentiments und kreiert auch keine neuen Lifestyles. Die Mitte paßt sich an, zwar in kinetischen Zeiten immer schneller und leichter, aber die immer größer werdende Gruppe der Suchenden erfindet die neuen Inhalte und Qualitäten.

In einer Zeit der Kinetik muß sich das Markt-Management also von der Mitte wegbewegen, um sich *an die Spitze von Bewegungen* setzen zu können. Kinetik heißt Bewegung. Und in einer Zeit der Bewegungen kann man neue Bewegungen nur an der Spitze erkennen, beeinflussen oder fördern. Das ist die neue Leading-Edge-Rolle der Interfusion.

Wenn man beides vereint, Szenen-Teilnahme und Leading Edge, dann kommt das Szenen-Sponsoring heraus. Typisch dafür ist die neue Zeitschrift für die Zigarette Chesterfield mit dem Titel »Weltbeat«. Dort wird die Szene »Weltkultur« in einer beeindruckenden Kompetenz und Innovations-Qualität präsentiert: *von der Szene, aus der Szene, für die Szene.* Dagegen wirkt normale Werbung nach einem Zitat des Altmeisters der alten Werbung, Gossage, so unhörbar wie »das Rülpsen eines Schmetterlings«.

## Interfusion will öffentliche Emotionen führen

Betrachten wir jetzt die zweite Frage: Wie kann das Marketing öffentliche Emotionen führen? Zuerst einmal muß man darauf hinweisen, daß wir nicht nur ein Wachstum der orientierungslosen Konsumenten haben, also der Suchenden, sondern zugleich auch einen deutlichen *Trend zu mehr Emotion in den Märkten.* Dahinter steht die Tatsache, daß sich das Gehirn der Bevölkerung seit rund 20 Jahren deutlich verändert hat; alles wird provokanter, stimulativer und emotionaler.

Die Gesellschaft für Rationelle Psychologie (GRP) in München mißt seit 19 Jahren die Art, wie man in Deutschland Reize und Emotionen im Kopf verarbeitet. Auf der Basis eines standardisierten Tests werden jeweils 4000 Versuchspersonen mit speziellen Sinnesreizen konfrontiert. Das Ergebnis ist für alle, die Marketing, Werbung und Design betreiben, außerordentlich wichtig: Seit rund 20 Jahren verändert sich das Gehirn unserer Bevölkerung signifikant. *Es denkt schneller als je zuvor, aber es empfindet dabei weniger.*

Man muß heute davon ausgehen, daß die Menschen körperlich und psychisch zwar empfindlicher werden (siehe zum Beispiel Allergien und den neuen Trend zu Phobien), gleichzeitig nimmt aber die *Sensibilität in bezug auf Infos* deutlich ab. Nach den Untersuchungen der GRP jährlich sogar um 1 Prozent.

**77**

Das bedeutet, daß die Reize immer kräftiger, konturierter, provokanter und mutiger sein müssen, um überhaupt wahrgenommen zu werden. Nach dem wichtigsten Gesetz der Brain-Theorie, basierend auf den »Laws of Form« von George Spencer-Brown, wird nur das zur subjektiven Wirklichkeit, was »einen Unterschied macht«. Die Unterschiede werden jetzt also später erlebbar.

Das forciert den Trend, die Unterschiede immer stärker aus *Provokation und sozialer Reibung* abzuleiten. Alle Marketing-Strategien, die zu eindeutig auf Safety, Konservativismus und Massendurchschnittlichkeit ausgerichtet sind, versagen deshalb immer mehr. Es ist jetzt hohe Zeit, um das Marketing-Instrumentarium umzuschalten auf die *bewußte Provokation von bewußten Unterschieden*. Das, was vor einigen Jahren noch bei den Menschen zu intensiver Ablehnung oder gar *sozialem Schock* geführt hätte, das ist heute ziemlich normaler Tobak. Allzu Bekanntes und allzu Feines wird aus unserem Bewußtsein immer konsequenter herausgefiltert.

Eine zweite Sache kommt hinzu: Immer mehr Botschaften können nicht mehr allein kognitiv übermittelt werden, sondern benötigen *satte Emotionen – quasi als Verpackung*. Auf der anderen Seite werden viele Botschaften und Attitüden vom Gehirn verarbeitet, ohne dabei Emotionen wachzurufen. Die junge Generation, die Video-Kids und die *Hyper-Realisten* entwickeln gerade jetzt ein völlig anderes Bewertungs-System für kognitive und optische Informationen. Eine eigenartige Mischung aus cooler Distanz und einem Suchen nach intensiven »Thrills« manifestiert sich in den Gehirnen. Lediglich ältere Menschen bearbeiten ihre tägliche Info-Flut noch mit den alten rationalen und emotionalen Bewertungs-Systemen. Sie sind auch wesentlich moralischer, was zum Beispiel Horror- und Destruktions-Szenen betrifft. Sie haben mehr *ethisch-normative Filter* beim Wahrnehmen.

Wie die GRP betont, hat sich das Gehirn im Verlauf der bisherigen Evolution nur sehr langsam und ausgesprochen zaghaft verändert. Jetzt scheint es aber zu großen und sehr intensiven Veränderungen zu kommen. Das wird auch die *Erlebnis-Welt* und die *Genuß-Niveaus* entscheidend verändern. Ich empfehle deshalb allen Unternehmen, die mit Lifestyles und Hedonismus im weitesten Sinne arbeiten, möglichst schnell neue Strategien zu finden, um mit dem völlig anderen Filtersystem des modernen Gehirns erfolgreich arbeiten zu können. Bezogen auf das Markt-Management, bedeutet das: Immer mehr Konsumenten möchten nicht nur bestätigt, sondern provoziert und zu neuen Erlebnissen geführt werden.

Das Markt-Management der neunziger Jahre braucht also eine *bewußte Dramatisierung* der affektiven und stimulativen Elemente. Und das wird man nur erreichen können, wenn man die Botschaften für Produkte und Marken umschaltet vom Sicherheitsdenken auf *Emotional Leadership* und bewußte Verschmelzung.

Wie andere Untersuchungen (etwa die von Maturana und Watzlawick) gezeigt haben, steigt der *Stimulationswert von Nachrichten* hauptsächlich dadurch, daß man die Inhalte seines Marketings nicht vom Produkt abhängig macht (das führt zu Statik und Redundanz), sondern von dem *fließenden Zeitgeist* und von den öffentlichen Emotionen, die in Szenen und Pionier-Gruppen ablaufen. Der Erfolg im Markt wird also immer abhängiger davon, ob es gelingt, die *soziale Interpretation* des Produktes im Feld des öffentlichen Bewußtseins durchzusetzen.

Wenn sich das Gehirn weiterhin so umfiltert, wird das Marketing die Technik der *strukturellen Kopplung* ins Instrumentarium einführen müssen. Dieser Begriff wurde von Humberto R. Maturana und Francisco J. Varela im Rahmen der Evolutionsforschung eingeführt, und er besagt – vereinfacht gesagt – folgendes: Es ist immer dort am meisten Power, wo Evolution stattfindet. Dort, an der Leading Edge des Neuen, ist immer am meisten Spannung, Reibung und Vitalität.

Der kommende Markt-Manager wird deshalb mit Sicherheit die Kompetenz haben müssen, *die Evolution sehen zu können*, um seine Marketing-Aussagen daran strukturell koppeln zu können. Damit trennt man sich endgültig vom Penetrations-Modell und vom heißgeliebten USP zugunsten eines *taoistischen Ansatzes der Werbung*: Derjenige hat am meisten Erfolg, der mit der Kraft des öffentlichen Bewußtseins-Wandels geschickt mitfließen kann.

Für die interne Seite des Markt-Managements bedeutet das, daß eine *differenzierte Kontext-Arbeit* zu leisten ist. Kontext bedeutet in diesem Zusammenhang die Vermittlung des jeweils aktuellen Weltbildes nach innen. Die beste Technik hierfür ist vermutlich das *Monitoring*. Man kann die strukturelle Kopplung an den externen Power-Fluß nur dann vollziehen, wenn man diesen innerbetrieblich widerspiegeln kann.

Wir sehen, daß ein neues Bedürfnis nach mehr Führung und Emotion entstanden ist. Wir haben aber auch gesehen, daß sich das kommende Markt-Management intern wandeln muß, um diese emotionale Leadership überhaupt managen zu können.

Eines ist sicher: Wenn sich die Fragmentierung immer stärker mit der Dynamisierung der Zeit verbindet, wird die Gesellschaft immer paradoxer, letztlich also immer emotionaler und orientierungsoffener. Schon sprechen die ersten Theoretiker wie Joachim Hirsch und Roland Roth (»Das neue Gesicht des Kapitalismus«) von der *Anarchie des Marktes*.

Damit sterben viele feste Normen, praktikable Standards und der große Haufen von »Man hat zu tun«-Regeln. Das macht natürlich die Innenseite des neuen Markt-Managements sehr kompliziert. Wie wir eben gesehen haben, benötigt man zum Beispiel eine differenzierte und zugleich fließende Kontext-Vermittlung in den Unternehmen. Dies wird beispielsweise durch Monitoring-Techniken möglich. Bei den Konsumenten erzeugt das aber ebenfalls neuartige Probleme. Der Konsument verliert nämlich ebenfalls die Orientierung. Im Prinzip will er sie auch verlieren, denn die kommende Konsum-Mentalität wird ja gerade von diesem *Reiz der Unstimmigkeit und Offenheit* bestimmt.

Die Konsumenten sind also auf ihre Art »angenehm hilflos«. Und das gibt den Markt-Experten die große Chance, eine subtile *neue Form von Patriarchat* einzuführen: die *Emotional Leadership*. Die Führung von Konsum-Mustern.

Während also immer mehr Marketing-Planer die zunehmende Fragmentierung bitter beklagen (»heillose Ziellosigkeit«), rufen ihnen die Konsumenten eine *einmalige Chance* zu, nämlich die der sozialen und emotionalen Führung. Das ist das, was die Markenartikler ganz zu Beginn der Industrialisierung und der Massenherstellung schon einmal besaßen: ein fast väterliches Patriarchat, damals für die Führung zu zuverlässigen Produktqualitäten. Nun ist dieses *Bedürfnis nach Führung* erneut da. Aber es wird kaum gesehen, weil diese Führung anders plaziert ist. Es ist Führung in neuen Erlebnis-Dimensionen. Es ist Führung im sozialen Experimentierfeld *neuer Lebensstile*. Es ist Führung in neuen Produkt-Sprachen. Eben Emotional Leadership.

Aber diese neue Führungsrolle für *Konsum-Gefühle* und für *Szenen-Moden* kann nur derjenige übernehmen, der auch wirklich führen will. Und genau da liegt der Knackpunkt: Wer immerzu nur an den großen *Massenmarkt* denkt, der kann diese Führung nicht übernehmen, denn sein Marketing muß den *gemeinsamen Nenner* präsentieren, der trotz der zunehmenden Fragmentierung für die meisten Konsumenten gerade noch »gemeinsam« ist. Und das kann nur der Kompromiß vieler Kompromisse sein. Etwas Banales. Etwas, was alle kennen. Etwas, was bereits seine eigene Tradition hat. Der Kompromiß des Massen-Profils kann immer nur auf dem Gestern beruhen. *Alte Gefühle* also.

Führen aber heißt vorn sein. Deshalb ist das neue Emotional-Patriarchat, das heute mehr denn je möglich wird, nur für denjenigen praktizierbar, der den Sinn aller *Spiral-Strategien* erkennt: von den wenigen zu den vielen. Wer sich ausschließlich auf die vielen profiliert, fasziniert in einer fragmentierten Gesellschaft emotional immer weniger. Denn es sind inzwischen die Szenen, die in ihren *sozialen Netzwerken* sagen, was angesagt ist, und nicht die schweigende Masse.

Wenn man also »ins Neue« führen möchte, dann muß man mit den Szenen das Neue durchsetzen, emotional und sozial. Das benötigt *Mut für Zukünftiges.* Das benötigt deshalb die Konzentration auf das, was am Anfang abgelehnt wird, weil es zu neu ist.

Und hier sind wir bei der zentralen Stelle für das neue Emotions-Patriarchat: Wer Gefühle führen will, muß *mit der Zeit operieren* und deshalb oft auf *schnelle Akzeptanz* und sofortige Verständlichkeit verzichten. Deshalb muß er oft bewußt das empfehlen, was zu Beginn von vielen abgelehnt wird (»zu innovativ, zu speziell« etc.), damit man später nachrücken kann. Früher vorn sein – das ist Führung.

Anders können die Konsumenten die emotionale Führung auch gar nicht erleben. Erst wenn sie anfangs emotional dagegen sind, was sie später akzeptieren, wird ihnen bewußt, daß sie jemandem gefolgt sind. Laut Gregory Bateson verlangt diese Führung Unterschied und Reibung. Wer also immer nur auf Massen-Sofort-Akzeptanz zielt, baut nie dieses *Erlebnis von Führung* auf. Deshalb bekommt seine Marke auch nicht die höchsten Weihen des Marketings: *das Faszinosum von Leadership.* Denn was ist Faszinosum anderes als das akkumulierte Erlebnis von anerkannter Führung.

Wir leben in einer Zeit, in der also immer mehr Führung dieser Art verlangt wird und in der zugleich ein *heftiger Tempo-Wettbewerb* herrscht. Markt-Wettbewerb wird immer mehr zum Zeit-Wettbewerb. In diesen *fließenden Zeiten* wird deshalb »vorn sein« zur neuen Quelle für das Faszinosum der Marken und der Produkte.
Das alte Faszinosum-Konzept, das zu Beginn der Markenartikel-Epoche galt, lebte dagegen von *Zeitlosigkeit.* Dasjenige Produkt hatte am

meisten Faszinosum, das scheinbar über allem schwebte. Ultimativ, sein eigener Maßstab, abgehoben von den Niederungen normaler Produkte. Dieses Modell von Faszinosum ist inzwischen längst überholt. Das neue Faszinosum wird gespeist von dem *neuen Tempo-Faktor*. Es hat deshalb auch einen anderen Zuschnitt:

**Das neue Faszinosum lebt von der Garantie, daß »mein Produkt vor mir ist«.**

Die Konsumenten honorieren das Früher-da-Sein der Marken und Produkte, weil sie selbst den *Kitzel des Zeitlichen* im Konsum wollen. Wenn es einer Marke oder einem Hersteller gelingt, Verhaltens-Konzepte, Lebensstile oder Wert-Kategorien durchzusetzen, die man als Konsument zuvor abgelehnt hat, dann erkennt man retrospektiv die *Kraft des Anbieters* an. Und das ist Führung, das ist das neue Emotions-Patriarchat, gespeist aus den drei Dimensionen des neuen Faszinosums

① Aktualität (Tempo-Faktor),
② Orientierungskraft (Präge-Faktor),
③ Wiederholungs-Potenz.

Diese drei Dimensionen machen deutlich, daß eine völlig andere Auffassung von *Markenkraft* am Horizont erschienen ist, unter anderem verursacht durch den jungen Trend zum *Hyper-Realismus*.

Derjenige Anbieter wird im *Feld der Bewunderung* erlebt, der es schafft, möglichst oft (Wiederholungs-Potenz) neuartige Dimensionen (Orientierungskraft) an den aktuellen Zeitgeist und damit an den aktuellen Strom der Lebensstile zu koppeln (Aktualität). Es wird deshalb so etwas wie ein Bühnenwechsel in Sachen Markenkraft erkennbar. Das alte Faszinosum lag mehr bei Zeitlosigkeit und Ehrwürdigkeit, das neue Faszinosum liegt mehr bei der *Prägekraft für Neues*. Aus dieser Sicht ergeben sich folgende Konsequenzen für das zukünftige Markt-Management:

① Wir sollten unsere Glaubensmuster in bezug auf Wirksamkeit überprüfen. In Zeiten der Fragmentierung und des Tempo-Wettbewerbs ist *Breiten-Akzeptanz und Sofort-Verständlichkeit* nicht mehr das selbstverständliche Ticket zum Marketing-Erfolg. Es wird eher zum Verhinderer des Erfolges.

② Es müßte eine Bereitschaft aufgebaut werden, den neuen Prägefaktor des Marketings auch intern durchzusetzen. Wenn man emotional führen will, dann muß man vor der Zeit operieren und *vor dem Bedarf manipulieren*. Wenn man aber sofortige Erfolgszahlen zum Headquarter liefern muß, kann man dieses Prägen nicht wagen. Die

Entscheidungs-Kriterien müßten geändert werden, damit konsumtive Führung überhaupt stattfinden kann.

③ Die Marktforschung müßte einen aktiven Beitrag bringen, indem sie nicht nur die Risiken innovativer Inhalte der Werbung konkretisiert (etwa Verständlichkeit und Akzeptanz), sondern auch Wege aufzeigt für die anzustrebende Spiral-Strategie. Konkret: Die Marktforschung müßte sagen, welche zeitgeistigen und *sozialen Kopplungen* vorgenommen werden können, um das bewußt Neue zum späteren Erfolg zu führen.

Alles in allem: Ein neues Patriarchat wird möglich. Besonders für engagierte Hersteller und Markenartikel. Aber es wird nur dann »goldene Früchte« bringen, wenn man sich vom alten Massen-Marketing trennen kann, das in Zeiten der Fragmentierung und des Tempo-Wettbewerbs ein *Marketing der Ängstlichkeit* geworden ist.

## Interfusion braucht
## Interfusions-Agenturen

Der US-Erfolgsautor Stan Rapp hat in der Zeitschrift *Horizonte* im Rahmen eines Interviews über die Zukunft der Werbeagenturen und des Marketings gesprochen. Rapp sieht eine Art *Maxi-Marketing* kommen. Und das versteht er als eine Art Brücke zwischen der Welt des Direkt-Marketings und der Welt der klassischen Werbung.

Auch er betont, daß der Trend zur datenbankunterstützten Beziehung zum Kunden geht. Er betont, daß wir um *neue Formen der Dialog-Beziehungen* »in Zukunft nicht mehr herumkommen werden«. Und er meint auch, daß das mit Direct-Mailing allein nicht mehr zu machen sein wird, sondern daß sich die Werbung generell auf Dialoge und Beziehungspflege verlagern wird.

Das deckt sich mit den in einem seiner Bücher vertretenen Auffassungen und Prognosen. Rapp dazu: »Wer in den Neunzigern bestehen will, muß lernen, Beziehungen und den Dialog gezielt zu den Personen aufzubauen, die als Käufer des jeweiligen Produkts identifiziert worden sind.« Und ein typisches Beispiel ist für Rapp der in den USA und auch in Deutschland erfolgreiche *Barbie-Puppen-Fanclub*, den der Hersteller Martell in den letzten Jahren aufgebaut hat. Rapp geht sogar so weit, daß er meint, daß Martell den Einbruch, den man in den letzten Jahren im Markt zu verzeichnen hatte, als das Spielzeug-Geschäft sich auf andere Attraktionen verlagerte (zum Beispiel auf Computer-Spiele), nicht überstanden hätte, wenn nicht dieses »ausgezeichnete Verhältnis zu den Konsumenten, sprich: den Mädchen in den Barbie-Clubs«, aufgebaut worden wäre. Der Club als Retter in einer Phase der Umsatz-Malaise.

Hieran erkennt man, daß die *Beziehungspflege* abgekoppelt werden muß von der Markt-Dynamik. Oder anders ausgedrückt:

**Die Markt-Dynamik folgt nicht der Beziehungs-Dynamik. Also benötigt die Beziehungs-Dynamik auch ein eigenständiges Beziehungs-Instrumentarium.**

Für die neunziger Jahre erwartet Rapp deshalb auch eine Neustrukturierung im Bereich der Beratungs-Services: »Es wird zwei absolut gleichberechtigte Agenturen nebeneinander geben. Eine für klassische Werbung im Sinne von Image-Werbung und eine *Relationship-Agency*, die interaktiv tätig ist. Und beide Agenturen werden miteinander kommunizieren. Und beide Agenturen werden gleichberechtigt mit dem Kunden reden.«

Übertragen auf das Sprachsystem dieses Buches, heißt das:

**In den neunziger Jahren wird es klassische Werbeagenturen geben und neuartige Interfusions-Agenturen. Beide werden parallel und autonom arbeiten.**

Während die klassischen Werbeagenturen hauptsächlich das Image und das Marken-Faszinosum aufbauen und pflegen werden, bekommen die Interfusions-Agenturen die Aufgabe, die vom Markt abgekoppelte Beziehungspflege zu organisieren und zu optimieren.

Dabei ist wichtig, daß die Interfusions-Experten eine völlig andere *innere Haltung* aufweisen müssen, als es normalerweise Werbeagentur-Mitarbeiter haben. Denn es geht nicht darum, ein Maximum an Akzeptanz zu erreichen. Das ist für eine lebendige Beziehungspflege viel zuwenig und führt mittelfristig zu einer Erlahmung der Beziehung. Interfusion benötigt mehr als nur Akzeptanz, nämlich das, was wir Emotional Leadership genannt haben, also das bewußte Herstellen von *emotionalen und mentalen Instabilitäten* im psychischen Haushalt der Menschen, die man anspricht. Investiert werden bewußte Provokationen, Diskurse, konstruktive Konflikte und soziale Reibungen.

Alles das zusammen erzeugt den Lebensstrom der Dialog-Beziehung. Denn gute Beziehungspflege ist immer die Organisation *richtig dosierter Spannungen*, denn das Leben selbst ist permanente Spannung.

Im Zeitschriften-Marketing zeigen sich diese neuen Ansätze bereits. Früher operierte man so, daß die redaktionellen Inhalte ausschließlich auf Akzeptanz ausgerichtet wurden. Die Zeitschriften wurden so gemacht, daß sie hauptsächlich ein Bestätigungs-Lernen initiierten. Die Menschen lasen das, was sie schon immer wußten. Die Menschen erlebten das, was sie schon häufig erlebt hatten. Inzwischen weiß man, daß eine derart auf Sicherheit zielende Zeitschriften-Strategie mehr und mehr versagt. Man erzeugt nämlich mit dieser Konzeption einen Meta-Wert innerhalb des Beziehungs-Gefüges zwischen Redaktion und Leser, der gekennzeichnet ist durch *Mattigkeit, Müdigkeit und Langweiligkeit*. Also alles Dimensionen, die das Gegenteil von Lebendigkeit sind.

Deshalb arbeiten die ersten Zeitschriften-Strategen mit einer doppelten Zielsetzung: Zum einen setzen sie auf *Akzeptanz*. In der Leser-Forschung fragt man deshalb nach der Leser-Zustimmung zu bestimmten Artikeln. Zugleich setzt man aber auch auf *Relevanz*.

Man fragt also die gleichen Leser, ob der entsprechende Beitrag in der Ausgabe enthalten sein sollte oder nicht. Relevanz bedeutet: Es ist wichtig, daß es diesen Inhalt gibt, egal ob ich ihm zustimme. Und die Ergebnisse zeigen immer wieder, daß die Gruppe derjenigen Leser, die nicht nur Akzeptanz- und Bestätigungslernen vollziehen, sondern auch Provokation erleben möchte, immer größer wird.

Akzeptanz und Relevanz schließen sich aus. In einer Informations-Gesellschaft, in der die Orientierungs-Muster immer zahlreicher und zugleich fließender werden, benötigen Menschen mehr emotionale Provokation, also Relevanz, um zu neuen emotionalen Orientierungen zu kommen.

Interfusion, verstanden als systematische Beziehungspflege, kann deshalb nicht nur auf einseitiges Bestätigungs-Lernen (Akzeptanz) setzen, sondern benötigt *Methoden des Diskurses*, der Provokation und des Entlernens. Also Methoden, die für die eigene mentale und emotionale Umprogrammierung sorgen.

## Die Rolle der Szenen-Magazine

Das beste Instrumentarium für diese Emotional Leadership sind *Szenen-Magazine*, also Closed-Media-Konzepte: Zeitschriften für Szenen, gesponsert von Marken oder Produkten. Die bisherigen Erfahrungen haben gezeigt, daß das Instrument der klassischen PR kaum in der Lage ist, diese Form der Emotional Leadership durchzuführen. Man kann zum Beispiel von öffentlichen Medien nicht erwarten, daß sie für eine Marke oder für ein Unternehmen permanent diejenigen *Provokations-Themen* veröffentlichen, die für eine emotionale Führung und mentale Umprogrammierung geeignet wären. Deshalb benötigt man meistens ein eigenständiges Szenen-Medium im Sinne von Closed-Media.

Die Rolle eines solchen Magazins geht von drei Zielsetzungen aus:

① *In einem Szenen-Magazin kann man thematisch vor den Ereignissen dasein*
Man kann also neuartige Werte, neuartige Orientierungs-Marken und neuartige Ereignisse erfinden. Man setzt nicht auf aktuelle Ereignisse, sondern auf das Erfinden von neuen Sichten. Statt Fakten von heute – Bewußtsein von morgen.

② *In einem Szenen-Magazin kann man Sozio-NLP betreiben*
Man kann *Wort-Anker* plazieren und diese didaktisch so aufbereiten, daß dadurch eine mentale Umprogrammierung möglich wird. NLP steht für Neurolinguistische Programmierung, und Sozio-NLP bedeutet die Programmierung von sozialen Fragmenten durch die Linguistik. Ein gutes Szenen-Magazin ist ein NLP-Magazin.

③ *In einem Szenen-Magazin kann man die Ursache für Kettenreaktionen managen*
Diese Kettenreaktionen sehen so aus, daß man diejenigen Themen zum Dialog mit den Lesern eines Szenen-Magazins führt, die daraus so etwas wie eine erste soziale Wirklichkeit machen. Setzt man dann noch Szenen-Sponsoring oder Lifestyle-Kooperationen oben drauf, so erzeugt man Szenen-Ereignisse, die es sonst nicht gegeben hätte. Und diese Szenen-Ereignisse können wiederum einen wichtigen Nachrichtenwert für allgemeine Medien darstellen. Man kann mit den allgemeinen Medien derartige Kettenreaktionen vorab vereinbaren, zum Beispiel einem wichtigen Medium Exklusivität garantieren, so daß es exklusiv über die *Szenen-Events*, die man im Rahmen der Interfusion durchführt, berichten kann. Die Interaktionen im Szenen-Magazin werden dann zu Nachrichten für andere Medien.

Betrachtet man diese drei Zielsetzungen ganzheitlich, so erkennt man, daß Emotional Leadership wie folgt funktioniert:

① Man steuert Werte und Orientierungen in eine soziale Szene hinein und sorgt per Sozio-NLP dafür, daß diese neuen Dimensionen als neue Glaubensmuster geankert werden. Man manipuliert also das Bewußtsein einer Szene.

② Auf dieser Basis initiiert man Events, das heißt Trend-Ereignisse und Szenen-Aktionen, zum Beispiel im Sinne von Lifestyles.

③ Dann managt man die Kettenreaktionen, das heißt die Follow-up-Berichte über diese Events in anderen, möglichst attraktiven Zeitschriften und Medien (zum Beispiel TV).

④ Schließlich sorgt man dafür, daß die Berichterstattung in anderen Medien in dem eigenen Szenen-Magazin wieder zurückgekoppelt werden in Form von *Retro-Berichten.*

Gerade diese Retro-Berichte sind es, die den Wert der Emotional Leadership ausmachen. Denn nun lernt das Szenen-Mitglied den Wert seines Szenen-Sponsors besonders schätzen. Es erlebt emotional, von wem es eigentlich zu den neuen Emotionen geführt worden ist. Es gibt in der Sozialforschung ein immer wieder beeindruckendes Phänomen:

- Derjenige, der einen Menschen häufig zu neuen Werten, Orientierungen und Glaubensmustern geführt hat, wird automatisch zu einem *informellen Leader.*

- Diese Leader-Funktion ist das Ergebnis des Erlebnisses, häufig positiv geführt worden zu sein: vom alten zu einem neuen Glauben, vom alten Bewußtsein zum neuen Bewußtsein.

Szenen-Magazine prägen den Anbieter zum informellen Leader.

## Interfusion und Life-Styling: der Trend zur Lebenshilfe

Interfusion erzeugt somit eine neuartige Autorität für den Anbieter oder für die Marke. Durch emotionale und mentale Führung. Diese neue Autorität ist aber *selbst organisiert* und wird *eigendynamisch* vom Konsumenten interpretiert. Man behauptet nicht mehr Autorität, sondern man wird vom Konsumenten zur Autorität interpretiert.

Ist diese neue Autorität, die eine Art *Neo-Patriarchat für Lebenshilfe* darstellt, erst einmal aufgebaut, kann Interfusion den eigentlichen Königsweg betreten, nämlich Lifestyles zu produzieren.

Die Amerikaner verstehen unter Life-Styling viel mehr als nur ein ober-flächliches Orientierungsmuster für die Art und Weise, wie man sich derzeit gibt und konsumiert. Für sie ist dieser Begriff ein *Synonym für Lebensplanung.* Und durch Interfusion kann eine kontinuierliche Le-benshilfe als Meta-Service organisiert und angeboten werden. Für die Konsumenten, mit denen man sich per Interfusion vernetzt hat, bedeu-tet das eine permanente *Selbstverstärkung der Autorität.*

Der Hersteller wird damit zum *Urheber kultureller Evolution,* wie es Lauren P. Taylor in *GDI-IMPULS* 2/88 bezeichnet hat. Und Taylor sieht auch, daß Vernetzungs-Operationen in erster Linie darauf ausge-richtet werden sollten, ein *positiv-konstruktives Ungleichgewicht* herzu-stellen. Das ist seiner Meinung nach unter anderem schon deshalb nötig, weil die Gesellschaft selbst gekennzeichnet ist durch eine »zunehmende Dominanz der kulturellen gegenüber der organischen Evolution als Ur-heberin des Wandels«.

Das bedeutet, daß die *Kultur* immer stärker der Motor der Evolution wird und daß sich deshalb folgerichtig die Kultur selbst immer mehr zu einer fließenden und sich beschleunigenden Kultur verändert. Er nennt das den *kulturellen Pool.* Und in diesem Pool sind die vielfältigen Erfin-dungen und Artefakte hauptsächlich aus dem sozialen und geistigen Be-reich enthalten, also neue Ideen, neue Konzepte, neue Orientierungen, neue Provokationen.

Es ist nun wichtig, zu sehen, daß die Menschen in diesen kulturellen Pools leben, ob sie wollen oder nicht, und daß besonders die sensibleren und konsumprägenden Personen mehr und mehr Bedarf haben, mit die-sen sich immer schneller verändernden kulturellen Pools mitzufließen.

Fazit: **Interfusion wird zu einer Dienstleistung, die dieses Mitflie-ßen mit den fließenden Kultur-Pools ermöglicht.**

## Die Entstehung des konstellativen Denkens

»Die Kultur« gibt es nicht mehr, also die einzige Kultur, die alles be-stimmt. Es gibt nur noch *unterschiedliche Kultur-Pools.* Dabei zeigt sich, daß die kulturellen Pools der Szenen und der Jugend für unsere allge-meine kulturelle Evolution immer wichtiger und prägender werden.

Wir stehen vor einer Epoche, die die Prinzipien der *kulturellen Evolu-tion* mehr und mehr durchschaut und die deshalb das Machen und das

Entmachen immer mehr als wesentliche Instrumente für den Fortschritt erkennt, lernen und entlernen, formen und auflösen. Immer mehr Menschen entdecken damit die Prinzipien der Kinetik, das heißt den Sinn der Beschleunigung in diesem Spiel der *permanenten Überwindung des Bisherigen*.

Und in diesem Spiel werden die Wirtschaft und das Markt-Management eine wichtige Rolle spielen können. Voraussetzung dafür aber ist, daß man nicht darauf besteht, unbedingt Marketing betreiben und klassische, kreative Werbung plazieren zu wollen. Wenn es stimmt, daß die Identität des Menschen immer mehr geprägt wird durch seine *Netzwerk-Konstellationen* und durch die dynamischen Prozesse in den unterschiedlichen kulturellen Pools, dann sollte das Markt-Management der Zukunft ein *integraler Faktor* in diesem konstellativen Prozeß der Vernetzung und in den dynamischen Prozessen innerhalb der kulturellen Pools sein. Das bedeutet:

**Interfusion wird damit zum Motor des Entmachens und des Entlernens in der Gesellschaft.**

**Interfusion wird damit zu einem konstruktiven Element der kulturellen Evolution.**

Am besten hat Elain Scarrys in ihrem Buch »The Body in Pain. The Making and Unmaking of the World« diesen Trend zum konstellativen Denken und damit zum *Neuerlebnis der Identität* innerhalb des Machens und Entmachens beschrieben.

Scarrys führt die Theorien der Autopoiese, die unter anderem auch die Basis für Interfusion darstellen, insofern weiter, als sie nicht nur die Selbst-Herstellung, also das Machen, als wichtige und kulturelle Evolutions-Größe beschreibt, sondern auch die *neue Dimension des Entmachens*.

Wie Aßmann in der Zeitschrift *DELFIN* richtig schreibt, »entsteht dadurch eine binäre Position, in der Werte lagern und ein ethisches Konzept eingelassen ist«. Die Menschheit entdeckt, *daß das Eigentliche immer zwischen Machen und Entmachen stattfindet*. Anders ausgedrückt: Das Spannendste am Leben findet immer in der kurzen Phase zwischen Lernen und Entlernen statt, also steuert die Kultur immer mehr auf die Beschleunigung dieses Wechsel-Prozesses zu, mag er noch so schmerzhaft sein.

Dementsprechend lautet auch Scarrys' These, daß »Schmerz der Motor und der Maßstab des Zivilisations-Prozesses« sei. Und Kultur ist immer Antwort auf die Existenz dieses Schmerzes. »Sie ist materialisierter Mit-Schmerz«, wie es Hilde Domin einmal ausdrückte.

Eine Gesellschaft, die beginnt, ihre kulturelle Evolution bewußter und schneller voranzutreiben, muß deshalb mit diesem Schmerz anders umgehen und *das kulturelle Tempo erhöhen*, also die Kultur oder die Mitglieder der Kultur häufiger zwingen, die räumliche und zeitliche Zone zwischen Machen und Entmachen oder zwischen Lernen und Entlernen zu betreten, um sie zu genießen der zu erleiden.

Interessant ist nun, daß gerade die *telekommunikative Gesellschaft*, vor der wir stehen, diesen Prozeß technisch möglich machen wird, ja sogar unbeabsichtigt provozieren wird. Die weltweite Vernetzung der Mailboxen, die Multiplizierung der TV-Programme, die Entstehung einer merkantilen Mikro-Information, verstanden als Lebensberatungs-Service per Computer, all das wird die Gewißheiten immer häufiger auflösen und das Entlernen und das Entmachen wie selbstverständlich immer mehr in den Mittelpunkt unserer Kultur und unserer persönlichen Identität rücken. Die Beschleunigung der Artefakte wird damit zum Sinn der Evolution.

Scarry entdeckt in diesem Zusammenhang das *konstellative Denken*. Es ist im Westen, das heißt hauptsächlich in unserem europäischen Kulturkreis, irgendwie vergessen worden. Historisch gesehen, war es hier zuletzt bei den alten Ägyptern vorhanden. Dort glaubte man, daß eine Person nur als eine Vielheit zu denken sei. Das Ich war also nicht ein ganz persönlicher Besitz, sondern existierte im Rahmen von vielen, zum Teil *weitgespannten Vernetzungen* und konstellativen Bezügen.

Genau dieses konstellative Denken und – damit einhergehend – das *konstellative Bewußtsein* (Multi-Mind) entwickelt sich jetzt auch im Westen wieder, zum einen verursacht durch die Entdeckung der kulturellen Evolution und die zunehmende Tendenz der Menschheit, diese kulturelle Evolution selbst und damit eigenverantwortlich in die Hand zu nehmen, zum anderen durch die immer intensiver werdende Vernetzung der Medien und damit die Fragmentierung und Pluralisierung der kulturellen Pools.

In der Theorie des Konstruktivismus diskutiert man inzwischen ebenfalls die Wichtigkeit konstellativer Identitäten, weil man erkannt hat, daß in einer schnellebigen und fragmentierten Welt das Basis-Konzept von Ideologie verändert werden muß: von der statischen Identität (Identität durch identische Wiederholungen) zu einer dynamischen Identität (Identität durch die Summe vieler Schnittpunkte).

Siegfried J. Schmidt schreibt in diesem Zusammenhang:»Da in unseren intern differenzierten Gesellschaften jedes Individuum eine Vielfalt von sozialen Systemen mitkonstituiert, ist es konsequent, Individuen soziologisch als ›Schnittpunkte‹ oder ›Berührungspunkte‹ sozialer Systeme zu verstehen. Ein Individuum ist ›zur gleichen Zeit Komponente mehrerer sozialer Systeme, die durch ›Multikomponenten-Individuen‹ verbunden werden. Dies gestattet, Gesellschaft als ein *Netzwerk sozialer Systeme* mit den Individuen als ›Knoten‹ zu verstehen.«

Als Formel:

**Der kommende moderne Mensch wird mit vielen unterschiedlichen Bewußtseinsebenen ausgestattet sein.**

**Der kommende moderne Mensch wird ein konstellatives Denken im Rahmen unterschiedlicher Vernetzungen praktizieren.**

**Der kommende moderne Mensch wird unterschiedliche Identitäten im Rahmen unterschiedlicher sozialer Konstellationen aufweisen.**

Und damit wird auch die langfristige Sinn-Perspektive für Interfusion am Horizont erkennbar:

**Interfusion dient der kulturellen Evolution.**

**Interfusion fördert das konstellative Denken und das konstellative Bewußtsein der Menschen, weil es die Vernetzungen fördert und das Lernen und Entlernen in den Netzwerken unterstützt.**

## Interfusion braucht die Pop-Kultur der Jugend

Es ist wichtig, noch einmal darauf hinzuweisen, was hier unter Kultur verstanden wird. Für die meisten Vorstände ist Kultur das, was man in Deutschland unter *Hochkultur* versteht, von Bach über Beethoven bis zum klassischen Ballett. Aber genau dieser Sektor der Kultur gehört nicht mehr zu den alles vorantreibenden kulturellen Pools. Inzwischen hat längst die Pop-Kultur die *Energetisierung* unserer Evolution übernommen. Man kann deshalb sagen:

**Interfusion nutzt die evolutionäre Energie der Pop-Kultur. Die Pop-Kultur ist im Grunde die zeitgemäße Volkskultur, durch die neue Orientierungen im Bereich der Werte und Lifestyles möglich werden.**

Das Institut für Trend-Forschung, das ich leite, hat zum Thema *Zukunft der Pop-Kultur* vor einiger Zeit eine gründliche Studie erarbeitet. Hier die wichtigsten Ergebnisse:

In den neunziger Jahren wird die Pop-Kultur die eindeutige Leader-Kultur sein. Schon in den siebziger Jahren begannen Hoch- und Subkultur sich immer mehr miteinander zu verzahnen, wobei das *Credo der Subkultur* (»alles ist gut, wichtig ist nur, daß es unterschiedlich ist«) immer mehr auch die Inhalte und Entwicklungen der Hochkultur beeinflußte. In den neunziger Jahren wird das, was man Subkultur und Underground nennt, immer mehr zur seriösen und wertgeschätzten *Quelle für soziale Erneuerungen* werden. Schon heute klagen viele subkulturelle Szenen, daß die Phase einer echten Subkultur oft nur noch Monate beträgt, dann wird alles ins grelle Licht der Medien gezerrt. Und damit wird es immer schneller salonfähig.

Die Pop-Kultur war lange Zeit eine *Protest-Kultur*. Sie wandelt sich im Rahmen ihrer immer breiter und intensiver werdenden Akzeptanz zu einer *Kultur der Moden*. Pop selbst ist Mode und transportiert Zeitgeist, Wertewandel und innovative Turbulenz.

Pop-Kultur wird Motor und auch *Dolmetscher der wachsenden Fragmentierung* und sozialen Differenzierung. Pop-Kultur ist zugleich aber auch der *soziale Kitt* für die Fragmentierung.

Die kommende Pop-Kultur wird eine *Dialog-Kultur* sein. Eine ihrer neuen Achsen ist die Weltkultur (cross culture). Die Pop-Kultur wird damit zur Darstellungsbühne für das Aufblühen des neuen Mythos von Weltenbruderschaft. Pop-Kultur ist aktive Formung und Suche nach Mythen.

Die Pop-Kultur wird immer mehr zum *Instrument des wilden Denkens*, das die lange Zeit dominierende *Literalität* unserer Kultur mehr und mehr ablöst (Bilder-Erlebnisse anstelle von Lese-Erlebnissen). Damit entsteht zugleich auch eine *Kultur des Augenzwinkerns*, weil sich das wilde Denken mehr und mehr mit dem Hyper-Realismus verbindet (»das Leben ist ein Spiel, also laß es uns crazy spielen«).

Die kommende Pop-Welle forciert zugleich alle *Tendenzen zur Basis-Demokratie* oder zur partizipativen Demokratie. Credo: Das Wichtige muß ganz einfach sein. Besonders in der Politik erkennt man heute schon die zunehmenden Tendenzen zum Entertainment und zur Show-Politik.

Obwohl die Gruppe der Älteren und Alten in unserer Gesellschaft immer größer wird, wird die Pop-Kultur in erster Linie eine Jugendkultur sein, also eine Kultur der *Babyboomer* und der sogenannten *Schattenboomer* (das sind die Kinder der Babyboomer). Die Pop-Kultur wird sich grundsätzlich verankern im Lager der Jugend-Szenen. Sie wird zum Interpreten der Jugendkultur mit ihren vielfältigen, kontroversen Strömungen.

Daraus lassen sich für den Manager der Interfusion folgende Konsequenzen ableiten:

① Wer Interfusion managen möchte, sollte seine geistige Heimat in der Pop-Kultur haben.

② Wer die Pop-Kultur verstehen möchte, muß die aktuellen Strömungen der Jugendkulturen akzeptieren und lieben können.

Das bedeutet für viele Vorstände und Manager, Abschied zu nehmen von dem derzeit sehr beliebten Mäzenatentum und von den heroischen Weihen des Sponsorings der alten Hochkultur. Vor mir liegt eine Anzeige, die vor einiger Zeit in der *Welt* erschien. Eine Ganzseite, vierfarbig, Headline: Schleswig-Holstein Musikfestival. Darunter das Datum, an dem es stattfindet. Dann eine ganze Zeile: »If Music be the food of love, play on.« Natürlich von Shakespeare. Noch kleiner, kaum noch zu lesen: die Sponsors des Schleswig-Holstein Musikfestivals. Und dann kommen vier kleine Markenzeichen, nämlich die von Bertelsmann, Zentis, Audi und Windsor. Ein teurer, riesiger Auftritt, vermutlich von den Sponsors verstanden als moderne Form der Werbung jenseits von Werbung und PR. Aber im Grunde nichts anderes als *altmodisches Mäzenatentum*. Das hat mit Lifestyle-Sponsoring im Sinne des Mitfließens in »kulturellen Pools« nichts zu tun. Und es ist auch weit entfernt von der wirklichen Dynamik, die in unserer Gesellschaft durch Pop- und Jugendkultur stattfindet, täglich und mit intensiver Dynamik.

*Wer Interfusion will, muß die Jugend wollen*. Das ist letztlich die Konsequenz aus der Evolutions-Theorie mit ihrem Modell der kulturellen Pools und der bewußten Nutzung von permanenten Ungleichgewichten in unserer Kultur. Also ist Interfusion ein Partner der Jugendkultur.

Zum Thema Jugendkultur schrieb ich in RADAR für TRENDS:

## Die Jugend wird noch wichtiger

In den USA wird der Einfluß der Jugendlichen auf die *familiären Konsum-Entscheidungen* immer größer. Nun zeigt eine neuere Umfrage der Schaefer-Marktforschung, durchgeführt im Auftrag der Verlagsgruppe Bauer, daß dieser Trend auch in Deutschland wirksam ist.

Die Mehrzahl der Kinder und Jugendlichen hat einen wachsenden Einfluß auf ihre Eltern und lenkt die Kaufentscheidungen für bestimmte Produkte und Marken in eine Richtung, nämlich die, die für Kinder am attraktivsten ist. Der starke Einfluß der Jugendlichen führt auch dazu, daß im Mehrpersonen-Haushalt die Kaufentscheidungen immer *kollektiver* werden. Die alten Marketing-Regeln, daß für bestimmte Produkt-Bereiche genau definierbare Entscheider zuständig seien, stimmt immer seltener.

Immer mehr Männer (bei denen unter 40 fast die Hälfte) kaufen die Lebensmittel der Familie ein. Immer mehr Kinder und Jugendliche verpflegen sich selbst und erhalten somit immer mehr Einfluß auf die Konsum-Entscheidungen. Besonders bei modernen High-Tech-Produkten (zum Beispiel Computer, Walkman und Taschenrechner) ist der Einfluß der Jugend überdeutlich.

Noch ein Blick auf die USA: Dort hat die große Welle des *Marketing für Senioren* schon einen ersten Dämpfer erhalten. Immer mehr Marketing-Experten konzentrieren sich auf die *kidfluence*. Die Sechs- bis Fünfzehnjährigen, in den USA rund 34 Millionen Personen, sind nicht nur sehr konsumfreudig, sondern auch in den Familien sehr einflußreich.

Die Marktforschungsfirma Yankelovich Clancy Shulman schätzt, daß die Heranwachsenden in den USA rund 30 Milliarden Dollar Taschengeld für ihre Bedürfnisse ausgeben, und zwar nach eigenem Gusto. Dazu kommen weitere 40 Milliarden Dollar für das Einkaufs-Volumen, das die Teenager bei ihren Eltern auslösen.

Angeblich soll der Anteil der von Kindern zwischen 12 und 15 getätigten Supermarkt-Einkäufe bereits bei 61 Prozent liegen. Inzwischen gehen die ersten Werbe-Strategen dazu über, den Kindern Produkte zu empfehlen, die gar nicht für sie bestimmt sind. Man umwirbt die Kids, um deren Eltern zu beeinflussen.

Die Trend-Signale zeigen, daß der Einfluß der Jugendkultur in den neunziger Jahren immer größer wird, so daß es besonders für Markenartikler wichtig ist, sich rechtzeitig *neuartige Dialog-Systeme* einfallen zu lassen, um frühzeitig Reputation und Vertrauen im Lager der Kinder und Jugendlichen aufzubauen (zum Beispiel Netzwerke, Szenen-Magazine oder Clubs). Wichtig ist hierbei, daß die Ähnlichkeit zwischen dem Hersteller-Team und den jugendlichen Konsumenten möglichst groß ist. Das Schlagwort dafür in den neunziger Jahren wird »Mimesis« sein, das heißt die *mentale Verschmelzung* der Macher mit ihren Kunden.

Die Kinder und Jugendlichen werden in den neunziger Jahren immer *zeitgeistiger* und damit, was ihre Einstellungs-Strukturen betrifft, immer instabiler und paradoxer. Immer mehr Lebensbereiche werden damit *zur Mode* und schnell inflationär. Mit den üblichen schwerfälligen Marketing-Strategien wird man geistig immer zu spät sein. Ein frühzeitiges Umschalten auf Netzwerk-Techniken, *Szenen-Regie* und neuartige Dialog-Foren ist deshalb ratsam.

## Neues über Babyboomer und Yuppies

Die Babyboomer sind in Deutschland zwischen 1960 und 1970 geboren. Sie sind in allen Industrienationen eine wichtige Gruppe für die kommende *Neugestaltung der Moderne*, weil sie die Kinder der Sechziger-Generation sind und überwiegend eine relativ antiautoritäre Erziehung genossen haben bei gleichzeitig sorglosem Wohlstand.

In den USA entwickelt sich jetzt ein Trend, der auch für Deutschland wichtig werden könnte. Dort werden die *Babyboomer* immer deutlicher gegen die *neuen Alten* ausgespielt.

Und in der Tat wird es auch in Deutschland schon bald diese *Polarisierung* geben. Einerseits die immer anspruchsvoller und aktiver werdenden neuen Alten und andererseits die Gruppe der Babyboomer, die unter anderem die immer größer werdenden Beiträge für soziale Sicherung und Renten mit ihrer Arbeit verdienen müssen. Hier werden schon bald

zwei *unterschiedliche Wertkulturen* und Lebensmuster aggressiv aufein-
anderprallen.

Durch die Tatsache, daß die Babyboomer in Amerika rund zehn Jahre
früher geboren wurden, kann man diesen Konflikt in den USA schon
heute gut beobachten. Blicken wir deshalb über den großen Teich:

Die Babyboomer werden im Jahre 2000 in den USA die gigantische
Masse von 77 Millionen Amerikanern ausmachen, wobei die amerikanischen Babyboomer zwischen 1946 und 1964 geboren wurden. Ab 1964
fiel die Geburtenrate deutlich. Wie John Naisbitt in seinem Trendletter
*Megatrends aktuell* schrieb, werden jedes Jahr – und das bis zum Jahr
2000 – viele Millionen Amerikaner ihren 35. Geburtstag feiern, um dann
in das größte Segment der US-Population einzusteigen. Diese *Post-War-
Generation* wird die Wirtschaft deutlich prägen und zugleich viele soziale Probleme provozieren und Fragen aufwerfen.

Die Babyboomer werden den Wertewandel und die *Jugendkultur* ganz
souverän zur *öffentlichen Standard-Kultur* machen. Das, was heute noch
als Gegen-Kultur abgedrängt wird, wird im Jahre 2000 das allgemeine
kulturelle Feeling sein. Das bedeutet, daß alle Aspekte des Wertewandels in den nächsten 12 Jahren viel schneller diffundiert werden, als es
die meisten Politiker und Wirtschafts-Experten annehmen. Das bedeutet auch, daß schon in den neunziger Jahren eine *externe Experimentalität* aufkommt, flankiert von einer fast neurotischen Anspruchshaltung,
gepaart mit einer sprunghaften Protest- und Aggressionsneigung.

Um das Jahr 2000 wird in den USA und in Deutschland die Jugendkultur
mit ihren gewandelten Werten so normal dasein, daß man sie kaum noch
als Jugendkultur erinnern und beschreiben wird. Und hier liegt der Konflikt: Die neuen Alten bleiben überwiegend bei ihrer konservativen Kultur, aber sie werden sich nicht mehr – wie Generationen zuvor – ins Ab-
seitsfeld der ruhigen Alten schieben lassen. Sie werden die Gesellschaft
mitgestalten und mitgenießen wollen, obwohl sie einem anderen Werte-
Kanon folgen. Zwei Wertekulturen mit hoher Unverträglichkeit prallen
dann aufeinander. Und es wird immer schwieriger werden, die Alten
und die Babyboomer mit gleichen Produkten und Werbe-Inhalten zu erreichen.

Die amerikanischen Babyboomer werden sehr *intensiv arbeiten* müssen,
um sich einen gewissen Wohlstand sichern zu können. Die amerikanischen *Yuppies*, eine besonders engagierte Spezialität der Babyboomer
(auch Achievers genannt), haben zwischen 1973 und 1984 ihr Einkom-

men kaum steigern können. Gemessen an der Kaufkraft von 1984, fiel das Einkommen der *durchschnittlichen US-Familie* von 28 200 Dollar auf 26 433 Dollar. Das ist ein Minus von 6,2 Prozent.

Mit anderen Worten: Die Babyboomer müssen sich schon ganz schön ins Zeug legen, wenn sie zu den wirtschaftlichen Gewinnern zählen wollen. Im Grunde steht ein großer Teil von ihnen in der Gefahr von Arbeitslosigkeit und vor wachsenden Grundkosten (zum Beispiel Miete) und vor immer deutlicher sich wandelnden Sozialkosten (medizinische Versorgung und Renten). Auch in Deutschland gehen die Babyboomer keineswegs in eine sonnige Epoche. Zwischen 1976 und 1987 stagnierte das durchschnittliche Einkommen, und es reduzierte sich sogar für viele Jung-Familien. Bis 1984 fiel das Real-Einkommen je Arbeitnehmer um 4,3 Prozent. Bis heute dürfte es um rund 6 Prozent gefallen sein. Die Wohlstands-Babys finden den sicheren Reichtum nicht mehr.

Natürlich denken jetzt viele Marketing-Planer, man müsse sich auf die relativ wohlhabenden neuen Alten stürzen. Aber davor sei an dieser Stelle gewarnt: Die kulturellen, geistigen und insbesondere *konsumtiven Standards* werden bis zum Jahre 2000 eindeutig von den Babyboomern gesetzt. Und obwohl auch in den USA viel von der »Zielgruppe der neuen Alten« geredet wird, orientieren sich die meisten Unternehmen eindeutig an dem *Mittelalter der Amerikaner*, also an den Babyboomern. Sie prägen das, was Konsum-Norm wird.

John Naisbitt prognostizierte für die neunziger Jahre das Ende der Yuppies. Die Yuppies sind diejenigen, die angetreten sind, um den hohen Lebensstandard ihrer Eltern in Lichtgeschwindigkeit zu erreichen oder zu übertreffen. Sie sind deshalb besonders engagiert im Beruf. Karriere ist für sie so etwas wie eine Droge. Ihre Freizeit-Orientierung ist unterentwickelt, und ihre Konsummuster sind konservativ respektive edel.

Derzeit sind die Yuppies noch relativ wichtig, was die Gestaltung der Konsum-Ideologien betrifft. In Deutschland sind das 8 bis 15 Prozent derjenigen, die wirklich vorrangig *karriereorientiert* sind.

Sie sind sehr selbstsicher und optimistisch, was die Zukunft betrifft. Sie sind auch relativ autoritär, und wenn sie eine Chef-Rolle innehaben, führen sie auch hart bis autoritär. Ihr Interesse an Nostalgie, Religion und Esoterik ist sehr gering. Sie lehnen Öko-Freaks und New Ager gleichermaßen ab. Status und Waren-Prestige sind für sie wichtig. Geld hat für sie eine private Vermehrungs-Aufgabe. Die meisten von ihnen lieben das Spiel an der Börse. Sie sind für kluge Spekulationen, und sie sind auch überwiegend ganz gut informiert, was das Geld-Management betrifft. Mit einem Wort: Sie sind die letzten wirklichen *Materialisten*.

Aber diese Yuppies sind eine aussterbende Spezies. Der große Teil der Babyboomer folgt ihnen nicht, weil sie Karriere-Sucht und Materialismus für schädlich halten. Tatsächlich gibt es inzwischen die vielbeachtete *Yuppie-Krankheit*. Wie *Time* schrieb, stehen die Ärzte vor einem Rätsel: Viele der Yuppies fühlen sich als Opfer einer heimlichen *Epidemie der Erschöpfung*. Es ist so, als ob ihnen jemand den Stecker rauszöge. Der Saft ist weg. Und das nicht nur physisch, sondern auch mental.

Dieses in den Yuppie-Kreisen schnell um sich greifende Syndrom besteht aus einer Mischung von Depression, Mattigkeit und Massen-Hysterie. Es ist, als ob eine höhere Instanz die besonders Leistungsorientierten durch sich selbst abbremste. Für diese Yuppie-Krankheit gibt es noch keine schlüssige Therapie. Viele Mediziner glauben, daß es sich vielleicht um ein *Selbstregulieren des Organismus* handelt, also eine Art Hysterie, eventuell verbunden mit dem Epstein-Barr-Virus, von dem nach neuesten Schätzungen angeblich 90 Prozent der Amerikaner direkt oder indirekt betroffen sein sollen. Aber das ist alles viel Spekulation. Sicher ist nur, daß *viel Einbildung* mit im Spiel ist. Inzwischen gibt es eine wachsende Zahl von Selbsthilfe-Gruppen gegen diese Yuppie-Krankheit. In Portland, Oregon, sogar eine mit 9000 festen Mitgliedern.

Die Yuppies leben als letzte Materialisten der Gesellschaft einen Weg vor, der ihnen selbst offensichtlich nicht gut bekommt. Schon mehren sich die Zeichen auch bei dem deutschen *Management-Nachwuchs*, daß man immer mehr nach dem Sinn des Ganzen fragt. Der deutsche Karriere-Nachwuchs ist zu über 60 Prozent eher sinn- oder freizeitorientiert. Leistung als Lebenssinn stirbt aus.

In den neunziger Jahren werden die amerikanischen Yuppies immer mehr eingesehen haben, daß es für die meisten Menschen immer schwerer wird, zu denen zu gehören, die »ganz oben« sind. Der kraftvolle Trend zum *Society-Split* und zur *Ausdünnung des oberen Mittelstandes* sorgt dafür. Immer mehr Babyboomer werden deshalb aufhören, von allzuviel Snob-Luxus und Super-Karriere zu träumen. Schon in der ersten Hälfte der neunziger Jahre wird es in den USA und auch in Deutschland eine große Fokussierung auf *wahre Bedürfnisse* geben. Die großen Lifestyle-Träume werden dann von immer weniger Menschen angestrebt werden. Eine *zentrale Bescheidung, die keine Resignation ist*.

Dieser Trend zu den »wahren Bedürfnissen« wird eine ähnliche Grundstimmung bringen, wie wir sie in Deutschland in den *fünfziger Jahren* hatten: sehr optimistisch und zukunftsgläubig, aber irgendwie spießig. Das *Machbare und das Private* (zum Beispiel Gesundheit und Wohnen) werden deutlich wichtiger.

Diese *moderne Spießigkeit*, die in den neunziger Jahren zu erwarten sein wird, ist völlig anders als das derzeit vorherrschende Klima der bürgerlichen *Öko- und Rückwärts-Orientierung*. Die Babyboomer werden ja sagen zur neuen Moderne und gleichzeitig viel stärker im vernünftigen Hier und Heute leben. Sie werden ihr Glück weniger im Exotismus, sondern vielmehr im Naheliegenden und im Kleinen suchen: *Verinnerlichung in progressiver Form*. Selbst Esoterik und Kunst (zwei Bereiche, die die Babyboomer wesentlich wichtiger nehmen als die Alten) werden eher normal und ohne große Angeber-Attitüde gepflegt und genossen.

Das wird dazu führen, daß viele Werte von allzu großen *Fern-Erwartungen* (Satisfaction) auf relative *Nah-Erwartungen* umgepolt werden (Safety). Nicht der Traum ist wichtig, sondern das, was man in der Hand hat. Nicht für später wird gearbeitet und gelebt, sondern für den *Genuß des Jetzt*.

Die Familien- und Freundes-Orientierung wird wieder aufblühen trotz massiver Eheprobleme, wachsender Scheidungsraten, fallender Geburtsquoten und wachsender Berufstätigkeit der Frauen.

In einigen Ländern erwarten die Futurologen sogar wieder einen Trend zur stabilen Kleinfamilie mit Kindern. Aber in Deutschland wird sich das klassische Familien-Ideal nicht wieder durchsetzen. Das *Nicht-Traditionelle* bekommt eine gute Konjunktur. Das Muster des Bürgerlichen wird so immer mehr zum Muster eines behäbigen Fortschrittsglaubens. Oder anders ausgedrückt: Das, was heute abartig ist, wird morgen bürgerlich oder gar spießig sein, zum Beispiel die *wilde Ehe*.

Diese »moderne Spießigkeit« der neunziger Jahre wird also alles Naheliegende mit Glück und Genuß verbinden. Die Konsequenz wird sein, daß *Bequemlichkeit* immer wichtiger wird. Immer mehr Produkte müssen deshalb *Informations-Services* und auch *additive Dienstleistungen* bieten, um attraktiver zu werden. Und gleichzeitig werden *Zeit und Zeitersparnis* zu wichtigen Parametern der Produkt-Innovationen und des Marketings. Das *Zeitsparen* wird zum normalen Luxus.

Diese neue Zeitspar-Orientierung wird alle Arten des *Bequem-Kaufens* fördern und noch mehr ausweiten, also zum Beispiel Automaten-Verkäufe, Versandhandel und Homeshopping per TV. Das bietet den Unternehmen die Chance für *Szenen-Sponsoring und Lifestyle-Services*. Was bedeutet das?

Vermutlich werden sich schon bald die ersten Hersteller oder Markenartikler zusammentun mit *Informations-Brokern* (Sozial-Agenten genannt), um für ihre Szenen und Netzwerke spezielle Angebots-Kataloge zu erstellen, die für *psychologische Fragmente* maßgeschneidert sind. Insgesamt entsteht dadurch langsam ein Trend zu einem Markt der Informationen über Informationen. *Lebens-Muster* werden zum Marketing- Faktor erster Güte.

Die Babyboomer mit ihrer modernen Spießigkeit werden aber nicht nur häuslich, sondern zugleich auch außerordentlich stark outdoor-orientiert sein. Typisch dafür sind die Eßgewohnheiten; man ißt kaum mehr zu Hause. Schon heute beginnen sich in Europa und den USA die Fastfood-Manager auf die spezifischen Bedürfnisse der Babyboomer einzustellen. Eine Art *Vario-Luxus* auf mittlerem bis niedrigem Preis-Niveau entsteht. Zwischen 1990 und 1995 werden die tonangebenden Menschen zwischen 35 und 54 Jahren in den USA rund 13 Milliarden Dollar für das *Essen außerhalb* ausgeben. Die Babyboomer werden ihr Freizeit- und Urlaubsverhalten als Durchschnittsnorm der ganzen Gesellschaft durchsetzen: *intensive Erlebnis- Urlaube* und anregende bis stressige Reisen bei gleichzeitiger Abkehr von rein körperlicher Rekreation. *Fragmentierte Erlebnisse* – wer sie bieten kann, wird König sein.

Die Babyboomer werden sich aufgrund ihrer *antiautoritären Erziehung* kaum noch für dumm verkaufen lassen, weder politisch noch werblich. Joe Coates, Chef einer Marketing-Firma aus Washington, prognostizierte, daß die *naive Pepsi-Generation* tot sei. Die Babyboomer werden die Trendsetter in bezug auf die kommunikative Kultur sein. Und sie werden mit lustigen Songs, netten Unterhaltungs-Einfällen und süßen Bildern immer weniger zufrieden sein. Sie sind hoch gebildet, gut informiert, gleichbleibend kritisch und gleichzeitig sprungbereit-aggressiv. Deshalb verlangen sie auch von der Marketing-Kommunikation eine *neuartige Form von Wahrheit*, Glaubwürdigkeit und informationeller Seriosität.

Joe Coates empfiehlt deshalb für die neunziger Jahre:

- »Die *Wahrheit*, die ganze Wahrheit und nichts als die Wahrheit in der Werbung.

- Die Informationen auf der *Produkt-Verpackung* müssen vollständig und korrekt sein.

- Stärkeres *Franchising*, wobei die Vertrags-Unternehmen aus Sicht des Verbrauchers zuverlässiger werden müssen.

- *Seriosität* und Zuverlässigkeit in Größe und Dimension der Waren.

- Der *Einzelhandel* muß die Kapazität gewinnen, alle Waren auch nach Angaben des Bestellers anfertigen zu lassen.«

Mit Sicherheit werden die Babyboomer den Trend zum *Private Product* stark forcieren. Wir empfehlen deshalb allen Unternehmen, frühzeitig CIM und ähnlich flexible und fragmentierte Fertigungs-Strategien einzusetzen, um auch kleine Losgrößen herstellen und rentabel verkaufen zu können.

Der Trend zur *maßgeschneiderten Qualität* wird immer stärker werden. Das ist das Ergebnis der Babyboomer-Mentalität: die Verbindung von Aggressivität und Individualität einerseits und bequemer Wohlstands-Passivität andererseits.

Aber natürlich wird der Typus des Babyboomers die Konsum-Szene nicht allein beherrschen. Auch die neuen Alten sind von der Größe der Gruppe her bedeutsam. Aber es wird immer schwerer, die *rüstigen Alten* als *geschlossene Zielgruppe* anzusprechen, weil sie immer deutlicher den differenzierten konsumtiven Standards der Babyboomer folgen, ohne genau die gleichen Produkte in den gleichen Läden zu kaufen. Es ist eine Art *Schatteneffekt*, der bei den neuen Alten auftauchen wird. Deshalb als Warnung: *Reine Alten-Konzepte* werden für das Marketing sehr schwierig werden.

Natürlich werden schon bald neuartige Jugend-Gruppen auftauchen, denen die moderne Spießigkeit der Babyboomer auf den Wecker gehen wird. In den USA gibt es zum Beispiel die *Flyers*. Das sind spaßliebende Jugendliche auf dem Weg zum Erfolg. Eine lustig-ironische Subkultur. Ihre Anhänger tragen bunte Klamotten, sind besonders für jeden Joke zu haben, lehnen *allzu Vernünftiges* und Ökologisches ab (wie in Deutschland die Neon-Babys und New Waver), trinken keinen Kaffee und sind auch sonst sehr schnell dabei, sich von Produkten zu distanzieren, die als ewige Norm-Produkte eine Aura der Gutbürgerlichkeit besitzen.

*Alles in allem*: Es wird in Zukunft für das Marketing immer schwieriger sein, diese immer weiter auseinanderdriftenden Fragmente und Konsum-Muster unter einen Hut beziehungsweise unter eine Marke zu bringen. Der beste Weg, um nicht *sozial blind* zu werden, ist die Integration der Unternehmen in die fragmentierten Welten der Jugendkultur. Zugleich wird es wichtig sein, die kommende Epoche der Interfusion konsequent auf die *kulturellen Pools*, die unsere Evolution vorantreiben, auszurichten.

## High Speed – wo bleibt da die Marke?

Wie wir gesehen haben, wird das alte Marken-Konzept mit seinen klassischen Garantien in Zeiten der Kinetik immer disfunktionaler. Gegen Ende der neunziger Jahre wird sich die Landschaft des Markenartikels stark verändert haben, denn schon jetzt tobt hier folgender Kampf:

(1) Es kämpft das Gleiche gegen das Ungleiche.

(2) Es kämpft die große Masse gegen die kleinen Mengen.

(3) Es kämpfen die langen Zeiten gegen die kurzen Zeiten.

Im Laufe der neunziger Jahre wird diese prinzipielle Auseinandersetzung ihren Höhepunkt erreichen. Ich bin sicher, daß wir gegen Ende der neunziger Jahre folgende endgültige Entwicklung erleben werden:

- den Sieg der großen Unterschiede,

- den Sieg der kleinen Mengen,

- den Sieg der kurzen Zeiten.

Das ist eine andere Markenlandschaft, die am Horizont der Zukunft auftaucht. Und das erfordert eine neue und andere Markenpolitik. Auf einen Nenner gebracht:

**Die neunziger Jahre verlangen eine Markenführung, die mit dem Instrument des Faszinosums arbeitet: Faszination durch das Wachstum der Unterschiede und durch das Management der schnelleren Zeiten.**

Lassen Sie mich diese Prognose mit sieben Thesen begründen:

(1) *Die Epoche des Poly-Sensualismus beginnt*

Immer mehr Konsumenten erleben den *Spaß an der Vervielfachung ihrer Wünsche*. Das ist das Ergebnis des Wertewandels, dessen erster Schub zwischen 1965 und 1979 beobachtbar war. Dieser Wandel brachte den

Schwenk von den Disziplin-Werten zu den Werten der Selbstentfaltung. Der Poly-Sensualismus ist das Ergebnis dieses Strebens nach mehr und mehr Selbstentfaltung. Das heimliche Motto, das von den Babyboomern in die Konsumwelt eingebracht worden ist, lautet dementsprechend: »Jeder ein Unikat!«

Dies führte schon gegen Ende der achtziger Jahre dazu, daß sich die *Konsummuster*, also die Orientierungs-Signale für den Konsum, immer mehr differenzierten und immer paradoxer wurden. Die Konsequenz: In einem Konsumenten leben viele Konsumenten. In einem Menschen agieren unterschiedliche Menschen, was die Konsumwünsche betrifft – vom protzigen Angeben bis zur asketischen Öko-Vernunft. Alle Muster sind in fast allen Menschen gleichermaßen vereint, jedoch wechseln die Prioritäten permanent sprunghaft von Branche zu Branche, von Produkt zu Produkt, von Situation zu Situation, von Lebensgefühl zu Lebensgefühl. Das ist das Ende der gleichgeschalteten Masse.

Fazit: **Viele Konsumenten leben in einem Menschen.**

② *Die Sehnsucht nach Neuem und nach Führung zum Neuen wird stärker*

Wie wir bereits gesagt haben, gehören rund 60 Prozent der Bundesbürger zum Lager der Orientierungs-Suchenden. Sie wollen nicht Festigkeiten und Wiederholungs-Optimierungen, sondern sie suchen den *wechselnden Kitzel der Sättigungen.* Hier hat eine Achsenverlagerung stattgefunden von der Sicherheit zum Wagnis des Erlebnisses. Im Prinzip sind Erlebnisse schon heute wichtiger als Status-Garantien. Erlebnisse sind das Neuland, das das Leben lebendig macht.

Fazit: **Die Entdeckung des Neuen wird zum eigenständigen Bedarf.**

③ *Die Zeiten werden schneller und sprunghafter denn je*

Die Zeit der Kinetik ist da. Eine kinetische Ära, also eine Epoche der Beschleunigung aller Bewegungen. Es ist die Entdeckung des Tempos in der Zeit. Ein neues Zeitbewußtsein entsteht. Und der Hedonismus koppelt sich in den neunziger Jahren an das Tempo der Zeit an. Damit werden die Trends nicht nur Nebenprodukte der allgemeinen sozialen Entwicklung, sondern sie selbst werden zum Vater der Erlebnisse und der Konsummuster. Wie Jürgen Habermas einmal geschrieben hat: In Zeiten erhöhter Turbulenz und Unübersichtlichkeit *wird der Zeitgeist selbst das Medium der Gestaltung.* Der Zeitgeist, also das Hier und das

Heute, wird zum Medium der neuen Wirklichkeiten. Damit kommt es zum Ende aller Festigkeiten, aller Zielbarkeiten.

Fazit: **Die Attraktivität der Marke wird abhängig von der Attraktivität ihres Zeit-Geistes.**

④ *Die multi-optionale Gesellschaft entsteht*

Jeden Tag gibt es eine Möglichkeit mehr, anders zu leben und zu erleben. Wissenschaft, Technologie und Wirtschaft sind längst umgeschaltet auf die *Pluralisierung der Wahl-Alternativen.* Es kommt zu einem enormen Wachstum der Optionen: mehr Freiheit für die Konsumenten durch das Wachstum der Unterschiede. Seit Jahren beobachten die Statistiker und Marktforscher einen wahren *Boom der Varietäten.* Das bedeutet: Aus großen Massenmärkten werden fragmentierte Märkte.

Fazit: **Der Markt verlangt die Mikro-Segmentierung.**

⑤ *Abschied von der Zielgruppe*

Der Bedarf wird nicht mehr durch Zielgruppen geformt, sondern er formt sich außerhalb von Zielgruppen. Die Bedarfs-Dynamik ist schneller, unsteter und fließender geworden. Diese neue Qualität des Bedarfswandels hat auch andere Verursacher: *Netzwerke und Szenen.* Dadurch werden die Konsummuster fließender denn je. Und alle Versuche, seine Markenstrategien auf feste Zielgruppen aufzubauen, versagen immer mehr. Damit ändert sich die basale Metapher der Markenpolitik: vom Zielen und Treffen zum Surfen. Surfen – das bedeutet, mit den Wellen der geistigen und sozialen Orientierungen mitzugehen. Das bedeutet, sich mit den Wellen so zu verschmelzen, daß man nicht zu spät und nicht zu früh ist und daß man die inhaltliche Substanz dieser Orientierungs-Wellen möglichst qualitativ wahrnehmen und benutzen kann.

Fazit: **Das neue Credo heißt mitfließen.**

⑥ *In den neunziger Jahren werden die Märkte chaotisch*

Das Wort Chaos steht für Unüberschaubarkeit durch das schnelle Wachstum der Komplexität. Die entstehenden Weltmärkte verschärfen diesen Trend zur Komplexität. Das bedeutet aber auch die kontinuierliche Instabilität, verursacht durch den immer schneller werdenden Innovations-Rhythmus bei gleichzeitig immer intensiver werdender Fragmentierung. Wir haben die *Gleichzeitigkeit von Ungleichem* und ein sprunghaftes Anwachsen von paradoxen Konsumkulturen, also Widersprüchlichkeiten außerhalb der bisherigen Markenlogik des Homo economicus. Mehr und mehr Branchen bewegen sich in den Sektor der sozialen Moden. Das bedeutet: Alles wird Fashion, auch die Marken.

Dazu kommt das völlig neuartige *Phänomen der sprunghaften Sättigung.* Die Konsum-Prozesse entdecken ihre eigene Zeit-Dynamik. Es gibt keine Saisons, keine Jahres-Rhythmen und keine kalkulierbaren Zeiten mehr. Jeder Erfolg verursacht zu unterschiedlichen, nicht kalkulierbaren Zeitpunkten unterschiedliche Sättigungen und Neu-Bedürfnisse.

Fazit: **Aus stabilen Märkten werden zappelige Prozesse.**

⑦ *Wenn alles fließt und zappelig wird, muß man just-in-time sein*

Vor uns liegt eine Epoche des High-Speed-Managements. In den Fragmenten gibt es das, was man in der neuen Physik die *interne Zeit* nennt. Das bedeutet, wir bekommen fragmentierte Zeiten. Deshalb wird Zeit zu einem wesentlichen Faktor der neuen Markenpolitik. Wie Saint-Exupéry einmal sagte: »Die Zukunft soll man nicht vorhersagen wollen, sondern möglich machen!« so sollte die moderne Markenpolitik darauf ausgerichtet sein, *den Bedarf möglich zu machen, bevor er da ist.* Es geht also darum, den Bedarf vor dem eigentlichen Bedarf zu manipulieren. Vor dem Bedarf dasein. Das ist das, was Emotional Leadership ausmacht: Nur wer die neuen Werte schafft, schafft seinen Bedarf. Wer auf den Bedarf wartet, wartet auf Mißerfolg. Es gibt nichts, worauf man warten kann. Wer abwartet, gestaltet seine Märkte nicht. Deshalb geht es um das, was Maturana die »strukturelle Kopplung« nennt: Man kann den Bedarf nur vor dem eigentlichen Bedarf prägen, wenn man sich mit den frühen Sehnsüchten der Subkulturen und der Szenen strukturell so koppelt, daß man früher orientiert ist, als sich der Bedarf manifestiert.

Fazit: **Wenn der Bedarf da ist, ist es zu spät, ihn zu prägen.**

Versuchen wir an dieser Stelle eine erste Zwischenbilanz:

● Alles wird unterschiedlicher und fragmentierter.

● Alles wird instabiler und zappeliger.

Das bedeutet, daß das Markt-Management der neunziger Jahre Produkte und Marken präsentieren muß, die immer schneller immer unterschiedlicher werden.

Marke bedeutet eine Markierung für das Vertrauen, das die Konsumenten dem Produkt schenken. In den neunziger Jahren wird dieses Vertrauen eine andere Quelle haben. Und dieses andere Vertrauen entspringt aus

- Zeitgeist-Stimmigkeit,
- Szenen-Stimmigkeit.

Damit stellt sich für die kommende Markenpolitik ein großes Problem: Wie reagiert der Markenartikel auf die sich jetzt ankündigende wichtige Achsenverlagerung im Busineß: von der Markenführerschaft zur Tempo-Führerschaft?

Es handelt sich also um die entscheidende Frage: Wenn alles immer fragmentierter und zugleich zeitgeistiger wird, wo bleibt da der Sinn und die Aufgabe für die stabile Kraft der Marke?

Die Antwort könnte lauten:

**Je mehr Fragmentierung und Zappeligkeit, um so wichtiger wird die Marke, wenn sie durch eine andere Markenführung andere Qualitäten garantieren kann.**

Der klassische Markenartikel war gekennzeichnet durch ein mehrfaches Garantie-Versprechen, zum Beispiel gleiche Qualität zum gleichen Preis vom gleichen Hersteller beim gleichen Händler (Ort). Dahinter steckt das *Credo der Gleichheit* und der garantierten Zuverlässigkeit. Das mag in Zeiten einer formierten Gesellschaft mit relativ normierten Bedarfs-Strukturen richtig gewesen sein, aber dieses alte Garantie-Konzept verliert seine Funktion in Zeiten wachsender Tempo-Führerschaft bei wachsendem Bedürfnis nach verstärkter Differenzierung.

Die neue Markenpolitik, die wir gegen Ende der neunziger Jahre erwarten, braucht also eine andere Form von Garantie, wenn man so will, eine Form der *Garantie der Ewigkeit*. Warum?

Je differenzierter, zeitgeistiger und zappeliger die Märkte und Produkte werden, um so größer ist der Bedarf nach einer »abstrakten Verläßlichkeit«, die dennoch emotional und suggestiv ist. Und diese »Ewigkeit«, die über allen zappeligen Zeitströmen und wachsenden Fragmentierungen steht, ist *Faszinosum*.

Nun gibt es ja seit einigen Jahren die Faszinosums-Forschung. Und es zeigt sich, daß gerade die Trends zur Zappeligkeit und Fragmentierung das Bedürfnis nach Faszinosum gesteigert haben. Mit anderen Worten: Je schneller die Zeiten und je größer die Unterschiede werden, um so stärker wird das Meta-Bedürfnis nach einer überlegenen Faszination.

Um uns hier nicht mißzuverstehen: Das Bedürfnis nach Faszinosum ist nicht Bedürfnis nach immer gleichen Produkten in immer gleicher Qua-

106

lität und Verpackung, sondern es ist das Bedürfnis, gerade *wegen* der gewollten Unterschiede und der sprunghaften Sättigung einen stabilen Marken-Glanz mit den Produkten einzukaufen. Sony ist dafür ein Vorbild. Man differenziert und vervielfacht die Produkte von Jahr zu Jahr, also bis zur »bewußten Unordnung«, aber das Faszinosum von Sony wächst dadurch stetig an.

Fazit: **Faszinosum ist die neue Dimension der Marken-Garantie.**

Nun stellt sich die Frage: Wie managt man diese neue Faszination von Marken? Im Grunde gibt es hier drei Instrumente:

① Die Marke wird wie ein Produkt vermarktet.

② Die Marken werden an Mythen gekoppelt.

③ Die Marken werden durch Emotional Leadership aufgeladen.

Betrachten wir diese drei Instrumente im einzelnen:

① *Die Marke als Produkt*

Wenn Marken immer wichtiger werden, sollte man für die Marken ein eigenes Produkt-Management betreiben mit eigenständigen Strategien, Zielsetzungen und Investitionen. Für die Marke wird deshalb ein *eigenständiger Werbe-Etat organisiert*. Die Inhalte der Marke werden abgekoppelt von den Inhalten der verkaufenden Werbung. Die Werbung für die Produkte lädt nicht mehr »wie nebenbei« auch die Marke auf. Statt dessen gibt es eine *autonome Marken-Kommunikation*: Die Marke wird unabhängig vom Produkt aufgeladen.

Die bisherigen Ergebnisse der Faszinosums-Forschung haben gezeigt, daß eine Marke dann am meisten Reputation hat, wenn sie über unterschiedliche Rückkopplungs-Schleifen *internationale Reputation* bekommt. Weltmarken scheinen in den neunziger Jahren die größte Aufladung an Faszination aufzuweisen. Und die kommende Weltkultur bietet einen vielfältigen Rahmen für den Aufbau gezielter Faszination: Made in world – das ist die neue Aura, durch die Marken, unabhängig von den fragmentierten und »zappeligen« Produkten, eigenständig faszinierend werden.

Fazit: **Marken brauchen einen autonomen Werbe-Etat, da sie eigenständige Faszinosums-Produkte sind.**

② *Die Kopplung an Mythen*

Lassen Sie uns an die Werbekampagne denken, die das Mode-Unternehmen Benetton 1989 international plazierte. Es wurden Menschen unterschiedlicher Rasse und Hautfarbe gezeigt, friedlich vereint. Ein besonders mythologisches Motiv präsentierte ein weißes Baby an der nackten Brust einer schwarzen Frau. Der neue Mythos der *globalen Weltenbruderschaft* wurde hier von Benetton an das Stichwort »United Colors« gekoppelt. Dieses Eintauchen der Marken in Mythen ist eine wichtige *Energetisierung der Marken* auf dem Weg zum Faszinosum. Mythen sind kollektive Energiefelder, an die alle Menschen glauben. Deshalb energetisieren sie auch alle Menschen. Das heißt konkret: Je fragmentierter und zeitgeistiger, also sprunghafter die Produkte werden, um so konsequenter sollten große Marken mythologische Aufladung erfahren, weil Mythen die Träume sind, die alle träumen.

Fazit: **Die Produkte der Marken werden immer differenzierter. Die Marken werden durch Mythen immer globaler.**

③ *Emotional Leadership*

Da die Führung zum Neuen aufgrund des großen Anteils der Orientierungslosen und Suchenden (60 Prozent) stetig wächst, gibt es für den Markenartikel die große Chance, so etwas wie ein Neo-Patriarchat aufzubauen: Derjenige, der die Konsumenten am effizientesten, kreativsten und konsequentesten zu den neuen Erlebnis-Qualitäten, aber auch zu neuen Lifestyles führt, erhält am meisten Faszinosum.

Es ist die Rückkehr einer anderen, *transformierten Autorität* in das Spiel des Markenartikels. Zwar erfinden Szenen, Subkulturen und soziale Bewegungen die eigentlichen Lifestyles, aber sie brauchen dazu Partner, die diese Sehnsüchte, Initiativen und Ideen verstärken. Gerade die Markenartikler sind hier in der Lage, emotionale Orientierungshilfen zu geben. Eine neue Partnerschaft zwischen den selbstreferentiellen Prozessen in den Szenen einerseits und den Marken-Intentionen der Hersteller andererseits kündigt sich an.

Fazit: **Das Faszinosum der Marke entsteht durch die innovative Stärke des Herstellers im Feld der sozialen Kooperation und im Raum des Geistigen.**

Das Faszinosum der Marken wird planbar, wenn folgende Maßnahmen gelingen:

① Die neuen Marken werden globaler und internationaler durch autonome Marken-Kommunikation.

② Die neuen Marken werden energetischer und geistiger durch Mythen.

③ Die neuen Marken werden emotionaler durch Lifestyle-Leadership.

Die wichtigste Dimension dieses Konzepts der Faszinosum-Politik von Marken ist sicherlich Lifestyle-Leadership. Man fragt sich unwillkürlich: Wie kann das funktionieren? Und welche mentalen und instrumentellen Voraussetzungen sind nötig, um die Emotionen der Szenen und Subkulturen, in denen das Neue vorbereitet wird, zu führen?

Zuerst einmal ist zu sehen, daß man mit den klassischen Instrumenten der *Behauptungs-Kommunikation* und der Persuasion nicht viel erreichen kann. Auch die übliche »kreative Werbung« ist hier ziemlich steril. Wir brauchen hierzu neue Techniken, zum Beispiel das *Szenen-Sponsoring*. Aber wir benötigen in erster Linie eine andere Haltung zum Markt und zu dem Partner, den wir Konsumenten nennen:

- die Bereitschaft, vor dem Bedarf zu operieren,

- die Bereitschaft, mit den Szenen zusammen neue Orientierungen zu erfinden,

- die Bereitschaft, mit den Pionieren, den frühen Medien und den Szene-Leadern Lifestyles sozial durchzupflegen per Kooperationen,

- die Bereitschaft, Lifestyles lebendig zu erhalten durch Database-Konzepte, durch Closed-Media-Konzepte, also zum Beispiel durch eigenständige Zeitschriften und Magazine (siehe beispielsweise das *Esprit-Magazin* oder das Magazin *Weltbeat* für die Zigarette Chesterfield),

- die Bereitschaft, Netzwerke der Engagierten zu organisieren.

Versuchen wir an dieser Stelle eine zweite Zwischenbilanz. Wir erkennen:

- je fragmentierter und zeitgeistiger, also instabiler die Produkte werden, um so globaler und distanzierter müssen die Marken werden.

Als Formel: **Je mehr Nähe durch Verschmelzung, um so mehr Verpflichtung zum zeitlosen Faszinosum.**

Die neuen Kernfragen für die kommende Markenpolitik lauten deshalb:

- Wie entsteht die globale Faszination in Zeiten der Mikro-Segmentierung?

- Wie entsteht die stabile Faszination in Zeiten fließender sozialer Moden?

Die Antwort führt uns zum

---

### Marken-Credo der Interfusion

① **Eine Marke ist dann am stärksten, wenn sie sich für soziale Unterschiede stark macht.**
Motto: von der Masse zu den kleinen Fragmenten

② **Eine Marke ist dann am zeitlosesten, wenn sie die Winde des Zeitgeistes intensiv ausnutzt.**
Motto: von den festen Argumenten und Garantien zu den fließenden Moden

③ **Eine Marke ist dann am faszinierendsten, wenn sie faszinierende Lifestyles erfindet.**
Motto: von der Materie zur geistigen Mode

---

110

**Teil 2**

# Interfusion statt Marketing

# Das Management der Verschmelzung

## Abschied vom Marketing

Das klingt seltsam: Abschied vom Marketing. Denn im Grunde war gerade das Marketing dasjenige Instrumentarium, das bisher besonders effizient, flexibel und am anpassungsfähigsten war. Das Marketing hat schließlich der Wirtschaft geholfen, sich vom patriarchalischen Verteilen zur Anbieter-Rolle zu entwickeln. Ohne Marketing würde immer noch nach Schema F verkauft werden. Die heute allseits sichtbare *Marktorientierung* ist sicher das Ergebnis vieler guter Bemühungen der Marketing-Clubs, der Marketing-Professoren und der Profis.

So weit, so gut. Aber nun wird das Marketing mit einigen Brüchen konfrontiert, die mit der normalen Wandlungsfähigkeit dieses Instruments nicht glattgebügelt werden können. Deshalb nähern wir uns der *Selbstauflösung des Marketings.* Und es sind vier Megatrends, die diese Brüche verursachen:

① *Die Aufhebung der Grenzen zwischen Umfeld und Unternehmen*

Ein neues Spiel beginnt. Immer mehr *Prosumenten* kommen in den Markt. Das sind Konsumenten, die aktiv am Produktions-Prozeß beteiligt sind, zum Beispiel in Form von Kooperationen oder Produktions-Clubs. Dann die *sozialen Bewegungen:* Immer mehr Bürgerinitiativen und Contra-Gruppen stoßen in das Feld des Konsums und in die Prozesse der Produktplanung und der Produktion. Wachsende Boykott-Tendenzen sind zu beobachten. Außerdem bewegen wir uns auf eine integrale Kultur zu (Gerd Gerken: »Die Geburt der neuen Kultur«). Das Wort integral steht auch für eine immer intensiver werdende Vernetzung von Gruppen. Die klare Trennung zwischen Konsumenten und Produzenten gibt es immer weniger. Das, was Benetton, Esprit und andere Unternehmen im Bereich der hek-

111

tischen Mode-Branche praktizieren, zeigt den generellen Trend an: *mehr Erfolg durch bessere Integration ins Umfeld.*

Lester Thurow war es, der als Ökonomie-Professor auf dieses Phänomen der Grenz-Auflösung hingewiesen hat. Und die Konsequenzen lauten: Ende des Laisser-faire. Nur in gut abgeschotteten Systemen kann das System tun und lassen, was es will. Nur wenn die Grenzen sehr fest sind, kann man in völliger Autonomie handeln. Wenn sich aber die Grenzen auflösen, dann benötigt das Management völlig *neuartige Techniken der Integration.* Auflösung verlangt Integration in das Umfeld. Deshalb wird das Umfeld immer wichtiger. Es beginnt zum Regisseur des Handelns zu werden: Das Umfeld wird wichtiger als das Verkaufen.

② *Wachsende Turbulenz und wachsende exogene Fluktuationen*

Die Märkte *verlieren ihre Stabilität,* und die ehemals festen Strukturen beginnen sich aufzulösen. Immer weniger Märkte verfügen über langfristig berechenbare Prozesse. Überall findet man neuartige Substitutions-Prozesse, überall entdeckt man Neuerungen, seien sie regionaler oder weltwirtschaftlicher Natur. Überall läßt sich die *Beschleunigung der Sättigung* und der wachsende Hunger nach Wandel und Ablösung feststellen. Es ist ein Gesetz aus der Chaos-Forschung, das besagt, daß wir durch wachsende Turbulenzen automatisch in eine *neue Unübersichtlichkeit* hineinrutschen.

Das Dilemma des Marketings liegt nun darin, daß bei eindeutig fallender Gewißheit und Datensicherheit immer mehr Entscheidungen und Kurs-Korrekturen getroffen werden müssen. Das Marketing verabschiedet sich daher von den *festen Strategien* und nähert sich einer *prozessualen Improvisation.* Das Fließen wird zum Prinzip des Marketings.

③ *Wachsende Politisierung des Konsums und wachsender Zwang zum Arrangement*

Wie wir schon einmal beschrieben haben, ist das *Veto-Kartell* entdeckt worden. Die Bürger wissen oder ahnen, daß sie im Grunde permanent durch *Interessen-Koalitionen* manipuliert werden. Besonders die Tschernobyl-Affäre hat den Bürgern tief im Unterbewußtsein klargemacht, daß es *keine verläßlichen Informations-Quellen* und keine absichtslosen, neutralen Fürsorge-Instanzen gibt. Auch die staatlichen Institutionen gelten inzwischen als Instrumente der Wirtschaft. Eine erhöhte Wachsamkeit (*vigilance*) und eine *sprungbereite Kritik*, teilweise mit hysterischen Begleit-Effekten, hat sich breitgemacht.

Dazu kommt in den nächsten 15 Jahren der Trend zum *Ökosozialismus*. Dazu gehört zum Beispiel die jetzt diskutierte Umwelt-Steuer. Das wird das Marketing massiv beeinflussen, weil es direkt in die Produktions-Technokratie eingreift, ja sogar die Preise von außen mitgestaltet.

Und als letztes kommt der *Ethik-Trend* hinzu, der in allen Industrienationen stärker wird. Immer mehr Bürger verlangen gerade von der Wirtschaft ethische Garantien, die sich mit dem Instrumentarium des Marketings kaum vereinbaren lassen. Denn das Marketing, wie wir es heute kennen und praktizieren, ist in erster Linie darauf ausgerichtet, psychologische Defizite der Menschen (beispielsweise Prestige, Liebe, Aggression etc.) ersatzweise über den Konsum zu befriedigen.

Alles in allem läuft dieser Trend eindeutig auf eine *neue Machtverteilung* hinaus. Der bisher eher passive Konsument (Endverbraucher) beginnt immer heftiger seine Forderungen aufzustellen. Aus Endverbrauchern werden somit Vorab-Forderer, und deshalb läuft der Trend auf eine *Konzertation* hinaus. Dieses Wort besagt nichts anderes, als daß wachsender Zwang zum Arrangement besteht. Nur derjenige gewinnt *die Nähe zum Konsumenten* zurück, der sich mit ihm optimal und beweisbar arrangiert. Als Formel wäre folgende zu nennen:

**Die neue Macht der Konsumenten macht nur denjenigen erfolgreich, der sich mit dieser Macht optimal arrangiert.**

④ *Information und Kommunikation wandeln sich zur Interaktions-Kultur*

Unsere Gesellschaft verändert derzeit die Methoden, die Verfügbarkeiten und die Prozesse der Kommunikation in einzigartiger Weise: Zum einen durch die neue Medien-Kultur, die jetzt im Entstehen begriffen ist, Stichwort *Telekommunikation*, zum anderen durch die *Verlagerung der Glaubwürdigkeit*. Bisher war es so, daß derjenige, der das Eintrittsgeld für ein Medium zahlen konnte (etwa eine Anzeige), in der Regel über eine hohe Kommunikations-Autorität verfügte. Durch die neuen *Do-it-yourself-Medien* bekommen die Bürger völlig eigenständige Kommunikations-Prozesse in ihre Hand. Sie werden zum Sender und Empfänger in einer Einheit.

Die Telekommunikation hat dort, wo sie bisher experimentell erprobt worden ist, zu einer schnellen und heftigen Veränderung der Glaubwürdigkeitsmuster geführt. Wenn die Bürger sich über alles elektronisch unterhalten können, beispielsweise durch Mailbox-Systeme, dann organisieren sie in ihren eigenen Kommunikations-Netzen diejenigen Botschaften, die für sie situativ und mental wirklich wichtig und die auch wahr sind. Hier liegt eine Do-it-yourself-Manipulation vor, wofür das Gesetz gilt: An meine eigene Manipulation glaube ich am meisten.

Hinzu kommt die wachsende *Fragmentierung* der Gesellschaft. Es gibt immer weniger allgemeinverbindliche Normen, klare Rollenvorschriften oder gar lebenslange Lebensstil-Konzepte. Die Verhaltensformen der Bürger gruppieren und differenzieren sich immer mehr. So kommt es im Zusammenhang mit den neuen Do-it-yourself-Medien zu folgender Dynamik: Immer mehr unterschiedliche Gruppen verlangen immer heftiger immer Unterschiedlicheres.

Für das Marketing bedeutet das das Ende des abstrakten Zielgruppen-Denkens und die Zuwendung zu realen sozialen Gruppen, und es bedeutet zugleich, mit diesen Gruppen gemeinsam mitzuleben und sie nicht nur akademisch-analytisch von außen zu beobachten.

*Verschmelzung* (Mimesis) ist das neue Wort für diese *teilnehmende Komponente* eines anderen Marketings. Und das bedeutet zugleich, daß man auf einseitige Aktionen verzichtet und sich mehr und mehr echten *Inter-Aktionen* zuwenden wird. Von der Aktion zur Inter-Aktion.

Inter-Aktion, das bedeutet, daß zwei Kommunikations-Kulturen miteinander kooperieren und sich wechselseitig beeinflussen. Früher war es so, daß die Werbung die Haupt-Info-Quelle für alle Fragen des Konsums war. Werbung gestaltete die mediale Konsum-Öffentlichkeit.

Morgen wird das genau andersherum sein. Die Bürger-Kommunikation (Telekommunikation) wird die offizielle Konsum-Öffentlichkeit gestalten. Und das, was Werbung ist, wird zur Gegen-Kommunikation. Werbung rutscht in das Feld einer öffentlichen Sub-Kultur. Alles in allem: Die Konsumenten erhalten eigene Medien und zwingen die Unternehmen zur Inter-Aktion.

⑤ *Große Brüche zwingen zur Transformation*

Die beschriebenen Brüche prallen nun auf das heutige Marketing. Und es ist meine These, daß sich das Marketing, das sich ja in den letzten Jahrzehnten so überaus flexibel wandeln und anpassen konnte, dabei langfristig in die Knie gehen wird. Ich bin ziemlich sicher, daß man diesen vier neuen Herausforderungen nicht mit einer leichten stilistischen Anpassung begegnen kann, sondern daß der Versuch des Marketings, sich diesen vier Herausforderungen wirklich zu stellen, das Marketing im Prinzip auflösen wird. In der Wissenschafts-Theorie nennt man einen solchen Vorgang *Transformation*: Das Instrument paßt sich so optimal den Herausforderungen an, daß es sich auf einer höheren Ebene verwandelt wiederfindet. Genau das erwarte ich vom Marketing im Laufe der neunziger Jahre.

Um die Wucht und Brisanz der vier Herausforderungen richtig nachfühlen zu können, lohnt noch einmal ein Blick auf die vier zentralen Konsequenzen:

*Ökologisierung:* **Das Umfeld bestimmt die Spielregeln des Marketings in Zukunft mehr als das Verkaufen.**

*Turbulenz:* **Das Fließen wird zum Prinzip des Marketings, dadurch lösen sich die Strategien auf.**

*Arrangement:* **Die neue Macht der Konsumenten macht nur denjenigen erfolgreich, der sich mit dieser Macht optimal arrangieren kann, also falsche Macht aufgibt.**

*Interaktion:* **Die Konsumenten erhalten eigene Medien und zwingen dadurch die Unternehmen zu einer permanenten und glaubwürdigen Interaktion.**

## Marketing wird ganzheitliches Management

Es gibt bereits sieben Ansätze, die darauf hindeuten, daß das zukünftige absatzpolitische Instrumentarium vor großen Veränderungen steht. Das Gemeinsame dieser neuen Dimension liegt in der Tatsache, daß Marketing in Zukunft nicht mehr als ein lineares Absatz-Instrument aufgefaßt werden kann, sondern daß es immer mehr zu einer globalen Management-Aufgabe wird. Bisher glauben viele Marketing-Manager, daß Promotion, PR und Werbung ihre Hauptinstrumente seien. Aspekte wie innere Kultur, High Trust, Führung, Kontext und Sinn-Ethik schienen für sie überhaupt nichts mit Marketing zu tun zu haben. Marketing kannte nur eine Stoßrichtung, und das war die ominöse Zielgruppe. Doch Marketing war schon immer absatzorientiert, also immer extern ausgerichtet. Marketing hatte immer etwas mit Manipulation zu tun und viel mit Strategie und Kampagnen-Rhythmik. Nun verwandelt sich das Marketing in eine ganzheitliche Management-Aufgabe, die das *Innen* ebenso berücksichtigt wie das *Außen*, weil sonst die notwendige Verschmelzung mit dem Umfeld nicht möglich wird.

Betrachten wir noch einmal die Schlüsselworte der vier Brüche und Herausforderungen

① Umfeld,

② Fließen,

③ Arrangement,

④ eigene Medien.

Ich bitte Sie, sich diese vier Schlüsselworte in aller Ruhe anzuschauen und sie dann inhaltlich miteinander zu verschmelzen. Heraus kommt diejenige *neue Wirklichkeit*, die das alte Marketing zur Selbstauflösung, also zur Transformation zwingen wird:

**Das Umfeld steuert das Unternehmen, aber zugleich fließt dieses Umfeld und wandelt sich wie ein Chamäleon, wobei es gleichzeitig immer heftiger fordert, sich mit ihm zu arrangieren, wobei die Inhalte und Ansatzpunkte dieses Arrangements in den eigenen Medien des Umfeldes zu finden sind.**

Spüren Sie jetzt etwas von der Neuartigkeit der Situation? Vielleicht setzen Sie jetzt, wenn Sie diese neuartige Herausforderung innerlich spüren, einmal die Begriffe aus der alten Marketing-Philosophie dagegen:

① Zielgruppen,

② Strategien,

③ Manipulation,

④ Kampagnen.

Spüren Sie jetzt, daß das ein völlig anderes Denken auf der Basis eines völlig anderen Ansatzes ist, der von einem anderen Markt-Modell ausgeht und von einer *linearen, einseitigen Intention*? Es ist das Weltbild der

*Hersteller-Orientierung.* Natürlich nennt man das im Marketing inzwischen anders, zum Beispiel Markt-Orientierung. Aber wenn man den Klang dieser vier Schlüsselworte richtig deutet, dann ist das, was man heute Markt-Orientierung nennt, lediglich die Taktik, die man einsetzt, um die eigentliche *Hersteller-Macht* nicht aufgeben zu müssen – das ist das inhärente Muster des Marketings.

## Auf dem Weg zur Interfusion

Und genau dieses Macht-Muster wird zerbrechen aufgrund der vier Megatrends, die wir beschrieben haben. Prüfen Sie noch einmal in Ihrem Inneren die Unterschiede, wie sie die folgende Übersicht darstellt:

| alt/bisher | neu/transformiert |
|---|---|
| Zielgruppen | Umfeld |
| Strategien | Fließen |
| Manipulation | Arrangement |
| Kampagnen | Eigene Medien |
| Hersteller-Orientierung | Holistische Orientierung |
| Marketing | Networking/Interfusion/Mimesis |

Achten Sie darauf, daß es sich bei der neuen Dimension um eine *holistische Orientierung* handelt und nicht mehr um eine Hersteller- oder Marktorientierung. Holistisch, das drückt aus, daß *beide Seiten als gleichwertig* anzusehen sind. Und das ist ja auch das neue Credo für die kommende Absatzpolitik: wie innen, so außen.

Nun ergibt sich natürlich bei dieser Gegenüberstellung die Frage, wie man das *transformierte Marketing* benennen sollte. »Marketing« wird man kaum dazu sagen können, weil das zu sehr an das klassische Instrumentarium erinnert. Aber einen neuen Begriff gibt es noch nicht, denn die Zukunft, die ich hier beschreibe, steht ja erst ganz an ihrem Anfang. Aber es ist wichtig, daß man neue Worte findet, so wie damals, als das Verkaufen vom Marketing abgelöst wurde.

Wer dabei war, erinnert sich. Auch in den Anfangstagen des Marketings wurde behauptet, Marketing sei nur eine neue Worthülse für Verkaufen. Heute wissen wir, daß es mehr war. Und genauso wird es bei der Ablösung des Marketings gehen.

Nun, eine allgemein anerkannte Begrifflichkeit gibt es noch nicht. Vielleicht wird sich die Bezeichnung *Networking* durchsetzen, vielleicht auch Mimesis, also Verschmelzung – oder das englische Wort für Verschmelzung: *Interfusion*. Warten wir es ab!

## Zur Historie des Marketings

An dieser Stelle lohnt ein Blick zurück auf die historische Entwicklung des Marketings. Dabei wird man erkennen, wie stark sich das Marketing in jedem Jahrzehnt gewandelt hat, obwohl viele Manager glauben, daß das, was wir Marketing nennen, im Prinzip immer glasklar und unverrückbar war.

In den *fünfziger Jahren* wurde das Marketing eingeführt als erfolgreicher Versuch, sich mental vom Verkaufen zu trennen. Die vorherrschende Meinung vor dem Marketing lautete »verkaufen, was wir herstellen«. Dann kam ein neuer Marketingbegriff aus den USA und mit ihm die Formel »*Herstellen, was sich verkaufen läßt*«. Gegen Ende der fünfziger Jahre wurde dann *Marketing-Mix* eingeführt, und alles stürzte sich danach auf den Produkt-Lebenszyklus. Es war die hohe Zeit des Marken-Images, und danach folgte dann die Welle der Markt-Segmentierungen.

In den *sechziger Jahren* blühte das Marketing dann richtig auf. Das Marketing-Mix mit den vier berühmten P wurde professionalisiert. Und es kamen die ersten *Lifestyle-Theorien* auf und mit ihnen die Welle der Typologien.

Die *siebziger Jahre* entdeckten dann das Social Marketing und brachten den Höhepunkt aller Positionierungs-Theorien. Das war auch die Zeit, in der sich *Strategie und Marketing* endgültig verbanden. Das strategische Marketing rückte in den Mittelpunkt des Interesses. Und gegen Ende der siebziger Jahre gab es dann eine Welle in Sachen Dienstleistungs-Marketing.

In den *achtziger Jahren* kam es zu einem Revival der Wettbewerbs-Aspekte des Marketings (Wettbewerbs-Kriegführung), und dann folgten immer schneller einige Marketing-Wellen, von denen der bekannte Marketing-Professor Philip Kotler meint, daß sie typisch seien für die immer intensiver werdende Neuorientierung des Marketings: internes

118

Marketing, globales Marketing, lokales Marketing, Direkt-Marketing, Relationship-Marketing und Mega-Marketing.

Diese Marketing-Wellen der achtziger Jahre zeigen schon, wie stark sich das Marketing in Richtung Fließen, Arrangement und Umfeld orientiert hat. Aber es gab immer noch eine starke Hersteller-Orientierung, getreu dem *Grund-Axiom* aller Marketing-Theorien: Herstellen, was sich verkaufen läßt.

## Was bringen die neunziger Jahre?

In den *neunziger Jahren* werden sich die Interaktion und die Interfusion *endgültig vom Herstellen trennen.* Wir sind auf dem besten Weg, die *Pflege von Beziehungen* und die Gestaltung fließender Interaktionen endgültig vom Aspekt der Herstellung und vom Aspekt des Verkaufens abzukoppeln. Um es noch einmal zu sagen: Durch Marketing wurden Kommunikation und Verkaufen getrennt, durch Interfusion oder Networking wird man das *Herstellen von der Kommunikation separieren.*

Das ist das globale Strickmuster, das jetzt hier sichtbar wird: Die Beziehungs-Kommunikation zwischen Umfeld und Unternehmen wird abgekoppelt von Produktion und Distribution. Deshalb wird es eigentlich auch kein echtes Marketing mehr sein, sondern eine eigenständige Vernetzungs- oder Verschmelzungs-Organisation, die sich frei macht von den Hersteller-Intentionen und von den aktuellen Verkaufs-Konzepten.

## Die Befreiung der Kommunikation vom Absatz

Aus dieser Sicht wird das Neue, das nach Marketing kommt, nichts anderes sein als der logische Schlußpunkt einer einzigartigen Entwicklung: die *Befreiung der Kommunikation* und die Umwandlung der Kommunikation zu einem eigenständigen Beziehungs-System. Aus Absichts-Kommunikation wird Dialog-Kommunikation.

Zu Beginn der Entwicklung war die Kommunikation der Diener der Warenverteilung. Dann war Kommunikation das Instrument des Verkaufens und wurde später – diese Entwicklung hält bis heute an – zum Agenten des Marketings. Und in den neunziger Jahren wird sich die Kommunikation von diesen Zwängen und Vorgaben endgültig befreien.

Interaktion und Kommunikation werden sich für die angestrebte Verschmelzung mit dem Umfeld verbinden. Formelhaft läßt sich sagen:

**Verschmelzung braucht den offenen Dialog, Verschmelzung funktioniert nicht mit Marketing-Kommunikation.**

Das ist die logische Antwort auf die Tatsache, daß sich die Grenze zwischen Hersteller und Umfeld immer mehr auflöst, und auch die vorausschauende Antwort auf eine Gesellschaft der Telekommunikation. Im *Produktions-Bereich* stellen wir ganz ähnliche, globale Strömungen fest. Zum Beispiel die Entwicklung zum CIM und damit zum *Private product.*

Denn was bedeutet CIM? Im Grunde nichts anderes als das Aufgeben der klassischen Formel »erst produzieren – dann verkaufen«. Durch CIM wird man fähig, der neuen Formel zu entsprechen, und die lautet: erst verkaufen – dann produzieren.

Ich bin sicher, daß man in diesem Zusammenhang erkennen kann, wie wichtig es für das Marketing ist, daß es sich auflöst beziehungsweise transformiert. Denn wenn der Produktions-Trend in Richtung *produzieren nach dem Verkaufen* läuft, dann kann das Marketing mit seinen üblichen strategischen Modellen und mit seinen typischen Werbekampagnen-Rhythmen im Grunde nicht mehr effizient sein.

Wenn sich schon die Produktion von außen führen läßt, dann muß sich die Kommunikation erst recht von außen führen lassen.

## Die andere Identität des Marketings

Es gibt bereits die ersten Praktiker in Marketing-Schulen, die ebenfalls erkannt haben, daß das Marketing der neunziger Jahre völlig anders werden muß. Dazu erschien in der *ABSATZWIRTSCHAFT* 5/88 ein bemerkenswerter Beitrag von Günther von Briskorn, Mitglied des Direktoriums von Henkel in Düsseldorf. Er prophezeit, daß Marketing in die Krise kommt, wenn es nicht eine neue Identität findet. Die traditionelle *funktionale Ausrichtung des Marketings* zieht für die notwendige geistige Durchdringung aller Lebensadern eines Unternehmens zu enge Grenzen.

Von Briskorn trifft somit genau die Achillesferse des Marketings: Der Begriff ist zu eng gefaßt, weil er zu funktional ausgerichtet ist. Morgen ist eine solche Begrifflichkeit ineffizient, weil sie *offene Systeme* und

Fluktuationen nicht erfassen kann. Das Marketing von heute basiert auf einer zu starren und einseitigen Intention, während die Märkte inzwischen längst offene, interaktive und fluktuierende Systeme geworden sind.

Von Briskorn weist darauf hin, daß zum Beispiel im Innenleben der Unternehmen selbst viel mehr *Austausch, Vernetzung und permanente Fluktuation* vorhanden ist als zwischen dem System Hersteller und dem System Markt. Ja, es ist schon eigenartig: Wir selbst wissen eigentlich recht genau, was zu tun ist, um effiziente Interaktionen und lernende Prozesse herzustellen, nämlich die kontinuierliche Verschmelzung mit anderen. Das Motto lautet: Alles fließt, damit es funktioniert. Wenn es aber um Marketing geht, dann scheint man auf dieses Fließen verzichten zu wollen, denn da werden Werbekampagnen gestaltet, die mindestens ein Jahr halten sollen: Da werden von Strategen 5-Jahres-Positionierungen am grünen Tisch entwickelt, da werden von Marktforschern Lifestyle-Typologien erfunden, die nur im Computer wirklich leben, aber nicht in der realen Welt.

Von Briskorn weist unter Bezugnahme auf Ilya Prigogine darauf hin, daß Systeme, die sich in *Turbulenz und Komplexität* befinden, gar nichts anderes tun können, als sich intensivst miteinander zu arrangieren und zu verbinden. Da nun aber seit geraumer Zeit das System Markt außerordentlich komplex und turbulent zugleich ist, ist es einfach ineffizient, es strategisch so behandeln zu wollen, als sei es relativ *ruhig und überschaubar.*

## Von den Strukturen zu den Beziehungen

In dem Beitrag von von Briskorn wird auch aufgeführt, daß die Märkte einerseits ein Eigenleben führen, das unabhängig ist von den vielfältigen Marketing-Impulsen, daß sie aber andererseits auch auf die Marketing-Impulse der Hersteller reagieren. Dadurch wird der Markt zu einem großartigen Netzwerk, das nicht mehr aus einzelnen Teilen und festen Strukturen besteht, sondern lediglich aus *dynamischen Prozessen* und aus einem Netz *unkalkulierbarer, das heißt offener Beziehungen.*

Der Marketing-Begriff von heute bezieht dieses dynamische Netzwerk noch nicht ein, sonst würden seine Anhänger nicht mehr länger mit Typologien, Strategien, Zielgruppen und festen Zyklen operieren. Dabei könnte die Antwort ganz anders aussehen: Mit einem offenen, fluktuierenden Netzwerk kann man nur arbeiten, wenn man sich wirklich in das Netzwerk integriert, und mit dem Zappeln kann man nur klarkommen, wenn man bereit ist mitzuzappeln.

## Das Macht-Modell des Marketings

Von Briskorn kritisiert in seinem Beitrag auch die Vorliebe für das Mix-Denken der Marketing-Experten. Er erkennt klar, daß hinter dem *Marketing-Mix*, hinter der Metapher des »Mischens«, quantitative Dosierbarkeiten gesehen werden. Das sei eine statistische und mechanistische Auffassung, so meint er, wo doch eine ganzheitliche so vonnöten wäre. In dem Begriff Marketing-Mix kommt seiner Meinung nach »die Begrenztheit des aktuellen, eher mechanischen Marketing-Denkens und die ganze Hilflosigkeit des Bemühens zum Ausdruck, die Komplexität der Interaktion einerseits zwischen Marketing und Markt und andererseits innerhalb des Marketing-Instrumentariums quantitativ in den Griff zu bekommen«.

Ja, das sehe ich genauso. Die seit den fünfziger Jahren entwickelten Marketing-Modelle tendieren allesamt dazu, die wirkliche Komplexität und Offenheit der Marktbeziehungen eher zu verschleiern, als sie zu akzeptieren. Schon der Versuch, *stabile Zielgruppen* zu definieren, bedeutet aus dieser Sicht eine Vergewaltigung der wirklichen *Fließ-Dynamik* des Sozialen.

Und dahinter steckt sicher auch eine sehr *romantische Vorstellung von Macht* des Marktes. In den Worten von Briskorns: »Einiges spricht für die Annahme, daß der Begriff Marketing-Mix jenes für den Marketing-Manager angenehme Gefühl von Machbarkeit und Beherrschbarkeit der Ereignisse vermittelt. Dieses Gefühl bewegt sich in Richtung Markt-Macht und signalisiert eine Sicherheit, die sich im Hinblick auf den Wandel der Märkte als trügerisch erweisen wird.«

Folgerichtig präsentiert von Briskorn einige neue Postulate für ein anderes Marketing: »Unternehmen sind als *offene Systeme* zu begreifen, die durch Austausch-Beziehungen mit der Gesellschaft und den Märkten verbunden sind. Dem Marketing fällt bei dieser Öffnung des gesamten Unternehmens-Systems in Richtung Markt und Makro-Ökonomie eine zentrale Aufgabe zu.«

Wenn es dem Marketing gelingt, sich zur Interfusion im Sinne eines wirklichen Netzwerk-Dialogs mit der Gesellschaft umzuwandeln, so meine ich, dann kann tatsächlich eine *lernende und offene Austausch-*

*Beziehung* hergestellt werden. Aber in diesem Moment haben wir eben kein Marketing im alten Sinne mehr, weil eine wechselseitig lernende Austausch-Beziehung zwingend voraussetzt, daß beide Seiten lernen und daß sich beide Seiten wandeln, und zwar auch in der Intention.

Mit anderen Worten: Die gewünschte Austausch-Beziehung kann nur funktionieren, wenn das Marketing auf Verkaufen und auf »Herstellen, was sich verkaufen läßt« verzichtet; dann aber läßt sich das nicht mehr mit Marketing bezeichnen.

Dazu von Briskorn: »Die zunehmende äußere Komplexität der Markt-Prozesse ist mit der inneren Komplexität der Unternehmens-Prozesse spiegelbildlich zu verknüpfen. Marketing übernimmt eine vernetzende und *regulierende Rolle*.«

Es ist nötig, daß das Marketing der Zukunft seine Absatz-Intentionen und Hersteller-Orientierung aufgeben muß, damit das Marketing zwischen innen und außen vermitteln kann. Das ist das, was wir oben die *holistische Orientierung* genannt haben. Motto: wie außen, so innen – wie innen, so außen.

Das ist ja gerade das Neue an der Interfusion, nämlich daß die *Unterschiede gen Null reduziert* werden. Wir werden später sehen, daß es schon einige Unternehmen gibt, die diese totale Verschmelzung ganz gut geschafft haben, und diese brauchen dann auch *keine Marktforschung*, weil sie nur das tun, was ihnen gefällt, wissend, daß sie das Außen vollständig in sich repräsentieren. Sie benötigen auch keine klugen Strategien, weil sie wissen, daß sie im Fluß der Ereignisse immer rechtzeitig erkennen werden, wann was geändert werden muß, denn sie spiegeln in sich das Außen fast perfekt wider.

## Der Königsweg heißt: gemeinsame Zukunft

»Marketing sollte auch als zukunftweisender Brückenschlag zwischen Gesellschaft und Unternehmen verstanden werden.« So formuliert es von Briskorn.

Genau das ist der Königsweg des Networking: die *gemeinsame Produktion von Zukunft* und die *gemeinsame Produktion von gleichem Bewußtsein*. Dann läuft man nicht mehr den Zielgruppen von gestern nach (was jetzt von Werbeagenturen *Infotainment* genannt wird), sondern entwickelt mit den echten sozialen Gruppen der Gesellschaft neue Perspektiven und trifft sich mit ihnen dort im Dialog, wo die Menschen von sich aus wirkliches und intensives *Dialog-Interesse* haben. Wenn man die Gesellschaft richtig betrachtet, so stellt man fest, daß sie sich permanent in einem intensiven Diskurs und Dialog befindet. Die Langweiligkeit der Werbung resultiert ja nur aus der Tatsache, daß sie an Milliarden Dialogen, die zum Teil hitzig geführt werden, überhaupt nicht teilnimmt – aus Angst, man könnte dabei die Manipulation der Zielgruppen vergessen. Die Werbung verzichtet somit auf den eigentlich unentbehrlichen Dialog, weil sie auf ihre angebliche Macht nicht verzichten kann.

Gehen wir weiter: »Im Gegensatz zu den üblichen ›Hardware strategies‹ scheint das ›Soft-problem-solving-Denken‹ zeitgemäßer zu sein. Zu einem solchen Denken gehören *Partner-Strategien*, die immer mehr an Aktualität und Attraktivität gewinnen«, schreibt von Briskorn.

Dies ist ein ganz wichtiger Ansatz, auf den der Autor hier verweist. Wenn man wirklich gute Beziehungs-Verschmelzung mit den sozialen Gruppen der Gesellschaft pflegen möchte, dann muß man aufhören, nur Pseudo-Problemlösungen zu bieten. Dann muß man zum Beispiel umsteigen auf *Lifestyle-Sponsoring*, also auf *soziale Partnerschaften* und auf die vielfältigen Modelle der Lebensberatung. Kurz: Man muß inhaltlich wirklich etwas bieten können, um als Redner in dem milliardenfachen Kommunikations-Getöse, das täglich stattfindet, gehört zu werden. Diese *echten Inhalte* werden vermutlich mehr sein als nur Produkt-Argumentation, und um sie herzustellen, wird man mehr und mehr auf Kooperation und Partnerschaft setzen. Wenn sich beispielsweise mehrere Hersteller zusammentun, um für bestimmte Szenen und Gruppierungen einen kontinuierlichen und flexiblen *Lebens-Service* zu bieten, dann können sie das einigermaßen rentabel finanzieren und erhalten somit »echte Inhalte« anstelle der üblichen Schein-Argumente des Marketings.

## Wenn Interfusion das Marketing ablöst...

Fassen wir an dieser Stelle zusammen, so wird sichtbar, daß Interfusion und Networking eine *ganzheitliche Management-Aufgabe* darstellen, die sich den funktionalen Grenzen des Marketings (zum Beispiel Absatzorientierung) deutlich entzieht. Das Marketing stößt dadurch auf sieben Konsequenzen, die alle insgesamt mehr mit modernem Management zu tun haben als mit den klassischen Marketing-Instrumenten:

① *Interfusion braucht Dezentralisierung*

Das Marketing wird sich den Modellen der *Unternehmens-Kultur* nähern, denn nur eine höhere Kultur kann die Selbstorganisation kleiner autonomer Einheiten organisieren. Das erfordert eine andere Führungs-Philosophie: Abkehr vom *Feldherren-Modell* des Marketings, hin zum indirekten Führen per Kultur. Stichwort: *Kultur*.

② *Interfusion benötigt Flexibilisierung*

Hier ist in erster Linie die mentale, also *geistige Flexibilität* gemeint. Damit wird sich der Marketing-Manager von morgen mit allen Fragen des *Kontext-Managements* beschäftigen müssen, das heißt mit der Frage, wie man intern die Weltbilder zum Fließen bringen kann. Und er wird das Change-Management praktizieren müssen, um die Organisation auf fließende Funktionen umschalten zu können. Stichwort: *Organization Transformation* (OT).

③ *Interfusion braucht das Fließen*

Hier geht es für den Marketing-Manager um die völlig neue Aufgabe, das *Entlernen* zu verbessern, weil Verschmelzung (Mimesis) nur durch permanente »kreative Zerstörung« (Schumpeter) möglich ist. Statt also auf Strategie, Ordnung und Gewißheit zu setzen, müßte das Marketing von morgen auf »fließen lassen« umgeschaltet werden. Stichwort: *Umfeld-Monitoring*.

④ *Interfusion benötigt die Technik sozialer Vernetzung*

Der Marketing-Manager benötigt hierzu eine kontinuierlich durchgeführte Vernetzung. Nur so kann das, was von Briskorn beschrieben hat, verwirklicht werden, nämlich die spiegelbildliche Entsprechung von außen und innen. Zu den Vernetzungen gehören *Kooperationen mit Szenen*, wobei das nicht gleichzusetzen ist mit ein bißchen qualitativer Marktforschung. Szenen-Sponsoring zum Beispiel ist die echte Förderung von Absichten, Projekten und Prozessen innerhalb bestimmter Szenen bei Wahrung der Autonomie der Szenen und der Verlaufs-Offenheit ihrer Projekte. Es ist im Grunde der Verzicht auf Manipulation, um mehr Sympathie und Nähe zu den Szenen zu bekommen, die die *Konsum-Muster von morgen* bestimmen, die die Werturteile für Produkte vorformulieren und die für den Wandel der Konsum-Werte entscheidend sind. Stichwort: *Szenen-Kooperation*.

⑤ *Interfusion braucht eine ehrliche Issue-Politik*

Die Amerikaner verstehen unter Issue-Politik einen offenen, *fairen Dialog mit der Gesellschaft* unter bewußtem Verzicht auf Einseitigkeit und manipulative Intention. Erforderlich dazu ist die Fähigkeit der Organisation, durch Vernetzung lernen zu können. Voraussetzung für dieses innere Lernen ist wiederum das, was man in der Literatur *sanftes Management* nennt. Wissenschaftliche Studien zeigen allzu deutlich, daß Unternehmen, die rigide geführt werden, nur wenig Lernfähigkeit aufweisen. Das zentrale Gesetz lautet: Jedes Lernen bringt Unsicherheit und Verletzbarkeit. Nur in High-Trust-Organisationen können Menschen und Gruppen kontinuierlich lernen und entlernen. Stichwort: *sanftes Management/High Trust.*

⑥ *Interfusion braucht die Abkehr vom heroischen Modell der Strategie*

Die klassische Strategie geht vom *synoptischen Ideal* aus, von einem überschaubaren Kampfplatz, über den der Planer über eine relativ komplette Zusammenschau aller Bewegungen und Einfluß-Faktoren verfügt. Das hat mit dem, was heute in den Märkten wirklich los ist, so gut wie gar nichts mehr gemeinsam. Im Grunde müßte man auch das Marketing in Richtung CIM schieben, also zappeln und fließen lassen. Damit es dennoch nicht zum Chaos kommt, wird so etwas benötigt wie ein Polarstern, der die flexiblen Improvisationen, die an die Stelle der Langfrist-Strategien treten, koordiniert und leitet. Dieser Polarstern ist die Vision. Der Marketing-Manager von morgen wird das visionäre Management beherrschen müssen. Und die Vorstände in den größeren Unternehmen müßten High Trust und *Vision* so miteinander verknüpfen können, daß man es sich leisten kann, auf die Zwangs-Mechanismen einer Strategie zu verzichten. Stichwort: *Vision.*

⑦ *Interfusion braucht die Ethik*

Je mehr man sich mit dem Umfeld, das heißt mit realen sozialen Gruppen, verschmilzt, um so mehr rutscht man aus der liebgewordenen *Anonymität* heraus. Die übliche Massenwerbung operiert fast immer hinter dem Vorhang der Anonymität. Man kennt den Texter, den Fotografen, den verantwortlichen Werbeleiter nicht. Wenn man sich mit realen Gruppen vernetzt, dann *wird man persönlich bekannt* und muß zu dem, was man erzählt und verspricht, auch inhaltlich stehen. Das ist das Ende der Anonymität des Manipulators. Man wird nach dem Sinn und nach der Ethik der Produkte gefragt, und das zwingt den Networker dazu, einen echten *Sinn-Konsens* mit den gesellschaftlichen Gruppen zu erarbeiten. Dies wiederum verlangt vom Marketing-Manager, daß er sich den Prinzipien des *hellen Managements* (Gerd Gerken: »Management by Love«) nähert. Das ist eine Management-Auffassung, die davon ausgeht, daß ein Produkt sich um so besser verkauft, je größer sein »ethischer Mehrwert« ist. Stichwort: *helles Management.*

Angesagt ist also eine Art Frühjahrsputz in Sachen Marketing-Theorie, damit wir fähig werden, auf die neue Umfeld-Wirklichkeit, die fließend und paradox ist, adäquat zu antworten. Das Umfeld fordert uns heraus.

## Die aktuellen Trends für das Markt-Management

Der bekannte Marketing-Experte Prof. Philip Kotler hatte kürzlich anläßlich eines Workshops in Deutschland die für ihn wichtigsten Trends der neunziger Jahre beschrieben. Dabei wurde deutlich, daß auch Vordenker wie Kotler der Meinung sind, daß sich das derzeitige Marketing drastisch wandeln muß, um mit den *neuartigen Herausforderungen* der neunziger Jahre fertig zu werden. Seine Thesen lauten:

① *Es gibt eine Bewegung von den materiellen Qualitäten zu den immateriellen und informationellen Qualitäten*

Produkte können das geforderte Faszinosum kaum noch durch materielle Qualität bringen. Darum fordern die Konsumenten immer deutlicher Services und *Interpretationsmuster* über dem Produkt. Die Hardware allein reicht nicht mehr aus.

Die neue Herausforderung heißt deshalb: Das Marketing muß weg vom Reagieren und Trend-Nachlaufen und sich zu einem *Geburtshelfer neuer Emotionen* entwickeln: Emotional Leadership.

② *Immer mehr Menschen möchten als echtes Individuum angesprochen werden*

Der Wertewandel bewirkt, daß es immer weniger Leute gibt, die in der Masse untertauchen wollen. Anpassung und Masse sind out, Individualität und Selbstentfaltung in. Die normalen Marketing-Strategien haben es deshalb zunehmend schwer, die stark wachsende Differenzierung menschlicher Sehnsüchte und Forderungen zu berücksichtigen. Es entwickelt sich eine Tendenz, die darauf hinausläuft, daß alle Großgruppen-Ansprachen als langweilige Massen-Ansprachen erlebt werden. Das Marketing der Zukunft muß mit der Situation fertig werden, daß immer mehr Ungleiches gleichzeitig wichtig ist.

Das verlangt *multi-optionale Strategien* und höchst differenzierte Kommunikations-Konzepte. Das Ende homogener Kampagnen rückt heran: die Gleichzeitigkeit ungleicher Kommunikation.

③ *Fließende Zeit wird zur neuen Herausforderung*

Die Haltbarkeit der Sehnsüchte, Wünsche und Verhaltensmuster nimmt drastisch ab. Immer mehr Menschen erleben es als »Lebendigkeit«, wenn sie sich häufiger ändern und ihr mentales Kostüm umbauen. Der Trend heißt: wachsende geistige Transformation.

Der »Kick« besteht darin, sich darüber zu freuen, daß man sich permanent selbst überwindet. Dementsprechend wird die Gruppe der Traditionalisten und der Verhaltenstreuen immer kleiner.

Für das kommende Marketing bedeutet das, daß der Faktor Zeit im Sinne einer *fließenden Zeit* in die Planungs-Modelle integriert werden muß. So wie es bei der Produktion der Logistik bereits den Faktor Just-in-time gibt, so wird auch im Marketing eine spezifische Zeit-Qualität im Sinne der »fließenden Zeit« immer wichtiger: *Just-in-time-Marketing* sozusagen. Alle starren Zeit-Konzepte, wie sie zum Beispiel in der Werbung in den sechziger Jahren im USP-Modell verankert waren (Unique Selling Proposition), wirken mittlerweile kontraproduktiv. Wer nicht mit der »Zeitlichkeit des Sozialen« mitfließt, gibt seiner Marke die Aura von Starrheit oder Müdigkeit.

Es sind also drei neue Faktoren, die das Marketing in den neunziger Jahren wandeln werden:

- *die Emotional-Leadership,*
- *die Gleichzeitigkeit ungleicher Kommunikation,*
- *das Fließen der Inhalte.*

Das sind in der Tat neue Herausforderungen. Nun ist es interessant, welche drei Antworten Kotler postuliert:

① *Das Marketing entdeckt die Netzwerke*

Philip Kotler sieht in Zukunft immer mehr »Marketing-Netzwerke«, weil die Unternehmen gezwungen werden, immer stärker miteinander zu kooperieren, um *strategische Allianzen* bieten zu können. Das ist überlebensnotwendig, um das Faszinosum über dem Produkt durch Vernetzung und Synergie bieten zu können. Damit eine Emotional-Leadership erreicht werden kann, muß mehr als nur *Produkt-Egoismus* offeriert werden.

②  *Das Marketing entdeckt die Mehrkanal-Systeme*

Kotler hat den Begriff *Mehrkanal* eingeführt, weil auch er sieht, daß wir in eine Multi-Options-Gesellschaft hineinrutschen, in der man zum Beispiel mit bewußter Differenzierung mehr erreicht als mit der klassischen Mono-Positionierung oder Massen-Strategie. Er geht sogar so weit, daß er parallel laufende, bewußt differente Distributions-Systeme für ein Produkt oder für eine Marke empfiehlt. Die Gleichzeitigkeit von immer mehr Ungleichem wird das Marketing zu einer *Mehrkanal-Dynamik* zwingen.

③  *Das Marketing entdeckt die »Just-in-time«-Idee*

Kotler mißt dem Just-in-time-Marketing besonders viel Gewicht bei, weil auch er erkannt hat, wie wichtig der Faktor Zeit für das Marketing wird. Etwas ironisch nennt er dieses neue Zeit-Bewußtsein im Marketing das *Turbo-Marketing*. Wichtig ist dabei die permanente Verkürzung der Reaktions-Zeiten und damit das Aufbauen der Kompetenz, in die fließenden Prozesse besser eintauchen zu können.

Fassen wir nunmehr die Konturen des Neunziger-Jahre-Marketings zusammen:

| Die Herausforderungen | Die Konzepte (Kotler) |
|---|---|
| Emotional-Leadership | Strategische Allianzen |
| Gleichzeitigkeit ungleicher Kommunikation | Mehrkanal-Dynamik |
| Fließen der Inhalte | Turbo-Marketing |

Bleiben wir beim *Just-in-time-Marketing*. Im Grunde ist das die Vorstufe zu dem, was wir Mimesis oder *Interfusion* genannt haben. Warum? Man kann nur dann mit den fließenden Prozessen mitfließen, wenn man an diesen Prozessen teilnimmt, das heißt, wenn man sich mit ihnen verschmilzt. Und damit haben wir auch das Schlüsselwort für die kommende Interfusion: *Teilnahme*.

129

## Das neue Credo:
## von der Manipulation zur Teilnahme

Dynamische Prozesse sind immer Prozesse des Werdens, und alle Prozesse des Werdens sind immer Prozesse des Fließens. Je mehr sich eine *Gesellschaft im Ungleichgewicht* befindet, um so schneller ist dieses Fließen. Unsere Gesellschaft hat sich durch mannigfache Technik-Innovationen, Ökologie-Probleme und neue Fortschritts-Optionen seit einiger Zeit stärker destabilisiert. Wir sind sozusagen ins Rutschen gekommen. Alle Festigkeiten lösen sich auf. Parallel dazu hat sich natürlich auch das Weltbild gewandelt. Man spricht inzwischen vom *Paradigmen-Wechsel.* Und was bedeutet das?

Gesellschaften mit hoher *Stabilität*, in denen nicht sehr viel fließt und in denen das, was fließt, nicht sehr schnell fließt, entwickeln in der Regel ein *mechanistisches Weltbild.* Das mechanistische Weltbild, das heute noch breit vertreten ist, stammt aus dem Mittelalter, also aus einer Zeit, in der die Innovations-Zyklen und insbesondere die Innovations-Menge pro Zeiteinheit gering waren. Deshalb glaubte man, daß die Welt ein geschlossenes System sei, also daß die meisten Prozesse wiederholbar seien.

Heute leben wir aber in einer Zeit, in der die Innovations-Menge größer ist als unser Adaptions-Vermögen. Das bedeutet: Die Kreativität ist größer als unsere Flexibilität. Das führt zu einer permanenten *Instabilität.* Dementsprechend hat sich in den letzten 20 Jahren ein *evolutionäres Weltbild* herausgeschält, das besonders von den »neuen Optimisten« wissenschaftlich vorangetrieben wird (Jonas Salk, Francisco J. Varela, Humberto R. Maturana, Ilya Prigogine, Stephen W. Hawking, Willis W. Harman und andere).

Das evolutionäre Weltbild schließt die Vorstellung von einem *offenen System* ein. Unsere Welt, auch die materielle Welt, beruht auf Prozessen, die nie stagnieren. Alles wird zum fließenden Prozeß, der zielgerichtet, zugleich aber auch offen ist. Danach fließt die Wirklichkeit als eine nicht reversible Wirklichkeit. Die meisten Menschen folgen heute bewußt oder unbewußt immer noch dem alten mechanistischen Weltbild von Descartes und Newton.

Im Moment ist das evolutionäre Weltbild noch sehr wenig populär. Es geistert zum Teil in den Trends zum *New Age* und *Light Age* herum. Aber es gibt auch inzwischen eine eigenständige Wissenschafts-Linie, die unter dem Rubrum der »Autopoiese« (Selbsterschaffung) das Weltbild eines permanenten Fließens immer mehr in den Mittelpunkt der öffentlichen Debatten bringt.

Dieses evolutionäre Weltbild macht Planung, Strategie und Objektivität so gut wie unmöglich. Wenn alles fließt, kann man nicht mehr in Distanz verharren, sondern muß in den Fluß hineinsteigen. Und wenn man im Fließen ist, kann man nicht mehr strategisch planen, sondern nur noch teilnehmen.

Das mechanistische Weltbild, auf dem heute noch Marketing und Werbung beruhen, geht davon aus, daß man ein System *von außen manipulieren* kann. Deshalb versucht man, einen Markt, eine Zielgruppe oder eine Szene von außen zu erkennen und von dort aus durch Werbung, Promotion und PR zu manipulieren.

Dementsprechend operieren Marketing und Werbung nicht nur linear, sondern auch immer nur einseitig aktiv statt *interaktiv*. Die Phänomene der Interaktion und der Verschmelzung sind so gut wie unbekannt. Zwar spricht man vom Dialog-Marketing, aber dies wird derzeit noch nicht als ein wirklicher, ehrlicher Interaktions-Prozeß verstanden, sondern allenfalls als Verbesserung der alten Manipulationsstrategien.

Akzeptiert man jedoch das neue, evolutionäre Weltbild, das von einem permanenten, überraschenden Fließen ausgeht, dann wird einem schnell klar, wieviel Chancen man vergibt, ja, wie dumm man ist, wenn man auf einseitiger Aktion und Manipulation besteht: Nur durch das *aktive Mitfließen* kann man das Fließen sozialer Wirklichkeiten selbst mitgestalten. Solange das Marketing auf fließende und verschmelzende Konzepte verzichtet, so lange verzichtet es auf Effizienz. Anders ausgedrückt: Wer auf Manipulation besteht, muß sich bewußt sein, daß die gewünschte Wirkung ausbleibt.

## Die Entdeckung der Teilnahme

Deshalb lautet die Formel der Interfusion: von der Manipulation zur Teilnahme. Die Konsequenz für das Bisineß:

- *Wir müssen das Marketing umwandeln: vom strategischen Marketing zum teilnehmenden Markt-Management.*

- *Wir müssen die Werbung umwandeln: von der manipulierenden Kommunikation zur teilnehmenden Kommunikation.*

131

Beide Aspekte zusammen rücken das Marketing vom jetzigen, mechanistischen Weltbild zum evolutionären Weltbild. Betrachten wir, sozusagen als Überprüfung, noch einmal in einer Gegenüberstellung – in Anlehnung an Langenheder – den Paradigmen-Wechsel:

| Mechanistisches Weltbild | Evolutionäres Weltbild |
| --- | --- |
| Die Welt ist ein geschlossenes System | Die Welt ist ein offenes System, in dem Unbestimmtheit und Zufall zum Bauprinzip gehören. |
| Die Welt ist erkenntnistheoretisch rekonstruierbar, vollständig erklärbar und damit auch im Hinblick auf zukünftige Entwicklungen vorhersagbar | Die Welt ist erkenntnistheoretisch nicht rekonstruierbar, immer nur in Teilaspekten erklärbar, und die Entwicklung ist prinzipiell nicht vorhersagbar |
| Grundlage der materiellen Welt sind Materieteile | Grundlage der materiellen Welt sind Prozesse |
| Prozesse sind wiederholbar | Prozesse sind grundsätzlich gerichtet und damit grundsätzlich nicht reversibel |
| Erkenntnisse lassen sich formalisieren und quantifizieren | Qualitative Erkenntnisse entziehen sich weitgehend einer Formalisierung und Quantifizierung |
| Es gibt objektive Erkenntnisse und objektive Wahrheiten | Es gibt keine objektiven Erkenntnisse und keine intersubjektiv gültigen Wahrheiten |

## Der Journalismus entdeckt das Konzept der Teilnahme

Der neue Trend zur Teilnahme etabliert sich derzeit im Journalismus. Seit 1985 gibt es weltweit den Trend zum *interaktiven Journalismus*. Immer mehr Journalisten wenden sich ab von einer falschen Objektivität. Immer mehr Journalisten wollen die Geschehnisse in der Welt nicht als Besserwisser oder als Außenstehende beschreiben, sondern wollen – wie man das heute so schön nennt – »sich persönlich einbringen«, als Menschen und als Beteiligte.

## Die Zeitgeist-Medien gehen voran

Interessant ist nun, daß bei der neuesten Magazin-Gattung, den Zeit-geist-Zeitschriften, dieser teilnehmende Journalismus inzwischen besonders weit vorangetrieben worden ist. Prototypisch dafür sind im deutschen Sprachraum die Zeitschriften *TEMPO* und *WIENER*. Wenn man die Themen von *TEMPO* und *WIENER* (neue Gattung) vergleicht mit den Themen von *STERN* und *SPIEGEL* (alte Gattung), so gibt es außerordentlich viel Deckungsgleichheit. Und dennoch sind die Zeitgeist-Medien meilenweit anders als *SPIEGEL* und *STERN*.

Und der Unterschied liegt überwiegend in der Art und Weise, wie bei den Zeitgeist-Magazinen geschrieben wird. Es herrscht ein anderer Ton. Es herrscht eine andere Professionalität. Es herrscht eine andere Einstellung zu den beschriebenen Phänomenen. Der Chefredakteur von *Tempo*, Markus Peichl, hat in einem Interview einige Kriterien artikuliert, die den Unterschied zwischen normalen Illustrierten und Zeitgeist-Zeitschriften ausmachen:

- Die Zeitgeist-Journalisten verstehen sich ganz offensichtlich *nicht als Zensoren* oder Besserwisser. Sie steigen in das Feld des Lustvollen ein. Und das ist das ganze Leben.

- Die Zeitgeist-Journalisten beschreiben die Ereignisse nicht von außen im Sinne einer Strategie (»ein bißchen was für die Yuppies, ein bißchen für die Ökos, ein bißchen für die Rentner«), sondern sie schreiben *aus der Sache heraus*, weil sie – bevor sie schreiben – alles tun, um *in der Sache zu sein*. Das ist genau das, was wir bisher als Interfusion oder Mimesis beschrieben haben.

Markus Peichl sagt voraus, daß derjenige, der aktuelle Themen objektiv und »wie von außen« beschreibt, immer mehr an Glaubwürdigkeit verlieren wird. »Bestimmte Geschichten wie unsere Amnestie-Aktion, unsere Aids-KZ-Reportage oder eine gewagte Mode-Produktion können die Großen [gemeint sind *STERN* und *SPIEGEL*] nicht machen. Das nimmt ihnen keiner ab, *weil dort immer aus der Beobachter-Perspektive geschrieben wird*.«

## Die fünf Prinzipien der Interfusion

Fassen wir an dieser Stelle zusammen:

① *Abkehr von Manipulation*

Um das klassische, lineare Marketing überwinden zu können, ist es erforderlich, daß man sich von der alten Branchen-Ideologie der linearen Aktion, das heißt dem »alleinigen Vorrecht auf Manipulation«, trennt.

② *Neue Machtverteilung per Dialog*

Um sich vom bisherigen Marketing zur Interfusion weiterzuentwikkeln, ist es erforderlich, daß man sich von der Aktion zur Interaktion entwickelt, und das auch gefühlsmäßig. Das bedeutet, daß man als Marketing-Manager bereit ist, eine Neuverteilung der *kommunikativen Macht* (über die wir später noch berichten werden) voll und ganz zu akzeptieren.

Bisher war es so, daß das Marketing seine teilweise Entmachtung mehr oder weniger nur zähneknirschend akzeptierte nach dem Motto: »Die Zeiten werden schwieriger.« Um aber wirkliche Dialoge im Sinne einer echten Interaktion praktizieren zu können, muß man die neue, *duale Machtverteilung* der Kommunikation von Herzen bejahen und als gewollten Fortschritt emotional erleben können.

③ *Teilnahme garantiert Fließen*

Das Schlüsselwort für die Interfusion heißt Teilnahme. Nur durch praktizierte Teilnahme kann man mit den Geschehnissen mitfließen und mit der *Zappeligkeit des Umfeldes* mitzappeln.

④ *Teilnahme garantiert Glaubwürdigkeit*

Nur durch Teilnahme kann der Kommunikator an *Glaubwürdigkeit* gewinnen, weil er durch Teilnahme aus dem Feld der Distanz und der Anonymität herausgeht und sich als reale Persönlichkeit in den Prozeß selbst einbringt. Interfusion kann nicht funktionieren zwischen wirklichen Menschen und Gruppen und anonymen Kommuniqués. Interfusion wird immer ein Austausch zwischen echten Menschen und echten Gruppen sein, so wie es jetzt zaghaft beim *Szenen-Sponsoring* beginnt.

⑤ *Jeder lernt von jedem*

Interfusion ist ein wechselseitiger Prozeß, der alle Teilnehmer wechselseitig beeinflußt. Alle lernen gemeinsam. Aus einem Interfusions-Prozeß kommt man immer anders heraus, als man hineingegangen ist. Für den Marketing-Manager bedeutet das eine völlig neuartige Bereitschaft zur Identifikation mit Szenen, Themen und Behauptungen und dazu eine völlig neuartige Bereitschaft, auch seine eigene Persönlichkeit in den Fluß der Wandlungen zu integrieren, sich auch formen zu lassen.

Betrachten wir diese neuen Dimensionen ganzheitlich, so sind es hauptsächlich folgende zwei Faktoren, die Interfusion prägen:

① das Konzept der Beteiligung des Kommunikators,

② das Konzept der Ent-Anonymisierung des Kommunikators.

Nun, das ist die Zukunft des Marketings. Vermutlich wird man dazu aber kaum noch Marketing sagen können. Prüfen wir vielleicht jetzt die aktuelle Trend-Landschaft, um zu sehen, ob und – wenn ja – wie weit die Marketing-Szene bereits auf diesem Weg zur Interfusion ist.

## Der Trend zum Direkt-Marketing

In den letzten Monaten ist der Trend zum *Direkt-Marketing* immer stärker geworden. In allen Industrienationen ist diese Entwicklung zu beobachten. Es gibt da keine Ausnahme.

Prof. Dr. Weinhold-Stünzi weist darauf hin, daß sich dieser *Trend zum Dialog* so stark durchgesetzt hat, daß das Direkt-Marketing inzwischen eine »größere Bedeutung hat als gemeinhin angenommen«.

Weinhold-Stünzi hat für das Forschungs-Institut für Absatz und Handel in St. Gallen eine Studie über die Zukunft des Direkt-Marketings erstellt. Und diese Studie beweist deutlich, daß im Marketing die Signale eindeutig auf Interfusion verweisen.

Weinhold-Stünzi dazu: »Der Verkauf ist im Direkt-Marketing nicht so wichtig.«

Damit wird eine deutliche Trendwende sichtbar, was das Direkt-Marketing betrifft. Früher war es ganz eindeutig ausgerichtet auf direkte Verhaltens-Beeinflussung, oft gekoppelt mit Sonderangeboten und spezifischen Promotions. Direkt-Werbung war Hardselling. Es gab so etwas wie eine Aufgaben-Teilung: Die allgemeine Werbung weckte die Sehnsüchte und prägte das Image. Und Direkt-Werbung war darauf ausgerichtet, konkrete Kaufabsichten auf das eigene Produkt zu steuern.

Aber nun gibt es eine Trendwende. Das Direkt-Marketing trennt sich immer mehr vom Verkaufen. Direkt-Marketing wird immer mehr zu einem abgelösten Dialog, abgelöst von den kurzfristigen Zielvorgaben, abgelöst von dem Auf und Ab der Umsatzkurve, abgelöst von den Zahlen-Vorgaben des Verkaufs und der Marketing-Positionierung.

Die Zukunft des Direkt-Marketings wird von Weinhold-Stünzi »in *computergestützten Dialogen*« gesehen. Und der Vorteil der *Nicht-Öffentlichkeit* dieses Mediums wird immer mehr begriffen. Direkt-Marketing kann multi-mediale Information an Adressaten vermitteln, kann also für unterschiedliche Sektoren der Gesellschaft, für unterschiedliche Szenen und für unterschiedliche Konsum-Pioniere maßgeschneiderte Informationen offerieren. Langfristig – so Weinhold-Stünzi – wird die »immer bessere und billigere *Computertechnik*« dafür sorgen, daß das Dialog-Marketing zu einer gewichtigen Säule im absatzpolitischen Instrumentarium wird. Der Trend läuft auf *autonome Dialoge* hinaus.

## Aufbruch zum Database-Marketing

Schon schreibt die Marketing-Zeitschrift *HORIZONT*: »Klassische Werbung jetzt in Gefahr, Markenartikler schichten Etats um ... Direkt-Marketing bringt mehr Erfolg.« Mehr und mehr Unternehmen – so wird berichtet – beginnen, sich dem *Database-Marketing* zuzuwenden, indem sie eigenständige Datenbanken aufbauen, zum Beispiel nach demographischen, typologischen oder speziellen Verwender-Merkmalen. Schon heute sei eine derart gezielte und *fragmentierte Ansprache* zu »adäquaten Kosten möglich«.

Zwar ist das Database-Marketing, so wie es bisher praktiziert wird, immer noch ein *lineares Marketing* und beileibe noch keine echte Interfusion, aber immerhin berücksichtigt es ein wichtiges Merkmal der kommenden Interfusion, nämlich die *multi-optionale Ansprache*.

Das bedeutet, man berücksichtigt bei der jetzigen Trend-Entwicklung des Marketings mehr und mehr die Tatsache, daß im sozialen Umfeld die *Gleichzeitigkeit des Ungleichen* vorherrscht. Je mehr Direkt-Marketing, um so mehr ungleiche Kommunikation wird möglich. Damit nähert

136

sich das Marketing einer neuen Einstellung zu den Medien: Die Dominanz der *Massen-Medien* erodiert.

Nach Einschätzung von Arthur Andersen Management Consultant wird der Computer in Zukunft nicht nur das Database-Marketing qualifizieren und billiger machen, sondern auch das Instrumentarium des Verkaufens deutlich verändern. Mobile Bürosysteme werden erwartet. Immer mehr Verkäufer werden in Zukunft mit *Laptop-Computern* ausgerüstet werden, um individueller und schneller für den Kunden Projekte und Bestellungen besprechen zu können.

*Sells-Aid-Systeme* werden kommen, durch die die Wartezeit zwischen dem Verkaufsgespräch und den Preisverhandlungen auf so gut wie Null gebracht werden. Auch hier wirkt bereits der *Just-in-time-Faktor*. Man will möglichst schnell und möglichst noch am Ort des Gesprächs mit dem Kunden abschließen.

Und es wird in Zukunft *Leads-Management-Systeme* geben. Sie werden ein Schwerpunkt des Database-Marketings werden. Leads sind Kunden, die durch besondere Kriterien besonders wichtig sind. Sie werden in getrennten Datenbasen gespeichert. Und sie werden nicht nur medial gesondert angesprochen (eigene Zeitschriften, Infoletter, Prospekte und Actions), sondern auch von den Verkäufern bevorzugt und persönlich angesprochen. Oft werden ihnen neue Produkte oder neue Dienstleistungen persönlich erklärt, bevor diese Produkte in der Öffentlichkeit vorgestellt werden und bevor man Anzeigen schaltet. Die Leads werden zu *Mitgestaltern* der öffentlichen Produkt-Meinung.

Hier ist bereits der Übergang von der *Manipulation zur Teilnahme* sichtbar, und an dieser Stelle schimmert das Konzept von Interfusion durch: Echte Dialoge werden abgelöst vom Produzieren, vom Verkaufen und auch von den Rhythmen der Werbung. Im Grunde handelt es sich hier um die *gemeinsame Produktion von Bewußtsein*. Beide Seiten praktizieren die teilnehmende Kommunikation, um ein gemeinsames Bewußtsein aufzubauen.

## Dialog und Verkauf trennen sich

In Großbritannien hat ein Unternehmen für diese Leads speziell geschulte Dialog-Partner bereitgestellt, um sicherzustellen, daß sie nicht von den normalen Verkäufern angesprochen werden. *Dialog und Verkauf trennen sich.*

In Zukunft wird sich das Leads-System wahrscheinlich mit dem Szenen-Sponsoring vermischen. Das könnte dann folgendermaßen aussehen:

Ein Unternehmen offeriert (zum Beispiel per Anzeige) spezifische Aktionen und spezifische Info-Pakete (etwa eine Szenen-Zeitschrift). Diejenigen, die sich per Coupon als interessiert melden, werden als mentale Leader in die Datenbank eingeführt. Wenn das Unternehmen 100 000 bis 500 000 Mental-Leader und Szenen-Leader gespeichert hat, wird ein informeller oder zum Teil formeller Club gegründet (möglicherweise mit diversen Unter-Clubs), um eine *permanente Dialog-Dynamik* mit den Leadern aufrechtzuerhalten.

Die Leader gehen mit dem Unternehmen eine Interaktion ein, das heißt, man praktiziert gemeinsame Reisen, Workshops und Events. Dadurch entsteht ein immer stärker werdendes Band von *emotionalen Gemeinsamkeiten*. Und nach und nach entwickeln sich die Leader zu kompetenten Sollwertgebern für die interne Geschäftspolitik, zum Beispiel für die Produktentwicklung. Fazit: Das Unternehmen kann sich mehr und mehr von außen führen lassen.

Dadurch gewinnen die Mental-Leader und Szenen-Pioniere immer mehr Einfluß am Entwicklungsprozeß des Unternehmens. Auf der anderen Seite steigert das Unternehmen dadurch seine Glaubwürdigkeit, Autorität und Multiplikations-Effizienz im Rahmen der Szenen und ihrer In-Groups. Es entsteht der von Elisabeth Noelle-Neumann beschriebene Effekt der *Meinungs-Spirale*: Je mehr Einfluß die Leader haben, um so intensiver arbeiten sie für die Durchsetzung der Produkte und Ideen ihres Unternehmens in den Szenen. Sie werden zu Agenten des gemeinsamen Wollens, sie werden zu emotionalen Mitstreitern.

## Das Beispiel Lufthansa:
## mehr Marktnähe durch Verschmelzung

Database-Systeme setzen sich weltweit durch. In Deutschland hat zum Beispiel die Lufthansa begonnen, derartige Systeme einzuführen, um sich frühzeitig gegen das Eindringen von Billig-Fluglinien zu immunisieren.

Das Modell, das die Lufthansa entwickelt hat, heißt MAO (Mailing- und Akquisitions-System on-line). Es fußt auf regionalen Datenbanken, die mit vielen detaillierten Kunden-Informationen verbunden werden, also praktizierte Mimesis, das heißt Verschmelzung, ermöglichen.

Man verspricht sich dadurch *mehr Flexibilität*. Die Lufthansa will für eine »systematische Gewinnung von Adressen und Kunden« gerüstet sein, um später »ein Dialog-Marketing-Programm und eine Datenverwaltung« zu besitzen, das einzigartig ist. Die Firma selbst sieht in dem MAO-Programm einen Beitrag zur »tiefstgreifenden Veränderung, die jemals während der 61jährigen Firmengeschichte stattgefunden hat«: *mehr Marktnähe*, stärkere Orientierung am Kunden.

Das bedeutet die Aufgabe linearer und einseitiger Strategien, was möglich werden soll durch neue Gruppen-Orientierungen, kombiniert mit einer massiven Umorganisation in Richtung *Dezentralität*.

Erstmals wird es deshalb bei der Lufthansa sogenannte *Strecken-Manager* geben. Sie sind der Garant für mehr Dialog und mehr Interaktion, weil ein Strecken-Manager nunmehr selbst »entscheiden kann, wie viele Brötchen der Fluggast auf seinem Tablett findet«. Das Ende starrer Strategien, von oben geplant, beginnt. Damit beginnt die Lufthansa, die *Multi-Option*, die typisch für die kommende Phase sein wird, vorzubereiten.

Fassen wir an dieser Stelle zusammen:

①  Im Moment ist Interfusion so etwas wie eine langfristige Perspektive, aber noch keine Realität, doch die aktuellen Trend-Daten zeigen, daß das Marketing dabei ist, sich von massenmedialer Gleichschaltung und von undifferenzierten und starren Strategien zu entfernen.

②  Ganz eindeutig entwickelt sich das neue Marketing in Richtung »Direkt-Marketing« und »Dialog«. Schon in den nächsten Jahren werden die Fortschritte in der Computer-Technik diese Database-Dialoge immer mehr zur dritten Säule neben Werbung und Promotion machen.

③  Voraussetzung dafür ist aber nicht nur ein Umschalten von Anzeigen auf Direct Mail, sondern – wie das Beispiel Lufthansa gezeigt hat – eine starke und vielschichtige Umstellung der inneren Haltung und der Gesamt-Organisation. Die interne Organisation muß netzwerkfähig werden, wenn man Networking betreiben will. Das bedeutet, daß das Unternehmen sich so organisieren sollte, daß es von außen gesteuert werden kann.

**Ohne organisatorischen Mut kann man den Sprung vom Marketing zur Interfusion nicht schaffen.**

Bisher habe ich beschrieben, warum das Marketing auf dem Weg zur Interfusion ist. Typisch dafür ist die stark wachsende Bedeutung des Direkt-Marketings und der *Database-Konzepte*.

Der Hintergrund dafür liegt einerseits in dem bereits beschriebenen *Wertewandel*: Der Konsument differenziert und fragmentiert sich immer mehr. Die andere Seite liegt in dem Trend *vom Produkt-Wettbewerb zum Kommunikations-Wettbewerb*. Und damit wollen wir uns jetzt beschäftigen.

## Die Marken müssen höher aufgehängt werden

Natürlich kann man nicht zu einer *Multi-Kommunikation* kommen, wenn die Markenführung direkt an die *nationalen Kampagnen* gekoppelt ist. Die meisten Produkte nutzen die allgemeine Werbekampagne auch zur Profilierung der Marken. Das ist so lange in Ordnung, wie man nur eine einzige massenmediale Kampagne durchzieht. Kommt es dann aber zur Multi-Kommunikation – die ja typisch für Interfusion ist – so gibt es *viele Öffentlichkeiten* und in ihnen viele widersprüchliche Argumentationsketten.

Die Konsequenz: Die Markenpflege benötigt eine eigene Werbekampagne, *eine Werbekampagne nur für die Marke*. Mit Sicherheit wird man im Zeitalter der Interfusion sehr viel »höhere«, das heißt unabhängige Marken-Strategien mit eigenständigen Profilierungs-Kampagnen durchführen. Eine Voraussetzung dafür ist zum Beispiel das Anheben der Marken auf *Mythen-Niveau*. Die Marken sollen dadurch frei werden von profanen oder szenentypischen Behauptungen oder Auslobungen. Marken-Mythologie bedeutet, Marken zu *Meta-Marken* zu formen.

Diese Meta-Marken bringen dem *Marken-Kern* den Schutz, den dieser dringend braucht, wenn man umschaltet auf Multi-Kommunikation, weil diese Multi-Kommunikation viele Widersprüche, Paradoxa und Irritationen hervorrufen wird.

Die Basis für diese Meta-Marken können alte Mythen sein (beispielsweise »Freiheit«) oder auch neue Mythen. Werfen wir einen Blick auf diese neuen Mythen:

140

## Die großen Brüche der neunziger Jahre

Die neunziger Jahre, die wir bereits als die Naughty nineties beschrieben haben, kommen immer näher. Man erkennt heute bereits recht gut, welche Neuerungen und Brüche zu erwarten sind:

① Vom Psychologismus zu Geist und Brain-Programmen (Meta-Bewußtsein).

② Vom physikalischen Weltbild zum biologischen Weltbild (Selbststeuerung).

③ Vom linearen Optimieren zum paradoxen Fließen (Gleichzeitigkeit des Ungleichen).

④ Von der statischen Edel-Kultur zur stimulativen Kultur des Pop (World Culture).

## Die neuen Mythen, die entstehen

Alle Mythen sind aufgebraucht, wie Langer einmal schrieb, weil es sich dabei um alte oder uralte Mythen handelt. Jetzt ändert sich aber das Weltbild durch neue Wissenschafts-Durchbrüche, und deshalb formieren sich auch neue Mythen. Gerade für die langfristige Markenpolitik kann es wichtig sein, sich an derartige neue Mythen zu koppeln. Mythen haben viel Faszinosums-Energie. Die folgenden vier Mythen sind die Energie-Quellen für die sich jetzt vollziehende Evolution des Fortschritts-Modells:

- Die Selbststeuerung der Evolution durch uns (Light Age/Genetik).

- Das Meta-Bewußtsein: Der Geist wird intelligenter (Co-Schöpfung/ somatische Signatur).

- Global Brain: Die Natur besteht aus Wiederholungen und Gewohnheiten (Erfindung/Selbstreferentialität).

- Wir sind alle ein einziges Kraftfeld: Neuanfang der Kultur einer Weltenbruderschaft (Self-fullfilling-Society).

Diese vier Mythen sind erst sehr unscharf zu erkennen und quasi jungfräulich. Sie wirken deshalb sehr unkonkret, was aber sehr viele Vorteile für große Markenartikler hat. Wer sie zuerst interpretieren und konkretisieren kann, kann sie für viele Jahrzehnte an seine Marke binden, wie es zum Beispiel derzeit Marlboro mit dem alten Freiheits-Mythos tut. Fazit: Markenartikler sollten jetzt eine Mythen-Kompetenz entwickeln.

## Abschied vom Massen-Marketing: das Beispiel Campbell

In den USA hat einer der ganz Großen, die Campbell-Group, erkannt, daß das Zeitalter des *Massen-Marketings* zu Ende geht. *BUSINESS WEEK* schrieb darüber unter dem Stichwort »Marketings New Look«. Betrachten wir kurz die wichtigsten Charakteristika:

Campbell will Schluß machen mit Mono-Produkten und mit statischen Produkt-Zielen. Man will hin zu mehr Flexibilität und mehr Fragmentierungs-Qualität, und deshalb hat man 1986/87 ein einzigartiges Marketing-Programm entwickelt, das konsequent auf *regionale und soziale Maß-Schneiderei* ausgerichtet ist. Die Produkte und ihre Werbung sollen nicht mehr strategisch fixiert durchgetragen werden, sondern sollen sich flexibel »den verschiedenen Regionen des Landes, ja selbst individuellen Gegenden einer Stadt« anpassen können.

Was hier durchschimmert, ist die Verbindung von Networking einerseits mit dem *Trend zum Private product* andererseits. Darunter versteht man die elektronische Maß-Produktion, das heißt die neuartige *CIM-Kompetenz*, die Produkte angepaßt an die fließenden Wünsche von immer mehr Fragmenten herzustellen. Wenn es sein muß, sogar als Unikat.

Man kann mit ziemlicher Sicherheit prognostizieren, daß die Interfusion schnell zum Durchbruch kommt, wenn sich CIM und elektronische Manufaktur weiter so verbessern. Und das wird in den nächsten 10 bis 20 Jahren der Fall sein.

Aber zurück zu Campbell, weil da schon einiges heute funktioniert, was bei anderen Firmen noch als Utopie gilt. Man experimentiert dort mit dem Konzept der Fragmentierung und auch mit kooperativen Aktionen mit Einzelhändlern, um spezifischer und regional typischer anbieten zu können. *BUSINESS WEEK* berichtete, daß große Konkurrenten wie General Food, H. J. Heinz und ConAgra durch diese neuartigen Bemühungen von Campbell wachgerüttelt wurden und sich von der Massen-Produktion trennten.

Natürlich weiß Campbell genausogut wie seine großen Konkurrenten, daß die *flexible Fragmentierung* von Produkt-Serien nach lokalen Präfe-

142

renzen und zeitgeistigen Moden eine gewaltige Umstellung, ja sogar eine *Marketing-Revolution* erforderlich macht.

Der Hauptgeschäftsführer von Campbell, McGovern, der diese Strategie eingeleitet hat, weiß, wo die Risiken liegen: erhöhte Produktions- und Marketingkosten und die Gefahr einer Verwässerung des Produkt-Images. Denn aus den großen Mono-Marken und aus den stabilen Sortimenten werden *hüpfende Produkte*, die zumeist nur einer Teilöffentlichkeit bekannt werden. Also weniger Überall-Profil bei mehr Kosten.

Aber dennoch, so McGovern, scheint der Trend zur Fragmentierung »unaufhaltsam zu sein«. Und wer diesen Trend ignoriert, erhöht sein Risiko, auch wenn er die Fragmentierungs-Kosten spart. Je mehr sich der Markt zersplittert in immer gegensätzlichere Fragmente, um so weniger kann ein *An-alle-Produkt* glaubwürdig sein und um so weniger effizient kann eine Werbung sein, die nur die mentalen Muster von wenigen anspricht, dafür aber mit nationalen Walz-Etats operiert.

Campbell weiß, daß hierzu eine intensivere Verschmelzung mit den Fragmenten nötig ist, als dies je zuvor im Marketing gemacht wurde. Und man weiß auch, daß das nur möglich wird durch den offensiven *Einsatz neuer Technologien*. Sowohl bei der Produktion als auch beim *Monitoring*, das heißt beim kontinuierlichen Erfassen der fließenden Bewegungen der Fragmente. Neue elektronische Technologien, die in Richtung Database-Management gehen, sollen dem Unternehmen helfen, früher und genauer als die Konkurrenz *lokale Variationen* im Wettbewerb, in der Distribution und in den Konsumenten-Einstellungen in den Griff zu bekommen.

Eine Konsequenz dieser Entscheidung für mehr Verschmelzung und regionale Nähe war die *Neuorientierung im Medien-Bereich*. Campbell glaubt, daß Massenmedien fragmentierte Märkte nicht mehr richtig erreichen können. Deshalb experimentiert man mit unterschiedlichen alternativen Medien und regionalen und lokalen Medien. Parallel dazu testet man Kooperationen mit regional wichtigen Handelspartnern.

## Die Rolle des Monitorings

Durch diese Experimente und Tests hat Campbell erkannt, daß die *fließenden Informationen* über das Fließen der Fragmente eminent wichtig sind. Statt ab und zu *Marktforschung* zu machen, muß man ein kontinuierliches und höchst differenziertes *Monitoring* betreiben. McGovern meint, daß wir uns in eine Zeit hineinentwickeln, in der Markenartikel, was die Qualität betrifft, *immer ähnlicher* werden und immer leichter und schneller durch viele andere Markenartikel ersetzt werden.

Mit anderen Worten: In den meisten Märkten erodiert die Unentbehrlichkeit der Markenartikel. Die Antwort darauf muß lauten: Durch Interfusion *neue Unentbehrlichkeiten* aufbauen – und die soll durch soziale und regionale Differenzierungen aufgebaut werden. Für diese Differenzierungen braucht man das Instrument des Monitorings, also eine Art *Radar für Unterschiede* in Szenen und Regionen.

## Die Wichtigkeit der partizipativen Führung

Die »Marketing-Revolution« war bei Campbell nicht leicht durchzuführen. McGovern hat das Unternehmen erst einmal grundsätzlich so umorientiert, daß der Bereich Markt und Marketing zum obersten Regulativ wurde. Danach hat er einige wichtige organisatorische Voraussetzungen erkannt, um diese Fragmentierung betreiben zu können, zum Beispiel die Verlagerung der Entscheidungs-Kompetenzen nach unten. Er glaubt, daß ein Unternehmen, das »unten« entscheidet, näher beim Konsumenten ist. Das neue Credo »close to customer« verlangt also auch eine *andere Führung*.

Aber die meisten Unternehmen versuchen, diese neue Nähe zum Konsumenten in *alten Organigrammen* und mit alten Planungs-Verfahren herzustellen. Man will mehr Nähe, aber nicht die hierarchische Organisation auflösen. McGovern dagegen hat das Unternehmen in 50 Abteilungen eingeteilt, wobei jede für Gewinne und Verluste selbst verantwortlich ist. Dadurch sollte eine möglichst hohe Affinität zwischen innen und außen erzielt werden. Ohne dezentrale und *partizipative Führung* kann diese neue Nähe nicht gemanagt werden.

Campbell hat die USA in 22 Regionen eingeteilt. In jeder gibt es eine kombinierte Vertriebs- und Marketing-Mannschaft, die selbst Marketing- und Medien-Strategien entwickelt und dafür über *eigene Etats* verfügt. Für diese regionalen Operationen stehen 10 bis 15 Prozent des Werbe-Etats zur Verfügung. Langfristig – so wird geschätzt – kann sich dieser Regional-Anteil für Marketing sogar auf 50 Prozent erhöhen.

Das erste Ergebnis dieser neuen *Strategie der Nähe* war eine »Flut neuer Produkte« – eine logische Konsequenz. Wenn man sich zum Dienstleister der Konsumenten macht, dann explodieren die Produkt-Variationen, weil in der Bevölkerung längst die unterschiedlichsten Erwartungen und Lebensstil-Konzepte explodiert sind.

Campbell hat in den Jahren 1981 bis 1985, das heißt in der Testphase der neuen Fragmentation, 400 neue Produkte entwickelt, wodurch sich die Ausgaben für Marketing und Vertrieb auf 444 Millionen Dollar verdoppelt haben. Im Grunde hat man durch die Verschmelzung mit Sub-Märkten auch eine *interne Fragmentierung* und damit eine interne Kostenerhöhung provoziert.

Das widerspricht völlig den Trends, denen viele Unternehmen heute folgen: den Trends zur Ausdünnung, zur harten Sortiments-Bereinigung und zu konsequenten Kosten-Sparprogrammen. Nun, nachdem die Fragmentierungs-Offensive von Campbell einige Jahre lang durchgeführt wurde, kann man die ersten Ergebnisse sehen. Sie sind – wie *BUSINESS WEEK* schreibt – »beeindruckend«. Trotz der Flut neuer Produkte und trotz der höheren Marketing-Ausgaben stieg der Absatz im Jahre 1986 um 10 Prozent auf 4,4 Milliarden Dollar, während sich der Gewinn um 13 Prozent auf 223 Millionen Dollar erhöhte. Die Strategie der Nähe war also ein wirtschaftlicher Erfolg.

## Der Weg zum Szenen-Manager

Langfristig wird man nicht nur mit *regionaler Fragmentierung* arbeiten können, wie es Campbell derzeit als Pionier tut. Wenn es stimmt, daß die Massenmärkte zerfallen und daß Mono-Massenkonzepte immer mehr Wettbewerbs-Schwächung bedeuten, dann wird es zwei innovative Richtungen geben:

① *Man wird die elektronische Intelligenz immer gezielter einsetzen, um möglichst kostengünstig ein Höchstmaß an Fragmentierung und Variation einbauen zu können.*

Die Fragmentierung ist wichtig, um die Produkte mentalpsychologisch maßzuschneidern. Die Variation ist nötig, um in den Fragmenten mit dem Zeitgeist gehen zu können.

② *Man wird in Zukunft nicht mehr regionale Fragmente bedienen, sondern die Gesamt-Organisation auf Szenen umstellen.*

Campbell hat den Weg gezeigt, wie man die regionale Differenzierung so nutzen kann, daß es sich in den Produkten und Marketing-

Kampagnen widerspiegelt. Aber der Trend geht über diese regionale Fragmentierung weit hinaus.

Je intensiver sich Menschen auf Selbstentfaltung und Individuation einlassen, um so weniger wichtig werden die regionalen Unterschiede. Denn es gibt schon heute den Trend »von den lokalen Differenzen zu den mentalen Differenzen«. Deshalb braucht man eine *Semiotik der Szenen*, das heißt die Fähigkeit, die geistige Welt unterschiedlicher Szenen in verbindliche Wir-Zeichen umzusetzen. *Aus Produkt-Manager werden Szenen-Manager.*

## Close to Customer

Viele Experten meinen, daß die Zukunft des Marketings dadurch gekennzeichnet sein wird, daß man der Formel *close to customer* folgt. Wenn ich dann bei meinen Workshops frage, mit welchen Methoden und Instrumenten man sich denn den Konsumenten nähern möchte, dann kommt meistens die Antwort: *mit Promotion.*

In der Tat glauben viele Marketing-Manager, daß Werbung allgemeine Sehnsüchte und Images profiliert, während Promotion den direkten, appellativen Weg zum Konsumenten findet. Sicher ist Promotion, besonders wenn sie nah am Verkaufsort stattfindet, in der Lage, wesentlich aggressiver, direkter und operativer zu sein als Werbung. Ich bezeichne deshalb Promotion oft als den Stolperdraht, den man benötigt, um Konsumenten aus ihren Konsum-Träumen herauszuholen, damit sie zur Kauf-Tat schreiten. Es ist also *Provokation* in einer guten Promotion, weil sie mit »nur jetzt und nur hier« operiert. Eine gute Promotion erzeugt immer psychologischen Zugzwang.

## Die Grenzen der Promotion

So weit, so gut. Aber was hat dieser Zugzwang mit Verschmelzen und Vernetzen zu tun? Nehmen wir nur einmal an, es sei richtig, daß die Zukunft des Marketings in der Verbesserung der mimetischen (verschmelzenden) Funktion liegt. Gehen wir darüber hinaus davon aus, daß nur derjenige langfristige Aktivitäten und Vertrauen aufbauen kann, der seine Kunden nicht nur ab und zu provoziert, sondern weitestgehend mit ihnen eins wird. Dann würde Promotion für »close to customer« nicht funktionieren. Promotion ist provokativ. Sie ist immer kurzlebig und situativ. Interfusion und Verschmelzung sind dagegen langfristig und kooperativ.

Promotion ist also keineswegs in der Lage, eine *langfristige Verschmelzung* mit den unterschiedlichen Konsumgruppen herzustellen. Und Promotion ist auch nicht in der Lage, das Mitfließen zu organisieren, weil Promotion immer punktuell ist und nicht von langer Dauer. Mitfließen kann man nur, wenn man auf Provokation, Sensation und einseitige Intentionalität verzichtet. Mitfließen kann nur derjenige, der integriert ist.

## Interfusion verändert das klassische Marketing

Deshalb können wir die Prognose wagen, daß Interfusion und Networking die *dritte Säule des Marketings* bilden werden neben Werbung (und Produkt-PR) und Promotion oder daß Interfusion das »alte Marketing« eines Tages ablösen wird.

Das Instrumentarium des Marketings wird sich durch Interfusion ausweiten. Und in den nächsten 15 bis 20 Jahren wird Interfusion wichtiger als normale Werbung werden.

Weil die alte Promotion und das neue Networking so häufig miteinander verwechselt werden, lohnt an dieser Stelle vielleicht eine Art Überblick über den historischen Wandel der Kommunikations-Konzepte:

### Die Epoche des Verkaufens

– Die Art der Kommunikation: Reklame

– Der zentrale Faktor: Ware

– Zentraler Stil: Imperativ-Stil

– Das Paradigma der Kommunikation:

**»Die Kommunikation folgt der Ware.«**

### Die Epoche des Marketings

– Die Art der Kommunikation: Marketing-Kommunikation

– Der zentrale Faktor: Bedarf

– Zentraler Stil: Motivations-Stil

– Das Paradigma der Kommunikation:

> **»Die Kommunikation folgt dem Bedarf.«**

**Die Epoche der Interfusion**

– Die Art der Kommunikation: Networking und Szenen-Sponsoring

– Der zentrale Faktor: Beziehungen

– Zentraler Stil: Arrangement-Stil

– Das Paradigma der Kommunikation:

> **»Die Kommunikation folgt den Beziehungen.«**

## Die Kommunikation folgt den Beziehungen

Die Epoche des Verkaufens basierte auf dem Credo »verkaufen, was hergestellt wird«. Das Leitbild war *Masse*. Und interessant ist, daß der Schwerpunkt der Planungs-Methodik ganz eindeutig bei *Taktik* lag. Die verkaufende Kommunikation ist immer taktische Kommunikation.

Und hier haben wir auch die Analogie zur Promotion. Die Promotion entwickelte sich aus der Verkaufs-Kommunikation und nicht aus der Beziehungs-Kommunikation. Promotion folgt dem Credo: »Jetzt kaufen, weil es einen Sonder-Grund dafür gibt.« Promotion ist, wenn sie gut gemacht ist, deshalb immer ein Kind der Taktik. Und Taktik wird in der Planungs-Theorie als *fallweise Disposition* beschrieben. Taktik muß also extrem variabel, sprunghaft und voller Diskontinuitäten sein, sonst wird sie überschaubar und stumpf.

Und so zeigt sich uns jetzt der Unterschied zwischen Promotion und Interfusion: Interfusion ist die Optimierung von Beziehungen und kann deshalb nicht taktisch sein (eher kooperativ-glaubwürdig) und bedarf einer langfristigen Pflege. Viele Unternehmen, die in den letzten Monaten versucht haben, nach dem Motto »close to customer« eigene *Consumer-Clubs* aufzubauen, haben den Unterschied zwischen Promotion und Networking deutlich gespürt.

Consumer-Clubs verpflichten zu einer lang anhaltenden, komplexen und *verlaufsoffenen Investition*. Und je besser so ein Club läuft, um so weniger kann er taktisch mißbraucht werden. Mit anderen Worten: Er verliert seinen Promotion-Charakter, und er wird zum Instrument der Interfusion.

Betrachten wir nunmehr, nachdem wir die Epoche des Verkaufens durchleuchtet haben, die heutige Epoche des Marketings. Das Credo des Marketings lautet – wie wir schon einmal beschrieben haben – »herstellen, was verlangt wird«. Dementsprechend steht beim Marketing die *Zielgruppe* ganz eindeutig im Mittelpunkt des Instrumentariums. Die Zielgruppe ist der Gott, um den sich alles dreht. Das zentrale Planungs-Instrument ist deshalb nicht – wie beim Verkaufen – die Taktik, sondern die *Strategie*.

Marketing und Strategie bedingen sich wechselseitig. Das eine funktioniert nicht ohne das andere. Deshalb gab es besonders in den siebziger Jahren eine so enorme Hochphase der Strategie in Sachen Marketing und Werbung. Strategie ist ein System von Plänen, darauf ausgerichtet, unvollständige Informationen über die Zukunft durch Vorentwürfe zu ersetzen. Die Strategie-Theorie geht also davon aus, daß man ein zukünftiges Zug-um-Zug-Verhalten simulieren müsse, um auf gegnerische Überraschungen vorbereitet zu sein. Strategie lebt von Mißtrauen und Überraschung, ja von Gegnerschaft. Schließlich ist sie ein Instrument der *Kriegsplanung* gewesen.

Und auch hier sieht man den Unterschied zwischen Marketing und Interfusion. Interfusion will Beziehungspflege und echten Dialog, Verläßlichkeit und Freundschaft. Das Instrument der Strategie ist dafür viel zu kämpferisch und zu listig, weil es ein Planungs-Instrument für Macht-Relationen ist. Die Strategie ist nicht in der Lage, Vernetzung, Verschmelzung und *faire Kooperation* zu organisieren.

## Szenen stehen im Mittelpunkt

Damit ist das Wesen der Interfusion beschrieben: Im Mittelpunkt stehen nicht Zielgruppen und erst recht keine Massen, sondern Szenen. Und Szenen sind soziale Konstruktionen, die auf der Basis gemeinsamer *Projektionen* beruhen. In jeder Szene gibt es so etwas wie eine eigene Semiotik für diese Projektionen, also das, was man den »Stallduft« der Szene nennen könnte. Gleichzeitig gibt es für jede Szene eine eigene

Zeitgeistigkeit, ja sogar eine eigene, subjektive *Zeit* im Sinne einer eigenständigen, fließenden Aktualität. Es gibt also so etwas wie eine *Semiotik der Zeitlichkeit*; sie ist für jede Szene anders.

Und damit wird auch das zentrale Planungs-Instrument der Interfusion erkennbar: die *Teilnahme*. Und diese Teilnahme kann nur organisiert werden durch Methoden der Verschmelzung, der Vernetzung und des Mitfließens. Das zentrale Kriterium der Interfusion lautet deshalb:

**Die Beziehungs-Kommunikation muß abgekoppelt werden von den Marktzielen.**

Die Beziehungs-Kommunikation bezieht ihre Zeitlichkeit nicht mehr aus dem Markt und aus dem Wettbewerb, sondern aus der Eigen-Dynamik der Vernetzung und der Teilnahme. An dieser Stelle erkennt man sehr gut die Dreigliederung der Konzepte und ihre Ausrichtungen:

- *Verkaufen:* Masse/Promotion . . . Taktik,

- *Marketing:* Zielgruppe/Werbung . . . Strategie,

- *Interfusion:* Szenen/Networking . . . Teilnahme.


## Jede Szene hat ihre eigene Zeitlichkeit

Das Problem der Werbung in den achtziger Jahren ist das der mangelnden Aktualität und Aufmerksamkeit. Deshalb liest man soviel in Werbe-Zeitschriften von der *Rückgewinnung von Aktualität*. Und in der Tat hat die Werbung – wie vielfältige Forschungen zeigen – sehr stark an Eigen-Aktualität und Eigen-Bedeutung verloren. Die Werbung ist in das Feld der *niedrigen Nachrichtenwerte* abgerutscht.

Um der Werbung einen höheren Nachrichtenwert und damit eine verbesserte Aktualität zu geben, müßte sie verstärkt ausgerichtet werden auf den neuen Trend zur *Multi-Options-Gesellschaft*, das heißt auf die immer heftiger werdenden Unterschiede in den unterschiedlichen Fragmenten. Aber das kann nur funktionieren, wenn die Werbung auf Verschmelzung setzt und nicht auf gestalterische Kreativität. Im Moment lautet das oberste Glaubens-Bekenntnis der Werbung: Je besser die Kreativität, um so besser der Recall. Man versucht, mit der Konzeption der Auffälligkeit so etwas wie *künstliches Interesse* hervorzurufen. Das ist typisch für die Werbung mit ihrer dogmatischen Ausrichtung auf Kreativität und Originalität.

Oft sind die eigentlichen Inhalte (determiniert durch die Produkte) aber außerordentlich matt und müde, was ihren Nachrichtenwert, ihre Aktualität in den Szenen und Gruppen betrifft (schließlich ist es mehr als logisch, daß die *Langweiligkeit* zunimmt, je mehr man von einem Produkt kennt). Die Werber versuchen dann, durch das Wie der Kommunikation – definiert als Artwork-Kreativität – dem Ganzen einen künstlichen oder zusätzlichen Aktualitäts-Wert zu geben.

Mit anderen Worten: Die angestrebte Rückgewinnung von Aktualität soll nicht vom Inhalt kommen, sondern von der Form. Aber die letzten Jahre haben gezeigt, daß trotz der vielfältigen Bemühungen des Art-Directors-Clubs auch diese *Wie-Kreativität* sehr schnell ins Feld der Inaktualität reinrutscht. Im Zweifel sitzt nämlich die Aktualität, und damit der spezifische Nachrichtenwert, gar nicht in den Produkten, sondern in den Szenen selbst.

## Der neue Trend: vom Nutzen zur Interpretation

Die Szenen selbst erzeugen ihre eigene Aktualität und geben den unterschiedlichen Produkten und Lebensstil-Konzepten einen höchst individuellen, zum Teil sprunghaften und zugleich fließenden Nachrichtenwert. Das dahinterliegende Gesetz lautet: Es gibt einen Trend vom Nutzen, der nur behauptet wird, zur Interpretation, die selbst entwickelt wird. Die Interpretation kommt aus den Szenen und wird nicht via kreativer Werbung vorgegeben. Daraus folgt: Die Macher der Interpretation – also die Macher von Aktualität und Nachrichtenwert – sitzen nicht in den Werbeagenturen, sondern in den Szenen selbst. Die Aktualität folgt dem Muster der *Selbstorganisation.*

Wir haben bereits beschrieben, daß sich auch der Journalismus vom beobachtenden Status zur *teilnehmenden Rolle* entwickelt. Nun können wir auch für die Marketing-Kommunikation diesen neuen Trend erkennen: Der interpretative Nutzen der Produkte kommt nicht vom Kommunikator (Werbeagentur etc.), sondern von den Szenen selbst.

Das ist tatsächlich eine wichtige Trendwende, auf die man sich frühzeitig einstellen sollte. Die Rückgewinnung der Aktualität wird geformt durch die Aktualität von Geschehnissen in der Szene. Das, was eine Szene glaubt und macht, das ist für die Szene derzeit in, also aktuell. Der Nachrichtenwert entsteht durch die Interpretation von Produktion im Rahmen von Szenen-Aktionen.

## Der Trend läuft zum Szenen-Sponsoring

Deshalb gibt es den Trend zum Szenen-Sponsoring: Man fördert autonome und dynamische Prozesse in der Szene, bringt dabei sein eigenes
Produkt in die fließende Prozeß-Dynamik und läßt der Szene die Freiheit, von sich aus das Produkt »szenisch« zu interpretieren.

Das ist der eigentliche Trick beim Szenen-Sponsoring: Man unterstützt
die Szene dabei, sich diejenige Werbung selbst herzustellen, an die sie
dann besonders intensiv glauben kann. Eine Art *Do-it-yourself-Manipulation* also.

## Von der passiven zur aktiven Gruppe

In der Werbung, die mit Zielgruppen operiert, geht man so vor, daß
Zielgruppen als *passive Gruppen* angesprochen werden. Motto: Ich bin
der Kommunikator, du bist der Kommunikant. Ich sende, du hörst zu.
Beim Szenen-Sponsoring werden dagegen *Szenen aufgebaut* im Sinne
von *aktiven Gruppen*. Bei diesem sozialen Formungs-Prozeß werden die
Beziehungen zum Hersteller und zum Produkt sorgfältig gepflegt. Die
Szene wird unterstützt, die Produkte im Sinne der Szenen-Aktualität
selbst zu interpretieren. Motto: Wir helfen dir, zum Kommunikator für
unser Produkt zu werden.

Hier stehen wir nun an einem ganz wichtigen Punkt. Viele glauben derzeit, daß Interfusion in etwa gleichbedeutend sei mit *etwas mehr Dialog*.
Aber wie wir soeben gesehen haben, stimmt das nicht. Interfusion verzichtet darauf, Kommunikator zu sein. Etwas überspitzt formuliert: Interfusion und Szenen-Sponsoring wollen den Szenen helfen, *mit sich
selbst in Dialog zu kommen*.

Im Grunde bedeutet das einen eklatanten *Macht-Wechsel der Kommunikation*. Bisher basierte Werbe-Kommunikation auf dem klassischen
Two-Step-Flow-Modell der Kommunikations-Theorie (Lazarsfeld).
Diese Theorie besagt, daß die Massenmedien die Inhalte vorformulieren, über die dann in der zweiten Stufe der Kommunikation die Gruppen reden. An erster Stelle steht also Massenkommunikation oder Werbung, dann folgt das erste Gruppen-Gespräch.

Interfusion dreht den Spieß um. Zuerst wird die Gruppen-Kommunikation unterstützt via Sponsoring, und dann wird das Interessanteste dieser Gruppen-Kommunikation im Sinne einer *Sozial-Reportage aus der*

*Szene* via Massenkommunikation an größere Kreise ausgesendet. Also zuerst das echte Gruppen-Gespräch und dann die Massenkommunikation.

## Die Telekommunikation verändert die Flüsse der Kommunikation

Dieser Prozeß der *Umkehrung des Flow* ist typisch für Interfusion und ist nötig, weil sich durch die *Telekommunikation* ohnehin das basale Machtmodell der Information ändern wird. Auf dem Weg zu einer *interaktiven Gesellschaft* vertauschen sich die Rollen von Kommunikator und Kommunikant. Sender und Empfänger beginnen ein neuartiges Spiel.

Einer der bekanntesten Spezialisten für Direkt-Marketing, Lester Wunderman aus den USA, hat diese *Drehung der Machtverhältnisse* im Kommunikations-Sektor früh erkannt und beschrieben. In einem Interview mit der Zeitschrift *W&V* (Nr. 16/88) sagte er: »Die Entwicklung wird dahin gehen, daß sich nicht mehr ausschließlich der Werber an den potentiellen Käufer wendet, sondern der Käufer wird mit seinen Wünschen den Werber beeinflussen.«

Der Kommunikator wird lernen müssen, Empfänger zu sein, weil der bisherige Empfänger immer mehr Möglichkeiten bekommt, sich selbst zum Sender zu machen. Wunderman sieht die Telekommunikation ebenfalls als Schrittmacher für diesen Machtwechsel. Und tatsächlich hat das Beispiel *Minitel* in Frankreich einen ersten Vorgeschmack auf das gebracht, was morgen die Do-it-yourself-Kommunikation der Bürger verändern wird: »Wir werden dahin kommen, daß nicht mehr nur der Werber eine Database des Konsumenten hat, vielmehr wird der *Konsument eine Database* über uns haben.«

Und: »Es findet eine Umkehrung der Verhältnisse statt. Die Konsequenz wird letztlich sein, daß Werbeagenturen für ihre Kunden Software entwickeln, die diese dann *den Konsumenten zur Verfügung stellen.*«

Während ich diese Sätze zu Papier bringe, liegen vor mir einige Zeitschriften-Artikel, die den Weg aufzeigen für diesen Machtwechsel in Sachen Kommunikation. Da ist zum Beispiel ein Beitrag in der Zeitschrift *ÖKO-TEST* 10/88 über *Müsli-Riegel*. Da wird schonungslos analysiert, wie ungesund, weil zuckerhaltig, die angeblich so biologischen und ballaststoffreichen Müsli-Riegel sind. Eine sorgfältige Tabelle zeigt dem Leser auf einen Blick den Unterschied zwischen den Werbesprüchen und den Inhaltsstoffen, also die Kluft zwischen *Behauptung und Wirklichkeit*. Um ein einziges Beispiel herauszugreifen, das für viele steht: Der Balisto-Riegel von der Firma Mars wirbt mit dem Argument der Ballaststoffe. Deshalb ja auch der Name. Die Inhalts-Analyse ergibt jedoch, daß nur ein geringes Volumen von Ballaststoffen enthalten ist, dafür aber mit 44,1 Prozent – also fast die Hälfte – purer Zucker.

Ein anderer Artikel, der vor mir liegt, wurde in *NATUR* 10/88 publiziert. Headline: *Der Bio-Bluff*. Man hat zum Beispiel die Naturprodukte von The Bodyshop analysiert oder die von dem Naturkosmetik-Spezialisten Yves Rocher. Das Ergebnis: Die Natur-Hersteller setzen oft »knallharte Chemie« ein. Die Leser bekommen ebenfalls eine Tabelle präsentiert, und da sind alle chemischen Hilfsmittel aufgeführt; auch wird erklärt, was sie Schädliches im Körper tun.

## Die Telekommunikation entlarvt die Täuschungen des Marketings

Nun muß man sich vorstellen, daß in der kommenden Telekommunikations-Gesellschaft derartige Informationen, die ja echtes Fachexperten-Niveau aufweisen, jedermann zu jedem Zeitpunkt abrufen kann – per Computer. Alle Konsumenten können sich also eine individuelle Produktinformation zusammenstellen lassen, die sich durch einen Wahrheits-Gehalt ohnegleichen, durch einen Detail-Reichtum und eine Analyse-Tiefe auszeichnet, gegen die die Werbung nicht mehr ankommt. Sie wird zum naiven Säuseln. Ein Beispiel:

Rewe hat eine Anzeige über *Müsli-Produkte* zu dem Zeitpunkt geschaltet, an dem die Artikel erschienen. Neckische Headline: »Vollkorn aufs Korn genommen«. Es handelte sich hier um eine Doppelseite, vierfarbig gedruckt, die in allen großen Medien erschien, also das Unternehmen viel Geld kostete. Da wurden zwei Müsli-Riegel abgebildet und gleichzeitig wurde behauptet, sie seien »zu Riegeln gepreßtes Müsli«. Das alles wurde dann im Text auf extrem gesund hingebogen: Mit bestem Honig und wertvollen Pflanzenfetten, hieß es dort, und natürlich vollwertig. Zucker und die mangelnden Ballaststoffe wurden einfach verschwiegen. Mit anderen Worten: Pseudo-Bio. Ganz klar manipulative Kommunikation, die den Konsumenten nicht echt helfen will, sondern mit Plausibilitäten, Fehl-Assoziationen und bewußtem Informations-Verzicht operiert.

In einer telekommunikativen Gesellschaft werden derartige Werbe-Aussagen innerhalb von zwei Minuten per Knopfdruck überprüft werden können, und fast immer wird die Werbung als extrem flach, verdummend und bewußt manipulierend entlarvt werden können. In einer telekommunikativen Gesellschaft funktioniert dieses Marketing nicht mehr, weil es immer *an der Grenze der Täuschung* operiert.

## Die Elektronik verdammt das Marketing zur Gegen-Kommunikation

Lester Wunderman weiß genau, wie gefährlich der Trend zur Telekommunikation für die Werbung ist. Und deshalb verweist er auf das MIT. Dort gibt es seit einigen Jahren das Media-Lab. Unter der Leitung von Nicolas Negroponti wird dort etwas entwickelt, was inzwischen als Prototyp bereits funktioniert und den Namen *Newspeach* trägt. Diese Maschine wird die gesamte Werbung eines Tages revolutionieren. Es ist ein Produkt der künstlichen Intelligenz. Eine Art Selektor, den jedermann für sich arbeiten lassen kann. Man kann zum Beispiel genau sagen, welche Informationen man aus welchen Datenbanken *selektiert* haben möchte. Man kann auch bestimmte Themen oder bestimmte Produkte *laufend monitorisieren lassen.*

Jeden Tag lassen sich ein- bis mehrmals individualisierte Tageszeitungen ausdrucken, in denen nur das drinsteht, was man gezielt wissen möchte. Dieser Super-Automat sorgt auch für die Überspielung vom Fernsehen auf Video oder Audio und hält ebenso Kurzfassungen von langen Inhalten auf Abruf bereit. Er sucht auch für Sie das TV-Programm raus, das Ihren Geschmacks-Vorstellungen entspricht, überwacht ebenso Ihr Konsumverhalten, weil er Ihre Wünsche speichert und *Muster* aus den Datenbanken daraus entwickelt, so daß er von sich aus wichtige Botschaften herausfiltert. Nach dem Motto: Mein Besitzer ist Wein-Fan, also präsentiere ich ihm alles über neue Weine.

Wenn der Bediener in das Gerät eingibt, daß seine Autoreifen abgenutzt sind, dann sucht er den nächstbesten Reifenhändler raus. Die Maschine denkt um so besser, je stärker sie eingesetzt wird. Gesponsert wird die Entwicklung des Media-Lab von rund 100 Unternehmen, zum Beispiel von Apple, IBM, General Motors, NBC, Sony, Wang, Yamaha und vielen anderen mehr. Wunderman dazu: »Wenn wir also davon ausgehen, daß Negroponti sein Forschungsziel erreicht, wenn also wirklich eines Tages *alle Medien interaktiv* sein werden, dann weiß ich nicht, welche

Funktion die klassische Werbung heutiger Prägung noch übernehmen soll. Das ist dann eine andere Welt.«

Die Trend-Signale zeigen, daß diese andere Welt kommen wird. Robert Maxwell und andere Medien-Giganten haben bereits begonnen, sich auf Newspeach und ähnliche Systeme einzustellen. Man hat erkannt, daß hier eine *völlig neue Mediengattung* mit *Lebenshilfe-Charakter* entsteht und daß diese Datenbank-Services langfristig ein Milliarden-Geschäft werden können. Sie werden den Markt erobern. Zum einen, weil technisch bald vieles möglich ist, zum anderen, weil viele Milliarden Entwicklungs-Dollars zur schnellen Durchsetzung bereitstehen.

Diese Erfindung wird das Zeitalter der Interfusion einläuten. Die klassische Werbung wird dadurch, wenn sie weiterhin auf kreativ oder pseudo-informativ macht (siehe das Beispiel Rewe), sehr häufig contraproduktiv sein, also schädlich. Denn sie wird den Wettkampf gegen die non-manipulativen Informationen aus den Datenbanken immerzu verlieren. Sie wird, solange sie ihre manipulative Basis-Strategie nicht aufgibt, immer mehr entlarvt werden als willkürliche Desinformation.

Die Zukunft scheint so auszusehen, daß die bisherige Gegen-Kommunikation (beispielsweise Verbraucher-Schützer oder Szenen) durch die Telekommunikation zur Offizial-Kommunikation wird, während die bisherige Offizial-Kommunikation (zum Beispiel Werbung) in die *Position der Gegen-Kommunikation* reinrutscht. Die Werbung läuft dem Bewußtsein der Szenen und Gruppen hinterher.

## Die interaktive Gesellschaft braucht mehr als Marketing

Lester Wunderman sieht deshalb schon in naher Zukunft einen starken Trend hin zu allem, was interaktiv ist; im Moment bedeutet das konkret erst einmal nur *Direct Mail*, aber in den neunziger Jahren wird dieses von *Szenen-Sponsoring* abgelöst werden. Im nächsten Jahrhundert folgt dann unweigerlich die elektronische Mikro-Information.

Auf dem Weg zur Telekommunikation werden die *Massenmedien* (General Media) mehr und mehr verschwinden. Allgemeine Konsum-Botschaften werden dann als müde und durchschnittlich erlebt werden, denn der Strom der Entwicklung läuft auf Interaktivität hin. Zielgruppen-Kampagnen reichen dann nicht mehr aus, weil sie zu sehr auf Durchschnitt und Breite getrimmt sind. Dann werden wir für jeden potentiellen Kunden eine *individuelle Ansprache* entwerfen müssen, so Lester Wunderman.

Für die Interfusion bedeutet das, daß man schon heute beginnen sollte, Clubs zu formieren und *Partner von Szenen* zu werden, um sich eines Tages problemlos und schnell in die individuellen Datenbänke der einzelnen Bürger und der Anbieter von Mikro-Informationen integrieren zu können.

Eine wichtige Blockade oder Hürde auf diesem Weg zur Interaktion ist die Weigerung vieler Marketing-Experten und Werber, sich vom *Credo der Strategie* zu trennen. Die Strategie operiert so lange mit starren Kommuniqués, bis sich die Parameter der Strategie geändert haben. In der Werbe-Branche glaubt man deshalb, daß eine gute Strategie erst dadurch gut wird, daß sie nicht alle paar Tage oder Wochen geändert werden muß. Im Unterbewußtsein vieler Planer sitzt die Meinung: »Je größer die Haltbarkeit einer Idee, um so besser ist sie.«

In den neuen Wissenschaften, die das Paradigma einer offenen und fließenden Welt verkünden (Prigogine, Hawking, Varela, Maturana und viele andere mehr stehen dafür), gibt es die Unterscheidung zwischen *starren* und *evolutionären Prozessen*. Die führenden Wissenschaftler meinen, daß wir jetzt in einer Phase sind, in der sich unser Weltbild von mechanistischen und determinierten Mustern ablöst, um zu fließenden und evolutiven Mustern zu kommen. Eine neue Freundschaft mit *Chaos und Turbulenz* wird geschlossen. Und ein anderes Verhältnis zur Ordnung entsteht.

## Die Werbung auf dem Weg zum kommunikativen Tanz

Wer sich in der Kommunikations-Forschung auskennt, weiß, daß die effizienteste Kommunikation immer eine direkte, mündliche ist, die *zugleich spontan und dialogisch* sein sollte. Wissenschaftler wie Maletzke und andere haben darauf hingewiesen, daß die höchste Effizienz der Kommunikation dann erreicht wird, wenn sich spontane, personale Kommunikation zwischen zwei Menschen abspielt. Alles andere, also zum Beispiel Massenwerbung, ist viel langsamer, fehlerhafter und redundanter. Das Ideal ist also das, was in der Forschung auch *kommunikativer Tanz* genannt wird. In diesem Moment fließt die Kommunikation, weil sie zweiseitig und absolut verlaufsoffen ist. Es gibt keine Strategie, keine feste Rhythmik und erst recht keinen starren USP (*Unique Selling Proposition*).

Typisch dafür sind zum Beispiel die Forschungen von Dr. Condon, die er Anfang der sechziger Jahre mit Film-Analysen durchgeführt hatte. Es ging um den Zusammenhang von Gestik und verbalen Inhalten. Man analysierte die Mikro-Bewegungen anderthalb Jahre lang und stellte fest, daß die mündliche Kommunikation zwischen zwei Menschen deshalb so ideal ist, weil hier eine permanente *doppelte Resonanz* stattfindet. Je fließender der Wechsel-Rhythmus, je austauschbarer die Rollen zwischen Sender und Empfänger und je spontaner der kommunikative Tanz zwischen den Beteiligten ist, um so größer fällt die Wirkung der Kommunikation aus. Wirklich gute Kommunikation ist nie festgelegt und folgt weder einer Strategie noch einem Zeitplan. Dr. Condon faßt seine Analysen folgendermaßen zusammen:

»Die Beobachtungen ergaben, daß sich die Zuhörer völlig synchron mit den Sprach-/Bewegungsmustern des jeweiligen Sprechenden bewegten. Dabei scheint es sich um eine Art von Resonanz (*entrainment*) zu handeln, da selbst bei der Unterteilung in Einheiten von 1/48 Sekunden kein Zeitrückstand feststellbar ist . . . Auch dies scheint ein universelles Charakteristikum der menschlichen Kommunikation zu sein, welches vielleicht sogar für einen Großteil des tierischen Verhaltens im allgemeinen kennzeichnend ist. Die Kommunikation ist somit eine Art von Tanz, bei dem alle Beteiligten synchron differenzierte Bewegungen ausführen, die viele subtile Dimensionen umfassen, seltsamerweise jedoch, ohne sich dessen bewußt zu sein. Selbst einander vollkommen Fremde weisen diese *Synchronisierung* auf. Eine solche Synchronisierung scheint ständig stattzufinden, solange die Gesprächspartner aufmerksam und an dem Gespräch innerlich beteiligt bleiben . . .

Der Zuhörer bewegt sich in der Regel weniger als der Redende. Es gibt Augenblicke, in denen er ziemlich still verharrt. Die spezifischen Körperteile und ihre Bewegungsrichtung unterscheiden sich oft von denjenigen des Redenden. Aber wenn sich der Zuhörer bewegt, selbst wenn er etwa nach einer Schachtel Zigaretten greift, sind seine Bewegungen synchron mit der Artikulationsstruktur des Sprechers.«

Fazit: **Perfekte Kommunikation gibt es nur in der Verschmelzung.**

## Wer zahlt,
## muß nicht den Inhalt bestimmen

Es zeigt sich, daß jede wirklich effiziente Kommunikation im Grunde ein fließender Tanz ist zwischen Teilnehmern, die zugleich Sender und Empfänger sind. Die höchste Resonanz erzielt man durch die Synchronisierung der Rollen im Kommunikations-Prozeß.

Falls Condon recht hat, dann muß man das in der Werbung nach wie vor dominierende Modell von *Stimulus und Response* ad acta legen. Wenn er richtigliegt, dann ist es ein Fehlglaube, daß man als derjenige, der die Werbung bezahlt, auch immer derjenige sein muß, der in die Aktion geht und die anderen (genannt Zielgruppen) permanent zur Reaktion verpflichtet. Wer zahlt, muß nicht unbedingt den Inhalt bestimmen.

Condons Forschungen zeigen, daß in der Realität alle Beteiligten blitzschnell aufeinander reagieren und daß auch das Zuhören ein Teil des Sprechens ist sowie daß Input und Output eine *untrennbare Einheit* darstellen.

Die Rhythmik der Inhalte und die evolutive Weiterentwicklung der Werbebotschaften können dann also nicht nach dem üblichen Schema der Kampagnen-Strategien vorgenommen werden, sondern müssen sich abhängig machen von der Sättigung in den Szenen und sozialen Gruppen. Interfusion ist deshalb nicht mit Strategie zu realisieren. Interfusion braucht Vernetzung und *Monitoring*, letzteres, um kontinuierlich zu erfahren, wann welche thematische Sättigung eingetreten ist.

Vernetzung und Monitoring fordern aber zwei Voraussetzungen:

① die Gleichrangigkeit der Teilnehmer am Kommunikations-Prozeß,

② die echte Teilnahme des Herstellers am Leben der Szenen.

Der Vorstands-Vorsitzende des Zigaretten-Konzerns R. J. Reynolds Tobacco GmbH (Camel), Peter W. Fischer, sieht ebenfalls die Notwendigkeit, »neue Wege in der Kommunikation zu finden. Dieses nicht nur, um die Effizienz der Kommunikation zu erhöhen, sondern vielmehr auch, um neue Produkte überhaupt im Markt plazieren zu können, ja, um Innovationen kreieren zu können.«

Die Zigaretten-Branche hat es bekanntlich sehr schwer, neue Marken bekanntzumachen, weil die »dafür notwendigen elektronischen Medien nicht verfügbar sind«, so Fischer. Deshalb bietet sich die Interfusion mit dem Instrument des Szenen-Sponsorings an, um zusammen mit den Szenen *neue Marken zu lancieren*. Auch das geht nur über Teilnahme und über das aufrichtige Ernstnehmen der Szenen. Viele Mitglieder des Top-Managements sind aber mental viel zu weit entfernt von den Szenen oder führen im Unterbewußtsein sogar einen aktiven Kampf gegen sie.

Typisch dafür ist beispielsweise der Umgang der Marketing-Experten mit der *New-Age-Szene* in den vergangenen fünf Jahren gewesen: Zuerst hat man diese neue soziale Bewegung ignoriert und totgeschwiegen. Dann hat man diese Szene lächerlich gemacht und auf den höheren Etagen sogar aktiv bekämpft. Die Beschimpfungen von »Untergang unserer Kultur« bis zu »Verfall der Sitten«. Dann, reichlich spät, hat man zumindest einen Teil der Werbung (zum Beispiel die Musik in den TV-Spots) auf New Age getrimmt. Aber bis heute sind die Berührungs-Ängste in den Etagen des grauen Flanells so groß, daß sich noch kein Unternehmen ganz offiziell und offensiv mit der New-Age-Szene verschmolzen hat, obwohl mehr als eine Million Menschen mit ihr Kontakt haben und sie einen Sympathiegrad von etwas mehr als 50 Prozent aufweist.

Noch immer glauben die Entscheider über Geld, daß sie zugleich auch Entscheider über Richtigkeit und Wertigkeit von Szenen sein müßten. Szenen sind jedoch die *Träger sozialer Strömungen*. Wenn man sich also besser in diese Strömungen integrieren will (*close to customer*), dann muß man sich mit diesen Szenen verschmelzen!

Aber man kann nicht am Leben von Szenen teilnehmen, wenn man sie innerlich ablehnt oder gar offiziell diskriminiert. Man kann nur teilnehmen, wenn man bereit ist, mit der Zappeligkeit inhaltlich, stilistisch und zeitlich mitzuhalten. Der Reynolds-Boß Fischer weiß, daß der Trend trotz dieser Schwierigkeiten zu »Lifestyle-Promotion und zu Szenen-Kooperationen« geht. Er prognostiziert, daß große Marken in Zukunft »so geführt werden müssen, daß sie reaktionsschnell *plötzlichen Strömungen* in lokalen Märkten folgen können« (*W&V* 3/88). Das ist die Herausforderung des Mitfließens mit dem Fluß der Szenen.

Dieses Mitfließen verlangt – wenn man so sagen darf – sensible Markt-Manager (oder Szenen-Manager), die ihre Szenen wirklich lieben. Ohne diese Liebe kann es keine Teilnahme und Verschmelzung geben, und ohne diese Verschmelzung kann es das gewünschte Mitfließen nicht geben.

160

# Neu:
## das teilnehmende Design

Am Horizont zeichnet sich bereits eine weitere neue Entwicklung ab: das *teilnehmende Design*. Gerade Designer sind oft der Selbstüberschätzung verfallen und glauben, sie seien nicht für den Markt da, sondern »Erzieher zum guten Geschmack«.

Daraus resultiert häufig ein *extremer Purismus* mit großen Dogmen. Natürlich kann ein solches Dogma seinerseits auch wieder eine eigene Szene formieren. Das Beispiel der außergewöhnlichen Leistungen im Bereich Design der Firma Braun mag dafür typisch sein.

Aber darin liegt nicht die Zukunft, denn es gibt einen deutlichen Trend in Richtung auf ein kooperatives Design.

Was ist das?

Zuerst einmal handelt es sich dabei um ein teilnehmendes Design, denn alle Beteiligten partizipieren am Weltbild und am Bewußtseins-Prozeß der anderen. Wichtig ist also, daß sich die Unternehmen wirklich in die Szenen begeben und diese nicht wie eine kategoriale, das heißt abstrakte Zielgruppe behandeln beziehungsweise mißverstehen. Man wird also in der Praxis in die Szene gehen und mit *emotionaler Offenheit* eintauchen, um ihre Sehnsüchte, Projektionen und Emotionen kennenzulernen. Danach wird man *Leader oder Pioniere* der Szene herausfiltern, um sie dann fit zu machen, neue Produkte zu entwickeln.

Das Design wird somit zu einem *zweiseitigen Prozeß*. Einige Pioniere im Mode-Bereich (zum Beispiel Comme des Garçons) praktizieren dies bereits seit einiger Zeit. Die Szene und der Designer werden zum *Tandem für szenisches Design*.

Man kann dann auch die beteiligten Szenen-Pioniere in der Werbung prominent hervorheben, so daß sie in ihrer Szene so etwas werden wie ein Promotor oder Garant für das neue Produkt oder das neue Design. Der offizielle Designer sollte in den Hintergrund rücken, weil zum Beispiel seine Glaubwürdigkeit nicht so groß ist wie die des Szenen-Pioniers.

Man sieht, daß der kraftvolle Trend zur Interaktion nicht nur die Werbung verändern wird, sondern teilweise auch das Design.

## Die gemeinsame Formung
## von Zeitgeist für Produkte

Eine wichtige Zielsetzung ist nicht nur die Verbesserung der materiellen Qualitäten neuer oder bestehender Produkte, wie es typisch für das Design ist, sondern viel wichtiger ist die Schaffung eines glaubwürdigen *Interpretations-Rahmens* für Produkte, das heißt eines Zeitgeistes für das Produkt.

In der Informations-Gesellschaft wird der Faktor der *sozialen Interpretation* mindestens so wichtig wie die Hardware, wenn nicht sogar wichtiger. Die technische Qualität allein reicht nicht mehr aus, *soziale Qualität* muß dazukommen. Dasjenige Produkt signalisiert den richtigen Zeitgeist, das sich mit der *Zeitgeistigkeit von Szenen* identisch machen kann. Wenn zum Beispiel eine Produkt-Kategorie wie Kaffee in der Gefahr ist, aus dem »Strombett der Zeitgeistigkeit« herauszufallen, dann kann man mit normalen Werbekampagnen und flotten Sprüchen so gut wie gar nichts korrigieren.

In den USA hat der Kaffee als Stimulanz in den letzten Jahren ständig an Bedeutung verloren. Der jährliche Marktverlust betrug 2,4 Prozent. Besonders die jüngeren Generationen zeigen immer mehr Ablehnung und Ambivalenz. Fast zwei Drittel der Erwachsenen lassen den Kaffee inzwischen stehen und greifen zu Soft-Drinks.

Weil dieses Phänomen auch bald für Deutschland zutreffen könnte, hat der Marktführer Jacobs im Januar 1988 eine neue Marke mit dem Namen Swing auf den Markt gebracht. Slogan: »Der freche Kaffee von Jacobs, denn frech kommt weiter.« Die Werbekampagne zeigt junge, aktive Leute – also eine *typische Behauptungs-Strategie* mit fast schon trotzigem Charakter.

Besser wäre eine Konzeption, die sich mit möglichst veränderten Produkten direkt in die Szenen integriert, um per Meinungs-Spiralen dafür zu sorgen, daß die Szenen selbst ihre Zeitgeistigkeit für einen alternativen Kaffee entwickeln. Man hätte also den Szenen helfen müssen, ihren Kaffee im Kontext ihrer eigenen Wertsysteme neu zu interpretieren.

Fazit: **Nicht für die Szenen, sondern mit den Szenen.**

Die *Follow-me-Funktion* der flotten Werbung versagt immer mehr, weil die wirklichen Vorbilder inzwischen längst Szenen-Pioniere sind. Sie prägen und steuern die *soziale Qualität* der Produkte. Die Werbung hinkt dabei hinterher. Also kann sie auch nicht zu einer neuen sozialen Interpretation führen. Unser Kaffee-Beispiel zeigt, wozu Interfusion und Szenen-Sponsoring tauglich sind:

| Die fünf Ziele der Interfusion |
|---|
| 1. Die Produktion von gemeinsamen Indentifikations-Zeichen (closed semiotic) |
| 2. Die Produktion gemeinsamer Bewußtseins-Inhalte (kooperative Kontexte) |
| 3. Die Produktion gemeinsamer Lebensstile |
| 4. Die Produktion gemeinsamer Emotion und Geschichte (Erlebnis-Bank) |
| 5. Die gemeinsame Produktion von Medien (unabhängige Glaubwürdigkeits-Medien, zum Beispiel Infoletter, Club-Magazine) |

Alles in allem:  **Das Gemeinsame wird nur durch Teilnahme etwas wirklich Gemeinsames.**

## Der Einzug der Evolution in das Marketing

Jeder Mensch, der Marketing betreibt, hat bewußt oder unbewußt ein *Modell vom Markt* in seinem Kopf. Ich habe deshalb in den letzten Monaten als Vorbereitung für dieses Buch diverse Planer, Strategen und Experten gefragt, was für sie der Markt sei. Das war interessant.

Es gibt viele, für die der Markt eine rein abstrakte Größe ist. Er lebt nicht. Er ist ein theoretisches Konstrukt, nebulös und blutarm zugleich. Andere wiederum (meistens Verkaufs-Chefs) sehen den Markt personifiziert und ungemein beseelt. Für sie ist der Markt definiert durch die Menschen.

Dann gibt es eine ebenfalls erstaunlich große Gruppe, für die ist der Markt so etwas wie ein atomisiertes Publikum. Viele anonyme Menschen, die irgendwie wie Marionetten handeln.

Außerdem habe ich gefragt, was sie unter *Markt-Dynamik* verstehen. Und die Ergebnisse waren ebenfalls sehr interessant. Die meisten haben

Vorstellungen eines *permanent fließenden Bedarfsstroms*, der sich nur in seiner Farbigkeit ändert, im Grunde ein Set von stabilen Bedürfnissen, die über den Zeitpfeil hinweg ihr aktuelles Aussehen nur dem jeweiligen Zeitgeist anpassen.

Dies spiegelt ein sehr passives Bild von Bedarf wider. Nur ganz wenige haben auf die aktive Seite des Bedarfs hingewiesen. Für die meisten war der Markt mit seiner Dynamik ein eher passives Umfeld. Bloß eine Minderheit hat mit »Markendynamik« eine kraftvolle Eigeninitiative des Geistes verbunden und bemerkt, daß der eigentliche Markt nicht durch Menschen und ihre Bedürfnisse repräsentiert wird, sondern durch die *Evolution des Geistes*.

Genau das aber ist das *neue Paradigma des Marktes* für turbulente Zeiten und komplexe Situationen. Es ist also weder die Materie (Ware), die den Markt im tiefsten Kern definiert, noch ist es die Soziosphäre, die ihn allein formt, vielmehr ist es das *fließende Werden von Geist*.

Die neue Sicht des Marktes bedeutet deshalb eine völlige *Umwertung der Perspektiven*. Bisher war das Geistige etwas Verstecktes, das im Hintergrund sein Wesen trieb. Eine Art energetischer Bühnen-Vorhang, von dem dann die Menschen mit ihren materiellen, psychischen und sozialen Bedürfnissen den Tanz der Marktdynamik tanzen konnten.

Das neue Paradigma sieht die Sache ganz anders. Die eigentliche Marktdynamik ist der *Tanz des Geistes*. Und durch diesen Tanz werden die Menschen, ihre Bedürfnisse und die Materie (Produkte) geformt, angeboten und gehandelt.

Als Formel: **Das neue Paradigma des Marktes geht davon aus, daß die Produkte und das Soziale der Evolution des Geistes folgen.**

## Autopoiesis und das moderne Markt-Management

Damit kommt *Evolution* in das Marketing. Bisher hatten wir sie mehr oder weniger stillschweigend ausgeklammert. Deshalb gibt es so viele Vorstellungen von einem »braven«, ewig nur reagierenden Umfeld. Und darum existieren so viele Metaphern wie »Zielgruppe«, die allesamt nur ausdrücken, wie relativ stabil der Markt eigentlich ist.

Die neue Sicht der Dinge geht von der Evolution aus. Danach ist der Markt in erster Linie gekennzeichnet durch Prozesse, die Geist formen, auflösen, wiederum formen, wiederum auflösen usw. Ein permanent fließender Prozeß von rivalisierenden Stimuli, durch den viele *Drifts und Shifts*, wie man das in der Evolutions-Theorie nennt, verursacht werden.

Mit einem Wort: Das neue Paradigma verabschiedet sich vom Modell des reagierenden (braven) Marktes und führt statt dessen das *Modell der Autopoiesis* ein: die Entdeckung der Selbststeuerung und der Eigendynamik.

Nun ist es interessant, daß dieses Wort Autopoiesis in den letzten Monaten eine sensationelle Karriere in unserem Kulturraum gemacht hat. *Autopoiesis steht für Sich-selbst-Erzeugen.* Daß dieses Wort derzeit soviel Karriere macht, hängt sicher damit zusammen, daß es folgenden kulturellen Mega-Trend gibt:

**Alles wandert von der Manipulation zur Selbstorganisation.**

Um es noch einmal ganz deutlich zu machen: Auf der untersten Stufe der sozialen Prozesse steht sicherlich das klassische *Modell der Macht* und der Gewalt. Der direkte Vollzug. Das, was angeordnet wird, wird hundertprozentig erfüllt.

Auf einem höheren Freiheits-Niveau befindet sich dann das *Modell der Partizipation*, wie es heute maßgebend für Marketing ist. Die, die erreicht werden sollen, dürfen in einem erlaubten Rahmen mitbestimmen. Sie können zwar nicht eigeninitiativ, nicht eigendynamisch, nicht autopoietisch sein, aber man gestattet ihnen mehr oder weniger gönnerhaft in bestimmten Grenzen eine bestimmte Mitsprache, wobei sich diese Grenzen ausschließlich nach den Intentionen des Gönners richten.

Die derzeit höchste Freiheitsstufe ist dann Autopoiesis. Dasjenige System, das für ein anderes System am wichtigsten ist, wird zum Regisseur der Prozesse. Die Selbstorganisation des Marktes avanciert damit zum absoluten Sollwertgeber, zum zentralen Ordner.

Das ist etwas völlig anderes als Partizipation. Die Eigendynamik des Marktes steuert die Angebots-Dynamik des Anbieters. Da gibt es kein gönnerhaftes Mitreden-Lassen, sondern nur eines: mit der Eigendynamik des Systems kooperieren.

In der Tat zeigen die RADAR-Diagnosen sehr deutlich, daß es seit Jahren diesen wachsenden Trend gibt, den wir einmal wie folgt tituliert haben: *von der Aktion zur Interaktion*. Und wenn man die Entwicklung der Kommunikations-Theorie aus der Adler-Perspektive beobachtet, dann kann man diesen Trend schon genau ausmachen: Am Anfang gab es nur das Stimulus-Response-Modell. Ich bin der aktive Sender, du bist der passive Empfänger, lautete die Devise.

Dieses mechanistische Modell hielt nicht lange, und deshalb erfand man immer mehr *intervenierende Variablen*, zum Beispiel Einstellungen, Motive, situative Hemmfaktoren etc. In einer Liste eines Marketing-Theoretikers fand ich einmal 48 solcher intervenierenden Variablen.

Was bedeutet das? Die Marketing-Theorie funktioniert eigentlich seit längerer Zeit schon nicht mehr richtig. Aber man versucht sie zu retten, indem man immer mehr *Überbrückungs-Theoreme* einbaut, genannt Variablen. Man will damit verhindern, daß sich das Paradigma des Marketings verändert, weil dann ein Großteil der Instrumente, der Systeme und der Prozesse nicht mehr funktionieren würde. Man will das Falsche retten, um seine scheinbare Macht nicht aufzugeben. Und diese Macht heißt »gönnerhaft gewährte Partizipation«.

Warum das alles? Manipulation und Partizipation passen sehr gut zusammen. Und das Marketing unserer Zeit basiert nach wie vor auf dem Axiom der einseitigen Manipulation. Meine private kleine Umfrage hat ergeben, daß sich die meisten Experten eine wechselseitige Manipulation überhaupt nicht vorstellen können. Weder intellektuell noch emotional. Die meisten haben gesagt: »Dann hebt sich Manipulation doch auf.«

## Die triviale Maschine – Basis des Marketings

Dahinter steckt ein inzwischen überholtes Denkmodell, das man das *kartesianische Denken* nennt. Es ist ein Denkmodell, das davon ausgeht, daß der Markt und der Konsument im Prinzip *triviale Maschinen* seien.

Das ist das alte Denk-Schema: Wenn man die richtigen Hebel kennt und die richtigen Knöpfe drückt, wird die Maschine im Sinne des Manipulateurs reagieren müssen.

Wer genau hinschauen kann, bemerkt, daß dieses relativ profane Modell die instrumentelle Basis des Marketings ist. Trotz vieler wissenschaftlicher Modelle, trotz zahlreicher komplizierter Formeln und Rechenoperationen und trotz eines professionellen Vokabulars: hinter all diesen beeindruckenden Elementen versteckt sich das Modell der trivialen Maschine.

Das ist übrigens nicht nur beim Marketing so, sondern auch in der Biologie und in der Physik. Überall da, wo wechselseitige dynamische und zugleich offene Prozesse beobachtet und gestaltet werden, überall da schaltet man heute grundsätzlich um auf ein neues Denken:

**Weg von der trivialen Maschine —**
**hin zu den autopoietischen Systemen.**

Das bedeutet im Klartext, daß der Markt verstanden wird als eine quicklebendige, verlaufsoffene und *eigendynamische Geistigkeit*, die als zentrale Ordner nicht nur die Bedürfnisse des Konsumenten steuert, sondern ebenso auch den Anbieter.

Das ist genau der Ansatz der Autopoiesis: Das System des Anbieters (Marktwirtschaft, Markenartikler etc.) agiert also nicht von außen in das Marktsystem hinein, sondern ist ein Teil des Marktsystems. Der Markt ist also der gemeinsame Energie-Quell für das Subsystem der Bedürfnisse und für das Subsystem des Anbieters. Wer diese beiden Subsysteme voneinander trennt und glaubt, nur die Konsumenten seien der Markt, der fällt einer Illusion zum Opfer.

Man erkennt durch diese autopoietische Sicht, daß man »den Markt« in diesem Sinne gar nicht mehr manipulieren kann, weil man selbst ein Sub-Element des Marktes ist. Wenn ein Subsystem das globale System zu manipulieren versucht, dann manipuliert es sich selbst. Meistens läuft die Prozeß-Dynamik aber völlig anders: *Das höhere System manipuliert das Subsystem.* Wer also wirkliche Effizienz für sein Markt-Management sucht, der muß das höhere System beeinflussen und nicht das andere Subsystem.

Einer der hervorragenden Vordenker für diese neue Sicht ist Hermann Haken (»Erfolgsgeheimnisse der Natur: Synergetik«). In seiner Synergetik zeigt er, daß der höhere Ordner permanent in der Lage ist, das Subsystem »zu versklaven«. Könnte es sein, daß ein Großteil der Manipulations-Techniken und Manipulations-Erfolge von Werbung und Marketing nichts anders ist als eine Illusion von Macht, der zuliebe man seinen wirklichen Einfluß opfert?

Könnte es sein, daß nicht wir Marketing-Strategen den Markt manipulieren, sondern vom Markt (aufgefaßt als eine sich selbst steuernde Geistigkeit) so manipuliert werden, daß wir ihm dienen und folgen?

## Beeinflussung durch Verschmelzung –
## Grundlage der Interfusion

Der Trend zur Selbstorganisation und zur Selbsterzeugung ist, wie gesagt, in der westlichen Kultur ganz aktuell zu beobachten. Alles orientiert sich um in Richtung Selbststeuerung: Abschied vom Modell der linearen Manipulation.

Eine tiefe Verbeugung vor der Eigendynamik von offenen Systemen – sei es die Natur, sei es das Universum, sei es der Markt. Eine neue Epoche beginnt, in der man erkennt, daß offene Systeme nicht per Knopfdruck wie eine Maschine gesteuert werden können, weil ihre Eigendynamik und ihre evolutionären Drifts und Shifts so kraftvoll sind, daß man sie nicht von außen steuern kann, sondern nur durch die *Prinzipien der Teilnahme und der Verschmelzung.*

Evolutions-Theoretiker wie Manfred Eigen haben in ihren Büchern (beispielsweise »Stufen zum Leben«) sehr prägnant darauf hingewiesen, daß man eigendynamische Systeme *nie richtig steuern kann*, sondern daß man in diese nur Abweichungen, also Shifts, hineintragen kann.

Mit anderen Worten: Das neue Paradigma, das sich jetzt überall in der Naturwissenschaft und in der Geisteswissenschaft durchsetzt, geht davon aus, daß diejenigen Shifts am wirkungsvollsten sind, die durch eine optimale Teilnahme und Verschmelzung möglichst störungsfrei und tief in das offene System hineingetragen werden.

Das neue Paradigma ist damit ein Paradigma der *Co-Evolution*, wie es von den ersten Vordenkern wie Jonas Salk, Willis W. Harman und Ilya Prigogine beschrieben worden ist: Diejenigen Shifts sind am erfolgreichsten, die zwei miteinander interagierende Systeme gemeinsam, das heißt kooperativ herstellen. Kooperative Shifts erzeugen am wenigsten Abwehr des Systems. *Was man selbst mitgestaltet, bekämpft man am wenigsten.* Das ist die Basis der Interfusion.

Das würde – auf Marketing und Werbung übertragen – folgendes bedeuten:

① Wenn man vom alten Modell der trivialen Markt-Maschine aus handelt, handelt man linear-manipulativ. Damit verkennt man seine eigentliche Rolle als Anbieter. Man sieht sich als Anbieter und Marketing-Stratege außerhalb des Marktes und steuert sein Angebot in den Markt hinein. Das Ergebnis dieser inzwischen überholten inneren Haltung sind *falsche Instrumente*: Instrumente der Steuerung. Das

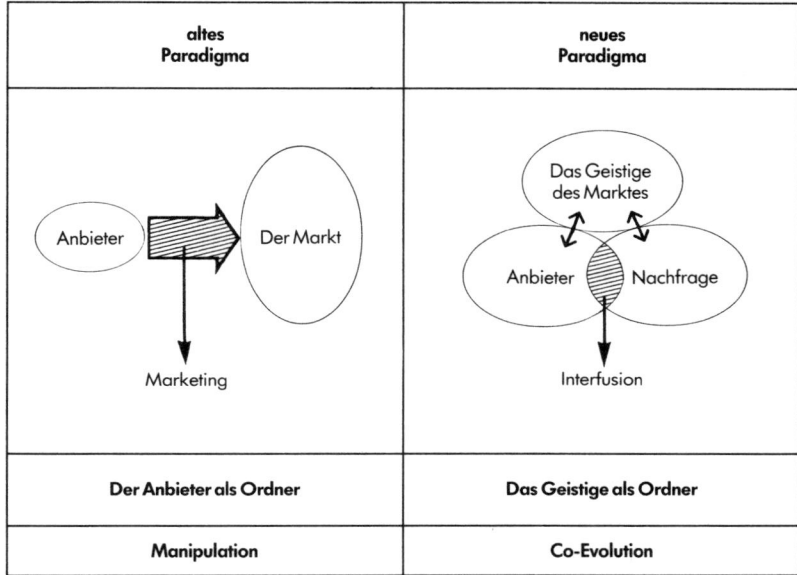

| altes Paradigma | neues Paradigma |
|---|---|
| Anbieter → Der Markt ↓ Marketing | Das Geistige des Marktes ↗↖ Anbieter / Nachfrage ↓ Interfusion |
| Der Anbieter als Ordner | Das Geistige als Ordner |
| Manipulation | Co-Evolution |

neue Paradigma verlangt völlig andere Instrumente: Instrumente der Teilnahme und der Kooperation.

② Wenn man vom neuen Paradigma der Autopoiesis aus handelt, weiß man, daß es einen höheren Ordner gibt, nämlich die *Geistigkeit des Marktes*, dessen Teilnehmer und Subsystem man ist.

Man hat also keinen direkten linearen und damit manipulativen Zugang zum Subsystem des Bedarfs, sondern lediglich über die Brücke des Ordners (Geistigkeit des Marktes) indirekten Zugang zur eigenen Veränderung und zur Beeinflussung des Subsystems Bedarf. Man kann den Bedarf am besten formen, wenn man mit dem Geist, der dahintersteht, kooperiert.

Aus dieser Sicht werden Anbieter und Nachfrager strukturell unter den evolutionär fließenden Geist des Marktes eingeordnet. Der Anbieter und seine »Zielgruppe« – um diesen alten Terminus noch einmal zu gebrauchen – verstehen sich jetzt als Wirkungen der gleichen geistigen Ursache. Wenn man die andere Ursache (Bedarf) beeinflussen will, dann muß man mit ihr zusammen den auf einer höheren Ebene verlaufenden Prozeß des Geistes beeinflussen; man muß gemeinsam die höhere Ursache verändern.

Wenn beide Subsysteme, also Anbieter und Bedarf, vom gleichen Geist-Ordner abhängig sind, dann können sie sich auch nur gemeinsam über diesen Ordner optimal beeinflussen.

Grafisch umgesetzt, sieht das so aus, wie auf der vorhergehenden Seite dargestellt.

## Es gibt kein Primat
## für den Anbieter mehr

Diese Grafik zeigt den wesentlichen Unterschied.

Im alten Paradigma versteht sich der Anbieter beziehungsweise der Marketing-Stratege als der zentrale Ordner.

Beim neuen Paradigma erkennt der Anbieter an, daß der zentrale Ordner das Geistige ist.

Beim alten Paradigma ist der Markt eine reagierende Größe. Beim neuen Paradigma gibt es diese Art von Markt nicht mehr, weil der zentrale Ordner das Geistige des Marktes ist. Und dieses Geistige ist *betont eigendynamisch und evolutionär*: Es fließt durch die co-evolutionären Austauschprozesse zwischen Anbieter und Nachfrager.

Mit anderen Worten: Das neue Paradigma erkennt an, daß Anbieter und Nachfrager den wichtigeren, höheren Ordner, nämlich das Geistige des Marktes, völlig gleichwertig und verlaufsoffen (per Shifts und Drifts) formen. *Es gibt kein Primat für den Anbieter mehr!*

Deshalb kommt es zu folgenden Langfrist-Prognosen:

① Interfusion wird die lineare Manipulation ersetzen oder ergänzen.

② Eine neue geistige Haltung wird sich durchsetzen: die der Co-Evolution.

③ Neuartige Instrumente werden entwickelt werden. Die jetzigen Instrumente sind Instrumente der Steuerung (in der Werbung zum Beispiel gut zu beobachten durch die alte AIDA-Formel oder durch die Überbetonung der Kreativität). Die neuen Instrumente werden Instrumente der Verschmelzung (Interfusion) und der Teilnahme sein.

Das Modell der Kommunikation wird damit nicht nur zweiseitig (das ist die derzeitige Partizipation, die im Marketing üblich ist), sondern verlagert sich grundsätzlich auf *Offenheit und Geistigkeit*.

170

Diese Offenheit verlangt besonders von der Marketing-Kommunikation einen grundsätzlich anderen Planungs-Habitus (zum Beispiel weg von der Kampagnen-Rhythmik) und andere Zielsetzungen (etwa Verzicht auf Penetration).

Fazit: **Strategische Penetration verhindert geradezu die Offenheit des Anbieters und damit die Offenheit des co-evolutionären Prozesses, der permanent zwischen Anbieter und Nachfrager stattfindet.**

Paßt man alles zusammen, so erhält man deutliche Signale dafür, daß tatsächlich ein grundsätzlicher Paradigmen-Wechsel in Sachen Markt und Marketing stattfindet. Wir sind mittendrin. Und die folgende Übersicht zeigt, wie grundsätzlich diese Achsenverlagerung sein wird:

| Altes Paradigma | Neues Paradigma |
| --- | --- |
| Reaktions-Zwang | Selbstgestaltung |
| Steuerung | Teilnahme |
| Zielgerichtetheit | Offenheit |
| Modell der trivialen Maschine | Modell der Autopoiesis |

## Die Achsenverlagerung zum Geistigen

Wenn man noch bei den alten Kategorien und Vokabeln verweilen möchte, dann würde man diese Achsenverlagerung, die jetzt stattfindet, folgendermaßen beschreiben: Die Zielgruppe ist nicht mehr die eigentliche Zielgruppe, sondern das Geistige des Marktes wird zur neuen Zielgruppe, weil das System des Anbieters und das System des Bedarfs zwei gleichrangige, eigendynamische Zielgruppen sind, die *vom Geistigen gleichermaßen gesteuert werden.*

Fazit: **Wer steuern möchte, muß das steuern, was steuert.**

Das wichtigste Ziel ist – so schreibt Peter M. Hejl in seinem Aufsatz über »Konstruktion der sozialen Konstruktion« –, daß ein »Repertoire von Handlungen gebildet wird«, das darauf ausgerichtet ist, eine gemeinsame Realität als »sinnvoll oder angemessen« zu vermitteln.

Alle selbstreferentiellen und autopoietischen Systeme benötigen diese *parallelisierten Zustände*, die sich ergeben durch das, was Hejl als »Geschäftsgrundlage« für selbstreferentielle Systeme bezeichnet, nämlich *die Existenz einer gemeinsamen Realität.*

Das führt zu folgenden Konsequenzen:

① Wir müssen Abschied nehmen von der allzu naiven Vorstellung, daß man zum Beispiel wichtige werbliche Inhalte lediglich vom Sender zum Empfänger transportieren müsse, damit diese wichtigen Inhalte dann im Sinne des Senders funktionieren können.

② Vielmehr wird es darum gehen, durch Interaktion und Kommunikation eine »gemeinsame Realität« aufzubauen.

③ Das gemeinsame Geistige des Marktes ist damit die Basis für das angestrebte Repertoire von parallelisierten Handlungen.

Als Formel: **Bei der Interfusion geht es nicht um den Transport von werblichen Inhalten, sondern um den Aufbau einer gemeinsamen Geistigkeit, die unabhängig vom aktuellen Bedarf die soziale Eigendynamik in den Fragmenten und Szenen gestaltet.**

Das System des Anbieters und das System des Bedarfs interagieren also miteinander. Wenn sie schlecht miteinander interagieren, dann entwikkeln sie wenig Gemeinsames und *verhindern ihre Co-Evolution* (den Prozeß des gemeinsamen Wachsens).

Wenn einer der beiden, beispielsweise das System des Anbieters, glaubt, er könne den anderen einseitig manipulieren, dann schafft er Distanz, wechselseitige Blockade und damit *Ineffizienz* (was man ja schon heute im Bereich der Werbung sieht: Hier ist die Ineffizienz in geradezu brutaler Form empirisch nachweisbar).

Die gleichrangigen, eigendynamischen Subsysteme Anbieter und Bedarf können am besten interagieren per Interfusion.

Diese Interfusion ist wiederum nur möglich, wenn sich beide auf das ausrichten, was von beiden abhängig ist: nämlich die Evolution des Geistigen. Damit ergibt sich für Interfusion folgende Ausrichtung:

**Von der Befriedigung des Bedarfs zur Co-Formung des Geistigen im Markt.**

*Dieses Geistige besteht aus:*

- Werten,
- Orientierungs-Mustern,
- Kontexten/Rahmen/Erklärungs-Moden,
- öffentlichen Emotionen,
- öffentlichen Sentimenten,
- Lifestyle-Erfindungen.

Fazit: **Das Geistige ist das, was den Bedarf fließend formt. Das Geistige ist die Ursache für das Zeitgeistige des Bedarfs.**

Und gleichzeitig wird sich der folgende Wandel bei den zentralen Metaphern ergeben.

| Historische Etappen des Markt-Managements | Instrumenteller Schwerpunkt | Zentrale Metapher |
|---|---|---|
| Verkauf | Produktion | **Die Fabrik** |
| Marketing | Bedarf | **Die Kommunikation** |
| Interfusion | Beziehungen | **Das Geistige** |

Fazit: **Es findet eine Entwicklung statt von den sozialen und abstrakten Zielgruppen zur Evolution des Geistigen. Das Geistige ist die neue Zielgruppe, und Co-Beziehungen sind das neue Instrument.**

Das Instrument des Verkaufs vermittelt zwischen Produktions-Steuerung und Distributions-Steuerung. Das Instrument des Marketings vermittelt zwischen Distributions-Steuerung und Beziehungs-Steuerung. Das Instrument der Interfusion vermittelt zwischen Beziehungs-Steuerung und der Bewußtseins-Steuerung. Wir sehen an dieser Stelle, daß es sich nicht nur um einige neue Worte handelt, sondern daß hier tatsächlich eine Transformation des Markt-Managements stattfindet: vom Produktions-Primat zum Bewußtsein. Das folgende Schaubild zeigt noch einmal diese Transformation:

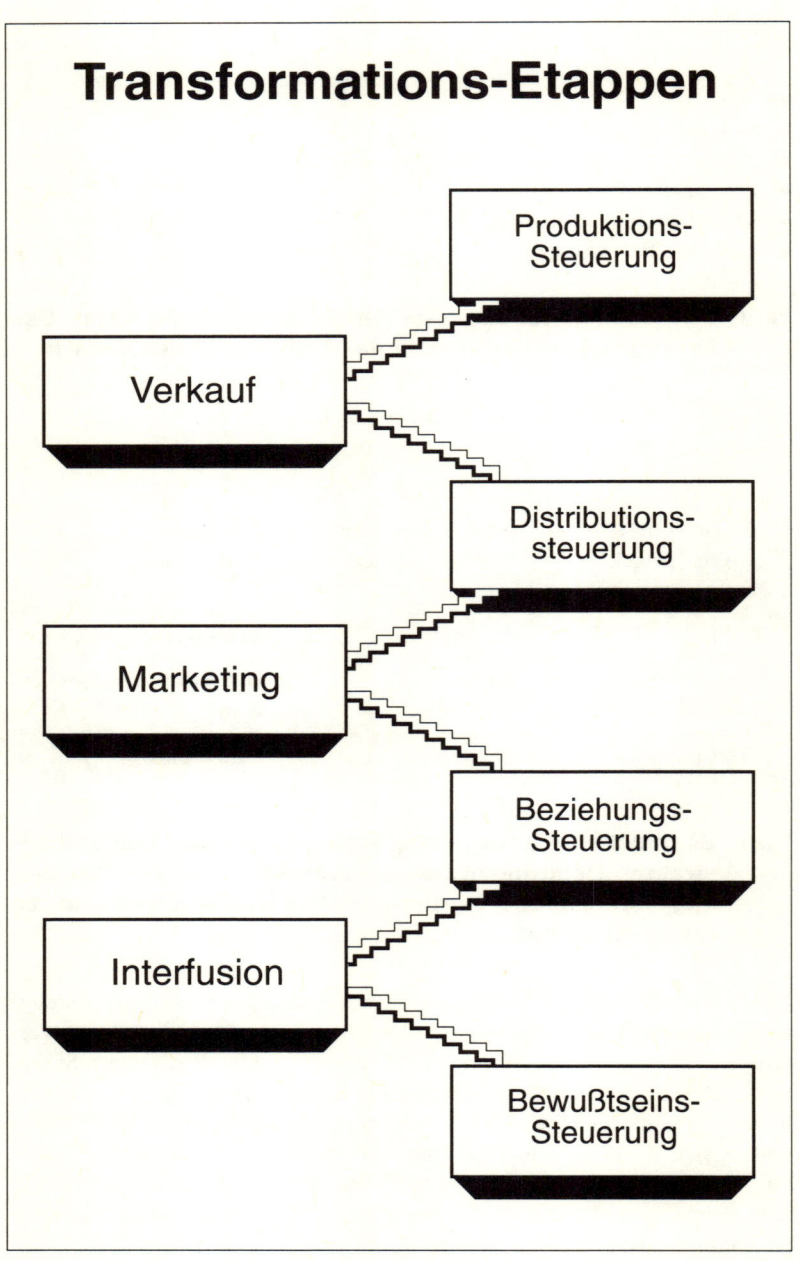

# Transformations-Etappen

Produktions-Steuerung

Verkauf

Distributions-steuerung

Marketing

Beziehungs-Steuerung

Interfusion

Bewußtseins-Steuerung

174

Natürlich ist das alles ungewohntes Vokabular. Es ist sperrig und scheinbar allzu theoretisch. Das Geistige, was ist das? Aber im Grunde ist es nicht so theoretisch und abgehoben, wie man zuerst denkt, denn das Geistige stellt sich dar als ein verlaufsoffener Prozeß von Formung und Auflösung, von Defizit und Sättigung. Ein schneller Prozeß des Wandels.

Alle Unternehmen, die bereits auf *schnelle Feedback-Schleifen* gesetzt haben, sind Unternehmen, die *sich führen lassen* von dem eigendynamischen Prozeß des Geistigen. Derartige Unternehmen sind derzeit hauptsächlich im Modebereich angesiedelt (zum Beispiel Hennes & Mauritz und Esprit), weil das die erste Branche ist, in der der *dramatische Tempo-Wettbewerb*, der jetzt weltweit kommt, frühzeitig verbunden wurde mit einer weitestgehenden Entmachtung des Anbieters.

Die Mode-Branche ist also ungewollt eine Art Entwicklungs-Pionier für neue Modelle, die auf Interfusion zielen. Man will nicht mehr die Bedürfnisse beherrschen, sondern als Teilnehmer eines offenen Prozesses den Prozeß mitgestalten. Typische Metapher dafür: »Wir steuern den Prozeß nicht mehr, sondern wir sind Teil des Prozesses.« Warum?

Weil man erkannt hat, daß alle Konzepte, die auf strategische Steuerung ausgerichtet sind, viel zu langsam und viel zu riskant sind.

Die Mode-Branche hat deshalb *Teilnahme und Vernetzung* als Methode erproben müssen. Ich bin ganz sicher, daß fast alle Märkte bald diesem Mega-Trend folgen werden, den vor einiger Zeit John Naisbitt wie folgt beschrieben hat:

**Von den festen zu den fließenden Systemen.**

## Wie managt man dynamische Systeme?

Nun, was sind Systeme? Und was sind die dynamischen Prinzipien von fließenden Systemen?

Die beiden Management-Experten Professor Peter Ulrich und Professor Gilbert J. Probst haben in ihrem Buch »Anleitung zum ganzheitlichen Denken und Handeln« wesentliche Elemente dieser dynamischen Systeme beschrieben. Es lohnt, sie näher zu betrachten:

- Systeme sind dynamische Ganzheiten.

- Systeme bestehen aus Teilen, die miteinander verknüpft sind und aufeinander einwirken.

- Das Verhalten eines Systems entsteht aus dem Zusammenwirken seiner Teile.

- Die Eigenschaften eines Systems sind nicht bloß die Summe der Eigenschaften seiner Teile.

- Was wir als System und was als Teil betrachten, hängt von unserer Wahrnehmung ab.

- Durch bewußtes Wechseln der Betrachtungs-Ebene können wir ein System analysieren oder in ein größeres Ganzes integrieren.

- Die Grenze eines Systems gegenüber seiner Umwelt ist nicht etwas Gegebenes, sondern muß gedanklich konstruiert werden.

Man sieht: Was wir als System und als Subsystem erkennen, das hängt von uns ab. Von unserer Wahrnehmung. Das bestätigt eindrucksvoll der Trend zur Autopoiesis, wie ich ihn bisher beschrieben habe: Man kann ein System so sehen, *daß man außerhalb des Systems ist*. Dann ist man sozusagen Chef eines kleineren Systems. Das ist oft sehr schmeichelhaft und gibt einem die Illusion von Überlegenheit.

Bei meiner kleinen Privat-Umfrage habe ich festgestellt, daß besonders die Kreativen in Werbeagenturen eine derartige System-Konstruktion im Kopf haben. Fast alle von ihnen *lieben ihre Zielgruppen nicht*, und sie legen zumeist gesteigerten Wert darauf, außerhalb dieser Soziosphäre zu sein. Viele glauben sogar, nur wenn man mental maximal differenziert von den Zielgruppen sei, könne man sie manipulieren. Ein Großteil der Kreativen pflegt sogar einen gesunden oder – besser gesagt – »ungesunden« *Zynismus* ihren Zielgruppen gegenüber.

Wie gesagt, viel richtiger wäre es, die *Regie-Kraft des Geistigen* anzuerkennen und damit die steuernde Potenz der Evolution. Dann würde man sich in das System voll integrieren können, integrieren als ein teilnehmendes Subsystem im Rahmen eines höheren Systems, das man zwar beeinflussen kann, aber nicht im Sinne einer linearen Manipulation (Modell der trivialen Maschine), sondern im Sinne einer *prozessualen Teilnahme*.

Ulrich und Probst schreiben weiter, daß soziale Systeme *gegenüber ihrer Umwelt offen sind* und mit dieser in Wechselwirkung stehen. Aus der Lehre der Synergetik wissen wir, daß soziale Systeme in erster Linie ausgerichtet sind auf den für sie höchsten Ordner, und das ist die kulturelle Evolution. Anders ausgedrückt: Sie sind offen für das Geistige des Marktes.

Zugleich sind soziale Systeme nicht nur offen, sondern auch *komplex*, das heißt, sie sind im Prinzip nicht nach den Regeln eines Schachspiels zu durchleuchten und zu steuern. Wenn ein System dynamisch und zugleich komplex ist, dann ist es immer *eigendynamisch*, das heißt, es hat einen eigenen Willen. Die Prozeßverläufe sind deshalb kaum logisch vorhersehbar. Deshalb kann man sie nicht strategisch beherrschen wollen, sondern muß einen anderen Verhaltens-Habitus akzeptieren und trainieren: *mit den offenen Systemen mitfließen; mit der Eigendynamik vernetzen!*

Wie Ulrich und Probst betonen, ist Komplexität in einem System die Fähigkeit, »in kurzen Zeiträumen eine große Zahl von verschiedenen Zuständen annehmen zu können«. Genau das ist derzeit einer der wichtigsten Mega-Trends des Marketings: Der Markt wird immer fragmentierter, paradoxer und zugleich eigendynamischer. Es ist *kein wohlgeordneter Markt mehr*, den man zum Beispiel per Typologien, Marktfelder, Nischen und Positionings stabil erkennen und formen kann, sondern er ist ein multi-optionaler Prozeß, dessen konkretes Verhalten zu bestimmten Zeitpunkten nicht mehr ausreichend voraussagbar ist.

Je komplexer soziale Systeme werden – und unsere Systeme werden tatsächlich immer komplexer! –, *um so mehr Freiheit bekommen sie*, wie der Nobelpreisträger Friedrich August von Hayek in seinen Büchern immer wieder betont hat. Es entsteht dann der *Zwang zu einer höheren Ordnung*. Und die besteht »nicht nur auf materieller, sondern auch auf geistiger Ebene« (Ulrich und Probst). Mit anderen Worten: Wenn alles eigendynamischer und zugleich komplexer wird, dann springt ein System in seine nächsthöhere Ordnung. Und diese Ordnung ist ein geistiges Muster.

Betrachten wir nunmehr dieses geistige Muster. Aus der System-Theorie weiß man, daß Muster, die Komplexität gestalten, *lebendige Muster* sind. Sie können deshalb nicht befohlen werden, im Grunde auch nicht linear manipuliert werden. Diese Muster sind *Teil einer dynamischen Ganzheit*, das heißt, sie »sind durch zirkuläre Beziehungen zu einem vielfältigen Netzwerk verbunden« (Ulrich und Probst).

Das bedeutet: Der eigentliche Regisseur ist die sich immer mehr entfaltende geistige Ebene. Sie wirkt als Muster über den materiellen und sozialen Prozessen. Und dieses Muster ist abhängig von allen Teilnehmern und Subsystemen. Sie ist also abhängig sowohl vom Subsystem des Bedarfs als auch vom Subsystem des Anbieters.

Da ist kein Raum mehr für ein gönnerhaft gewährtes Mitsprache-Recht der Konsumenten, was ja das basale Modell des derzeitigen Marketings ist. Da gibt es nur Gleichrangigkeit der Subsysteme und offene, zirkuläre Beziehungen, in denen keiner seinen Kopf und seinen Willen durchsetzen kann. Weder durch die Erhöhung der Werbeetats noch durch die Steigerung der kreativen Raffinesse der Werbung.

Die zirkulären Beziehungen finden also *zwischen Gleichrangigen* statt. Und diese Beziehungen folgen den Prinzipien der modernen System-Theorie, wie sie Ulrich und Probst beschreiben:

- Lineare Ursache-Wirkungs-Ketten bilden kein passendes Modell zum Verständnis dynamischer Ganzheiten.

- Infolge der zirkulären Verknüpfungen können Teile auf sich selbst zurückwirken.

- Die einzelnen Wirkungsverläufe können sehr verschieden sein und sich auch im Zeitverlauf ändern.

- Wirkungsverläufe benötigen Zeit und bewirken unterschiedliche Zeitverläufe ganzer Prozesse.

- Durch die zirkuläre Verknüpfung mehrerer Teile entstehen positive und negative Regelkreise, die das Ganze wachsen beziehungsweise schrumpfen lassen oder stabilisieren.

Das ist nun eminent wichtig: Durch die zirkulären und zugleich verlaufsoffenen Beziehungen zwischen dem Subsystem der Anbieter und dem Subsystem der Nachfrage *entfallen im Prinzip alle kausalen Gesetze*, also alle Wenn-Dann-Gesetze, wie sie im Marketing so sehr beliebt sind.

Der größte Teil der so hoch gelobten Marketing-Professionalität dürfte aus dieser Sicht schlichtweg Einbildung sein: Man blendet die Eigendynamik der zirkulären Beziehung weit aus. Man schafft sich so eine Wirkungs-Logik, die Illusion ist.

Da gibt es zum Beispiel goldene Regeln, die die Beziehung zwischen Etat und Marktanteil nachweisen. Aus der Sicht der modernen Systemtheorie kann es so etwas nicht geben. Es lassen sich Konstellationen aufzeigen, in denen man mit sehr wenig Werbeetat eine sehr stabile emotionale Zuwendung erreichen kann, gleichzeitig existieren Zeiten und Prozeß-Situationen, in denen man mit bestem Willen ein solches Ergebnis nicht erzielen kann.

## Das Ende der operativen Logik

Es ist schwer zu begreifen: Die Eigendynamik, die in den zirkulären Beziehungen herrscht, sorgt für eine *permanente Intransparenz*. Man weiß eigentlich nie genau, was man sicher weiß, und erst recht nicht, warum was wirklich gewirkt hat. Eigendynamische Systeme folgen nicht der Logik des Zwangs, sondern der Logik der Freiheit.

Das einzige, was sicher ist, ist, daß das Subsystem des Anbieters durch sein Verhalten ein integriertes Element in einem vielfältigen Netzwerk wird. Und man weiß auch, daß viele unterschiedliche positive und negative Kreisläufe sich situativ miteinander vermaschen, so daß es im Prinzip *keine operationale Logik mehr gibt*.

Der einzige Ausweg aus diesem Dilemma ist der, sich besser mit dieser offenen Eigendynamik zu verschmelzen, nämlich durch Teilnahme und Vernetzung.

Wie Dietrich Dörner in seinem Buch »Die Logik des Mißlingens« beschreibt, ist die moderne Komplexität, mit der das klassische Marketing immer weniger fertig wird, nichts anderes als eine immer intensiver werdende Vernetzung von mehr und mehr vernetzten Netzwerken. Kurz: *Alles bezieht sich immer intensiver aufeinander.*

Wir haben die Weltwirtschaft und die Weltkultur. Wir haben die immer intensiver werdende wechselseitige Abhängigkeit von immer mehr Hochtechnologie und damit eine immer multipler werdende Vernetzung bei gleichzeitiger Beschleunigung des Wandels.

Genau das ist es, was Dörner eine *komplexe Handlungs-Situation* nennt. Und die ist gekennzeichnet als **vernetzt, intransparent, dynamisch/eigendynamisch.**

Wenn in einer solchen Lage die Anzahl der variablen Merkmale so sprunghaft wächst, wie das derzeit der Fall ist, dann müssen die auf »strategische Beherrschung« ausgerichteten Methoden versagen.

Deshalb beginnt das derzeit gängige Modell vom Markt zu versagen. Deshalb wird auch das Modell des Marketings in Zukunft versagen.

Wie bewältigt man nun eine so eigendynamische Komplexität? Mit Sicherheit nicht linear-strategisch, weil man dadurch gezwungen würde, eine *künstliche Beruhigung* und Simplifizierung zu konstruieren.

Genau das aber vollzieht sich in den Köpfen derjenigen, die ich gefragt habe: Das Umfeld wird als relativ passiv statt eigendynamisch erlebt. Die »braven« Zielgruppen werden als relativ stabil interpretiert. Und die konsumtiven Prozesse werden als vorhersehbar erlebt statt als dynamisch offen.

## Die neue Liebe zum Ungleichgewicht

Aber die Eigendynamik des Marktes verlangt ein völlig andersartiges Verhalten: *das Lernen durch Ungleichgewicht.*

Wie Dörners Analysen gezeigt haben, sind gute Planer zuerst einmal dadurch gekennzeichnet, daß sie *mehr Entscheidungen* produzieren als schlechte Planer. In komplexen eigendynamischen Situationen, wie sie heute üblich sind, kann man also nicht mehr einem strategischen Plan folgen, sondern man muß umschalten auf das, was wir an anderer Stelle einmal *methodische Improvisation* genannt haben.

Das bedeutet die *Vervielfachung der Entscheidungen.* Die Entscheidungen folgen dadurch dem Fließprozeß. Die Entscheidungen werden Elemente im dynamischen Prozeß des Lernens und des Entlernens.

Des weiteren sind gute Planer und Entscheider dadurch gekennzeichnet, daß sie durch die fließenden Prozesse die *Hintergrund-Struktur lernen,* die ja ebenfalls permanent im Wandel, das heißt im Fließen, ist. Man kann komplexe eigendynamische Systeme ganz offensichtlich dann am besten begreifen, wenn man sich in sie integriert, sie also nicht von außen begreifen möchte. Anders ausgedrückt: Man kann das Schwimmen nur dann lernen, wenn man in den Fluß hineinspringt.

Dazu gehört aber die Bereitschaft, den Zustand des Ungleichgewichts (Fließen) in allen Dimensionen akzeptieren und lieben zu können, also kognitiv, mental und emotional.

Meine Privat-Umfrage zu diesem Thema hat jedoch ergeben, daß die allermeisten Marketing-Experten ein völlig anderes Glaubensmuster verinnerlicht haben: *Wer mitfließt, ist im Prinzip ein schlechter Planer.* Oder anders ausgedrückt: Je brillanter die strategische Kompetenz ist, um so mehr hat man ein *System im Griff*. Wer dauernd im Ungleichgewicht ist, muß als Planer irgendwie versagt haben.

Das neue Paradigma der Wissenschaft sieht das völlig anders. Dort sagt man, daß der Zustand des Ungleichgewichts der *wichtigste Zustand* ist, weil man dort besonders gut lernen und entlernen kann. Prigogine hat das für die Materie einmal wie folgt ausgedrückt: »Materie im Zustand des Ungleichgewichts wird sensitiver für die Umweltbedingungen als Materie im Gleichgewicht. Ich drücke das gern so aus, daß Materie im Gleichgewicht blind ist; fern vom Gleichgewicht fängt sie an zu sehen.«

Unsere Vorliebe für Stabilität zeigt sich im Marketing und in der Werbung überall. Wir möchten die Zielgruppen möglichst fest und verbindlich haben, ja, wir möchten sogar, daß die Medien, obwohl ihre Themen permanent fluktuieren, relativ feste Wirkungs-Qualitäten aufweisen. Diese *Sehnsucht nach Stabilität* ist nicht etwa biologisch, angeboren, sondern ist in erster Linie das Ergebnis unserer *internen Mythen*, die wiederum gespeist werden von dem, was man Paradigma oder *Weltbild* nennt. Also ist das Weltbild eine wichtige Größe.

Unser Weltbild ist gekennzeichnet durch die Vorstellungen der *klassischen Physik*, also jener Physik, die seit Albert Einstein, Niels Bohr, Werner Heisenberg und anderen mehr und mehr aufgelöst wird. Was diese Pionier-Physiker inzwischen überwunden haben, das sitzt aber immer noch in unserem mentalen Kostüm fest. Deshalb entdeckt man selbst bei brillanten Marketing-Wissenschaftlern unendlich viele *Fetisch-Funktionen* in bezug auf Festigkeit und Stabilität.

Prigogine, einer der Neu-Denker, gibt zum Beispiel den *Fluktuationen* genau die gleiche Wertigkeit wie den anderen Faktoren in unserer Raum-Zeit-Wirklichkeit, nämlich Funktion und Struktur. Er definiert Stabilität als eine seltene Ausnahme, die gerade nicht angestrebt werden sollte. In seinem neuen Weltbild werden Strukturen und Funktionen geradezu abhängig von Fluktuationen. Deshalb ist für ihn *Instabilität ein höchst konstruktiver Wert* und damit ein Prozeß-Zustand, den er als normalen Dauer-Zustand sieht. Er schreibt, daß das alte Weltbild à la Newton, Bacon und Descartes von der felsenfesten Überzeugung ausgeht, »daß die Zukunft durch die Gegenwart determiniert sei und man daher durch ein sorgfältiges Studium der Gegenwart die Zukunft enthüllen könne«.

*Die Zukunft enthüllen können.* Das ist genau die Grundüberzeugung des rationalen und linearen Denkens, das sich deshalb der Teilnahme, dem

Mitfließen und der Instabilität verweigert. Wie Prigogine betont, ist der Versuch, Systeme von außen vorhersagen zu wollen, immer der Versuch, sein Weltbild auf Stabilität zu reformulieren, um dadurch eine *zielbare Wirklichkeit* zu erhalten.

Genau das ist das mentale Konzept, das dem heutigen Marketing und der derzeitigen Werbung zugrunde liegt: Erzeuge eine zielbare Wirklichkeit durch die Analyse der Gegenwarts-Faktoren. Genau das ist aber laut Prigogine »der grundlegende Mythos der klassischen Wissenschaft«. Das heißgeliebte Marketing ist aus dieser Sicht das Kind eines inzwischen überholten Mythos.

Auch die aktuelle Neuro-Wissenschaft kann in vielfältigen Studien belegen, *wie wichtig die Rolle der Instabilität ist.* Maturana hat zum Beispiel den Wert des Fließens und der Instabilität gerade für soziale Systeme immer wieder hervorgehoben. Und Wirtschaft ist ein soziales System. Jedes Unternehmen ist ein soziales System. Jeder Marketing-Planer ist ein Untersystem seines sozialen Systems.

Wenn aber ein Unternehmen ein *soziales System* ist, dann hängt seine Stabilität nicht mehr davon ab, daß es möglichst viel Festigkeit, Gewißheit und Vorhersage-Treffsicherheit organisiert, sondern daß es »seinem konservativen Charakter nicht erliegt«, wie Maturana schreibt.

Hier wird ein völlig anderer Begriff von Stabilität sichtbar: Stabilität und Identität von sozialen Systemen, also ihre *Überlebens-Qualität*, sind davon abhängig, ob die sozialen Systeme fähig werden, *ihre eigene Erstarrung zu verhindern*, indem sie sich so verhalten, daß sie in einer permanenten Instabilität bleiben.

Aber soziale Systeme haben einen prinzipiell *konservativen Charakter*. Trotzdem müssen sie für ihr Überleben alles tun, um gerade ihren konservativen Charakter zu überwinden. Deshalb können sie auch nur *außerhalb ihrer Welt*, also durch externe Störungen, Reibungen, Deformationen und Verletzungen, lernen.

**Interfusion ist aus dieser Sicht die methodisch herbeigeführte Instabilität, um dadurch Anpassung zu lernen.**

Maturana schreibt, daß soziale Systeme prinzipiell zwei Wege der Stabilität bevorzugen: Der eine Weg ist der *Weg über die Erschütterung*, erzeugt durch gewollte Instabilität. Indem man lernt und seine »Reflexions-Mechanismen erweitert«, paßt man sich schneller und besser an und kommt so zu einer *dynamischen Stabilität*, in der System-Theorie

*Ultra-Stabilität* genannt: ein dynamisches Gleichgewicht, das zu seiner Erhaltung paradoxerweise dauernder innerer Instabilitäten bedarf. Das ist das Ideal der Interfusion: *Stabilität durch Wandel.*

Der zweite Weg geht genau andersherum. Das System erzeugt seine Stabilität durch »Stabilisierung der Verhaltens-Normen, zum Beispiel durch die *Beschränkung der Reflexions-Möglichkeiten,* indem Erfahrungen außerhalb des Sozial-Systems begrenzt werden« (Maturana). Das ist das Ideal des Marketings: *Stabilität durch Beherrschung.*

Im Prinzip findet in dem, was wir Markt nennen, kaum so etwas wie Stabilität statt. Alles fließt und beeinflußt sich permanent wechselseitig. Daß wir trotzdem überall nur Stabilitäten sehen, hängt von unserer *Organisation unseres Sehens* ab. Man sieht nur das, woran man glaubt. Unser Weltbild, eindeutig auf Stabilität ausgerichtet, sieht mehr Stabilitäten im Markt, als vorhanden sind.

Und so ist es auch kein Zufall, daß in der Marketing-Literatur und in der Konsumforschung jetzt plötzlich immer mehr Paradoxa, hybride Verbraucher und Fließprozesse beobachtet werden. Natürlich interpretiert die Konsumforschung dies so, daß sich die Konsumenten erst jetzt entscheidend verändert hätten. Man kann es aber auch anders interpretieren: Das Wahrnehmungs-Muster der Konsumforschung hat sich verändert. Es läßt Fluktuation und Chaos plötzlich zu. Also entdeckt man prompt das, was Christian Belz in seinem Beitrag über »Erfahrene Kunden« (*GDI-IMPULS* 2/89) die *Interessen-Fluktuation* der Konsumenten nennt.

Dadurch paßt sich das Marketing wesentlich besser der fluktuativen Dynamik der Konsumenten an. Das Markt-Management selbst wird dadurch instabil und kann dadurch wiederum die Instabilität des Marktes besser erkennen und bedienen. Ein stabiles System kann Instabilität kaum wahrnehmen.

Betrachten wir ein Beispiel für diesen Wahrnehmungs-Wandel: Die amerikanische Marktforschungsfirma NPD Group analysiert seit Jahren das Konsumverhalten in den USA durch Reihenuntersuchungen, hauptsächlich in bezug auf Nahrungsmittel und Getränke. 1983 gab es hauptsächlich – so das Ergebnis – stabile und relativ kalkulierbare Konsumgewohnheiten.

1988 war plötzlich überall nur Fluktuation und Paradoxie im Markt, ja man entdeckte plötzlich die *Gruppe der Moderaten.* Sie sollen bereits mehr als 25 Prozent der US-Bevölkerung ausmachen. Tendenz: weiterhin schnell wachsend. Die Moderaten sind typisch für die neue Bereitschaft der Konsumenten und der Marktforscher für Instabilität und Fluktuation. Die Moderaten werden mit *Sprunghaftigkeit und Inkonsequenz* charakterisiert. Man entscheidet sich mal so, mal anders. Die Marktforscher sind sehr irritiert gewesen über diese permanente Unlogik im Rahmen der Konsummuster, und völlig verwirrend war es, daß man die Moderaten in allen Haushalts-Typen, Alters- und Einkommensgruppen fand.

Die Marktforscher haben nicht erkannt, daß die Moderaten vielleicht schon seit eh und je ihr Spiel trieben und daß sie nur deshalb »plötzlich da waren«, weil die Marktforscher plötzlich die Bereitschaft zum Sehen von Fluktuationen aufgebaut hatten. Sie hatten ein anderes Weltbild, das sie befähigte, eine andere Welt zu sehen. Dennoch hat es die Marktforscher der NPD Group unbewußt verärgert, daß die Moderaten in ihrem Verhalten und in ihren Motiv-Strukturen so gut wie gar nicht »vorhersagbar« waren. Man fand deshalb schnell eine gute Begründung dafür: Dieses unlogische Konsumverhalten sei das Ergebnis eines *Information Burnout.*

Nun ja, so wird es sicherlich nicht gewesen sein. Hier haben die Marktforscher vermutlich einen dicken blinden Fleck in bezug auf sich selbst. Aber immerhin: Man kann an diesem Beispiel lernen, daß Menschen nur das wahrnehmen können, was sie in ihrem inneren Wirklichkeits-Raum zulassen, und daß die Verbesserung unserer Wahrnehmung von Markt und Konsum nicht durch mehr Forschung möglich wird, sondern durch *Provokationen, die uns ins Ungleichgewicht schubsen.*

Denn wie sagte Prigogine so schön: Erst fern vom Gleichgewicht kann man sehen.

Das ist natürlich eine radikal andere Sicht als die, die heute für das Marketing üblich ist. Denn die Maxime, die sich hieraus ableiten läßt, lautet: *Suche bewußt das Ungleichgewicht,* weil du dort am besten lernen kannst. Akzeptiere und genieße als Planer und Entscheider die Instabilität, weil du dort besonders gut sehen kannst. Wie kommt man nun zu dieser Liebe zur Instabilität? Das ist im Prinzip das einfachste:

① Geben Sie die Metapher der strategischen Beherrschung auf.

② Orientieren Sie Ihr Handeln auf die Ordner, das heißt auf das Geistige im Markt.

③ Verschmelzen Sie sich so intensiv wie möglich mit den Fragmenten, Szenen und Prozessen des Marktes.

In eigendynamischen und verlaufsoffenen Systemen, wie es unsere Märkte nun einmal sind, wird auch die Kohärenz völlig anders definiert.

Wie Heinrich Meier (»Die Herausforderung der Evolutionsbiologie«) schreibt, ist die Gleichförmigkeit des Verhaltens (Kohärenz) bei instabilen Systemen dort am größten, wo die Instabilität am größten ist – weit entfernt vom Gleichgewicht. Und weiter noch: Dort, wo die »irreversiblen Prozesse« stattfinden, dort ist die wichtigste Quelle für Kohärenz.

Auf unser Marktgeschehen übertragen, bedeutet das: Die optimale Manipulation in zirkulär vernetzten und zugleich instabilen Systemen ist dort, wo die geringste Manipulation versucht wird, wo nämlich beide Beteiligten in eine *innovative Kooperation* eintreten.

Fazit: **Dort, wo Co-Evolution stattfindet, wo kooperativ Neues entwickelt wird, findet ein Maximum an Beeinflussung statt.**

Wir gehen davon aus, daß Lernen und Entlernen in einem offenen Prozeßverlauf stattfinden, wobei alle Beteiligten aufgrund ihrer zirkulären Vernetzung miteinander und voneinander lernen.

Das ergibt folgende Konsequenzen für die Praxis:

| Die Regeln der Interfusion |
|---|
| ① Bleib immer in dem Fluß der Ereignisse. |
| ② Gestalte den Fluß durch deine Teilnahme. |
| ③ Kooperiere früh mit dem Neuen, damit es auch dein Neues wird (Co-Evolution). |
| ④ Entlerne dich freiwillig und gern. |

## Die wissenschaftliche Basis der Interfusion

Wenn es stimmt, daß Marketing im veränderten Umfeld nicht mehr voll funktioniert, dann brauchen wir ein anderes oder erweitertes Instrumentarium.

Das Markt-Management tendiert zwar zur konservativen Verfestigung, aber wenn es wieder effizienter werden will, dann muß es sich in seine eigene Evolution hineinzwingen. Auch das Markt-Management ist ein evolvierender Prozeß. Das, was gestern richtig und gut war, ist heute nur noch begrenzt gut. Und so haben sich beim Markt-Management im Rahmen der fluktuierenden Weltwirtschaft viele Effizienz-Lücken aufgetan.

Fazit: **Interfusion ersetzt die neuen Effizienz-Lücken des alten Marketings.**

Das ist natürlich ein grundsätzlicher Anspruch, den man nicht so ohne weiteres akzeptieren sollte. Es ist deshalb für das Top-Management und für Marketing-Experten wichtig, zu prüfen, auf welcher wissenschaftlichen Basis diese Interfusion steht. Deshalb wird diese Passage – das sei als Vorwarnung gesagt – ein wenig wissenschaftlicher sein als alle anderen Letter. Ich bitte aber vorausschauend um etwas Geduld. Ich selbst habe gerade mit den Ansätzen von Maturana anfangs sehr viele Probleme gehabt. Oft habe ich sein Vokabular als aufgeblasen und überabstrakt erlebt. Aber heute, nachdem ich mich durchgewühlt habe, weiß ich, daß hinter diesen fremden Begriffen tatsächlich ein *grundsätzlich anderes Weltbild* steht. Es lohnt sich also wirklich, das folgende durchzuarbeiten (mein Mitgefühl ist bei Ihnen).

## Autopoiesis ist die Grundlage der Interfusion

Die Wirtschaft ist ein autopoietisches System. Der Markt ist ein autopoietisches System. Jedes Unternehmen ist ein autopoietisches System. Und jedes Team innerhalb eines Unternehmens ist ein autopoietisches System. Überall findet Selbstreferentialität statt: Das Neue entsteht nur aus sich selbst heraus.

Genau das ist das aktuelle Problem der Eigendynamik, das uns hier beschäftigt.

Deshalb lohnt ein ausführlicher Einstieg in die neue theoretische Basis der Selbstorganisation und der Selbstreferentialität. Der folgende Text ist eine Einführung in dieses neue Paradigma von Siegfried J. Schmidt (»Der Diskurs des radikalen Konstruktivismus«).

In dem Text wird des öfteren das Wort »Nervensystem« vorkommen. Das hat damit zu tun, daß die Urzelle dieser Theorie von der Physiologie her kommt und deshalb vom menschlichen Nervensystem aus entwickelt wurde.

Es war Humberto R. Maturana, der am 1.11.1970 im Forschungsreport Nr. 9.0 der University of Illinois zum erstenmal dieses neue Paradigma formulierte, das inzwischen weltweit große Anerkennung gefunden hat und das viele hervorragende Wissenschaftler als einen »genialen Welt- und Seinsentwurf« (Roth) feiern.

Seit der ersten Dokumentation ist der Gedanke der Poiesis immer breiter und tiefer in unterschiedliche Disziplinen eingedrungen, unter anderem auch in die Organisationslehre und damit ins Management.

Ich halte es für wichtig, diese grundlegend neue Sicht der Wirklichkeit nunmehr auch in die Ebene des Marketings und der Werbung einzuführen. Es kann schließlich nicht der Sinn des Marketings sein, eine neue Wirklichkeits-Konstruktion, die sich derzeit epochal durchsetzt, völlig zu negieren.

Aber zurück zum Nervensystem. Am besten ersetzt man dieses Wort durch »Forschung, Beobachtung und Monitoring«. Das Nervensystem eines Unternehmens ist sein diagnostischer Apparat. Wenn man dieses im Hinterkopf hat, dann wird man schnell verstehen, wie außerordentlich relevant der folgende Text von Siegfried J. Schmidt über die Autopoiesis auch für das kommende, neue Instrumentarium des Absatzes sein wird. Hier nun der Text von Schmidt:

»In empirischen Untersuchungen zur Farbwahrnehmung und zur Größenkonstanz in den späten 50er Jahren hatten J. Y. Lettvin, H. R. Maturana, W. S. McCulloch und W. H. Pitts in McCullochs Labor festgestellt, daß zwischen Außenweltereignissen und neuronalen Zuständen keine stabilen Korrelationen hergestellt werden können; daß andererseits aber stabile Korrelationen zwischen solchen Zuständen nachgewiesen werden können, die innerhalb der Nervensysteme liegen. *Das Nervensystem operiert offenbar als funktional geschlossenes System.*

Andererseits ist evident, daß lebende Systeme materiell-energetisch offen sind, daß sie mit der Umwelt sowie mit anderen lebenden Systemen interagieren. Während die autopoietische Organisation im Sinne eines kausal in sich geschlossenen Zyklus der Interaktion zwischen den einzelnen Komponenten des lebenden Systems invariant gehalten werden muß, damit das System überleben kann, *ist die Struktur lebender Systeme plastisch und kann sich laufend verändern* (Wolfram K. Köck, 1983).

Autopoietische Systeme erzeugen durch ihr Operieren fortwährend ihre eigene zirkuläre Organisation, die als grundlegende Größe konstant gehalten wird. Diese Organisation kann beschrieben werden als Netzwerk zur Produktion ihrer eigenen Bestandteile. Aufgrund dieser zirkulären Organisation sind lebende Systeme selbstreferentielle und bezüglich ihrer Organisation homöostatische Systeme, die ihrer Umwelt gegenüber autonom sind . . .

›Ein lebendes System ist aufgrund seiner zirkulären Organisation ein induktives System und funktioniert in prognostizierender Weise, *was einmal geschehen ist, ereignet sich wieder.* Seine Organisation (die genetische wie die sonstige) ist konservativ und wiederholt nur das, was funktioniert. Aus diesem gleichen Grunde sind lebende Systeme historische Systeme. Die Relevanz eines bestimmten Verhaltens oder einer Verhaltensklasse wird immer in der Vergangenheit determiniert‹ (Maturana, 1982).

Organisationelle Geschlossenheit lebender Systeme bedingt ihre Autonomie gegenüber ihrer Umwelt.

Durch Invarianthalten ihrer Organisation bewahren lebende Systeme eine spezifische Identität, die von Beobachtern des Systems als Individualität interpretiert wird. Durch die Organisation des lebenden Systems wird implizit die Umwelt (Nische) bestimmt, mit der das System interagieren kann. Die so vorausgesagte Nische, definierbar als Bereich von Klassen von Interaktionen, stellt die vollständige kognitive Realität des Systems dar.

Lebende Systeme sind kognitive Systeme, Leben als Prozeß ist ein Prozeß der Kognition. Mit Nervensystemen ausgestattete *lebende Systeme erzeugen durch Selbstbeobachtung Selbstbewußtsein.* Das Nervensystem erweitert den Kognitionsbereich lebender Systeme, indem es dem System Interaktionen erlaubt, durch die seine internen Zustände in relevanter Weise durch sogenannte reine Relationen, also nicht durch physikalische Ereignisse, modifiziert werden. Dadurch können Organismen mit eigenen internen Zuständen so interagieren, als ob diese von ihnen unabhängige Gegenstände wären: ›Sie schaffen damit das scheinbare Paradoxon, ihren kognitiven Bereich innerhalb ihres kognitiven Bereichs zu enthalten‹ (Maturana 1982).

Sobald ein Nervensystem imstande ist, ›. . . seine intern erzeugten Aktivitätszustände als verschieden von seinen extern erzeugten zu behandeln, . . . also die Ursprünge von Interaktionen zu unterscheiden, *ist es zu abstraktem Denken fähig*‹ (Maturana, 1982).

Lebende Systeme werden deformiert durch die Umwelt und durch sich selbst; *durch externe Ereignisse sind sie aber nur modellierbar und nicht steuerbar.* Aufgrund der Geschlossenheit der funktionalen Organisation des Nervensystems muß jede Zustandsänderung des Systems eine weitere Zustandsänderung hervorrufen, da das Nervensystem anatomisch und funktional so organisiert ist, daß es bestimmte Relationen zwischen den Rezeptor- und Effektoroberflächen konstant hält.

Daraus folgt Maturana: ›Verhalten ist daher ein funktionales Kontinuum, das dem Leben des Organismus durch alle seine Transformationen in seinem selbstreferentiellen Interaktionsbereich hindurch Einheit verleiht‹ (Maturana 1982). Und er stellt die These auf: ›Die anatomische und funktionale Organisation des Nervensystems *sichert die Synthese von Verhalten, nicht eine Repräsentation der Welt*‹ (Maturana, 1982).

Damit gleichen Verhalten und Erkennen ›. . . einem Instrumentenflug, bei dem die Effektoren (Motoren, Klappen usw.) ihren Zustand verändern, um die Werte der Meßinstrumente konstant zu halten oder zu verändern, entsprechend einer genau angegebenen Variationssequenz, die entweder festgelegt ist (durch Evolution spezifiziert) oder während des Fluges aufgrund des Flugzustandes verändert werden kann (Lernen)‹ (Maturana, 1982).

Indem ein System rekursiv Repräsentationen seiner Interaktionen erzeugt, wird es zu einem Beobachter: ›Der Beobachter ist ein lebendes System, und jede Erklärung der Kognition als eines biologischen Phänomens muß eine Erklärung des Beobachters und seiner dabei gespielten Rolle beinhalten‹ (Maturana, 1982).

Strukturdeterminierte Systeme sind durch strukturelle Koppelung sowohl mit dem Medium als auch mit interagierenden, lebenden Systemen verbunden. *Strukturelle Kopplung* definiert Maturana wie folgt: ›Zwei plastische Systeme werden aufgrund ihrer sequentiellen Interaktionen dann strukturell gekoppelt, wenn ihre jeweiligen Strukturen sequentielle Veränderungen erfahren, ohne daß die Identität des Systems zerstört wird.‹

Durch strukturelle Kopplung eines Organismus an sein Medium kommt es zu ontogenetischer Anpassung; aus einer strukturellen Kopplung zweier Organismen *resultiert ein konsensueller Bereich*, in dem strukturell bestimmte Zustandsveränderungen der gekoppelten Organismen sequentiell aufeinander abgestimmt werden.

Fassen wir noch einmal Maturanas wichtigste Bestimmungen autopoietischer Systeme zusammen:

- Autopoiese bezeichnet die Art der Organisation materialer und prozessualer Komponenten, die in lebenden Organismen angetroffen werden. Das hervorstechende Merkmal der Verknüpfung dieser Komponenten *ist ihre Zirkularität.*

- Autopoietische Systeme weisen eine Struktur auf, in der sich ihre autopoietische Organisation ausdrückt.

- Autopoietische Systeme sind organisationell geschlossen und in dieser Hinsicht *autonom.* Alle Informationen, die das System für die Aufrechterhaltung seiner zirkulären Organisation braucht, liegen in dieser Organisation selbst. Das System ist operational geschlossen, seine Operationen hängen von dem jeweiligen Zustand vor jeder Operation ab; in diesem Sinne sind autopoietische Systeme struktur- bzw. zustandsdeterminiert.

- Autopoietische Systeme sind *selbstreferentiell*, das heißt, sie beziehen sich im Prozeß der Aufrechterhaltung ihrer Organisation ausschließlich auf sich selbst. Die funktionale Organisation selbstherstellender Systeme wird erklärt als zyklische, selbstreferentielle Verknüpfung selbstorganisationeller Prozesse (Gerhard Roth, 1986).

- Autopoietische Systeme sind mit dem Medium, in dem sie existieren, sowie *mit anderen Organismen strukturell gekoppelt.*

- Autopoietische Systeme operieren *induktiv und konservativ.*

- Nervensysteme, die sich im Verlauf der Evolution autopoietischer Systeme entwickelt haben, sind (zum Beispiel auch beim Menschen) funktional geschlossen. Die einzige Aufgabe des Nervensystems liegt in der Synthese von Verhalten, und zwar ›. . . solchen Verhaltens beziehungsweise solcher Interaktionen des Organismus mit seinem Medium, dessen beziehungsweise deren Resultat ebendieser funktionierende Organismus ist‹ (Gebhard Rusch, 1985). Daraus folgt, daß ein Organismus seine Welt aufgrund seiner physiologischen und funktionalen Beschaffenheit erzeugt. Die *ihm zugängliche Welt ist mithin seine kognitive Welt, nicht eine Welt ›so wie sie ist‹* . – ›Wir erzeugen daher buchstäblich die Welt, in der wir leben, indem wir sie leben‹ (Maturana 1982).«

Soweit der Text von Schmidt. Nun, wenn man das mental richtig verarbeitet hat – was zu Beginn oft sehr schwer ist wegen der vielen fremden Vokabeln –, dann bemerkt man schnell, wie fruchtbar der autopoietische Ansatz für das Markt-Management von morgen sein wird. Warum?

① Das bisherige alte Paradigma, das auch das kartesianische Denken genannt wird, geht im Prinzip davon aus, daß es eine objektive Welt gibt, die wir als Objektivität auch erkennen können. Außerdem geht dieses überholte Paradigma von einer relativ statischen und in der Stabilität verharrenden Wirklichkeit aus, während der Ansatz der Autopoiese immer wieder betont, *daß das eigentlich Konstante nur Fluktuationen, Instabilität und irreversibles Werden ist.*

② Faßt man alle Aspekte zusammen, dann erkennt man deutlich, daß das bisherige Modell des Marketings eine Erfindung des Geistes ist aus einer Zeit, in der tatsächlich relative Stabilität herrschte und ein nur langsames Werden stattfand. Mit anderen Worten: Unser Marketing-Instrumentarium (Stimulus-Response, Positionierung, Strategie, Segmentierung etc.) wurde zu einer Zeit entwickelt, in der der Mensch mit seinem Nervensystem eine relative Langsamkeit und Stabilität »konstruiert« hatte. Die Planungsinstrumente sind immer Kinder der geistigen Konstruktion. Die Instrumente des Marketings sind *Instrumente relativer Stabilität.*

③ Das neue Paradigma geht ganz konkret von Zirkularität und Konstruktion aus, das heißt, es findet ein selbstreferentieller Prozeß statt: Man kann die wachsenden Veränderungen um sich herum nur dann wahrnehmen und begleiten, wenn man sich selbst verändert. Und man kann nur durch eigenes Verhalten das sehen, was man sonst nicht sehen kann. Die Konsequenz: Man wird Abschied nehmen müssen von allen *Modellen der Zielbarkeit* (Strategie), der *Beherrschbarkeit* (das so heißgeliebte Modell des Marketing-Mix gehört dahin) und der *Manipulierbarkeit* (siehe die Werbe-Theorie der Kreativität).

④ Der autopoietische Ansatz verlangt vom Planer nicht mehr die rationale Strategie, sondern das, was Maturana die »strukturelle Kopplung« nennt. Das bedeutet: Man kann nur dann ein Fließen gestalten, *wenn man sich selbst zum Fließen gebracht hat.* Das kommende Markt-Management braucht also auch eine andere Innen-Organisation, die auf Fließen und Transformation ausgerichtet ist statt auf Hierarchie und Disziplin.

Wenn man den Text von Schmidt noch einmal Revue passieren läßt, dann wird man unschwer feststellen, daß es drei Parameter gibt, die für die Absatzstrategie in den neunziger Jahren wichtig werden.

Nur mit diesen drei Parametern wird man die wachsende Komplexität, die wachsende Instabilität und die wachsende Verlaufsoffenheit der Märkte in den Griff bekommen können. Diese drei neuen Herausforderungen zeigen bereits deutlich, wie dringend nötig ein neues Instrumentarium ist, denn man kann mit dem kartesianischen Instrumentarium (Objektivität, Rationalität und strategische Optimierung) die neue Tendenz der Märkte, die von Prigogine als *dissipativ* (also versprühend und zerfließend) bezeichnet worden ist, nicht mehr managen.

Gehen wir also von dieser Markt-Wirklichkeit aus und betrachten mit diesem Bewußtsein den Text von Schmidt, dann erkennen wir folgende drei Parameter:

① *Parameter*
Identität (das Selbst-Konzept eines Unternehmens)

② *Parameter*
Handlungs-Entwürfe

③ *Parameter*
Veränderung

In der Theorie der Autopoiese, die die Basis für die Interfusion abgibt, stehen Identität und Veränderung in einem völlig neuen Zusammenhang, der gekennzeichnet ist durch das neue Globalziel der Interfusion, nämlich *die Organisation des Mitfließens.*

Als Formel: **Identität und Veränderung müssen so miteinander strukturell gekoppelt werden, daß das Fließen des Umfeldes zu einer fließenden Identität führt.**

Kurz: **Man kann nur dadurch der gleiche bleiben, daß man sich so verändert, wie sich das Umfeld verändert.**

Wenn man diesen Schlüsselsatz zwei-, dreimal liest, dann merkt man, wie falsch, weil zu starr, unsere Marketing-Organisation ist mit all ihren Kampagnen-Rhythmen, Portfolio-Techniken und hierarchischen Entscheidungs-Ritualen.

Wenn man diesen Satz liest und begreift, dann bemerkt man, wie sehr wir eine andere Marktforschung, beispielsweise Monitoring, brauchen und wie wichtig es ist, Marketing so zu organisieren, daß autonome Teams, die möglichst optimal mit den Werte-Szenen und Fragmenten der Gesellschaft »strukturell gekoppelt« sind, die Entscheidungen treffen anstelle von Hierarchen, die zwar die Macht haben, aber diese strukturelle, mentale und emotionale Kopplung nicht präsentieren.

192

## Die drei zentralen Schwächen des Marketings

Es handelt sich also um drei eklatante Schwächen, die beim jetzigen Marketing sichtbar werden:

① *Es stimmt das Informations-Konzept nicht*

Die wechselseitige, *zirkuläre Erfindung von Bewußtsein* wird nicht berücksichtigt. Das klassische Marketing tut so, als gäbe es eine echte Außen-Wirklichkeit, die nichts mit der eigenen Innen-Wirklichkeit zu tun hat.

② *Es stimmt das Entscheidungs-Konzept nicht*

Das klassische Marketing tut so, als könnten diejenigen Chefs über Inhalte, Stile und Zeiten der Marketing-Maßnahmen entscheiden, die *nicht mit dem zirkulären Partner strukturell gekoppelt sind*, also mit dem Umfeld mit seinen Fragmenten und Szenen.

③ *Es stimmt das Verhaltens-Konzept nicht*

Es wird nicht berücksichtigt, daß im Prinzip ein permanenter zirkulärer Formungs-Prozeß zwischen Anbieter einerseits und Nachfrager andererseits stattfindet, also *Co-Evolution*. Das klassische Marketing negiert deshalb die Meta-Ebene dieser wechselseitigen Beeinflussung, nämlich *das Geistige des Marktes*, von dem beide Partner abhängig sind, das beiden Partnern gehört und das eine völlig offene und irreversible Fließ-Dynamik hat, der man mit Penetration, Ratio-Kalkül und Strategie nicht beikommen kann.

Kommen wir wieder zurück zu unseren drei Parametern, die für ein fließendes Beeinflussen von Märkten und Umfeldern wichtig sind, nämlich Identität, Veränderung und Handlungs-Entwurf. Auf der Basis des neuen Paradigmas (Autopoiese) läßt sich hierzu folgendes sagen:

① Das Markt-Management, das jetzt auf strategische Ziel-Optimierung ausgerichtet ist, müßte umgeschaltet werden auf die *Optimierung des Fließens*. Deshalb ist es wichtig, daß die Verhaltens-Konzepte und Maßnahmen vom Primat des Marktes abgekoppelt werden, um so dort wieder strukturell anzukoppeln, wo das dauernde Fließen stattfindet, nämlich im *Geistigen des Marktes*. Deshalb Interfusion mit seinem Konzept der Teilnahme und der Verschmelzung.

② Konzepte des Fließens verlangen eine andere Identität. Die Identität eines Unternehmens wird in Zukunft *durch Veränderung* (Lernen und Entlernen) geformt und nicht durch Verfestigung (Addition gleicher Maßnahmen). Es findet also eine permanente Verabschiedung von sich selbst statt im Tunnel der eigenen Selbstreferenz.

An dieser Stelle wird klar, wie banal und zum Teil schädlich die so überaus *populären CI-Modelle* sind. Das CI basiert auf dem Ziel der Verfestigung: Identität durch Verstärkung, indem möglichst wenige Elemente zu immer größerer Prägnanz geformt werden. Das ist eine inzwischen überholte Auffassung von Identität. Die neue, autopoietische Auffassung von Identität ist die, daß man nur dann mit sich identisch ist, wenn man in seinem Innenraum in etwa das optimal nachgebildet hat, was das Umfeld durch seine Provokationen nahelegt, also *Identität durch Mit-Wandel.*

An dieser Stelle wird auch klar, wie begrenzt und kontraproduktiv die heute überwiegend eingeführten Konzepte der *Unternehmenskultur* sind. Sie sind zumeist auf Harmonie und Reibungslosigkeit ausgerichtet statt auf Reibung, gewollte Störung und Entlernen. Das meiste, was heute unter Unternehmenskultur grassiert, ist nichts anderes als die Fortsetzung der alten Kader-Disziplin mit weicheren Methoden. Der evolutionäre Ansatz, der an sich typisch für die »Soft-Factors« ist, wird eliminiert.

③ Die Handlungs-Entwürfe werden bei der Interfusion nicht mehr durch Vernunft, Kalkül und Ratio-Entscheidungen geprägt im Sinne eines distanzierten Entscheidungs-Prozesses (»der Kopf entscheidet unabhängig von der gelebten Wirklichkeit«), *sondern durch eigenes Verhalten.*

Wie Maturana immer wieder betont, kann nur derjenige optimale Handlungs-Entwürfe herstellen, der sich optimal verhält. Damit rutscht die Planung und Entscheidung aus dem rein kognitiv-intellektuellen Feld heraus. Man lernt durch die Organisation seines eigenen Verhaltens. Und man entscheidet auf der Basis von Verhalten.

Es wird an dieser Stelle klar, daß Interfusion nicht den Egghead-Strategen benötigt (der zum Beispiel mit schwierigen Vernetzungs-Modellen à la Frederic Vester den komplexeren Markt dennoch zu durchschauen versucht).

Auch der häufig in Zeitschriften zu lesende Hinweis, komplexe Probleme könne man *nur mit Intuition* meistern, greift zu kurz, weil Intuition zumeist nur ein Sammelbecken von alten Erfahrungen und gespeicherten Emotionen ist (es gibt kein Wesen, das in unserem Bauch unabhängig von uns klüger denkt als wir).

Die Theorie der Autopoiesis sagt, daß komplexe und dissipative Felder nur von denjenigen gemanagt werden können, die innerhalb dieser Felder *durch teilnehmendes Verhalten integriert sind.* Der am besten Integrierte kann am besten entscheiden.

Das würde für das kommende Markt-Management bedeuten, daß nur derjenige wirklich gut entscheiden kann, der sowohl optimal im Unternehmen integriert ist (was meistens eine Selbstverständlichkeit ist) als auch im fließenden Umfeld.

④ Der Handlungs-Entwurf ist des weiteren abhängig von der Art und Weise, wie der Planer und Entscheider über sein eigenes Verhalten nachdenkt. Das Verhalten wird also dadurch optimal, daß eine sich wandelnde Identität (= Unternehmen/Planer) ihr äußeres Verhalten im Umfeld reflektiert.

Maturana sagt dazu, daß *dieser Denkprozeß nicht durch Sprache ersetzt werden kann*, ja, »er ist geradezu unabhängig von Sprache«. Die in der Wirtschaft übliche Art, Werbekampagnen zu präsentieren, also den kreativ Machenden extrem vom Machtinhaber zu trennen, findet hier in Zukunft schnell seine Grenzen. Man kann per Präsentation, Charts und Zahlen-Diagrammen den *Denkprozeß über das eigene Verhalten* (also die Rationalisierung seiner Verhaltens-Erlebnisse) nicht ersetzen.

Es wird an dieser Stelle auch klar, wie unheimlich naiv und abstrakt zugleich die »objektiven« Zielgruppen-Beschreibungen und Typologien sind, die ja immer noch die Basis für aufwendige Werbekampagnen darstellen.

Maturana sieht in der konsequenten *Selbstreflexion des eigenen Verhaltens* und der Verhaltens-Erlebnisse einen Schlüsselpunkt für das eigene Entlernen (fließender Identitäts-Wandel) und für das Qualifizieren der Entscheidungen. Er sagt dazu:»Ein Organismus wird dadurch, daß er sich selbst als sich selbst beschreibend in rekursiver Weise beschreibt, zu einem selbstbeobachtenden System, das den Bereich des Ich-Bewußtseins als Bereich der Selbstbeobachtung erzeugt.«

Das ist beim ersten Lesen schwer zu verstehen, aber es besagt, daß derjenige in turbulenten und fließenden Feldern am besten managen kann, der möglichst viel Umfeld-Erlebnisse einsammelt und dann mit diesen »inneren Zuständen« so umgeht, »als handle es sich bei diesen um unabhängige Größen« (Maturana). Genau dieser Prozeß wird in der neuen Theorie *Denken* genannt. Man kann also am besten denken, wenn man am intensivsten gehandelt hat.

(5) Im Mittelpunkt der Interfusion steht der Parameter Veränderung. Bisher war die Veränderung hauptsächlich verursacht von den Markt-Objektivitäten. Man änderte sich erst spät und überwiegend nur durch Schäden oder Störungen.

Im neuen Konzept der Interfusion operiert man anders: Wie kann eine Veränderung so organisiert werden, daß sie *möglichst zeitgleich und qualitätsgleich* mit den »Ordnern« des Marktes stattfindet?

Wie wir gesagt haben, ist der zentrale Ordner des Marktes das *Geistige des Marktes*, weil er über allen Teilnehmern wirkt und sich auf alle Teilnehmer auswirkt.

Deshalb kommt es zur *Abkopplung der Beziehungs-Kommunikation von der Dynamik des Marktes*, die in den meisten Unternehmen ohnehin nur als Dynamik der Zahlen stattfindet. Die von Maturana geforderte strukturelle Kopplung wird also umgekoppelt: *von den Zahlen zum Geist des Marktes.*

Nun stellt sich die Frage, wie man dieses Geistige erfahren kann, sagt doch die neue Lehre, daß dieses durch Fakten und Sprache kaum zu vermitteln ist, sondern nur durch eigenes Verhalten und Reflexion dieses Verhaltens.

Deshalb arbeitet das Konzept der Interfusion vorrangig mit einem Arsenal neuer Instrumente, zum Beispiel Szenen-Sponsoring, Event-Kooperationen und Networking. Das sind allesamt *Instrumente der Teilnahme.*

Dadurch koppelt man sich an den fließenden Geist des Marktes an.

## Abkehr vom Input-Output-Modell

John Richards und Ernst von Glasersfeld haben in einem Aufsatz über »Die Kontrolle von Wahrnehmung und die Konstruktion von Realität« darauf hingewiesen, daß das Modell der Autopoiesis das bisher übliche *Input-Output-Modell* ablöst.

Dieses Modell wird als zu mechanistisch angesehen. Die Wissenschaft hat inzwischen erkannt, daß die eigendynamischen und offenen Verlaufs-prozesse durch lineare Beschreibungs-Modelle keineswegs richtig be-schrieben und schon gar nicht operativ richtig genutzt werden können.

Das Input-Output-Modell hat sich aber besonders im Marketing und in der Werbung durchgesetzt. Jeder kennt es, beispielsweise als Stimulus-Response-Modell. Also *Reiz und Reaktion*. Dahinter steht die Über-zeugung, daß man direkt und linear durch Reize und Anreize menschli-ches und soziales Verhalten steuern könne. Wie Richards und Glasers-feld aber schreiben, erkennt man heute, daß nun die »fünfzigjährige Herrschaft eines linearen Stimulus-Response-Modells des Verhaltens« zu Ende geht. Man erkennt, daß sein »Realismus so naiv war, daß er von jeder Wissens-Theorie unbeleckt war« (Richards und Glasersfeld).

Es wird also auch für das Marketing Zeit, sich auf die neue Wissen-schafts-Basis zu stellen und sich nicht dagegen zu sperren, daß die neuen Instrumente anfangs nicht nur exotisch, sondern auch unsicher erschei-nen. Alles Neue erscheint zuerst als verrückt – bis wir nachgerückt sind.

Um das eigentlich Neue am autopoietischen System erkennen zu kön-nen, lohnt ein Blick auf eine Gegenüberstellung zwischen dem klassi-schen Konzept des Stimulus-Response und dem neuen Konzept der Selbstorganisation. Die folgende Tabelle stammt von Wolfgang Krohn, Günther Küppers und Rainer Paslack:

| klassisch | Selbstorganisation |
|---|---|
| *1. Systembegriff:*<br>Analytisch definierte, zentralistisch organisierte, geschlossene Systeme mit vorgegebener Hierarchie im statischen und thermodynamischen Gleichgewicht mit einfachen Elementen | Realistisch definierte, polyzentrisch organisierte, offene Systeme mit selbsterzeugter Hierarchie im dynamischen Gleichgewicht, fernab vom thermodynamischen Gleichgewicht mit komplexen Elementen |
| *2. Umweltbegriff:*<br>Umwelt strukturiert Systeme, Regelung extern | Systeme strukturieren Umwelt, Regelung intern |
| *3. Randbedingungen:*<br>Randbedingungen sind beliebig, sie gehören zur Umwelt | Randbedingungen sind wichtig, sie gehören zum System |
| *4. Dynamik:*<br>Trajektorie; thermodynamischer Gleichgewichtszustand; Reversibilität | Prozeß; thermodynamisches Nicht-Gleichgewicht; Irreversibilität |
| *5. Kausalität:*<br>Linearität | Zirkularität |
| *6. Zeitbegriff:*<br>Skalare, universelle Zeit | Zeitoperator, Systemzeit |
| *7. Gesetzesbegriff:*<br>Ordnung als determinierte Struktur | Ordnung als Strukturierung |

Betrachten wir nunmehr das Wesen der Autopoiesis genauer, weil sie ja das klassische Stimulus-Response-Modell, das die zentrale Basis für Werbung und Promotion ist, ablösen wird.

## Ein anderes Modell von Kommunikation blüht auf

Das neue Paradigma geht davon aus, daß das betriebliche Wahrnehmungs-System (Marktforschung, Statistik, Außendienst-Berichte etc.)

einen Kreislauf bildet, wie alle *sprachlichen Äußerungen ein geschlossener Bereich sind* (Maturana).

Zugleich geht man davon aus, daß auch das innere System eines Teams (kollektives Gefühlsleben, kollektive Wirklichkeiten, also Kontexte) ein in sich geschlossenes System ist. Und erst recht ist das Nervensystem der beteiligten Manager eines, das heißt, alle kreativen Ideen und brillanten Entscheidungen resultieren aus diesem geschlossenen System. Es ist nie möglich, aus diesen »durch sprachliche Äußerungen hinauszutreten« (Maturana).

*Sprache konstruiert ganz offensichtlich nur diejenige Wirklichkeit, die in der Sprache enthalten ist.* Deshalb stellt sich das Problem, wie das Markt-Management in Zukunft besser mit der neuen Zappeligkeit der Märkte gehen kann. Das wird selbst für diejenigen schwierig, die im Prinzip längst eingesehen haben, daß die rationalen und strategischen Beherrschungs-Methoden, die dem derzeitigen Marketing-Konzept zugrunde liegen, unfruchtbar geworden sind.

Es stellt sich also die Frage, wie man das in sich geschlossene Nervensystem des Planers mit dem in sich geschlossenen System der fließenden Wirklichkeit verbindet. Maturana weist immer wieder auf dieses eklatante Problem hin, weil genau hier die Ursache für *Mißmanagement durch Markt-Blindheit* liegt. Die üblichen Konzepte verweisen immer auf »mehr Forschung«, und sehr häufig habe ich auch erlebt, daß der Aufsichtsrat »neue Männer an die Spitze« fordert.

Dabei ist klar, daß mit mehr Ratio-Intelligenz und schnellem Austausch der Manager nur sehr bedingt das eigentliche Lern- und Fließproblem bewerkstelligt werden kann. Warum?

Mehr Forschung, die auf gleichem ideologischem Fundament beruht, ergibt meistens nur *eine Vervielfachung des gleichen Ergebnisses.* Hier gilt der Satz:»Man kann nur das sehen, was man ist.« Wenn man sich selbst nicht geändert hat, wird man trotz einer Vervielfachung der Marktforschung und trotz einer Verfeinerung der Statistik nichts wesentlich anderes wahrnehmen.

Mit dem Austauschen der Männer ist es besonders problematisch, weil durch diesen Prozeß ungeheure Störfaktoren und Fluktuationen ins Unternehmen eindringen können. Die derzeitigen Meister des *fließenden Marketings* (zum Beispiel Benetton oder Esprit) sind nicht dadurch gekennzeichnet, daß sie ihre besten Leute dauernd austauschen, vielmehr machen sie dadurch auf sich aufmerksam, daß sie ihre innere Organisation konsequent darauf ausgerichtet haben, schneller zu entlernen und sich konsequenter als zuvor zu überwinden. Bei Esprit lautet dieses Diktum: »Geh über deine Grenzen.«

Aber gerade dieses *Über-die-Grenzen-Gehen*, das für das kommende Markt-Management immer wichtiger werden wird, verlangt eine andere Innen-Organisation, und zwar eine, die ganz bewußt auf *inneren Frieden und High Trust* ausgerichtet ist. Man kann nicht über seine eigenen Grenzen gehen, wenn man dafür im täglichen Karriere-Kampf dauernd bestraft wird. Insofern ist modernes Markt-Management zugleich auch nur möglich durch *humane Organisationen*. Aber gerade dieser Zusammenhang wird selten gesehen.

## Wie kann man die andere Wirklichkeit erkennen?

Die Theorie der Autopoiesis ist im Hinblick auf Wirklichkeits-Vermittlung in dem Beitrag von Schmidt folgendermaßen beschrieben worden:

»Der für sprachliche Kommunikation, Semantik und ähnliche Probleme wichtigste Punkt der Maturanaschen Argumentation liegt darin, daß Sprache seines Erachtens für die Sprecher konnotativ und nicht denotativ funktioniert. Die Funktion der Sprache besteht nach Maturana darin, ›. . . den zu Orientierenden innerhalb seines kognitiven Bereiches zu orientieren, und nicht darin, auf selbständige Entitäten zu verweisen . . .‹ (Maturana 1982).

Wenn diese Annahmen zutreffen, dann wäre daraus der Schluß zu ziehen, ›. . . *daß es keine Informationsübertragung durch Sprache gibt.*‹

Es ist dem Orientierten überlassen, wohin er durch selbständige interne Einwirkung auf seinen eigenen Zustand seinen kognitiven Bereich orientiert. Seine Wahl wird zwar durch die ›Botschaft‹ verursacht, *die so erzeugte Orientierung ist jedoch unabhängig von dem, was diese ›Botschaft‹ für den Orientierenden repräsentiert.*

Im strengen Sinne gibt es daher keine Übertragung von Gedanken vom Sprecher zum Gesprächspartner. Der Hörer erzeugt Informationen dadurch, daß er seine Ungewißheit durch seine Interaktionen in seinem kognitiven Bereich reduziert. *Konsens ergibt sich nur durch kooperative Interaktionen*, wenn das sich dabei ergebende Verhalten jedes Organismus der Erhaltung beider Organismen dienstbar gemacht wird.«

Besonders der letzte Satz zeigt deutlich, warum Interfusion soviel Wert auf alle Arten der *kooperativen Interaktion* legt, also zum Beispiel Szenen-Sponsoring, Event-Kooperationen und Vernetzungen, nämlich, weil dadurch eine *gemeinsame Wirklichkeit* konstituiert wird. Und genau das ist das Geistige im Markt, um das es beim neuen Markt-Management geht.

Diese Ergebnisse zeigen aber auch deutlich die Grenzen unserer normalen Sprache, insbesondere im Hinblick auf die innerbetriebliche Entwicklung von neuen Wirklichkeiten und alternativen Perspektiven. Das schlimmste ist, wenn sich ein *Wert-Konservativismus* in den Chef-Köpfen eines Unternehmens eingenistet hat, gegen den dann das innovative Lernen praktisch immer hoffnungslos unterlegen anrennen muß. Motto: Nur das, was uns Chefs wirklich überzeugt, kann gut sein. Das Top-Management versteht sich dann als *überlegener Filter*. Genau dieses überall praktizierte Informations-Verhalten wird in Zukunft in fluktuierenden und zugleich komplexen Markt-Konstellationen kontraproduktiv werden.

## Sozio-NLP – ein neues Instrument

Es gibt schon die ersten Ansätze in einigen Unternehmen, die mit dem *Instrument der Sozio-NLP* arbeiten. NLP steht für Neurolinguistische Programmierung und besagt: Der Mensch kann nur das an Verhaltens-Änderungen organisieren, was er zuvor als eigenständige Orientierungs-Veränderung realisiert hat.

Übertragen auf größere Gruppen, ergibt das das Sozio-NLP. Man versucht, *außerhalb der rationalen Sprachvermittlung* die neuen Wirklichkeits-Dimensionen durch eigenes Verhalten erlebbar zu machen. Man präsentiert also nicht mehr nur neue Ziele, glasklare Zahlen und rationale Strategien, sondern man initiiert *gemeinsame Erlebnis-Erfahrungen*, die man im Rahmen der NLP-Theorie »Anker« nennt.

Erst wenn diese gemeinsamen »Anker« gesetzt sind, dann beginnt das, was Maturana das Denken nennt, also die eigenständige Reflexion über die Emotionen, die dieses Verhalten begleitet haben.

Man sieht, hier entsteht ein völlig neues Instrumentarium, das *weder Fortbildung noch die übliche Ziel-Vereinbarung* ist. Ich selbst war bei einigen Planungen für Sozio-NLP beteiligt. Es ist interessant, was in den Unternehmen dabei herausgekommen ist:

201

Da man in erster Linie Gefühle und Erlebnisse initiiert, arbeitet man hier mit grundsätzlich anderen Instrumenten, zum Beispiel *Visions-Shows*, Traum-Theater und halbimprovisierten Rollenspielen. Die meisten Unternehmen jedoch, die das versucht haben, haben die Möglichkeiten entweder nicht richtig emotional ausgelebt (»das paßt nicht in unseren seriösen Rahmen«) oder nicht langfristig genug durchgeführt (»nun reicht's aber mit der Gefühlsduselei, laßt uns endlich sachlich werden«).

In den letzten fünf Jahren konnte ich mehrere dieser Prozesse hautnah miterleben und habe dabei bemerkt, daß diejenigen Fälle, bei denen Sozio-NLP gut durchgeführt worden ist, immer gekennzeichnet waren durch einen *charismatischen Manager an der Spitze*. Dort, wo eine eher rationale (kalte) Führungspersönlichkeit dominierte, funktionierte das mit dem Sozio-NLP nicht.

Mit anderen Worten: Dort, wo es am meisten nötig gewesen wäre, wird es am schlechtesten gemacht. Dort, wo es kaum nötig gewesen wäre, wird es oft perfekt gemacht.

Fassen wir an dieser Stelle zusammen:

(1) Um ein fließendes Markt-Management zu gestalten, benötigt man eine strukturelle Kopplung mit der fließenden Eigendynamik des »Geistes des Marktes«.

(2) Das bedeutet eine Abkopplung des Marktes vom operativen Markt-Management und damit eine Zuwendung zu der Ebene, die das Geistige des Marktes permanent formt: die zirkulären Interaktionen zwischen den beteiligten Markt-Teilnehmern. Deshalb sollte Interfusion immer sein Schwergewicht auf »teilnehmende Verschmelzung« legen.

(3) Die Markt-Kommunikation folgt dadurch nicht mehr den Markt-Rhythmen und den Markt-Problemen (zum Beispiel Umsatzzahlen), sondern der Eigendynamik der Beziehungen und dem Bewußtseins-Prozeß innerhalb der Beziehungen, der als geistiger und sozialer Vorgang unabhängig vom Markt-Wettbewerb stattfindet.

(4) Um diese strukturelle Kopplung bewerkstelligen zu können, sollte die Organisation des Markt-Managements konsequent auf Mitfließen umgeschaltet werden. Daraus resultieren vielfältige Konsequenzen für die innere Kultur (Stichwort: High Trust), für die Entschei-

dungs-Prozesse und für das zentrale Konzept des Lernens und des Entlernens.

(5) Diese Lernprozesse sind nicht durch Sprach-Präsentation herstellbar. Das basale Konzept des Mitfließens kann deshalb besser durch emotionale Erlebnisse (Stichwort: Sozio-NLP), Monitoring und »Lernen durch Verhalten« stattfinden.

(6) Dieses Lernen durch Verhalten geschieht am besten durch eine möglichst intensive und kontinuierliche Verschmelzung mit den wichtigsten sozialen Fragmenten der Gesellschaft und ihren Werte-Szenen. Deshalb sind die Werte-Szenen von hoher Wichtigkeit.

(7) Diese Verschmelzung kann nur dann für das Unternehmen fruchtbar werden, wenn sie in einem manipulationsfreien Raum geschieht. Deshalb wird man für die Interfusion neuartige Techniken einsetzen, die jenseits von PR, Verkaufsförderung und Werbung liegen: etwa Szenen-Sponsoring, Event-Kooperationen und Networking.

Beschreiben wir nunmehr detailliert die strukturelle Kopplung:

## Die strukturelle Kopplung – der Schlüsselbegriff für lernende Systeme

Im neuen Paradigma wird behauptet, daß soziale Systeme (also beispielsweise Konsumenten, Szenen und gesellschaftliche Netzwerke) am besten durch das Instrument der *strukturellen Kopplung* begriffen und beeinflußt werden können.

Maturana, der diesen Begriff in die internationale wissenschaftliche Diskussion eingebracht hat, beschreibt ihn wie folgt:

»Wenn ein System ein anderes System beeinflussen will, zum Beispiel ein Hersteller seine Konsumenten, dann wird er sich selbst so organisieren müssen, daß er mit dem sogenannten ›Medium‹ möglichst ›strukturell übereinstimmt‹.«

Solange ein System, wie zum Beispiel ein Unternehmen oder ein Produkt, in einem dynamischen Markt leben und überleben will, so lange benötigt es Autopoiese. Solange ein System diese Autopoiese verwirklicht, bedarf es – wie Tobias H. Brocher und Claudia Sies in ihrem Buch »Psychoanalyse und Neurobiologie« schreiben – der strukturellen Kopplung.

Diese Kopplung muß als die *Zustandsveränderung des Systems* durch die Zustandsveränderungen des Umfeldes verstanden werden. Mit anderen Worten: Man verändert sich schneller und grundlegender, indem man die Turbulenzen des Umfeldes schneller und besser nutzt.

Deshalb ist es für das Markt-Management der Zukunft wichtig, sich von der *Metapher der Beherrschung* zu trennen. Strukturelle Kopplung und strategische Beherrschung schließen sich recht deutlich aus.

Entscheidend ist nun bei der strukturellen Kopplung, daß diese *nur möglich wird im Rahmen eines Mediums*. Und für das Markt-Management gibt es natürlich auch so ein Medium: Es ist das, was wir »das Geistige des Marktes« genannt haben.

Wenn es stimmt, daß die Hersteller und die Konsumenten in einem *zirkulären Bewußtseins-Prozeß* miteinander verbunden sind, dann findet diese Formung des Gemeinsamen im Geistigen des Marktes statt, also im Rahmen von Projektionen und Identifikationen.

Typisch dafür sind zum Beispiel die *Lifestyle-Prozesse* und die Erfindungen von neuen Konsummustern, aber auch das Leben in den Bereichen, die man Szenen nennt.

Was sind *Szenen*? Am besten hat Ronald D. Laing in seinem Buch »Phänomenologie der Erfahrung« das Wesen von Szenen beschrieben. Danach sind Szenen *Pseudo-Realitäten*, die jedoch reale Verhaltensweisen drastisch beeinflussen, weil sie Vorspiegelungen und Projektions-Prozesse sind, die als Orientierungskräfte wirken. Laing dazu: *Alle glauben, alle anderen würden daran glauben.* Genauso funktionieren die vielfältigsten Szenen und Lifestyle-Projektionen. Sie werden wirklichkeitsbestimmend, weil so viele an sie glauben.

Die strukturelle Kopplung funktioniert dann am besten, wenn man mit den Szenen emotional kooperiert. So ergibt sich die gewünschte »raumzeitliche Übereinstimmung« (Brocher und Sies). Es entsteht das Gemeinsame, an das beide Seiten glauben, das Gemeinsame, das beide Seiten gemeinsam fortentwickeln, das Gemeinsame, das für beide Seiten die Quelle für ihre Selbst-Manipulation ist.

Fazit: **Interfusion ist kooperative Selbst-Manipulation.**

Die praktische Konsequenz aus diesen Überlegungen lautet, daß nur derjenige eine gute strukturelle Kopplung durchführen kann, der zum Beispiel ein *Szenen-Monitoring* betreibt und in der Lage ist, seine Innen-Kultur durch diese Szenen-Daten »szenisch aufzuladen«. Dies wiederum geschieht am besten durch Szenen-Sponsoring und Lifestyle-Kooperationen. Man lernt, wie die Szenen wirklich sind, indem man sich auf sie einläßt. Und dieses Lernen ist kein glattes, abstraktes Lernen, sondern eher ein Lernen durch Störungen und Provokationen.

Ich selbst habe vielfältige Erfahrungen mit Szenen-Kooperationen sammeln können und dabei immer wieder beobachtet, daß Manager, die auf Stabilität und Manipulation ausgerichtet waren, in der Regel eigenartige *Blockaden* aufweisen. Wenn eine Szene nämlich Ideen oder Werte artikuliert, die ein Manager verrückt oder unpassend findet, dann sucht er tausend Möglichkeiten, um diese Kooperation zu umgehen.

Er will also keine Störung. Das bedeutet aber auch, daß er die Szene nicht kennenlernen will. Ich habe in diesem Zusammenhang Manager erlebt – Manager mit intellektueller Brillanz und besten Marketing-Erfahrungen –, die nicht in der Lage waren, ihr eigenes Spiel in diesem Zusammenhang zu erkennen. Sie erkannten nicht, daß sie die Szenen lediglich mißbrauchen wollten, um ihre Interessen durchzusetzen. Motto: Ich kooperiere nur dann mit dir, wenn du das tust, was ich tue. Das ist klassische Manipulation.

Strukturelle Kopplung benötigt aber die *Bereitschaft zur Co-Evolution*. Das ist ein wichtiges Programm im Gehirn des Managers. Meine Beobachtungen bei Markt-Managern haben gezeigt, daß diese Bereitschaft kein Aspekt des Wissens darstellt, den man aus Büchern herausziehen kann, sondern daß es sich dabei um *eine Haltung* handelt, die man per Gefühl und Training im eigenen Brain verankern muß. Mit anderen Worten:

**Interfusion benötigt die persönliche Meta-Programmierung des Managers – eine Haltung, die ja sagt zur Co-Evolution.**

Man kann also ein eigendynamisches und autonomes System, wie zum Beispiel Konsumenten, nur dann optimal begreifen und beeinflussen, wenn man sich *auf Störungen einläßt*. Diese Störungen und Zustandsveränderungen sind das, was man in der neuen Theorie das Medium nennt. Nach Maturana ist es wichtig, daß der Handelnde, etwa der Hersteller, möglichst deutlich strukturell mit dem Medium, also mit den Entwicklungen und Strömungen in den Szenen, übereinstimmt. Nur so kann er in dem Medium erfolgreich operieren.

Das würde – übertragen auf das Markt-Management – bedeuten:

- *Von der Gruppe zum Prozeß*

  Aus den ehemaligen Zielgruppen werden Medien im Sinne von Störungen und fließenden Entwicklungen. Das eigendynamische Verhalten der Gruppen wird das neue Medium des modernen Markt-Managements. Statt auf abstrakte Zielgruppen zu zielen, integriert man sich in die Eigendynamik realer sozialer Prozesse.

- *Von der Strategie zur Vernetzung*

  Die strukturelle Kopplung funktioniert so, daß das handelnde System (Hersteller) sich bei Wahrung seiner Autonomie soweit wie möglich mit dem Medium (Szene oder soziale Gruppe) verschmilzt.

- *Von der Manipulation zur Integration in die Selbststeuerung der Konsumenten*

  Je identischer der Handelnde mit der Eigendynamik (Medium) ist, um so größer seine Anpassungsleistung und damit die Chance zur Beeinflussung.

Man sieht schon aus diesem theoretischen Aufriß, wie wichtig die strukturelle Kopplung ist, geht es doch darum, zu einer »Strategie höherer Ordnung« zu finden, die sich wie folgt formulieren läßt:

## Von der Bedarfserfüllung zur Koordination von Konsens

Das bedeutet für die Interfusion zweierlei:

① Es geht darum, ein *Wahrnehmungs-System* aufzubauen, das echte Prozesse in echten Gruppen wahrnimmt und beschreibt und nicht kategoriale Zielgruppen. *Real existierende Szenen statt abstrakter Zielgruppen.*

② Es geht darum, das *Innen-Verhalten* des Herstellers so konsequent mit den Prozessen und Zustandsveränderungen der Szenen identisch zu machen, daß die evolutionären Veränderungs-Prozesse in den Szenen weitestgehend widergespiegelt werden in den Unternehmen. *Mitfließen statt manipulieren.*

Interfusion benutzt Störungen, Zustandsveränderungen und fließende Wandlungen in den Szenen und sozialen Fragmenten. Da man diese Prozesse als Medien begreift, organisiert man eine möglichst nahtlose Verschmelzung der mentalen Prozesse des Herstellers mit den fließenden Veränderungen in der Soziosphäre.

Um es klar zu sagen: Das ist mehr als die übliche Identifikation mit den Zielgruppen. Es ist ja in den letzten Jahren im klassischen Marketing versucht worden, von den blutleeren Definitionen der Zielgruppen wegzukommen. Und man hat deshalb typologische Ansätze eingebracht, um besonders für die Kreativen zu plastischeren Vorstellungen zu kommen, um so die Identifikation mit den Zielgruppen zu verbessern.

Die strukturelle Kopplung geht weit darüber hinaus. Derjenige ist optimal strukturell gekoppelt, der die Veränderungs-Dynamik in den Fragmenten möglichst in seinen eigenen Planungsgruppen mitvollzieht. *Das Innen wird wie das Außen*. Das ist mehr als die übliche Identifikation. Es handelt sich hier um ein zentrales Merkmal der Interfusion. Und das lautet: **Ziel ist die Struktur-Gleichheit**.

Diese Struktur-Gleichheit herzustellen ist der wichtigste Aspekt der Interfusion. Ja, er ist sogar, wie Maturana schreibt, »der kreative Prozeß« schlechthin. Das bedeutet:

**Konsens und Struktur-Gleichheit sind die eigentliche kreative Aufgabe im neuen Markt-Management.**

Das ist besonders für die kreativen Gestalter von Werbung so gut wie gar nicht verständlich. Ich habe in den letzten Jahren viele Schulungen und Workshops durchgeführt, und zwar für Werbeagenturen. Es ist mir nicht ein einziges Mal gelungen, begreifbar zu machen, daß Konsens ein eminent kreativer Prozeß sei und das Herstellen dieser mentalen Struktur-Gleichheit die eigentliche kreative Aufgabe der Kreativen.

Maturana meint, daß Kommunikation überhaupt erst »nach der Herstellung eines *konsensuellen Bereiches*« stattfinden könne.

Die Kreativen in den Werbeagenturen sehen das aber völlig anders. Für sie ist der Konsens etwas Müdes, Opportunistisches und Unkreatives. Sie setzen auf eine andere Kreativität, gekennzeichnet durch *Originalität und Überraschung*. Das sind die alten Ideologien einer Kreativität, die im Rahmen der Interfusion nicht mehr funktionieren. Das muß man mit aller Deutlichkeit sehen:

**Wenn man als Markt-Manager oder Werbe-Gestalter auf betont kreative Interaktionen setzt, geht man bewußt das Risiko einer Nicht-Kommunikation ein.**

Die Interfusion verlangt also eine echte Achsenverlagerung der Kreativität:

## Von der kreativen Präsentation der Inhalte hin zu den kreativen Konsens-Prozessen.

Und hier haben wir wieder eine innere Blockade, die im Weltbild verankert ist. Meine Workshop-Erfahrungen haben gezeigt, daß Menschen, die sehr fest im kartesianischen Weltbild verankert sind, mit Konsens nicht allzuviel anfangen können. Das hängt damit zusammen, daß sie die Welt permanent aufteilen in Subjekt und Objekt, also eine grundsätzliche *Präferenz für Distanzierungen* anstelle einer Präferenz für teilnehmende Verschmelzung aufweisen.

F. David Peat hat in seinem Buch »Synchronizität, die verborgene Ordnung« darauf hingewiesen, daß das alte physikalische Weltbild ganz grundsätzlich auf Objektivität und Distanz orientiert war, während das neue Weltbild ganz *grundsätzlich auf Teilnahme* ausgerichtet ist.

Durch die Quantenphysik und die Relativitäts-Theorie wurde das bisherige Weltbild revolutioniert. Niels Bohr hat zum Beispiel festgestellt, daß man durch die Quanten-Theorie die Unteilbarkeit der Natur beweisen kann. *Es ist also unmöglich, Objekte von außen zu beobachten.*

Werner Heisenberg hat das Theorem der Unschärfe-Relation eingeführt. Es besagt, daß es keinen Beobachter gibt, sondern daß sich der Beobachter beim Beobachten eines Systems in das System, das er zu beobachten glaubt, einmischt. Er untersucht also immerzu auch sich. *Es gibt also keine Distanz.*

Am besten hat vielleicht John Wheeler, ein bekannter Physiker, diese neue Sicht beschrieben: »Wir hatten diese alte Vorstellung, daß es dort draußen ein Universum gibt und daß hier der Mensch ist, der Beobachter, sicher geschützt vor dem Universum durch eine fünfzehn Zentimeter dicke Glasplatte. Jetzt aber lernen wir aus der Quantenwelt, daß wir selbst diese Glasplatte ebendann zertrümmern müssen, wenn wir nur ein so winziges Objekt, wie es ein Elektron ist, beobachten wollen. Wir selbst müssen dort eindringen ... *Deshalb muß das alte Wort Beobachter aus den Büchern schlicht gestrichen werden; statt dessen müssen wir das neue Wort Teilnehmer einfügen.* Und so wurde uns klar, daß das Universum ein Universum der Teilhabe ist.«

Es ist also für die Interfusion von größerer Wichtigkeit, daß man erkennt, wie wichtig das Weltbild des Planers ist. Wir müssen den Schritt tun, den die Physiker bereits getan haben: vom distanzierten Beobachter zum integrierten Teilnehmer. Ich bin ziemlich sicher, daß der damalige Übergang von der Verkaufs- zur Marketing-Epoche, der ja schon recht schwierig und umkämpft war, noch ein leichtes Problem war im Vergleich zu dem, was uns jetzt bevorsteht.

Der Übergang vom Marketing zur Interfusion ist vermutlich für die meisten Experten und Planer überhaupt nicht nachzuvollziehen ohne eine gründliche *Revision ihres Weltbildes.*

Das Weltbild stellt so etwas wie eine Art Meta-Programmierung unserer Gehirn-Prozesse dar. Man ist nur zu dem fähig, was man als Wirklichkeit konstruieren kann. Wer also auf Objektivität und Distanz besteht, kann mit dem neuen Ziel der Strukturgleichheit nicht viel anfangen. Andererseits gilt aber auch:

Wer seine Innen-Struktur der Außen-Struktur am besten anpaßt und diesen Anpassungs-Prozeß inhaltlich und zeitlich in *die Fließ-Dynamik der Außen-Struktur* integrieren kann, der wird in Zukunft das beste Markt-Management haben.

Die strukturelle Kopplung ist also der Weg, um zu einem Maximum an Struktur-Gleichheit zu kommen. Interfusion stellt aus dieser Sicht den modernsten Versuch dar, zu einem stabilen »Bereich koordinierten Verhaltens« (Maturana) zu gelangen. Das höchste Ziel ist demnach dieser *konsensuelle Bereich.*

Maturana hat die Produktion dieses Sektors in den Mittelpunkt seiner Überlegungen gestellt. Er geht dabei so weit, daß er sagt, daß *die Wahrnehmung von Wirklichkeit* ebenso wie das Werden von Menschlichkeit letztendlich davon abhängig ist, wie qualifiziert diese konsensuellen Bereiche sind. Lesen wir dazu einige seiner Ausführungen:

»Wenn zwei strukturell plastische zusammengesetzte Einheiten miteinander interagieren und so als *Selektoren* ihrer jeweiligen Wege struktureller Veränderungen wirken, dann findet gegenseitige strukturelle Kopplung statt. Das führt dazu, daß die Zustands-Veränderungen des einen Systems rekursiv die Zustands-Veränderungen des anderen auslösen und daß so ein Bereich koordinierten Verhaltens zwischen den gegenseitig angepaßten Systemen konstituiert wird. Wenn das zwischen lebenden Systemen während ihrer Ontogenese stattfindet, dann bildet sich ein Bereich koordinierten Verhaltens heraus, der nicht unterschieden werden kann von einem Konsens-Bereich, der zwischen Menschen aufgebaut worden ist.«

Maturana betont, daß die strukturelle Kopplung dann am effizientesten wird, wenn vorab dieser konsensuelle Bereich geschaffen worden ist, weil dann »die Interaktionen innerhalb des konsensuellen Bereichs als *Selektoren* für weitere strukturelle Kopplungen innerhalb des Bereichs operieren«.

Das führt zu folgendem Königsweg der Interfusion:

Man baut das gemeinsame Geistige gemeinsam auf.

Man entfaltet also eine gemeinsame Welt. Man entwickelt Ansätze zu einer gemeinsamen Ideologie. Man entwickelt eine gemeinsame Sprache und verfügt auch über eine gemeinsame emotionale und soziale Historie. Genau das wiederum ist die Basis für das neue Instrument der *Lifestyle-Kooperationen*.

Halten wir an dieser Stelle fest:

- Die strukturelle Kopplung ist das wichtigste Instrument, *um soziale Prozesse als Medien nutzen zu können.*

- Strukturelle Kopplung ist dann am effizientesten, wenn vorab ein *konsensueller Bereich* geschaffen worden ist.

- Können in einem stabilen Konsensfeld vielfältige strukturelle Kopplungen durchgeführt werden, dann entsteht im Laufe der Zeit eine *gemeinsame Geistigkeit*, die wiederum selbstreferentiell ist: Es entwickelt sich eine gemeinsame Konsumwelt, die ihre Gemeinsamkeiten aus den bisherigen Gemeinsamkeiten herstellt.

Man erkennt, daß Interfusion auch weiter über das aktuelle Dialog-Marketing per Direct Mail hinausgeht und daß es auch weitaus mehr ist als die üblichen Events, die im Rahmen von Verkaufsförderung durchgeführt werden.

Voraussetzung für diese stabile und zugleich fließende Beziehung ist jedoch, daß das Marketing umschalten kann von einer linearen Ziel-Strategie auf eine Strategie höherer Ordnung:

- Das klassische Marketing zielte auf Bedarfserfüllung. Im Mittelpunkt stand deshalb der *Markt*.

- Interfusion organisiert die Koordination von Konsens. Im Mittelpunkt steht deshalb die *Beziehung*.

Wir sind also auf dem Weg zur Interfusion. Markt und Anbieter verschmelzen sich zu einer neuen Einheit, die *co-evolutionär aufeinander ausgerichtet ist*. Damit koppelt sich der Markt vom Markt-Management ab. Und dadurch entsteht im Prinzip etwas anderes, was nicht Marketing ist: soziales *Beziehungs-Management*.

## Die Eigendynamik schlägt die Dynamik

Stellen Sie sich einmal vor, Sie wären Bürgermeister in einem Dorf. Nehmen wir an, es gäbe rund 500 Bewohner. Wenn es Ihnen gelingt, diese 500 alle auf dem zentralen Marktplatz zu versammeln, dann können Sie sich auf ein Podest stellen und eine Ansprache halten, getreu dem Motto: »Einer redet, und alle hören zu.« Das ist in etwa die Situation, die typisch ist für die Phase der *Massenmarkt-Ideologie* des Marketings.

Stellen Sie sich nunmehr vor, die 500 Leute würden überhaupt nicht auf den Marktplatz zu locken sein. Aber alle sind mit sich beschäftigt, sie haben keine Zeit. Wenn Sie dann trotzdem mit den Leuten reden wollen, dann müssen Sie dorthin gehen, wo die Leute sind. Genau das wäre die fließende Verschmelzung.

Wenn Sie nun versuchen würden, sich überall in die laufenden Prozesse, die die unterschiedlichen Menschen und Gruppen gerade vollziehen, zu integrieren, dann würden Sie feststellen, daß Sie nicht einmal dazu kämen, Ihre vorgefertigte Rede zu halten. Es wird also nicht nur dort geredet, wo gerade die Menschen sind, sondern etwas Weiteres kommt hinzu: Es wird das geredet, wofür gerade Informations-Bedarf besteht.

Genau das ist das, was ich einen »echten Dialog« genannt habe: die teilnehmende Integration in laufende Bewußtseins-Prozesse.

Wir erkennen hier ein wichtiges Gesetz: Je eigendynamischer und autonomer Menschen und Gruppen sind, um so konsequenter muß man sich trennen von alten Konzepten der fertigen Rede – erst recht von den Standard-Instrumenten des Marketings, nämlich Positionierung und Penetration.

Fazit: **Bei einer hohen Eigendynamik muß der Kommunikator bereit sein, die Rolle des Kommunikators so weit aufzugeben, daß er durch diesen Verzicht dialogfähig wird.**

Wenn eine Gesellschaft fragmentiert und eigendynamisch zugleich ist, dann gibt es nur noch *situative Inhalte*. Keine Penetration mehr. Kein kalkuliertes Positioning des Inhaltes mehr. Die Inhalte folgen dann dem offenen Fluß der Dialoge. Und in der Sekunde, in der Sie als Bürgermeister auf diesen Dialog verzichten würden, würden die Kommuniqués nicht mehr fließen.

Deshalb ist es wichtig, dem Faktor der Eigendynamik auch bei der Kommunikation wesentlich mehr Beachtung zu schenken, als das bisher üblich ist.

Vielleicht unterziehen Sie sich einmal der Mühe und lesen einige Standard-Bücher des modernen Marketings. Sie werden feststellen, wie erschreckend simpel das systemische Konzept des Marketings ist. Von einer Eigendynamik und Autopoiesis ist da überhaupt nicht die Rede. Die Konsumenten haben Bedarf zu haben, und den möglichst stabil und berechenbar. Ab und zu haben sie Auskunft zu geben, das nennt man dann Marktforschung.

Mit anderen Worten: Es ist im Ansatz des Marketings vergessen worden, den evolutionären Prozeß von Systemen einzubauen. Damit entlarvt sich das Marketing nicht nur als zunehmend problematisch, was die Effizienz in den gewandelten Märkten betrifft, sondern auch hinsichtlich seines Systembildes und seines Menschenbildes.

In dem Buch von Alfred Meier und Daniel Mettler mit dem Titel »Wirtschaftspolitik: Kampf um Einfluß und Sinngebung« werden die unterschiedlichen Paradigmen und Menschenbilder folgendermaßen präzise beschrieben:

| Grundzüge des orthodoxen Paradigmas (alt) | dem orthodoxen Paradigma widersprechende Eigenschaften des politischen Prozesses | Grundzüge unseres kognitiv-evolutionären Paradigmas (neu) |
|---|---|---|
| **Menschenbild:** | | **Menschenbild:** |
| »Homo oeconomicus« | | »kognitiver, sozialer Aktor« |
| autonomes Individuum | politische Akteure unterliegen sozialen Ansteckungsprozessen und Konformitätsdruck | Mensch als Mitglied sozialer Organisationen und als Rollenträger |
| Individuen können klare Ziel-Mittel-Trennung durchführen | politische Ziele sind oft unklar, Ziele und Mittel teilweise austauschbar | Verhaltensgrundlage sind individuelle, aber sozial beeinflußte, kognitive Strukturen |
| rationale Nutzenmaximierung | Unsicherheit und unvollständige Information verhindern oft rationales Kalkül | situationsabhängige Entscheidungsverhalten und Verhaltenstypen |
| **Systembild:** | | **Systembild:** |
| »mechanistisch-harmonisch« | | »evolutiv-harmonistisch |
| reduktionistische Grundeinstellung, kollektive Reaktion als Summe individueller Reaktionen (aggregativ) | Massenverhalten hat oft eigene Gesetze und Dynamik, kollektive Entscheidungen sind mindestens teilweise integrativ | ganzheitliche Betrachtungsweise mit Berücksichtigung kollektiver Gesetzmäßigkeiten |
| ahistorische Perspektive, reversible Zeit | dominierende Macht des Faktischen und des Status quo | historischer Zeitbegriff, irreversible Entwicklung |

Was läßt sich aus diesen Gegenüberstellungen schließen? Ein neues Paradigma, das von Meier und Mettler »kognitiv-evolutionär« genannt wird, ist im Entstehen. Das deckt sich mit dem, was ich in den letzten RADAR für TRENDS geschrieben habe: Es entwickelt sich ein neues Rollenspiel zwischen den Rollenträgern und den Subsystemen. Und dieses Rollenspiel ist weder statisch, noch kann es »von außen manipuliert werden«. Vielmehr ist es prozessual und damit extrem situationsabhängig – eine *permanent irreversible Entwicklung*. Die beteiligten Mitspieler gestalten gemeinsam ihre eigene Evolution.

## Ein Markt-Management der offenen Prozesse entsteht

Man sieht, daß hier auch ein anderes Konzept für das zukünftige Markt-Management durchschimmert: Die Eigendynamik der Anbieter und die Eigendynamik der Bedarfsträger kooperieren in ihrem sozialen Feld (Interfusion), um somit Co-Evolution herzustellen.

Das wirkt in dieser theoretischen Formulierung noch ausgesprochen abstrakt, aber es hat doch handfeste und praktische Konsequenzen:

- Das Marketing benötigte *Manager der Strukturen* mit einem eher mechanistisch-strategischen Weltbild.

- Interfusion benötigt *Manager der Prozesse* mit einem evolutionären Weltbild.

Das geht tief in die alltägliche Praxis hinein. Man muß sein eigenes Weltbild manifest ändern, um ein Manager der Prozesse werden zu können. Das benötigt ein umfangreiches Wissen über Evolution als solche (Fortbildung) und noch viel mehr, nämlich die neuartige Kompetenz, *den Prozeß der Evolution sehen zu können*. Die hierfür erforderlichen Instrumente in der Praxis sind unter anderen die der *Vernetzung* (Networking) und die des *Monitorings*.

Und noch etwas anderes ist ungemein praktisch. Interfusion verlangt auch den endgültigen Abschied von den Modellen und Ideologien des Massenmarktes. Die kommende *Informations-Ökonomie* wird Masse und Menge ersetzen durch Wachstum an Individualisierung und Intelligenz (Gerd Gerken: »Die Trends für das Jahr 2000«).

Das wird konsequente Neuerungen im Apparat der Absatzpolitik benötigen, wenn man so will, eine *andere Box of Instruments*.

Warum? Wer in Zukunft eine stabil breite oder gar große Masse erreichen will, muß sich *vom Außen führen lassen* und somit mit den vielen unterschiedlichen Fragmenten mitfließen. Wer hohe Umsätze machen will, muß viele fragmentierte Bereiche möglichst differenziert bedienen. Er muß vielen Fragmenten viele Unterschiede bieten.

Das wird Konsequenzen haben für die Art der Produktion, Stichwort *CIM*. Das wird Konsequenzen haben für Lagerkonzeption und Logistik, Stichwort *Just-in-time*, und das wird Konsequenzen haben für die Strategie der Informationsverarbeitung, Stichwort *kybernetische Rückkopplungsschleifen* à la Benetton. Auch die Werbung bleibt nicht unberührt davon: Es wird mit hoher Sicherheit neben der Massen-Kommunikation eine *teilnehmende Beziehungs-Kommunikation* aufgebaut werden. Stichwort *Szenen-Sponsoring und Lifestyle-Kooperation*.

Aber auch die Organisation wird sich ändern. Die Art, wie Entscheidungen fallen, durch wen sie fallen, wie häufig sie fallen. Stichwort Abkehr von der Strategie, hin zur *prozessualen Planung*.

Ebenso wird sich die Fortbildung ändern müssen. Interfusion bedeutet, sich mit *offenen Systemen*, die irreversible Wandlungsprozesse vollziehen, zu verschmelzen.

Wie Willi Denecke in *ABSATZWIRTSCHAFT* 5/89 schrieb, ist es deshalb sinnvoll, die Gesamt-Organisation eines Unternehmens *ebenfalls als offenes System zu begreifen*, damit es prozessual lernfähig wird.

Denecke empfiehlt ausdrücklich, die übliche Personalentwicklung und Organisations-Entwicklung *an das Coaching zu koppeln*, weil ohne eine konsequente, offene Weiterentwicklung der Mitarbeiter und der Führenden (besonders der Führenden!) die Organisation nicht mit der Außendynamik des Umfeldes mitfließen kann. Stichwort *Organization Transformation* – das bedeutet: weg von der starren Organisation, hin zu einer informellen Organisation, die fließen kann.

Und noch eine praktische Konsequenz: Man kann dieses Mitfließen nicht im Rahmen einer Hierarchie organisieren. Man benötigt dafür das, was man *Heterarchie* nennt. In einer Hierarchie wird von oben herab gesteuert, in einer Heterarchie gibt es dieses Oben nicht mehr. Entscheidungen werden *per Netzwerk* gefaßt.

Vorbedingung dazu ist aber die Transformation von Macht im Unternehmen. Stichwort *Auflösung des Kadersystems*.

Des weiteren: ein anderes Umgehen mit dem, was man CI und *Unternehmenskultur* nennt. Im Moment ist Corporate Identity in Mode, besonders das Kürzel *CI* ist in aller Munde. Wenn aber ein Unternehmen auf Co-Evolution umgeschaltet werden soll, dann kann man mit festen Kulturen und einem verbindlichen CI nicht viel ausrichten.

Hier haben die meisten Manager ungeheure Probleme, weil sie nicht wissen, wie man *Identity und Kultur* aufbauen kann, ohne diese beiden zu verfestigen. Sie wissen nicht, welche stabilen Meta-Werte in einer Organisation verankert werden müssen, damit unter diesen Werten mehr Paradoxien, mehr Reibung und mehr Fließ-Dynamik möglich werden.

Was hier im Moment unter CI und Kultur installiert wird, ist zumeist ein bedauernswerter Rückschritt in alte, rationale *Disziplinierungs-Techniken*. Man benutzt sanfte Faktoren (wie zum Beispiel Kultur) für die alten, harten Ziele. Das kann weder funktionieren, noch wird es langfristig Produktivität und Effizienz fördern.

## Das Beispiel Esprit

Kommen wir wieder zurück zur Eigendynamik. Wir haben gesagt, daß das moderne Marketing Evolution und Eigendynamik fast gänzlich ausgeklammert hat. Das besagt aber nicht, daß es keine ersten Ansätze für Interfusion gäbe. Was die Theorie noch nicht leistet, hat die Praxis in den ersten Schritten vollzogen. Werfen wir deshalb einen Blick auf das überaus erfolgreiche Unternehmen Esprit, das – ähnlich wie Benetton – in einem schwierigen Markt weltweit mit hohen Renditen wirtschaftet.

Dazu schrieb ich im RADAR für TRENDS des RADAR-Services folgendes:

① *Esprit kennt keine Zielgruppen im strategischen Sinn:*

Man ist selbst Zielgruppe. Man wandert mit dem Zeitgeist und verschmilzt dabei mit den unterschiedlichen Käufergruppen.

② *Gefühle sind wichtiger als Strategien:*

Die Unternehmenskultur ist so ausgerichtet, daß besonders Persönlichkeit und Gefühl kultiviert und nicht unterdrückt werden.

③ *Durch die Verschmelzung mit den Kunden ist ein Dialog-System aufgebaut worden:*

Beide Seiten, also Esprit und seine Kunden, können sich wechselseitig lernend beeinflussen. Das, was produziert wird, ist dadurch mental bereits vorverkauft.

④ *Man setzt nicht auf System-Zieloptimierung, sondern auf prozessuales Mitfließen:*

Eine starke Trial-and-Error-Basis ist da. Kreativität hat dadurch einen wesentlich breiteren Erlaubnis-Rahmen.

⑤ *Man setzt auf Komplettheit im Sinne eines konsequenten Set-Gedankens:*

Alles muß zueinander passen. Das ist auch eine mentale Dienstleistung. Man verkauft also nicht nur das, was besonders gutgeht, sondern immer Ganzheiten bis hin zu Accessoires. Man ist so sehr in der Szene, daß man sie komplett bedienen kann. Es gibt keine intellektuelle und emotionale Distanz.

⑥ *Man setzt ganz bewußt auf den Sozio-Sound:*

Ihn lieben die jüngeren, wertegewandelten Mitarbeiter besonders. Das Durchschnittsalter der Kunden ist 26 Jahre. Ein Geschäftsführer dazu: »Der Typ, den wir ansprechen, arbeitet auch bei uns.« Esprit finanziert die Identität zwischen innen und außen. Man bezahlt den Mitarbeitern deshalb Surfkurse, Tennisstunden, Eintrittskarten zu Pop-Konzerten. Man verhindert so mit allen Mitteln, daß die Unternehmenswelt meilenweit entfernt ist von der realen Welt und von der privaten Welt der Mitarbeiter.

⑦ *Die Geschäftsführer haben eine weitestgehend streßfreie Beziehung zu den Mitarbeitern:*

Auch sie sind »wie wir alle«. Das geht sogar so weit, daß links angesiedelte Journalisten bereits von der »Esprit-Sekte« schreiben. Man ist eine Sozio-Einheit, eine »verschworene Glaubensgemeinschaft«.

## Die Selbstorganisation der Konsumenten per Netzwerke

Soweit ein erstes Beispiel aus der Realität, die man Praxis nennt. Betrachten wir nun, wie der Trend zur Selbstorganisation die Konsumenten verändern wird.

Den hohen Grad der Selbstorganisation und der Eigendynamik des Subsystems Bedarf sieht man an der zunehmenden *Distanzierung der Konsumenten von der Werbung.* Das erinnert fatal an das wachsende Desinteresse einer sich emanzipierenden Bevölkerung an der offiziellen Politik.

Wie Ulrich Beck zu Recht einmal analysiert hat, führt die wachsende Selbstorganisation der Bürger in Sachen Politik direkt dazu, daß die offizielle Politik an Bedeutsamkeit verliert.

Regel: **Je besser man sich selbst organisiert, um so unwichtiger wird dasjenige System, das einen organisieren und führen möchte.**

Beck dazu: Inzwischen führt die Bürgerpolitik die Offizialpolitik.

Das gleiche geschieht derzeit mit der Werbung. Auch hier gibt es ein nachlassendes Interesse der Konsumenten denjenigen Instrumenten gegenüber, die sie manipulieren, organisieren und steuern wollen. Auch hier gilt das globale Gesetz, daß das Wachstum an Selbstorganisation zu einem *Relevanz-Verlust* systemsteuernder Instanzen führt. Die Werbung wird also immer unwichtiger, je wichtiger die Selbstorganisation der Konsumenten wird. Und diese Selbstorganisation findet hauptsächlich in dem Sektor statt, den ich das Geistige des Marktes nenne: beim Erfinden und Entfalten neuer Sehnsüchte, neuer Moden, Ideen und Lifestyles.

Inzwischen ist die Werbung laut einer Studie der Meinungsforscher aus Allensbach nur noch für eine kleine Minderheit »voll und ganz hilfreich«. Und das sind überwiegend Leute mit dem niedrigsten Bildungsstand, ohne Berufsausbildung, sowie alte Menschen. Es ist schon richtig, was Ulrich Eicke, ein Werbeberater, dazu schreibt: »Auf diese geringe und *eher peinliche Akzeptanz* kann die Werbewirtschaft kaum stolz sein.«

Und die GfK-Zahlen vom Herbst 1988 belegten das eindrucksvoll: Je jünger und aufgeklärter Konsumenten sind, um so weniger verlassen sie sich auf die *Aussagen der Werbung.* Je jünger die Konsumenten sind, um so weniger verlassen sie sich auch auf das *Marken-Image,* also auf den guten Namen des Herstellers.

Mit anderen Worten: Es wächst eine Generation heran, die sich längst *abgekoppelt hat von der Werbung.* Die GfK-Marktforschung zeigt, daß man sich nur noch dort im großen und ganzen auf die Werbe-Aussagen verläßt, wo überwiegend nur flache *Entertainment-Werbung* praktiziert wird (Autos, Spirituosen, Sportbekleidung, Süßwaren und elektrische oder elektronische Geräte).

Die Selbstorganisation der Konsumenten in Sachen Informationsverarbeitung und Glaubwürdigkeit ist also schon sehr weit vorangeschritten. Und die Zukunft sieht für das klassische Marketing bedrohlich aus, denn vor uns liegt eine *Ära der elektronischen Vernetzung*, die die Selbstorganisations-Dynamik der Konsumenten in einzigartiger, ja epochaler Qualität verstärken wird.

Die kommende *telekommunikative Gesellschaft* wird – wie *THE FUTURIST* schrieb – hochleistungsfähige Computer-Netzwerke durchsetzen, die ihrerseits wieder eine »wichtige Kraft für den sozialen Wandel« werden.

Es entsteht durch die elektronische Vernetzung eine *emotionale und intellektuelle Kameradschaft* in einem Umfang, wie das bisher in der Konsumgesellschaft noch nicht möglich war. Es entstehen auf dieser Basis der Selbstorganisation vielfältige Netzwerke, durch die die Konsum-Werte mental und sozial gesteuert werden.

Wenn es laut GfK schon heute so ist, daß die *Warentest-Ergebnisse* für Jüngere wichtiger und glaubwürdiger sind als alles das, was das Marketing als Informations-Offerte anbietet, dann ist klar, daß die Zukunft für das Marketing eine Art Knockout bringen wird: Wenn sich die Bürger per Elektronik miteinander unterhalten und vernetzen können, dann wandern die *aktuellen Emotionen* und auch die *kognitiven Empfehlungen* mehr und mehr in die sich selbst organisierenden Netzwerke. Mit anderen Worten:

**Die Netzwerke werden zum Kanal der Glaubwürdigkeit.**

Und in diesen Netzwerken findet dann die eigentliche *konsumtive Evolution* statt. Hier werden die neuen Bedürfnisse, die neuen Ideen geboren. Aus dem ehemals passiven Zielgruppen-Publikum wird eine ausgesprochen aktive und *kreative Kraft*, die im Rahmen der Selbstreferenz sich diejenigen Botschaften und Konsummuster schafft, an die sie selbst glauben und denen sie selbst folgen will.

Schon aus diesem Grunde empfiehlt es sich besonders für Großunternehmen, frühzeitig *eigene Netzwerke* und *Consumer-Clubs* zu installieren und einen Großteil der jetzigen Werbeetats für diese Interfusions-Instrumente einzusetzen.

Die Chance ist da, auf diesem Weg zum *Network-Broker* zu werden. Diese neuartige Rolle verhindert zwar die lineare Manipulation, die typisch für das derzeitige Marketing ist, und sie annulliert durch die *Eigendynamik der Netzwerke* die so heiß geliebte strategische Rationalität, aber sie ermöglicht in einzigartiger Form das *Mitgestalten durch Teilnehmen* und das Mitformen durch Verschmelzen.

Voraussetzung für diese Integration in die kommende *Graswurzel-Society* ist jedoch die Verabschiedung vom Marketing-Konzept, weil mit diesem Marketing, wie es heute üblich ist und wie es täglich geplant und finanziert wird, eine glaubwürdige Teilnahme und co-evolutionäre Partnerschaft in der sich selbst organisierenden Netzwerk-Gesellschaft unmöglich ist.

Fazit: **Man kann in Netzwerken nur dann erfolgreich arbeiten, wenn man auf Manipulation verzichten kann.**

## Interfusion verlangt andere Manager-Kompetenzen

Es gehört eine *andere Innen-Ausstattung* dazu, um ein erfolgreicher Netzwerker in diesem Sinne zu werden. Und das Konzept des Marketings mit seiner strikt auf Rationalität und zweiwertige Logik (Entweder-Oder) ausgerichteten Methodik bietet diese Innen-Ausstattung nicht.

Das Marketing ist zum Beispiel noch viel zu sehr an einer *Bändigung der Komplexität* (Hartmut Bretz) interessiert und geht auch davon aus, daß im Grunde derjenige, der die teuren Werbekampagnen bezahlt, so etwas wie eine *universale Sprachkompetenz* aufweist.

Wie Hartmut Bretz in seinem wichtigen Buch »Unternehmertum und Fortschrittsfähige Organisation« schreibt, sind diese Dimensionen allesamt Dimensionen der aktuellen Moderne. Marketing ist also ein legitimes Kind der Moderne, und ihr zentrales Anliegen ist durch *Rationalität und Strategie* die Komplexität, die in allen Märkten immer mehr zunimmt, letztendlich doch zu beherrschen.

Vor uns liegt aber die *Postmoderne*, also eine völlig andere Phase. Hier ist das *Loslassen und Zulassen* ebenso wichtig wie das Mitfließen, um die »Pluralität von Lebensformen« (Bretz) mitgestalten zu können. Das Projekt der Postmoderne, das sich jetzt in den Industrienationen mehr und mehr durchsetzt, verläßt also Ratio und Logik zugunsten einer neuen *Vorliebe für Paradoxien*.

220

Dahinter steht der Versuch, den eigenen Umgang mit Komplexität grundsätzlich zu transformieren. Statt Komplexität bändigen zu wollen, will man *Komplexität geradezu entfesseln* (Bretz).

Interfusion gehört zur Postmoderne. Deshalb ist Interfusion an Fließen, Evolution und an vielfältigen Formen der Welterzeugung interessiert. Mit anderen Worten: *Interfusion will nicht mehr beherrschen, sondern mitgestalten.*

Hartmut Bretz hat in seinem Buch die wichtigsten Dimensionen und Unterschiede der Moderne im Vergleich zur Postmoderne aufgelistet:

|  | **Moderne** | **Postmoderne** |
|---|---|---|
| **Telos der Evolution** | **Konvergenz** Einheitlichkeit: Synthese unter das Allgemeine Universalismus: globale Wahrheiten Kontinuität: Sicherheit und Weltbeherrschung | **Proliferation** Einzigartigkeit: Pluralität von Lebensformen Relativismus: lokale Wahrheiten Diskontinuität: Eröffnung neuer Welten |
| **Komplexitäts-handhabungs-strategie** | **Dichotomie** Zweiwertige Logik: Entweder-Oder Festlegen: Kategorisierung von Information Bändigung von Komplexität | **Paradoxie** Mehrwertige Logik: Sowohl-Als-auch Offenlassen: Aufspannen unendlicher Information Entfesselung der Komplexität |
| **Weltzugang** | **Vorherrschaft der Wissenschaft** Rationalität als absolutes Maß der Dinge Unterordnung unter Gesetze und Logizismen Legitimation durch übergeordnete Utopien | **Rehabilitation des Mythos** Vielfältige Weisen der Welterzeugung Eigenwert von Ästhetik und Imagination Narratives Wissen legitimiert sich selbst |
| **Telos der Sprache** | **Konsens und Inter-subjektivität** Universale Sprachkompetenz Grammatik: allgemein akzeptierte Regeln Konformität: Einhaltung von Regeln | **Paralogie: Agonistik und Sprechakte** Inkommensurabilität der Sprachspiele Heteronomie: Regeln entstehen aus dem Spiel Verfremdung: Suche nach neuen Spielzügen |
| **Gesellschaftli-che Konse-quenzen** | **Elitekultur** Ausdifferenzierung von spezialisierten Subsystemen Esoterik: Intellektuellen-Hegemonie | **Massenkultur** Öffnung und Interpenetration von Subsystemen Exoterik: Demokratisierung von Wissenschaft/Kultur |

Man sieht: Interfusion, das junge Kind der Postmoderne, ist eine Technik, die sich darauf konzentriert, die *Eigendynamik von Subsystemen* so miteinander in Verbindung zu bringen, daß beide Systeme einen wachsenden oder innovativen Nutzen davon haben. Interfusion ist die gezielte Kooperation von Systemen mit unterschiedlicher Eigendynamik. Interfusion zielt, wie es Bretz benennt, auf die »Eröffnung neuer Welten« durch die »Interpenetration von Subsystemen«.

Interfusion fördert in diesem Sinne die Selbstorganisation und die Freiheit der Konsumenten und Bedarfsträger (statt sie beherrschen zu wollen), weil alle Beteiligten diesen Synergismus als individuellen Vorteil für sich verbuchen können.

Interfusion ist damit ein Kind der kommenden Informations-Gesellschaft, die nicht mehr auf Masse und Materie setzt, sondern auf das *Wachstum von Intelligenz, Individualität und Unterschiedlichkeit.*

Zu den neuen Kompetenzen gehört aber auch ein anderer Umgang mit Zeit. Und den sollten wir uns näher ansehen.

## Interfusion in Japan – das Antenna-System

Japan wird immer modischer. Und das in fast allen Branchen – vom Auto bis zum Computer. Der Abschied von alten Standards und bewährten Traditionen wird *extrem beschleunigt*, und dies besonders durch die Jugend. Damit realisiert sich in Japan genau das, was wir auch schon für Deutschland prognostiziert haben: Aus festen Bedürfnissen werden fließende Bedürfnisse. Das Neue und das Gesättigte schaukeln sich wechselseitig so hoch, daß es zur *Selbstreferenz des Konsums* kommt. Der Trend zur Kinetik-Kultur ist da.

Diese dynamische und zugleich offene Entwicklung hat viele Unternehmen in Japan dazu veranlaßt, das *Antenna-System* aufzubauen. Es handelt sich um Geschäfte und Boutiquen, die genauso aussehen wie normale Geschäfte, aber im Grunde nur ein einziges Ziel haben: den *fluktuierenden Bedarf* mit geringsten Info-Totzeiten zur Marketing-Zentrale zurückzukoppeln. Man will möglichst sofort wissen, was verkaufbar ist, weil nur derjenige es verkaufen kann, der nicht zu spät kommt und nicht zu lange auf einem Angebot beharrt.

Inzwischen sind die Antenna-Shops zu einem festen und bewährten Instrument des japanischen Marketings geworden. Man hat erkannt, daß man mit *klassischer Marktforschung* und strategischer Vorplanung die fluktuierenden Bedarfswellen, die immer kurzrhythmischer werden, nicht erfassen und *per Angebot begleiten kann.*

Inzwischen haben die Antenna-Shops – die ja ein typisches Element der Interfusion sind – auch vom Volumen her eine hohe Leistungsfähigkeit.

Die Supermarktkette DAIEI hat zum Beispiel einen Antenna-Shop mit dem Namen Marche, der an einem Wochenende bis zu *100 000 Mädchen* hinsichtlich ihrer aktuellen Bedarfsstruktur analysieren kann. Die Ergebnisse werden praktisch umgehend an die Zentrale übermittelt. Zugleich ist der Marche-Shop auch so etwas wie ein Forum für *Szenen-Sponsoring*, denn er ist in Harajuku plaziert. Das ist genau das Gebiet, in dem eine bestimmte Teenager-Szene sich trifft und einkauft. Hier ist der Anteil der Szenen-Leader besonders hoch, so daß das, was hier geht, mit hoher Wahrscheinlichkeit in ganz Japan gehen wird.

Wie *JAPANINFO* berichtet, gibt es allein in Harajuku inzwischen rund 30 Antenna-Shops, die alle auf das Kaufverhalten von *Werte-Pionieren* und *Szenen-Leadern* ausgerichtet sind.

Ein anderer Weg ist die Betreuung von Besichtigungs-Besuchern durch die Mitarbeiter. Ein Beispiel: Sapporo Beer aus Japan hat vor kurzem seine neueste Fabrik vorgestellt. Dort werden jährlich 190 000 hl Bier von nur 108 Mitarbeitern produziert. Damit liegt die Produktion viermal höher als bei der Konkurrenz. Ein Viertel der Mitarbeiter betreut die 300 000 Besucher, die jährlich die Fabrik besichtigen, persönlich. Man legt sehr großen Wert auf diese verschmelzende Direktbetreuung der Konsumenten. In den 10 Fabriken von Sapporo Beer werden dieses Jahr eine Million Besucher angestrebt. Die Kluft zwischen Fabrik und Konsument wird so immer kleiner.

Das japanische Markt-Management entdeckt die Bedeutung der Szenen-Leader.

Die neue Zeit-Qualität verlangt vom Markt-Manager die bewußte Organisation von *Experiment und Markt-Risiko.* Dazu ist jedoch eine Unternehmenskultur unerläßlich, die nicht auf Bestrafung, sondern auf Entgrenzung und Wagnis ausgerichtet ist.

Serge Trigano, der Chef des berühmten Club Mediterranée, sagte in einem Interview mit der Zeitschrift *IMPULSE* (12/88): »Wir müssen neuen Trends immer einen Schritt voraus sein.« Und er weist auch darauf hin, daß es wichtig ist, in der »Zone des Verrückten« zu operieren, im Feld des Wagemuts. Er meint, daß der Club Mediterrané nur deshalb zu den spektakulären Erfolgen im Dienstleistungs-Sektor gekommen ist, weil er nicht auf strategische Risiko-Minimierung ausgerichtet ist, sondern *bewußt auf Trial-and-Error*. Man hatte zwar Visionen und vage Hoffnungen, aber im Grunde »kam allen Beteiligten die Idee ein wenig verrückt vor«. Und »der Club war sehr gewagt«. Und »ich würde sagen, nur Mut kreiert die moderne Welt«.

Auch Trigano benutzt die Club-Dörfer als seine Form von Antenna-Shops. Aber er sagt, sie seien im Grunde noch viel mehr: »ständige Laboratorien des Marketings.« In diesen versucht er mit seinen Teams, »jeden Tag etwas Neues auszuprobieren«. Trial-and-Error ist hier zur Pflicht geworden und das auf der Basis einer Kultur, die ganz bewußt auf Risiko ausgerichtet ist.

Trigano spricht wie selbstverständlich von den *Wellen*, die er nutzt. Und das ist ein co-evolutionärer Prozeß. Wenn eine Welle startet, gibt es sie im Grunde noch nicht, ihre Wirkung ist kaum spürbar. Aber in den Club-Dörfern, die er als Laboratorien nutzt, bekommt diese Welle dann ihre erste Darstellungs-Bühne und ihre erste Verwirklichungs-Unterstützung. Der erste Impuls kommt also aus dem sozialen Umfeld. Der Club Med verstärkt diesen Impuls, und so schaukelt es sich wechselseitig hoch.

Genau diese Wellen-Politik führt zur *Tempo-Führerschaft*. Das ist praktizierte Co-Evolution und damit perfektes Verschmelzen und perfektes Mitfließen. Man wartet nicht mehr auf den Massen-Bedarf, sondern entwickelt *viele Fragment-Bedürfnisse*.

Ich habe in meinen Workshops und Beratungen sehr häufig auf diese Wandlungen in Sachen Zeit hingewiesen. Ich habe meinen Gesprächspartnern immer wieder klarzumachen versucht, daß dazu ein besonderer Umgang mit fließenden Zeiten erforderlich ist und daß der moderne Manager ein anderes Glaubensmuster von Zeit aufbauen sollte, um mit den ungleichen Zeiten und der fließenden Dynamik der Zeiten besser umgehen zu können. Meistens habe ich dafür wenig Zustimmung gefunden. Viel zu tief ist das *europäische Zeit-Denken* in uns allen verankert. Und dieses Zeit-Denken basiert auf dem klassischen Zeit-Pfeil, also auf einem linearen Modell von Zeit, und auf einer eigenartigen Annahme der Vernünftigkeit von Zeit, so als gäbe es keine unterschiedlichen Zeiten, was aber inzwischen in der Chaos-Forschung und in der

Physik längst bewiesen ist, und als gäbe es auch keine Zeitsprünge, also keine Überraschungen durch den Faktor Zeit.

Mit anderen Worten: Unser persönliches Glaubensmodell von Zeit projizieren wir auf den Markt, vergewaltigen dadurch den Markt zu einer *Zeit-Vernunft*, die gerade aber komplexe, fragmentierte und instabile Märkte, wie sie heute typisch sind, nicht mehr haben.

Deshalb lohnt an dieser Stelle ein kleiner Ausflug in die neuen Dimensionen eines anderen Zeitbewußtseins:

Wenden wir uns zuerst dem japanischen und dem asiatischen Modell der Zeit zu, denn es ist ja ganz auffällig, daß die Japaner mit dem Phänomen der ungleichen Zeiten und des fließenden Überraschungs-Charakters der Zeit besser klarkommen als die westlichen Nationen, die Zeit viel strategischer und »vernünftiger« auffassen.

Eine der wesentlichsten Säulen des asiatischen Zeitbewußtseins ist das *Zeitmodell des Tao*. Alan Watts hat in seinem Buch »Die sanfte Befreiung« dieses taoistische Zeitmodell, das für Japaner und Chinesen gleichermaßen gilt, beschrieben:

»Unser ganzes Denken baut auf dem Gesetz von Ursache und Wirkung auf. Und eines ist die *Folge* des anderen. Etwas geschieht *jetzt*, weil etwas anderes *dann und dann* geschehen ist.

Aber die Chinesen sinnieren nicht so sehr entlang dieser horizontalen Linie, die von der Vergangenheit durch die Gegenwart zur Zukunft führt; sie gehen *senkrecht* vor, von dem, was an einem Ort jetzt geschieht, zu dem, was sich jetzt an einem anderen Ort ereignet.

Mit anderen Worten, sie fragen nicht, aufgrund welcher vergangenen Ursachen eine Ereigniskette nun abläuft; sie fragen: ›*Was ist die Bedeutung dieser Dinge, die zusammen in diesem Augenblick geschehen?*‹

Das Wort Tao ist die Antwort auf diese Frage. Die gegenwärtige Situation innerhalb und außerhalb von uns selbst ist Tao, *denn der gegenwärtige Augenblick ist das Leben.*

Unsere Erinnerung an die Vergangenheit ist ebenso darin enthalten wie die Möglichkeiten der Zukunft. Kurz gesagt, basiert die Betrachtungsweise auf einer *sehr hohen Einschätzung des Augenblicks.*

Das heißt, daß alle Dinge, die jetzt geschehen, allein deshalb in bestimmter Beziehung zueinander stehen, weil sie zum selben Zeitpunkt aufgetreten sind. Das drückt mit anderen Worten aus, daß es eine Harmonie namens Tao gibt, die alle Ereignisse in jedem Augenblick des Universums in perfekter Ordnung hält.«

Das asiatische Zeitmodell geht also von einem zirkulären und parallelen Konzept der Zeitlichkeit aus. Das befähigt die Japaner, mit unterschiedlichen Zeiten und mit der immer aktueller werdenden *Unlogik zeitlicher Prozesse* besser umzugehen.

Im Westen gab es bisher keine fragmentierten Zeiten. Zeit gab es nur einmal, und das war die Zeit, die von der Vergangenheit über die Gegenwart zur Zukunft fließt. Der berühmte Zeitpfeil des Abendlandes.

Wie Helga Novotny in ihrem Buch »Eigenzeit« schreibt, »fand ein explosionsartiges Heraustreten dieser millionenfachen, bisher geheimgehaltenen *subjektiven Zeiten* in die Öffentlichkeit erst um die Jahrhundertwende statt.« Mit anderen Worten: Im Westen weiß man erst seit wenigen Jahrzehnten, daß unterschiedliche Prozesse auch unterschiedliche Zeiten haben und daß die bisherige europäische Zeitvernunft im Grunde eine unhaltbare Fiktion ist. Es gibt also in unserem kulturellen Raum wenig Background oder gar Training für diese Gleichzeitigkeit von unterschiedlichen Zeiten.

**Wir sind also auf die kommende Zeit-Dynamik mental nicht so gut vorbereitet wie die Asiaten.**

Aber es ändert sich einiges im Zeitbewußtsein des Westens. Ein typisches Beispiel ist CIM und Simultaneous Engineering (SE). Das bedeutet einen Ausbruch aus der organisierten Zeitlinie, wie es zum Beispiel im Taylorismus mit seinen mechanistischen Fließband-Systemen üblich war. Der Westen lernt nunmehr, die unterschiedlichen Zeiten *parallel* zu managen. Und er lernt auch von den Japanern die Überlegenheit aller Just-in-time-Konzepte.

Des weiteren wurde die *Selbstreferentialität* als neues Modell des kontinuierlichen offenen Werdens von der Wissenschaft eingeführt, so zum Beispiel von Ilya Prigogine, Humberto R. Maturana, Erich Jantsch und anderen Vordenkern des neuen Paradigmas. Auch dadurch verändert sich das globale Zeitbewußtsein des Westens, denn Selbstreferentialität – das bedeutet, daß alles aus sich heraus und nur durch sich selbst zur Entwicklung kommt. Damit wird es dem Westen leichter, die Unterschiedlichkeiten von Zeiten zu begreifen und die völlig unterschiedlichen Zeit-Dynamiken von Prozessen wahrzunehmen und letztlich auch zu managen. Das neue Paradigma, das jetzt im Westen mehr und mehr entsteht, löst die klassische Zeitvernunft des Abendländers auf.

Ein anderer Impuls ist die *Kinetik*. Der Westen entwickelt ein zunehmend bejahendes Gefühl für die Beschleunigung der Zeit. Besonders die Jugend und hier wiederum besonders die *Hyper-Realisten* trennen sich vom hypnotisch-starren Blick auf die Zukunft. Für sie gibt es *viele Zukünfte*. Und je mehr Zukünfte es gibt, um so kinetischer wird das allgemeine Zeitgefühl. Und das bedeutet wiederum, daß die Gegenwart immer länger, immer intensiver und immer wichtiger wird. Man spricht in der Kinetik deshalb von *verlängerter Gegenwart*.

Jetzt-Zeit und Eigenzeit werden damit zu aktiven Instrumenten für die Herstellung unterschiedlicher Zukünfte. »Nicht mehr in der Zeit, sondern *durch die Zeit* vollzieht sich dann die Geschichte. Die Zeit wird dynamisiert zu einer Kraft der Geschichte selbst.« So schreibt Reinhart Koselleck in seinem Buch »Neuzeit, Zur Semantik moderner Bewegungs-Begriffe«.

Konsummuster, Lebensstile, kollektive Emotionen und Werte-Verschiebungen bekommen damit ihre eigene Zeitlichkeit. Und diese Eigenzeit wird funktional. Damit koppeln sich die Zeiten geistiger und sozialer Prozesse (beispielsweise Werte und Orientierungsmuster) immer mehr ab von den Zeiten des Marktes. Das führt zur *Eigenzeit des Geistigen*. Deshalb gilt für das kommende Markt-Management der Interfusion:

① Das Geistige des Marktes koppelt sich vom Markt ab und wird das energetische Feld, aus dem neue Orientierungen vor dem eigentlichen Bedarf des Marktes geformt werden.

② Das gemeinsame Geistige hat eine eigenständige Dynamik seiner Zeit. Diese ist nicht identisch mit den Zeiten des Marktes und der Bedürfnisse.

Interfusion benötigt deshalb neue Planungs-Instrumente, die darauf ausgerichtet sind, im Raum des Geistigen unterschiedliche Zeiten zu managen. Dafür wiederum ist ein grundsätzlich anderes Zeitbewußtsein erforderlich.

## Vom Chaos lernen

Das *neue Zeitbewußtsein*, das jetzt im Westen entsteht, wird auch stark geprägt durch die moderne *Chaos-Forschung*. Es lohnt vielleicht deshalb ein Blick auf deren wichtigste Postulate:

228

Das alte Modell der Physik glaubte, daß alles einmal in Ordnung war und daß durch den Lauf der Zeit alles in Unordnung geriet. Aus der Ordnung folgte zwangsläufig Unordnung. Und diese Unordnung wurde als Chaos definiert. Deshalb war das bisherige Glaubensmuster des Westlers, daß Chaos und Unberechenbarkeit Prozesse der Entordnung und damit gefährliche Prozesse sind.

Die moderne Chaos-Forschung dagegen geht davon aus, *daß Ordnung immer aus Chaos entsteht* und daß eine wirkliche Ordnung ein statistischer Sonderfall und im Prinzip gegen alle Wahrscheinlichkeit ist. Die Erkenntnisse der neuen Naturwissenschaft zeigen, daß Chaos im Prinzip eine *höhere Form von Ordnung* ist und daß die Evolution permanent mit Trial-and-Error und unterschiedlichen Shifts und Drifts operiert. Die neue Chaos-Mathematik, die sich entwickelt hat, ist deshalb die Mathematik des *positiven Zufalls*. Zufall und Notwendigkeit zusammen ergeben für alle Prozesse des Lebens Freiheit und Sinn.

*Ordnung durch Fluktuation*, das ist das neue Motto der Chaos-Forschung. Also ein prinzipielles, warmes Ja zu Instabilität und Fluktuation. Nur durch Fließ-Prozesse und Mitfließen kann man immer in der Ordnung sein, die jedoch nur eine zeitliche Ordnung und keine feste Ordnung ist.

Wie einer der führenden Chaos-Forscher in Deutschland, Heinz-Otto Peitgen, betont, erkennt man in der Naturwissenschaft immer mehr, daß zahlreiche Phänomene »trotz strengem Determinismus prinzipiell nicht berechenbar sind«. Diese *Unberechenbarkeit* ist die jetzt immer mehr sichtbar werdende »Ordnung im Chaos«. Wenn aber Märkte gekennzeichnet sind durch wachsende Komplexität bei gleich wachsender Instabilität, dann hört die Zeit auf, in der mit Festigkeiten und Berechenbarkeit operiert werden kann. Dann sterben die festen Zielgruppen, die »ewigen Typologien« und die langfristigen intelligenten Strategien. Halten wir deshalb fest:

- Das Markt-Management der Zukunft wird Unberechenbarkeit managen.

- Das Markt-Management der Zukunft wird Zeit als Wettbewerbsfaktor nutzen.

- Das Markt-Management der Zukunft wird Fluktuationen organisieren zugunsten der angestrebten Tempo-Führerschaft.

- Diese Fluktuationen kann man nur managen, wenn man vor dem Bedarf und in den Eigenzeiten operiert.

## Das Zeit-Verhalten der Japaner ist wirklich anders

Die Japaner praktizieren einen sehr plastischen und prozessualen Umgang mit Zeit. Typisch dafür sind etwa die Aussagen des Sony-Chefs Akio Morita. In einem Interview mit dem *SPIEGEL* (48/89) beschrieb er einige der typischen japanischen Zeit-Strategien. Zusammengefaßt haben sie folgende Struktur:

① *Langer Mut*

Hier wird ein bewußt langer Zeithorizont mit Durchhalte-Charakter eingesetzt. Das ist die *visionäre Dimension*. Morita dazu: »Wir planen mindestens 10 Jahre voraus.« Er meint, daß die USA durch ein besonders kurzsichtiges Management gekennzeichnet sind: »In den USA muß jede Firma in jedem Quartal alle Details über Umsatz, Gewinn usw. bekanntgeben. Wenn das Ergebnis des Quartals-Berichts ungünstig ausfällt, sinkt der Aktienkurs, und das Management wird entlassen. Deshalb bemüht sich das Management dauernd um kurzfristige Profite. Es kauft sogar Produkte von anderen Firmen ein, um sie mit Profit wieder zu verkaufen. Es investiert nicht genug in die Forschung.«

② *Flexible Wege*

Das ist die *Trial-and-Error-Dimension* der Japaner. Hier geht es um einen experimentellen Umgang mit Problemlösungen und Zeit. Je fester die Wege sind, um so gefährlicher.

③ *Kurze Zeiten*

Das ist die *Dimension der Dezentralisierung* der Entscheidungs-Prozesse. Auch die meisten amerikanischen Multis haben inzwischen erkannt, daß Flexibilität nur möglich ist in Verbindung mit Macht-aufteilung. Die alten Hierarchien können nicht flexibel werden. Kurze Zeiten verlangen flache Hierarchien in Verbindung mit Heterarchien (Netzwerke).

④ *Multi-Konzepte*

Das ist die *Dimension der Anpassung* an Überraschungen und Unkenntnis. Sony operiert zum Beispiel auf der ganzen Welt mit sehr unterschiedlichen Produkten und Sortimenten. In den unterschiedlichen Ländern kommt es dadurch zu unterschiedlichen Präferenzen, Sättigungen und Zeit-Prozessen. So kann man die Unstimmigkeit zwischen den Zeit-Prozessen, die international immer deutlicher wird, gleichermaßen bedienen.

Betrachtet man diese Dimensionen zusammenfassend, so erkennt man, daß das asiatische Denken viel besser gerüstet ist für den Umgang mit unterschiedlichen Zeitlichkeiten in Verbindung mit Trial-and-Error-Verhalten auf Basis bewußter Multi-Konzepte.

In diesem Zusammenhang schrieb ich in RADAR für TRENDS folgendes Editorial:

## Die Japaner kommen:
## Wann kommt der Wandel
## unserer Denk-Strategien?

Überall in Europa ist ein wachsender Trend zu beobachten: die *Angst vor den Japanern*. Noch ist dieser Trend kein brennendes Feuer, aber er könnte schon in den nächsten Jahren hysterische Ausmaße annehmen. Warum? Weil dieser Trend den üblichen Rahmen des internationalen Wettbewerbs deutlich sprengt. Denn in den neunziger Jahren wird man nicht nur mit Waren gegeneinander kämpfen – da sind die Deutschen ohnehin recht gut –, sondern mit der *Qualität des Denkens*.

Ich habe in meinem Buch »Die Trends für das Jahr 2000« darauf hingewiesen, daß es zu einem Kampf des westlichen Denkens gegen das asiatische Denken kommen wird. Der Kampf wird diesmal mit *geistigen Waffen* gekämpft und nicht mit Waren.

Die Tatsache, daß die japanischen Konzerne – wie der STERN kürzlich richtig schrieb – dabei sind, den *EG-Markt zu erobern*, wird diesen Kampf des Geistes so richtig akut machen.

Zwar übertreibt der STERN, wenn er meint, daß die »Europäer, ganz voran die Deutschen, dem neuen Boom aus Fernost hilflos gegenüberstehen«, aber eines ist dennoch klar: Im *Feld des Geistigen* sind wir bei weitem nicht so gerüstet, wie es für eine der größten Export-Nationen der Welt nötig wäre.

Werfen wir zuerst einmal einen schnellen Blick auf einige Fakten der Japan-Offensive: Wie wir kürzlich geschrieben haben, schickt sich Japan an, nun auch im *Dienstleistungs-Bereich* weltweite Vermarktungs-Strategien vorzubereiten. Über unser Tokio-Radar haben wir gerade jetzt wieder aktuelle Informationen bekommen, die deutlich signalisieren, daß zum Beispiel im Touristik-Bereich, im Pop-Sektor und in allen Sparten des Convenience-Service eine Offensive der Japaner vor der Tür steht. Im *Bank-Busineß* machen sich die Japaner ebenfalls sehr breit. Im *Pharma-Sektor* und im *Beauty-Sektor* stehen sie vor knallharten Offensiven. Parallel kaufen sie sich auch in die rentablen *Versicherungs-Konzerne* Europas ein. Geld genug haben sie. Die »Kriegskassen« sind viele hundert Milliarden Mark schwer.

Es gibt fast keine Branche mehr, die wirklich von Natur aus, das heißt per *Kilometer-Distanz*, vor den Japanern geschützt zu sein scheint. Die Zeit geht ganz eindeutig zu Ende, in der die Japaner uns nur mit Chips und Walkmen ärgerten. Inzwischen errichten die Japaner fleißig *Fertigungsstätten* für unterschiedlichste Produktbereiche in den EG-Staaten. Viele Kommunen und Politiker reißen sich geradezu um diese japanische Integration. Extrem *hohe Subventions-Zusagen* sollen den Japanern ihre Offensive erleichtern. Man zahlt bis zu 20 Millionen Mark, damit die Japaner ihre Montagehallen möglichst im eigenen Distrikt errichten.

Das wird mit Sicherheit nicht nur in der *Automobil-Branche* zu *eklatanten Überkapazitäten* führen, sondern es wird auch die Industrie-Politik der unterschiedlichen EG-Staaten negativ beeinflussen. Insgesamt werden die Japaner zum Beispiel bis Mitte der neunziger Jahre rund eine halbe Million Autos in der EG fertigen. Das ist das Fünffache der Menge vom vergangenen Jahr. Es ist klar, daß hier die Subventions-Egoismen der Nationen und Gemeinden heftig mit der EG-Harmonie auf Konfliktkurs laufen werden.

Dieser kurze Blick auf neuere Entwicklungen zeigt, daß die Japaner in einem Punkt ganz deutlich weiter sind als wir: Sie haben sich von der *klassischen Export-Strategie* längst verabschiedet. Sie haben den neuartigen Trend früher erkannt und konsequenter genutzt: Es gibt keinen Exportmarkt mehr. *Die ganze Welt ist ein einziger Markt.* Deshalb setzen sie so geschickt und anpassungsfähig auf Integrations-Strategien. Wenn man sich die deutschen Unternehmen anschaut – besonders den Mittelstand –, dann erkennt man, daß hier von einer weltweiten Integrations-Politik noch nicht viel zu sehen ist.

Aber das hat nicht nur etwas mit Geld zu tun und auch nicht mit internationalen Kompetenzen. Geld hat die deutsche Wirtschaft auch. Und die

Japaner haben mehr Sprach-Schwierigkeiten und mehr Kultur-Barrieren als wir. Was wirklich entscheidend ist, ist die andere Geistigkeit der Japaner. Ihr *zirkulärer*, auf Fließen und Integration ausgerichteter Geist und ihr *ideales Bewußtsein für offene Entwicklungen* befähigen sie zu dieser Welt-Integration.

Deshalb stehen wir nicht vor einer japanischen Geld-Offensive, sondern vor einer einzigartigen und hochgefährlichen geistigen Herausforderung.

Ich habe seit ungefähr fünf Jahren wiederholt darauf hingewiesen, daß es zu einem *deutschen Problem* kommen wird im Raum des Geistes. Die Art, wie wir denken, und das, worauf wir stolz sind im Rahmen unseres Denkens, das alles stimmt nicht mehr so recht. Es paßt nicht mehr in die veränderte Landschaft des Welt-Busineß. Das, was uns bisher stark gemacht hat, wird nunmehr zu einem existentiellen Hindernis. Warum?

Im Raum des Geistes geht es um mehrere Dimensionen. Die wichtigste Dimension ist die *Fähigkeit zur Auflösung falscher Muster* und zur Überwindung unzeitgemäßen Bewußtseins. In Deutschland herrscht hier ein *eigenartiger Zynismus* vor.

Wer Neues vorschlägt, um Altes zu überwinden, muß zuerst einmal eine Art Spießrutenlauf überstehen, bevor man ihn – meistens zu spät – zu akzeptieren beginnt.

Der Meta-Wert der Deutschen ist auf *Disziplin* und *Präzision* ausgerichtet. Das mag gut sein für die Technokratie, zum Beispiel für Werkzeugmaschinen. Und da sind wir ja auch weltweit führend. Aber das ist genau die *falsche Innen-Ausstattung* für den Wettbewerb des Geistes.

Da gibt es eine neue Befragung von Kienbaum Management Consultants, die dieses Negativum eindrucksvoll belegt. Die meisten Top-Manager und Inhaber sind der Meinung gewesen, sie und ihr Unternehmen wären innovativ und hätten ein *innovationsfreudiges Klima*. Die für Innovation zuständigen Forscher, Planer und Entwickler dagegen sehen das knallhart anders: 67 Prozent halten ihre Unternehmen für geradezu innovationsfeindlich: *Kreative Freiheit wird selten geduldet*. Die mentale Selbstorganisation, die eigentliche Basis aller kreativen Prozesse, wird meistens durch *altmodische Kaderdisziplin* zerstört. Und die Fähigkeit, Unternehmenskulturen so zu formen, daß Kreativität zur Pflicht wird, ist fast kaum gegeben.

Rolf Berth, der diese Studie als Autor erarbeitet hat, drückt es deutlich aus. Für ihn hat die Mehrheit der untersuchten Firmen keine geistigen und sozialen Instrumente entwickelt, um in den *Zeiten beschleunigten Wandels* eine beschleunigte Innovation auf hohem Qualitäts-Niveau managen zu können. Im Gegenteil: Die Studie hat gezeigt, daß das Management mehrheitlich »eine *beunruhigende Unfähigkeit* im Umgang mit kreativen Mitarbeitern« aufweist.

Besonders die Vorstände scheinen hier in einem dicken *Nebel des Selbstbetrugs* zu operieren. 85 Prozent sahen in Innovationen das oberste und wichtigste Ziel. 96 Prozent gaben an, daß die Pflege der innovativen Mitarbeiter eine hohe Priorität habe. Die Realität aber ist ganz anders. Befragt man die Mitarbeiter, so zeigt sich sehr schnell, daß rund 60 Prozent Nachteile gehabt haben, weil sie kreative Vorschläge entwickelt haben. *Kreativität gefährdet die Karriere.*

Da zeigt sich wieder die falsche Geistigkeit: Wer neue Wege entwickelt, läuft aufgrund der falschen Kaderdisziplin Gefahr, seine Position zu gefährden. Je kreativer ein Mitarbeiter oder ein Team, um so negativer können die Sanktionen sein, die offenen oder heimlichen Bestrafungen.

Analysiert man die wirklich kreativen Mitarbeiter, dann erkennt man, daß sie *andere Werte leben*, wesentlich weniger rational denken und auf authentische Herausforderungen programmiert sind. Diese Kreativen passen deshalb nicht in die genormten, hierarchischen Organigramme. Und sie passen schon gar nicht zu dem *gepflegten Konservativismus*, der immer noch in den deutschen Top-Etagen zelebriert wird. Der graue Flanell will nicht weichen.

Auf der anderen Seite hat eine Studie des Instituts der Deutschen Wirtschaft (IW) kürzlich noch einmal das bestätigt, was ich des öfteren prognostiziert habe: *Wir leben in einer kinetischen Zeit.* Der Tempo-Wettbewerb zwingt uns, immer schneller und immer originärer Neuheiten in den Markt zu bringen. Die Studie hat ermittelt, »daß sich die *Lebenszeit eines Produktes* künftig weiter verkürzt, gleichzeitig die Entwicklung neuer Produkte aber erheblich teurer wird«. Das bedeutet im Klartext:

Wir brauchen eine völlig andere mentale Einstellung zu Brüchen, Transformation, Innovation und außerordentlichen Querdenkern. Das ist ein mentales Problem. Ein Problem der Meta-Programmierung unseres Gehirns und der Meta-Formung unserer *Busineß-Kultur*. Warum? Man kann dieses offensive Ja zur Kreativität, das eigentlich nötig wäre in Deutschland, nur entwickeln, wenn man ganz grundsätzlich das *Unbe-*

*kannte*, das Riskante, das Dissipative (Prigogine) und damit das Konstruktiv-Chaotische lieben gelernt hat.

Es gibt eine internationale Studie über die Meta-Werte unterschiedlicher Nationen. In Deutschland herrscht – wie gesagt – der Meta-Wert Disziplin und Präzision vor. In Japan Anpassung und Konsens. In Amerika Initiative und Kreativität.

Betrachtet man diese »Werte über den Werten«, dann wird schnell klar, daß *Transformation und Innovation*, die neue Basis für den geistigen Kampf zwischen Deutschland und Japan, von uns überhaupt nicht geliebt werden können, solange unsere Busineß-Kultur auf Disziplin und Präzision ausgerichtet ist.

Solange wir in Deutschland die Unternehmenskultur mißbrauchen, um die alten Disziplin-Werte lediglich ein bißchen »anzusoften« – was derzeit der Fall ist –, so lange werden die Innovations-Prozesse, die ja immer stärker von der Mitarbeiter-Basis nach oben entwickelt werden müssen, kaum effizient stattfinden. Bei den heute überwiegend vorzufindenden *rigiden Unternehmenskulturen* können die Kreativen im Prinzip nur die Verlierer sein. Wer in so einem Umfeld wirklich kreativ ist, läuft Gefahr, dafür bestraft zu werden, »daß er Geld ausgibt« (Ackerschott).

Berth und seine Mitarbeiter haben die Innovations-Leistung der Unternehmen zwischen 1973 und 1988 überprüft. Das ist der Zeitraum, in dem *angeblich eine Art Wertewandel* im deutschen Busineß stattgefunden hat und in dem angeblich viele Unternehmen umgeschaltet haben von harten Strategien auf *sanftes Management*, zum Beispiel Führen durch Unternehmenskultur.

Viele glauben, es hätte tatsächlich so etwas wie diese Trendwende zu einer besseren Geistigkeit gegeben. Die Kienbaum-Studie jedoch beweist genau das Gegenteil: *Die Innovations-Aktivität pro Umsatzmark geht zurück.* Die Rate der Flops ist annähernd gleichgeblieben. Sowohl die Qualität als auch die Quantität der Innovationen ist nicht besser geworden, sondern schlechter.

Ganz offensichtlich war der bisherige Trend zum sanften Management nur ein zaghafter *Pseudo-Schritt*. Das alte Denken hatte sich ein bißchen angepaßt. Eine wirkliche Transformations-Kultur, die Veränderungen belohnt und geistigen Mut systematisch unterstützt, hat sich aber nicht entfalten können. Wenigstens nicht in den achtziger Jahren. Das alte

Kadersystem mit all seinen Repressionen und *konservativen Sackgassen* herrscht immer noch vor.

Diese Konstellation ist deshalb so problematisch, weil das *Selbstbild des Top-Managements* der neuen Problematik überhaupt nicht gerecht wird. Zwar jammern die großen Bosse, von Edzard Reuter bis Eberhard von Kuenheim, über die unfairen Offensiven der Japaner im Rahmen der EG, aber sie sehen die Schuld eben nur bei den Japanern.

In der Tat sind diese sehr häufig unangenehm tricky und bewußt unfair (wie ich einmal geschrieben habe, werden die Japaner mit hoher Wahrscheinlichkeit gegen Ende der neunziger Jahre ein erbärmliches Prestige in der Welt haben).

Aber im Grunde geht es nicht um die Japaner. Sie sind zwar der Anlaß, umzudenken, aber sie sind nicht der eigentliche Buhmann. Die eigentlichen Problem-Verursacher sitzen in den Chef-Etagen selbst.

Sie, die zuständig sind für Unternehmenskultur, Human-Ressourcen, Zukunfts-Formung und Kreativität, sie sehen ihre eigene Fehlleistung nicht: die Verweigerung, auf echte, humane Führung umzuschalten. Die Verweigerung, offene, dissipative Unternehmenskulturen aufzubauen. Die Verweigerung, vom Kadersystem zur Selbstorganisation umzuschalten. Die Verweigerung, Kreativität tiefgreifend auf Partizipation aufzubauen.

Statt dessen gibt es ebendieses *heroische Selbstbild*, sogar dann, wenn es um Innovationen geht. Man muß sich das einmal vorstellen: Man kommt heutzutage nur dann ganz nach oben, wenn man seine Kreativität taktisch eingesetzt hat und nicht originär. Wie Presthus und andere Forscher analysiert haben, verlangt die Unternehmens-Hierarchie eine *Anpassungs-Kreativität* und keine Wagnis-Kreativität. Wer den Weg nach oben gefunden hat, hat über viele Jahre und Jahrzehnte eine Kreativität gezüchtet, die unfähig ist, im geistigen Raum das Unbekannte zu formen.

Aber genau die, die nun oben sind, sehen sich zumeist genau im Mittelpunkt der Innovations-Politik. Sie lassen zwar oft Innovationen vom Middle-Management entwickeln, aber die eigentlichen Impulse und *Entscheidungen* wollen sie selbst in der Hand behalten. So nach dem Motto, wer das Risiko trägt, muß die endgültigen Entscheidungen über Innovationen fällen.

Jan-Peter Eichhorn, ein junger Betriebswissenschaftler, hat hierzu kürzlich eine Studie vorgelegt, Titel: *Innovation und Risiko*. Das beschämende Ergebnis: Sehr, sehr häufig ist gerade das Top-Management der eigentliche Produzent von Flops und Ursache für mangelnde Wettbewerbsfähigkeit. Warum?

Viele Top-Manager haben eine *viel zu große emotionale Distanz zum Markt*, zum sozialen Umfeld also. Zugleich haben sie aber eine viel zu emotionale, ja *narzißtische Nähe zu den eigenen Ideen* und zu ihrem Produkt. Und genau diese Mischung führt häufig zum eklatanten Mißerfolg.

Eichhorn dazu: »Je fester diejenigen, die über Chancen und Risiken eines neuen Produktes zu entscheiden haben, an das Produkt glauben, um so weniger sind sie in der Lage, dessen Chancen und Risiken unvoreingenommen einzuschätzen.«

Man erkennt schnell, wo der Pferdefuß liegt: Das Top-Management hat sich fast immer abgekoppelt vom sozialen Umfeld, den unterschiedlichen Fragmenten unserer Gesellschaft, den Subkulturen und den *vielfältigen Szenen*, die heute die Konsumwerte von morgen prägen. Die Business-Elite ist zwar eine eigene Szene, aber sie läuft Gefahr, in einem *sterilen Illusions-Raum* die eigene Welt mit der wirklichen Welt zu verwechseln. Und wenn dann noch das heroische Selbstbild dazukommt, dann läuft alles in Richtung Flop-Gefahr.

Die japanische Herausforderung zwingt uns also zu einer grundsätzlichen Neuorientierung in Sachen Innovation. Damit wird eine neue Etappe im Management sichtbar: *Die Praxis der mentalen Programmierung verbindet sich mit der Pflege der Unternehmenskultur.*

Man könnte es auch anders formulieren: Vor uns steht die Qualifizierung der Unternehmenskultur. Und diese nächste Etappe kümmert sich *nicht nur um die soziale Seite der Kultur*, zum Beispiel die Aktivierung positiver Sozial-Energie, sondern nunmehr erstmals auch um die geistige, mentale Seite.

Damit wird eine neue Dimension zum Stichwort Unternehmenskultur sichtbar. Es reicht in den neunziger Jahren mit Sicherheit nicht mehr aus, lediglich das soziale Klima im Unternehmen zu verbessern. Der nächste Schritt zielt auf das, was man den *kollektiven Geist* nennt: die Verbesserung der mentalen Essenz innerhalb der Unternehmenskultur. Und genau das ist die Aufgabe des Top-Managements.

Bisher war Unternehmenskultur überwiegend im Middle-Management plaziert. Das war im Prinzip richtig. Die mentalen Essenzen benötigen jedoch den direkten und kontinuierlichen Einsatz des Top-Managements. Es ergibt sich also für die Inhaber, Direktoren und Vorstände eine neuartige Aufgabe, wenn sie begriffen haben, daß die nächste Epoche des internationalen Wettbewerbs ein *Wettkampf des Geistes* ist.

Zu dem kollektiven Geist, der nunmehr in die Unternehmenskultur einfließen sollte, gehören so vielfältige Dinge wie das Zeit-Konzept eines Unternehmens, Visionen und fließende Zukunfts-Kontexte. Am allerwichtigsten jedoch ist die Dimension, zu der uns nun die japanische Offensive mit aller Wucht zwingt: der Aufbau eines Meta-Programmes für die *Qualifizierung des Entlernens.*

Das ist die Königsaufgabe für die obersten Chefs, wenn man im Weltmarkt erfolgreich und den Japanern überlegen sein möchte, was durchaus möglich ist. Dann heißt es:

**Das Unternehmen auf eine andere Denk-Konzeption umzuschalten: vom linearen Denken zum zirkulären Denken.**

Halten wir an dieser Stelle nochmals fest:

**Das japanische Denken ist zirkulär. Und aufgrund der weltweiten Turbulenzen und der wachsenden Komplexität ist es dem westlichen linearen Denken überlegen. Es schlägt das rationale, lineare und strategische Denken der Europäer, weil es ein Denken in den Kategorien des Fließens ist.**

**Aber inzwischen hat sich im Westen ein völlig neuartiger und epochaler Trend breitgemacht: das westliche zirkuläre Denken. Das ist ein Denken in Selbstreferentialität. Motto: Alles geschieht nur aus sich heraus, durch sich selbst. Ende der klassischen Ursache-Wirkung-Logik. Der Westen lernt in den Kategorien des Werdens zu denken.**

**Das neue selbstreferentielle Denken ist dem klassischen zirkulären Denken der Japaner überlegen: Das »fließende Denken« der Japaner ist dem neuen, »werdenden Denken« des Westens unterlegen.**

**Wenn man die Japaner schlagen möchte, dann verlagert sich der Wettkampf auf das Feld des Geistes und auf die Instrumente des Denkens. Voraussetzung ist die Fähigkeit des Top-**

**Managements, das neuartige, selbstreferentielle Denken zu begreifen, zu trainieren und in die Unternehmen einzuführen.**

**Die Überlegenheit des Westens ist abhängig davon, ob die Eliten des Westens das neue Denken des Westens nutzen können.**

Im Grunde haben wir folgende Situation: Die Japaner operieren mit dem klassischen zirkulären Denken und erzielen dadurch eine ungeheure *Anpassungs-Flexibilität*. Die meisten Unternehmen in Deutschland, wenn nicht sogar alle, operieren noch mit der klassischen *europäischen Rationalität*, wie sie typisch für das strategische Denken ist. Das neue, selbstreferentielle Denken ist zwar im Westen da, aber es feiert derzeit *nur in der Wissenschaft* wahre Triumphe.

Es geht nun darum, möglichst früh dieses neue Denken des Westens von der Wissenschaft in den Alltag des Busineß hineinzutragen. Daß es diesen Trend gibt, sieht man daran, daß in den Fachzeitschriften seit ungefähr einem halben Jahr verstärkt Fachartikel auftauchen, die sich über neues Denken, laterales Denken, *ganzheitliches Denken* und vernetztes Denken auslassen. Das Busineß beginnt also über seine eigenen Denk-Strategien nachzudenken.

Maturana hat einmal gesagt, es sei ein Skandal, daß es ein *Denk-Verbot* gibt, über das Denken nachzudenken. Ganz offensichtlich hat die Wirtschaft nun erkannt, wie schädlich dieses Denk-Verbot ist.

Immer mehr Berater, Manager und BWL-Professoren weisen deshalb in ihren Publikationen darauf hin, daß Denk-Strategien eine Art Meta-Programm für alle kreativen und planerischen Aktivitäten sind. Wenn man zum Beispiel zirkulär denkt im Sinne der Japaner, dann erhält man automatisch hochqualifizierte *Konzepte für Anpassungen*.

Wenn man zum Beispiel rational-linear denkt, dann erhält man automatisch *Konzepte für Optimierungen*.

Wenn man aber selbstreferentiell denkt, dann erhält man automatisch *Konzepte für Entlernen und Erfinden*. Und genau darum wird es in den neunziger Jahren gehen: sich schneller von sich selbst zu trennen und früher das zu erfinden, was noch nicht notwendig ist.

Wir haben gesagt, daß dieser neue Trend des *Wechselns der Denk-Strategien* in erster Linie ein Top-Management-Problem ist. Also Chef-Sache.

Nun wissen wir alle, daß Unternehmer und Vorstände ausgesprochen *selten zu Seminaren gehen*. Dort findet man meistens das Middle-Management. Dort wird auch am meisten geschult.

Woher sollen nun die Eliten das neue, selbstreferentielle Denken erfahren und trainieren? Aus Büchern? Es ist das Eigenartige am selbstreferentiellen Denken, daß man es nicht theoretisch lernen kann. Alles Neue, zum Beispiel CIM, vernetzte Logistik, Interfusion und was es sonst noch so alles gibt, kann man lernen, indem man es liest. Jeder Fachartikel ist dafür gut. Jedes Buch ist dafür gut.

Aber das selbstreferentielle Denken verschließt sich dem theoretischen Begreifen. Man kann es *nur per Erlebnis lernen*. Und man kann es nur entdecken, indem man sich persönlich »eingibt«.

Im Prinzip ist das neue, selbstreferentielle Denken eine Mischung aus einer Meta-Programmierung des privaten Bewußtseins in Verbindung mit kreativen Zukunfts-Szenarien. Und genau diese Mischung ist es, die dem klassischen japanischen Denken überlegen ist.

Unsere Trend-Signale zeigen deutlich, daß gerade die japanischen Großunternehmen nunmehr sehr viel Geld und Zeit investieren, um im oberen Management die persönlichen Denk-Strategien zu verbessern. Honda beispielsweise ist hier vorbildlich. Es ist eigenartig, daß in den deutschen Großunternehmen noch kein Gedanke dafür verwendet wird, wie unsere wichtigste Wettbewerbs-Waffe, nämlich die *Qualität des Denkens*, zeitgemäß verbessert werden kann.

Der wohl wichtigste Wissenschaftler in Sachen Denk-Strategien ist der deutsche Psychologe Dietrich Dörner. Er hat kürzlich in einem Interview in *PSYCHOLOGIE HEUTE* darauf hingewiesen, daß die meisten Menschen *permanent Denkfehler machen*. Trotzdem haben wir eine Scheu davor, unsere Denk-Programme zu qualifizieren.

Für Entscheider im Busineß ist es zum Beispiel wichtig, daß man Forschung nicht mit Prognose verwechselt, was meistens im Management gemacht wird. Nach Dörner sind Forschungen lineare Verlängerungen von Entwicklungen in die Zukunft. Prognosen dagegen sind Einsichten in System-Funktionen.

Man kann die Zukunft nur »einsehen«, wenn man bereit ist, sie zu entwerfen. Denn eigentlich gibt es keine fertige Zukunft. Wir erhalten nur diejenige Zukunft, an die wir glauben, weshalb wir sie selbst erfinden. Die Technik, die hierzu nötig ist, lautet *erfindende Szenarien*. Und genau das ist es, was gerade das Top-Management unter dem Stichwort Selbstreferentialität üben müßte: das Erfinden alternativer Zukünfte, um seine eigene Determiniertheit wegzuprogrammieren!

Fazit:

- **Wir brauchen transformatorische Unternehmenskulturen, in denen Kreativität zur Pflicht wird und nicht Anpassung.**

- **Wir brauchen ein Training in selbstreferentiellem Denken, besonders im Top-Management.**

## Wenn sich Märkte umpolen auf Dauer-Turbulenz

Noch vor wenigen Jahrzehnten waren die meisten Märkte gekennzeichnet durch langsame Veränderungen und durch seltene Fluktuationen und Turbulenzen. Inzwischen hat sich die Lage entscheidend geändert. Die Märkte sind in einer *Dauer-Turbulenz*, und Stabilität ist inzwischen eindeutig die Ausnahme.

Nun muß man aber sehen, daß das klassische Marketing-Konzept in einer Phase entwickelt worden ist, in der Märkte durch relative Stabilität gekennzeichnet waren. Insofern ist das Instrumentarium des Marketings auch ein Instrumentarium zur Nutzung von Stabilität und zur Steuerung von Zielprozessen in relativ stabilen Konstruktionen. *Das alte Marketing ist ein Kind der Stabilitäts-Epoche.*

Inzwischen haben die Märkte aber umgeschaltet auf permanentes Werden und permanente Veränderung. Jetzt gilt, was Luc Ciompi in seinem Buch »Außenwelt/Innenwelt« geschrieben hat: »Was im Gleichgewicht ist, das *ist.* Und was nicht im Gleichgewicht ist, das *wird*, das heißt, das verändert sich.« Märkte in Turbulenz sind Märkte, die gekennzeichnet sind durch *offenes Werden.* Deshalb sind es Märkte des Ungleichgewichts.

Interfusion braucht also ganz im Gegensatz zum klassischen Marketing ein Instrumentarium, das vom Ungleichgewicht ausgeht und das Prozesse steuert in Räumen turbulenter Zeit-Verläufe.

Die Konsequenz daraus:

**Interfusion ist in erster Linie darauf ausgerichtet, Zeiten zu managen.**

Wie Ciompi weiter ausführt, entsteht Zeit nur aus Veränderung. Wer also Zeit managen möchte, muß Veränderungen begrüßen und gestalten können.

Ganz im Gegensatz dazu steht der Raum. Raum ist das Unveränderliche, in dem die zeitschaffende Veränderung stattfindet. Der Raum wird aufgefaßt als »Rahmen der Zeit«.

Daraus erkennt man, wie wichtig es für das kommende Markt-Management ist, sich konsequent auf das neue Zeitmodell, das jetzt entsteht, einzulassen. Deshalb ist es wichtig, die Zeit »managen zu können«. Das geht aber nur, wenn man die *Ordner* (Hermann Haken) der Zeitprozesse kennt und die *Attraktoren* von offenen Fließ-Prozessen.

Attraktoren sind »stabilere Zustände, auf welche alle komplexen Entwicklungen in nichtlinearen Systemen von verschiedensten Ausgangs-Konstellationen aus zusteuern« (Ciompi).

Es geht also darum, daß wir nicht Opfer des offenen Werdens im Rahmen turbulenter Umfeld-Bedingungen werden. Aber genau das fürchten viele Planer, wenn sie sagen: »Interfusion und Mitfließen bedeutet im Chaos versinken.« Wer so denkt, weiß nicht, daß es auch in fließenden Zeitprozessen immer so etwas gibt wie Ordner. Und auch so etwas wie Attraktoren.

Ordner sind zum Beispiel Soft-Signals oder Weak-Signals, also Früherkennungs-Signale von kommenden Bewußtseins-Strömungen, weil Bewußtseins-Entwicklungen immer vor den Lebensstilen und erst recht vor dem späteren Bedarf plaziert sind. Das Bewußtsein ist vor der Realität da. Es ist, wie der Nobelpreisträger Roger Sperry schrieb, *die kausale Realität*.

Die Dynamik der Bewußtseins-Strömungen wird damit für den zukünftigen Markt-Manager wichtig. Er muß die Dynamik der sozialen Evolutions-Prozesse erkennen können. Das wichtigste Instrument dafür ist aber nicht die Marktforschung, weil sie überwiegend mit den Selbstauskünften der Rezipienten arbeitet – und diese Selbstauskünfte kommen in der Regel deutlich zu spät –, sondern entscheidend dafür ist das Monitoring, also die systematische Erfassung und Beobachtung von Wandlungen im sozialen und mentalen Umfeld der Produkte und Unternehmen.

Aber es gibt noch einen weiteren Attraktor: das Gemeinsame des Marktes, also das, was Ciompi das *rein geistige Prinzip* nennt.

242

Zwischen dem Hersteller und den sozialen Fragmenten im Lager der Konsumenten existieren permanente *geistige Austausch-Prozesse* und co-evolutionäre Beeinflussungen. Beide Seiten nutzen diese Austausch-Prozesse unterschiedlicher Stimuli und Impulse, um eine geistige Projektionsfläche herzustellen, durch die die wechselseitige Anpassung vollzogen werden kann. Dieses gemeinsame Geistige, das quasi über den Bedarfs-Strukturen und damit auch über dem Bedarf eine eigenständige Dynamik aufweist, kann jedoch mit den klassischen Diagnose-Methoden des Marketings, zum Beispiel Statistik und Marktforschung, nur äußerst unzureichend erkannt und verfolgt werden.

Interfusion konzentriert sich auf das gemeinsame Geistige. Und Interfusion versucht, mit neuen Diagnose- und Planungs-Techniken (zum Beispiel Monitoring und Szenen-Sponsoring) die Eigendynamik der Zeiten in diesem »Geistigen des Marktes« zu erfassen und mitzugestalten. Als Regel:

**Wer in dem gemeinsamen Geistigen die unterschiedlichen Zeit-Prozesse und Zeit-Brüche erkennen und mitgestalten kann, wird zum Vorab-Manipulator des späteren Bedarfs.**

Voraussetzung dafür ist jedoch eine grundsätzlich *dialogische Haltung*. Was ist darunter zu verstehen?

Eine dialogische Haltung ist prozessual ausgerichtet und zugleich offen. Sie ist deshalb nicht strategisch, nicht vorgeplant. Sie folgt dem *Ideal eines offenen Gespräches* zwischen zwei Personen. Ein wirklich offener Gesprächsverlauf ist gerade dadurch gekennzeichnet, daß seine Zeitlichkeit nicht planbar ist und auch nicht innerhalb des Gesprächs geplant werden kann. Dialoge entwickeln ihre Zeitlichkeit durch den Dialog und innerhalb des Dialoges. Es ist eine interne Zeit, die nicht geplant ist, sondern die offen ist für Beschleunigungen, Verhaltenheit und Sprünge.

Damit erkennen wir an dieser Stelle den Unterschied zwischen der klassischen Marketing-Kommunikation (zum Beispiel Werbung und PR) und der neuen Interfusion:

**Interfusion muß so geplant werden, daß mit den Fragmenten und Szenen der Gesellschaft ein verlaufsoffener Dialog stattfinden kann. Die Zeitlichkeit dieses Dialoges ist so zu gestalten, daß alle Zeit-Modi möglich werden.**

## Mehr Interdisziplinarität allein genügt nicht

Natürlich haben viele Unternehmen inzwischen begriffen, daß man mit der klassischen Marketing-Organisation nicht in der Lage sein wird, zum Beispiel das *Just-in-time-Marketing* à la Kotler zu verwirklichen. Man spürt, daß das bisherige Marketing viel zu linear und viel zu sektoral angelegt ist.

Deshalb hat man in den letzten Monaten das *Category-Management* entwickelt, eine Art übergeordnetes Produktgruppen-Management, das für *mehr Ganzheitlichkeit* innerhalb der Marketing-Strategien sorgen soll. Man will weg von linearen Einzel-Operationen. Und man will auch weg von Einzel-Produkten.

Am weitesten ist hier vielleicht Procter&Gamble, wie ich auf Seite 68 f. beschrieben habe. Das ist der Pionier des klassischen Produkt-Managements. Man hat es vor rund 50 Jahren entwickelt und damit viel Erfolg gehabt.

Aber gerade Procter&Gamble haben jetzt Schluß damit gemacht, weil man erkannt hat, daß diese lineare Produkt-Strategie nicht mehr in der Lage ist, auf die vielfachen Fragmentierungen und Instabilitäten zu reagieren. Deshalb das Category-Management.

Das wird aber nicht reichen. Dieser Schritt ist noch zu halbherzig, denn er beinhaltet in keiner Weise den Aspekt des Entlernens und der *Co-Evolution*. Er bringt nur *mehr Interdisziplinarität*, aber keineswegs befähigt er die Marketing-Organisation zum effizienten Mitfließen mit den eigendynamischen Prozessen in den sozialen Fragmenten.

Als Prognose: Alle neuen Versuche, die komplexe und instabile Markt-Situation in den Griff zu bekommen durch neue Team-Strukturen müssen versagen, wenn sie nicht gleichzeitig kombiniert werden mit grundsätzlichen Wandlungen der Organisation im Hinblick auf Co-Evolution, repräsentiert durch:

**CO-EVOLUTION:**

- fließende Zeit-Modelle
- Entlernen
- Verschmelzen

## Jenseits von PR, Promotion und Werbung

Die neue Markt-Dynamik verlangt Abschied zu nehmen vom *klassischen Sender-Empfänger-Modell*, das die Basis darstellt für Marketing-Kommunikation, also Werbung, Promotion und PR. Was wir brauchen, ist eine neue Praxis absatzorientierter Interaktion *jenseits von PR, Promotion und Werbung*.

Wenn Evolution in das Markt-Management einzieht, dann entdeckt man, daß alle evolutionären Prozesse gekennzeichnet sind durch *Diversität und Sowohl-Als-auch-Dynamik*. Schon Mutter Natur arbeitet überall mit einem Zuviel an Output bei gleichzeitiger Differenzierung des Outputs. Sie verhält sich nicht optimierungslogisch, sondern eher nach den *Prinzipien des methodischen Zufalls*.

Das bedeutet für das moderne Markt-Management, daß eine bewußte Diversität, Widersprüchlichkeit und Fragmentierung der Maßnahmen eingebracht werden sollte. Und das bringt uns zu einem weiteren Abschied, dem Abschied vom *Massen-Modell des Marketings*.

Ich will nun diese beiden Verabschiedungen, die so eine Art Voraussetzung für die kommende Interfusion darstellen, genauer beschreiben:

## Die Kritik des alten Kommunikations-Modells

Marketing basiert auf einem sehr linearen Konzept. Und Werbung, eines der wichtigsten Instrumente des Marketings, basiert auf dem *Input-Output-Modell*, Stimulus-Response-Modell genannt. Das neue Paradigma führt ein sehr verändertes Modell von Kommunikation in die Diskussion ein.

Ausgehend von der alten, weltberühmten Shannonschen Formel, die folgende Elemente aufweist:

- Nachrichten-Quelle,
- Botschaft,
- Repertoire,
- Empfänger,

zeigt sich, daß Werbung davon ausgeht, daß *direkte Einflußnahme* eines Systems auf ein anderes über Zeichen und Bedeutungen möglich ist.

Das neue Paradigma geht davon aus, daß das nur in seltenen Fällen möglich ist und daß Shannon im Prinzip eher eine *technische Kommunikations-Kette* beschrieben hat, die sich kaum übertragen läßt auf soziale Systeme und schon gar nicht auf moderne soziale Systeme, die sich in einer *heftigen Fluktuation* mit offener Eigendynamik befinden.

Wie Wolfram Köck schreibt, ist das klassische Kommunikations-Modell im Prinzip *ein Optimalfall, der für lebende Systeme meist nur in trivialen Fällen gegeben ist.* Und diese trivialen Fälle benennt er auch gleich, nämlich Situationen, die hochgradig routiniert, wenn nicht sogar automatisiert sind.

Aber genau das gibt es im Markt-Management nicht. Hier gibt es weder Zwang und Macht, noch gibt es Konsum-Routine, die an der Grenze von automatischem Verhalten plaziert ist. Ganz im Gegenteil: In den neunziger Jahren werden wir die folgende Markt-Situation vorfinden:

- Der multi-optionale Konsument entsteht: Viele Konsum-Muster mit widersprüchlichem Charakter wetteifern in einer Person.

- Das Bedürfnis nach Abwechslung, Provokation und Führung nimmt – besonders in der Jugend – kräftig zu. Das spricht gegen jede Routinisierung und Wiederholungs-Dressur.

- Die Konsum-Prozesse werden immer offener und sprunghafter durch den enormen Komplexitäts-Zuwachs, der von der Weltwirtschaft kommt.

- Das Innovations-Tempo nimmt zu. Produkte werden dadurch immer häufiger anders.

- Es gibt eine starke Entwicklung von der Materie zur sozialen Interpretation (Socialware). Die objektive, materielle Qualität rückt in die zweite Position. Die soziale Attraktivität, die viel stärker als je zuvor von Szenen und Zeitgeistigkeit abhängig ist, dominiert.

Wie Köck zu Recht schreibt, war es deshalb ein grundsätzlicher Fehler, das Shannonsche Kommunikations-Modell zur Grundlage zu machen für Interaktions- und Kommunikations-Prozesse zwischen sozialen Systemen. Das alte »technische Modell« der Kommunikation mag dem Marketing-Experten zwar subjektiv gefallen, weil es ihm so etwas wie Omnipotenz suggeriert, aber es führt das Marketing in die Sackgasse der Sterilität, weil es lediglich *Scheinprozesse* beschreibt.

246

Köck dazu: »Das technische Modell begünstigt eine im Verhältnis zur komplexen Kommunikationsrealität an semiotischen Äußerlichkeiten, Oberflächensymptomen und Zufälligkeiten orientierte *pseudo-empirische Arbeitsweise*, da einmal die physikalischen Signale allein im Zentrum stehen, zum anderen ›Sender‹ und ›Empfänger‹ lediglich formal, das heißt als ›black boxes‹, als Input-Output-Maschinen oder Computer betrachtet werden.

Shannons Modell sagt aber nichts über die funktionalen Zusammenhänge zwischen kommunikativen, das heißt semiotischen Vorgängen und der Struktur der beteiligten Systeme, in unserem Falle also lebender Systeme, Tiere wie Menschen.

Es klärt nicht, wie und warum Kommunikation wirken kann, warum sie einmal gewaltige Folgen, zum anderen Mal keinerlei Eindruck hervorruft, wann und warum sie scheitert beziehungsweise gelingt, warum sie gestört und behindert wird. Kommunikation bleibt außerhalb des Systems aller Lebensvorgänge – das Modell ist ja auch ein Maschinen-Modell und bildet nur hochgradig automatisierte Situationen ab.«

Diese »naive Sehweise« (Köck) bildet also die vielfältigen und zirkulären *Zusammenhänge zwischen den Beteiligten* in keiner Weise ab. Man erhält dadurch ein ziemlich elitäres Bild, das dem Sender scheinbar Macht zuspielt. Und in der Tat glauben auch heute noch viele Marketing-Experten, daß letztlich durch eine kreative Qualifizierung der Message einerseits und durch eine Steigerung der Werbe-Aufwendungen andererseits ein Verhalten geradezu erzwungen werden kann, das den Intentionen des Senders entspricht. Deshalb der stabile Kreativ-Kult der Werber mit Goldmedaillen und Gags, obwohl nachweislich die Effizienz und Glaubwürdigkeit der Werbung längst im Keller ist.

Von der *offenen Dynamik*, die zwischen den Beteiligten, die zirkulär miteinander vernetzt sind, ist in diesem Modell nicht die Rede.

Es wird im klassischen Kommunikations-Modell des Marketings gerade das ausgeklammert, was die Interfusion als wichtigste Faktoren erkannt hat, nämlich der *konsensuelle Bereich*, die strukturelle Kopplung und die kooperative Selbstreferenz. Deshalb bringt die Interfusion für die Werbung eine bedeutsame Achsenverlagerung: **von der Kreativität zum Konsens**.

Das klassische Kommunikations-Modell des Marketings ist im Grunde ein Maschinen-Modell – ein Maschinen-Modell, das einen Transport von Botschaften beschreibt, *nicht aber die Co-Dynamik* unterschiedlicher Intentionen und schon gar nicht die Eigendynamik der höchst unterschiedlichen inneren Welten der Beteiligten.

Aber wie sagte Ernst von Glasersfeld so schön: »Kommunikation ist nie ein Transport!«

In der Theorie des *Konstruktivismus* weiß man, daß es einen typischen Empfänger, wie es ihn etwa in der Technik gibt (zum Beispiel Radio-Empfänger), nicht gibt, zumindest nicht dort, wo lebende Systeme sich wechselseitig zu beeinflussen versuchen.

Heinz von Foerster hat das in folgendes Prinzip gegossen: **Der Mensch ist ein Ohne-Input-System**.

Im Grunde bedeutet das eine krasse Ohrfeige für die Basis-Überlegungen der heutigen Werbung, die ja ganz ausdrücklich davon ausgehen, daß es so etwas gibt wie ein Stimulus-Response-Modell: je besser der Stimulus, um so intensiver die Response.

Dieses Schema gibt dem Werber und Marketing-Strategen natürlich ein tolles Überlegenheits-Gefühl, aber es ist trotzdem ein Schema, das überholt ist wie das ihm zugrundeliegende Weltbild, das Weltbild einer *trivialen Maschine*.

Nur eine triviale Maschine kann man zu einem Output zwingen, wenn man den richtigen Hebel findet oder den richtigen Knopf drückt. Menschen, soziale Gruppen und gesellschaftliche Szenen sind aber keine trivialen Maschinen, sondern funktionieren nach den Prinzipien der Autopoiese und der Selbstreferenz, das heißt, sie haben ihren *eigenen Wirklichkeits-Raum*. Sie können nicht unter Umgehung dieses Wirklichkeits-Raumes durch irgendeinen Reiz zu einem Verhalten gezwungen werden, für das es keine eigendynamischen Intentionen gibt.

Im Prinzip kann der Mensch immer nur das sehen und erkennen, *was er selbst erfindet* und konstruiert. Die Konstruktivisten sagen dazu: Man erkennt nie die Welt, sondern immer nur seine eigene Welt.

Deshalb ist es so wichtig, das Stimulus-Response-Modell aufzugeben mit all seinen Attitüden und Ritualen, wie zum Beispiel das Modell der Penetration, die gigantischen, weil zumeist ineffizienten Werbeetats und die kreativen Mythen bei den Werbeagenturen (siehe die jährliche Aufregung um das Cannes-Festival oder die Anzeigen-Prämierung durch den Art-Directors-Club).

Wie Maturana erkannt hat, ist der Mensch als Ohne-Input-System nicht direkt durch Kommunikation zu beeinflussen, sondern vorrangig durch seine eigenen Handlungen. »Erkenntnis geschieht durch Handlung und nicht durch Kommunikation.« Deshalb ist *Handlungs-Kooperation* das wichtigste Instrument der Interfusion.

Jeder Kommunikations-Erfolg ist deshalb in erster Linie ein Do-it-yourself-Erfolg der Konsumenten.

Denn diese kommunizieren mit sich in ihrer Innenwelt als Sender. Und sie agieren als ein sich selbst steuernder Sender. Also so, daß sie ab und zu auch das verarbeiten (also konstruieren), was wir ihnen als Botschaft offerieren. Aber sie machen daraus nie eine glatte Übernahme unserer Botschaft, sondern eine völlig eigendynamische Konstruktion ihrer Botschaft.

Deshalb *gibt es keinen Empfänger*, sondern nur eigendynamische Sender, die für sich selbst senden und die unser Material eigendynamisch benutzen für ihre *Do-it-yourself-Überzeugung*. Wahrlich, hier entsteht ein ganz anderes Modell von Kommunikation!

Interessant ist nun, daß diese Überwindung der alten Kommunikations-Theorie in der Wissenschaft weltweit vorangetrieben wurde. Die moderne Wissenschaft glaubt nicht mehr an Stimulus-Response. Aber die Marketing- und Werbe-Branche hat diesen epochalen Schritt zur *Selbstorganisation der Kommunikation* überhaupt noch nicht wahrgenommen.

Ich erinnere mich noch genau an die Situation, als ich vor einigen Monaten in einem Workshop sagte: »Die beste Manipulation der Konsumenten ist die, die sie selbst vollziehen.« Damals herrschte viel Skepsis. Und die meisten Zuhörer meinten, das sei nur ein etwas verunglücktes Bonmot. Wer im alten Marketing heimisch ist, kann nicht erkennen, daß auch Manipulation selbstorganisiert sein kann.

In allen anderen Disziplinen, von der Philosophie über die Biologie bis zur modernen Politologie, hat man längst auf Autopoiese umgeschaltet, wenigstens dort, wo die Avantgarde tätig ist. Die Tatsache, daß die Marketing- und Werbe-Branche diesen Schritt nicht vollziehen kann, bestätigt im Grunde genau die These von Foersters, daß nämlich der Mensch ein Ohne-Input-System ist. Die Branche kann nur das glauben, woran sie bereits glaubt. Und es muß ganz offensichtlich vielfältige und gewichtige Gründe geben, immer noch an das Stimulus-Response-Modell zu glauben.

Im deutschen Sprachraum ist die neue Sicht der Autopoiese sehr umfang-reich und engagiert vorangetrieben worden. Es gibt zahlreiche Bücher, ja sogar eine eigene Zeitschrift dafür (*DELFIN*). Gebhard Rusch hat in seinem Buch »Erkenntnis, Wissenschaft, Geschichte« eine besonders gute Darstellung der neuen Theorie von einer anderen Kommunikation dargestellt. Lassen Sie uns in seine Erkenntnisse hineinschauen.

Rusch geht davon aus, daß es die eigentliche Kommunikation vom Sen-der zum Empfänger nicht gibt, zumindest dort nicht, wo autopoietische Systeme miteinander in Verbindung treten. Etwas überspitzt formuliert, erkennt man heute, daß es in der Welt des Marktes im Prinzip *keine In-put-Output-Kommunikation gibt.*

## Das neue Modell der Kommunikation

Dennoch vollzieht sich zwischen Anbietern und Bedarfsträgern eine Art Beeinflussung. Aber das ist viel komplexer und komplizierter als das, was Werbeagenturen und Marketing-Experten als Modell im Kopf ver-ankert haben. Rusch nennt es, in Anlehnung an die konstruktivistische Theorie, die *intersystemische Interaktion.*

Schwieriges Wortgebilde! Aber versuchen wir, diese »intersystemischen Interaktionen« trotzdem zu verstehen: Man glaubt – und das kann man auch durch die biologische Diagnose neuronaler Prozesse erhärten –, daß jede Interaktion eines Menschen oder eines Systems mit seiner Umwelt im Grunde *eine Art Interaktion mit sich selbst ist,* weil diese so-genannte »Umwelt« im Prinzip nur eine Innen-Konstruktion des Han-delnden ist.

Dies besagt allerdings nicht, daß alles nur in der Innenwelt geschieht. Es gibt natürlich Anlässe, die ein System eigeninitiativ werden lassen, ein anderes Umfeld zu konstruieren. Rusch nennt diese Anlässe *Deforma-tionen.*

Wichtig ist nun, daß diese Deformationen in gar keiner Weise gleichzu-setzen sind mit Kommunikations-Paketen, also zum Beispiel Anzeigen, Plakaten oder TV-Spots. Eine Deformation ist dann am wirksamsten, wenn sie einen Menschen, etwa einen Konsumenten, in ein intensives *emotionales Erlebnis führt.* Nach diesem Erlebnis vollzieht der eine oder andere Konsument eine völlig *eigendynamische Reflexion* dieses Erleb-nisses (Nach-denken) und gestaltet dadurch eine weitere Modulation seiner konstruierten Welt.

Überträgt man das auf Werbung, dann wird klar, warum es im Moment, wie Werner Kroeber-Riel und andere meinen, einen deutlichen *Trend hin zur Emotionalität der Bilder* gibt. Und es wird auch klar, warum seit Jahren das Volumen für Verkaufsförderung steigt, zumeist zu Lasten der Massenwerbung. Und es wird auch klar, warum das Direkt-Marketing weltweit so im Aufwind ist.

Alle diese Techniken zielen nämlich auf Emotion, Erlebnis und Interaktion. Sie sind mehr als nur Behauptung, Appell und nettes Infotainment.

Die »intersystemische Interaktion« geht von folgenden Grundbedingungen aus:

- Bei der Interaktion zweier Partner (zum Beispiel Hersteller und Konsument) prallen *zwei Projektionen* in bezug auf den jeweiligen Gegenpartner aufeinander.

Man erlebt also nie den anderen wirklich, sondern nur seinen Entwurf vom anderen. Da, wo sich diese beiden Entwürfe und Projektionen überschneiden, ist das *Geistige des Marktes*.

Deshalb setzt Interfusion nicht bei den angeblich so »autonomen« Bedürfnissen der Konsumenten an, sondern bei dem *Geistigen des Marktes*.

- Die Interaktions-Partner haben keinerlei Einfluß darauf, wie sie vom jeweils anderen Partner erlebt werden. Oft haben sie jedoch Illusionen dahin gehend, daß sie sich einbilden, sie wüßten, wie sie erlebt werden.

Man kann diesen fehlenden Einfluß, der das Ergebnis des Ohne-Input-Syndroms ist, nicht wettmachen durch die Intensivierung seiner Kommunikation (zum Beispiel mehr Etat) oder die Steigerung seines Aufmerksamkeits-Wertes (der sogenannten »Kreativität«). Der einzig erfolgversprechende Weg ist die gemeinsame Herstellung von gemeinsamen Erlebnissen, um dadurch »Nähe« aufzubauen.

Deshalb setzt Interfusion auf *Vernetzung und Kooperation*.

Lediglich Deformationen haben die Chance, Anlässe zu sein für eine Umkonstruktion oder Erweiterungs-Konstruktion des jeweiligen Bildes beim Interaktions-Partner.

Die besten Deformations-Effekte erzielt man, wenn beide beteiligten Interaktions-Partner einen »konsensuellen Bereich« aufbauen, mit anderen Worten, wenn man Abschied nimmt vom Manipulations-Modell.

251

Oder, um es mit Roeglin zu sagen: Derjenige hat am meisten Akzeptanz, der keine Akzeptanz will.

Deshalb setzt Interfusion auf die Bildung des *Konsens-Feldes durch Beziehungs-Kommunikation.*

Wir erkennen an dieser Stelle die drei wichtigsten Ansätze der Interfusion:

• das Geistige des Marktes,

• Vernetzung und Kooperation,

• Konsens durch Beziehungen.

Aus dieser Sicht wird auch klar, warum ich soviel Wert lege auf das Partnerschafts-Modell im Sinne der *Co-Evolution.* Es ist tatsächlich – wie Rusch schreibt – eine paradoxe Sache. Da jeder Interaktions-Partner nicht nur ein Ohne-Input-System ist, sondern auch eine komplette operative Autonomie aufweist, funktioniert die Manipulation dort am besten, wo am wenigsten Manipulation stattfindet. Warum?

**Die intensivsten Deformationen werden vom Konsumenten dort zugelassen, wo am meisten Vertrauen, am meisten Glaubwürdigkeit, am meisten Nähe und am meisten Konsens ist.**

Deshalb können Liebende sich auch am intensivsten wechselseitig charakterlich beeinflussen und ändern.

Es wird an dieser Stelle auch klar, daß die Interfusion mit ihrer Konzentration auf Co-Evolution und *Manipulations-Verzicht* nicht etwa wie ein sentimentales Gesäusel à la New Age oder so etwas ist. Es repräsentiert vielmehr die derzeit am weitesten entwickelte Sicht der neuronalen Bewußtseins-Prozesse und Interaktions-Gesetze.

## Interfusion berücksichtigt das Gehirn des Menschen so, wie es ist

In Vorbereitung zu diesem Buch habe ich diverse Werbeleiter und Mitarbeiter von Werbeagenturen gefragt, wie für sie eigentlich der werbliche *Prozeß der Manipulation* funktioniert.

Interessant ist dabei, daß die meisten Werbeagenturen mich in lange Diskussionen verwickelten, ob ihre Arbeit überhaupt als Manipulation zu bezeichnen sei. Sie wollten alles sein, nur möglichst kein Manipulateur. Dabei weiß man heute, wie Watzlawick und andere zu Recht betonen, daß menschliche Interaktion und Kommunikation niemals außerhalb von Macht und erst recht nicht außerhalb von Manipulation stattfinden kann. Im Prinzip ist alles Manipulation, nur die Grade ihrer Beabsichtigung sind unterschiedlich. Das mindeste, was ein Werbemann von sich behaupten sollte, ist, daß er ein professioneller Manipulateur sei.

Fragt man nun die Werbe-Experten nach ihrer Modell-Konstruktion, so erfährt man wenig Genaues. Für die meisten scheint das so eine Art Black box zu sein. Außer einigen Verweisen auf Sender-Empfänger-Modelle kommt nicht sehr viel.

Das deckt sich mit den Untersuchungen von Renate Künzel über das Professionsmuster der Werbefachleute. Auch sie kam zu dem Ergebnis, daß der Professionalisierungs-Grad außerordentlich gering ist.

Dem entspricht auch das, was ich gehört habe: Die meisten Antworten deuteten – zusammengefaßt – darauf hin, daß man an so etwas wie Zielgruppen glaubt. Aber diese Zielgruppen werden meistens dargestellt als relativ unbekannte Menschen, gekennzeichnet als passive, abgestumpfte Informationsschlucker, die nur noch auf *Intensiv-Reize reagieren.*

Die meisten Werbefachleute haben also unbewußt ein *Überrumpelungs-Modell* verinnerlicht. Der Konsument muß auf irgendeine Art und Weise überrumpelt werden, sonst funktioniert werbliche Kommunikation nicht. Deshalb der so häufige Verweis auf die Intensiv-Reize. Und damit werden meistens »dicke Hämmer« gemeint, gekennzeichnet durch ein hohes Media-Spending (zum Beispiel viele Farbseiten in einer Illustrierten etc.) oder »originelle Ideen«, also so etwas wie eine Kreativität, die alle Blockaden überspringt.

Auffällig ist, daß die meisten Werbefachleute den Aspekt der *Selbstorganisation von Wahrnehmung*, der in der wissenschaftlichen Kommunikations-Forschung und in der Neuro-Forschung längst anerkannt ist, überhaupt noch nicht gelernt haben. Betrachtet man nämlich die Wahrnehmungs-Prozesse von Menschen unter neurophysiologischen Gesichtspunkten, so stellt man fest, daß eine hochaktive, äußerst aufgeweckte und *sensible Selbstorganisation* der kontinuierlichen Wahrnehmung stattfindet. Den passiven, abgestumpften Informationsschlucker gibt es nicht. Statt dessen gibt es einen sehr zielgerichteten und zum Teil ausgesprochen aktiv agierenden Wahrnehmer mit dem für den Werber einzigen Nachteil, daß diese Wahrnehmungs-Aktivität weitestgehend selbst organisiert ist.

Der Mensch ist also, was seine Wahrnehmungs-Prozesse und sein Lernverhalten (mentale Umprogrammierung) betrifft, ein *Ohne-Input-System*.

Die Kommunikations-Effekte entstehen dann nach dem Prinzip der Selbstreferentialität. Das bedeutet: Das, was wir wahrnehmen, geschieht im Raum unserer semantischen Abgeschlossenheit. Das ist, was man ein Ohne-Input-System nennt. Wie Schmidt richtig bemerkte, wird dieser Tatbestand häufig mißverstanden: »Natürlich steht das Gehirn ständig mit seiner Umwelt in Kontakt. Die semantische Abgeschlossenheit bedeutet, daß das Gehirn zwar von außen erregt werden kann, aber die Bedeutung dieser Wahrnehmung kann nur durch das Gehirn erfolgen. Die Interpretations-Kriterien liegen im Gehirn und werden auch von ihm selbst entworfen.«

Wir entwickeln also unsere Wirklichkeit, indem wir in unserem Meer von Metaphern schwimmen. Und die vielfältigen Kommunikations-Prozesse, die wir täglich vollziehen, folgen nicht dem Reiz-Reaktions-Schema, sondern sind höchst unterschiedliche Eigen-Produktionen von Wirklichkeiten, angeregt durch Außenreize, selbst organisiert durch das Gehirn.

Welche Konsequenzen hat das für das Markt-Management der nächsten Epoche?

Eine globale Konsequenz vorweg:

**Die übliche kreative oder penetrierende Werbung verletzt die sensiblen und dynamischen Selbstorganisations-Prozesse der Wahrnehmung. Es operiert am Gehirn der Kunden weitestgehend vorbei.**

Kommen wir nun zu den einzelnen Konsequenzen:

① *Der Mensch kann nur das wahrnehmen, was er wahrnehmen will*

Also muß man sein Wollen manipulieren. Die beste Manipulation des Wollens ist die, die sich freiwillig vollzieht, quasi als Selbst-Referenz aufgrund von Anregungen. Diese *freiwillige Selbst-Manipulation* benötigt aber zwingend das Eigenverhalten des Menschen. Das Ziel der Interfusion lautet also: *kooperative Selbstreferenz*.

**Deshalb arbeitet Interfusion mit dem Instrument der Lifestyle-Kooperation.**

② *Der Mensch kann nur das wahrnehmen, was er zuvor erfunden hat*

Also muß man den kontinuierlichen Prozeß der persönlichen Erfindungen manipulieren. Das wird nur möglich, wenn man das *soziale Material*, aus dem der Mensch seine Erfindungen formt, mitgestaltet. Diese Mitgestaltung des Sozialen gelingt aber nur, wenn man als Manipulator ein integrales Element der sozialen Eigendynamik wird, in der der Mensch täglich lebt. Das Ziel der Interfusion lautet also: *strukturelle Kopplung*.

**Deshalb arbeitet Interfusion mit dem Instrument des Szenen-Sponsorings und des Networkings.**

③ *Der Mensch kann nur dann wahrnehmen, wenn er in einer mentalen oder emotionalen Instabilität ist*

Also muß man diese Instabilität erzeugen. Die normale Werbe-Kommunikation ist kaum in der Lage, diese Instabilität von außen herbeizuführen. Deshalb benötigt der Manipulateur besseres Wissen über Art und Zeitpunkt der autonomen Instabilitäten des Menschen. Das Ziel der Interfusion ist deshalb die Erzeugung eines *konsensuellen Bereichs*, weil nur im Raum dieses Konsenses derartige »innere Instabilitäten« austauschbar werden.

**Deshalb arbeitet Interfusion mit dem Instrument des Monitorings.**

Will man als Manipulateur die Instabilitäten selbst erzeugen, um unabhängig von den autonomen, inneren Instabilitäten zu werden, benötigt man das *Vertrauen* der Menschen, das sich zumeist als Summen-Effekt der obigen Ziele (konsensueller Bereich + strukturelle Kopplung + kooperative Selbstreferenz) ergibt. Erst auf dieser Vertrauens-Basis wird der Mensch die »konstruktive Instabilität« zulassen, um sich per Diskussionen, Konflikt und Reibung emotional führen und mental umprogrammieren zu lassen zugunsten neuer Glaubensmuster.

**Deshalb arbeitet Interfusion mit dem Instrument der Emotional Leadership und des Sozio-NLP.**

Sozio-NLP ist eine kollektive Form der neurolinguistischen Programmierung, durch die Glaubensmuster per Sprach-Anker verändert werden.

An dieser Stelle lohnt ein zusammenfassender Überblick. Wir erhalten damit das neue Instrumentarium der Interfusion:

| Das Instrumentarium der Interfusion | | |
|---|---|---|
| Die neuen Ziele | Die neuen Methoden | Die neuen Effekte |
| 1. Erzeugung des konsensuellen Bereichs | Monitoring | Wahrnehmung der anderen Wirklichkeit |
| 2. Strukturelle Kopplung | Szenen-Sponsoring und Networking | Förderung des anderen Wollens |
| 3. Kooperative Selbst-Referenz | Lifestyle-Kooperation | Das Erlebnis des gemeinsam hergestellten Gemeinsamen |
| 4. Konstruktive Instabilität (auf Basis von 1., 2. + 3.) | Emotional Leadership + Sozio-NLP | Neue Glaubensmuster |

## Interfusion – die Kooperation mit den Szenen

Interfusion will die verlaufsoffene geistige Kooperation mit denjenigen geistigen Gruppen und sozialen Fragmenten der Gesellschaft, die *vor dem Bedarf* diejenigen Orientierungen und Stilmuster prägen, die später für größere Gruppen zum Bedarf werden. Die typischen Techniken für diese Intention sind a) das Monitoring, b) das Szenen-Sponsoring und c) die Lifestyle-Kooperationen.

Bevor ich einige wichtige Techniken beschreibe, sollte ich zuerst diese drei Bausteine genauer definieren:

① *Monitoring*

Das ist das systematische und mitfließende *Mit-Erleben* der Eigendynamik des sozialen Umfeldes. Monitoring ist somit eine empirische und emotionale Erkenntnis-Methode neben Statistik und Marktforschung.

② Szenen-Sponsoring

Das ist die non-manipulative *Förderung von Initiativen* der sogenannten Szenen, die wiederum im sozialen Umfeld »ansagen, was angesagt ist«. Durch diese Förderung wird der Hersteller zum Partner der Eigendynamik im sozialen Umfeld.

③ *Lifestyle-Kooperation*

Das ist der eigentliche Königsweg der Interfusion. Hier geht es darum, mit Kreativen und Pionieren der Szenen *neuartige Konsum-Moden und Lebensstile zu erfinden* und sozial durchzusetzen. Dazu gehören in der Regel auch eigene Szenen-Medien und Club-Organisationen.

## Das Monitoring

Das Monitoring wurde nötig, weil die klassischen Analyse- und Diagnose-Methoden des Marketings mehr oder weniger immer vom Bedarf ausgehen. Die Statistik demonstriert den Bedarf von gestern. Und die Marktforschung sammelt Meinungen über Bedarfs-Faktoren oder Vor-Faktoren des Bedarfs.

Nun ist aber inzwischen das, was wir den Bedarf nennen, so paradox, so sprunghaft und so unberechenbar geworden, daß wir andere Erkennungs-Methoden brauchen.

Monitoring diagnostiziert *Mega-Trends*, also besonders intensive Trends, die andere Trends (Sub-Trends) »versklaven« und mit sich reißen.

Monitoring analysiert aber auch *Meta-Trends*, also diejenigen Trends, die durch eine größere Stabilität und Ruhe ausgezeichnet sind, weil sie »über den anderen Trends« plaziert sind. In meinem Buch »Trends für das Jahr 2000« habe ich die wichtigsten sechs Meta-Trends der neunziger Jahre vorgestellt. Hier sind sie:

① Ein völlig neues Denken für Unternehmer und Manager entsteht: das Denken in öko-ethischen Theorien: Öko-Sozialismus.

② Noch wichtiger ist der globale Austausch des Industrie-Paradigmas: Die klassische Massen-Ökonomie wandelt sich zur neuartigen Info-Ökonomie.

③ Die Wandlung des Geistes beginnt. Es ist die immer bedeutender werdende Rolle des Bewußtseins und der geistigen Muster, die im Wettbewerb zwischen Asien und Europa eine wichtige merkantile Rolle spielen.

257

④ Wir werden mit der sozialen Dynamik der gesellschaftlichen Fragmentierung konfrontiert. Diese wird das strategisch-rationale Instrumentarium des Managements ziemlich durcheinanderbringen. Die Gesellschaft wird nämlich immer ungleicher. Mehr und mehr Unterschiedliches ist gleichzeitig da und wichtig. Deshalb versagen die linearen Ratio-Strategien immer häufiger. Die neunziger Jahre fordern ein anderes Instrumentarium, um mit Ungleichheiten und Paradoxa fertig zu werden.

⑤ Der Trend zu den Babyboomern macht deutlich, wie schnell und heftig die Gegenkultur unsere jetzige Kultur auflösen und umwandeln wird.

⑥ In allen Fragen der Produktion, des Verkaufens und des Marketings vollzieht sich ein tiefgreifender Wandel. Ein neuer Konsument schafft neue Herausforderungen, die nur durch ein Umschalten auf flexible Markt-Dialoge zu erfüllen sein werden: CIM-Marketing.

Monitoring analysiert aber auch die *einzelnen Trends*. Derzeit sind das in Deutschland über 160, die vom Institut für Trend-Forschung kontinuierlich analysiert werden. Bei den Trends kann wiederum unterschieden werden zwischen generellen und speziellen Trends. Die generellen Trends gelten für ganz Deutschland, die speziellen Trends gelten oft nur für eine Branche.

Monitoring analysiert aber auch die *Szenen*. Hier ein Auszug aus der aktuellen Szenen-Liste:

| | |
|---|---|
| Alternative Szenen (diverse) | Kultur-Szenen |
| Bio-Freaks | Managerinnen-Netzwerk |
| Black-Szene | Mediatoren-Szene |
| Body-Fashion | Neue Arbeiter |
| California Lifestyle | Neue Feministinnen |
| Comic-Szene/»Werner«-Szene | Neue Elite |
| Computer-Freaks | Neue Männer |
| Cyber-/Brain-Szene | New-Age-/Light-Age-Szene |
| Design-Leader | New Manager (Organization |
| Diät- und Leicht-Szene | Transformation) |
| Edel-Schickeria | New Spirit/Neue Moderne |
| Europäische Zeitgeist-Avantgarde | New Wave/Aggressive Anti- |
| Fashion-Avantgarde | Szenen |
| Film-Freaks | Öko-Szene |
| Freizeit-Szenen (diverse) | Peace-Szene |
| Fun und Soft-Sport | Progressive Gewerkschaftler |
| Futurologen | Polit-Szenen (diverse) |
| Globetrotter | Pop-Szenen (diverse) |
| Gourmet-Leader | Regionale Szenen (diverse) |
| Hobby-Szenen (diverse) | Sport-Szenen (diverse) |
| Hyper-Realisten | Unternehmensberater |
| Innovative Personal-Experten | Vegetarismus-Szene |
| Jugend-Szenen | Weight Watchers |
| Karriere-Frauen | Weltkultur |
| Klassische Feministinnen | |

Zuletzt fokussiert das Monitoring das fließende *Sozio-Umfeld*, zumeist dargestellt in

- paradigmatischen Veränderungen (Weltbild-Wandel),
- Werte-Verschiebungen,
- Feelings (öffentliche und kollektive Gefühle).

Das Monitoring kann darüber hinaus mit unterschiedlichen *Schwerpunkten* operieren, je nachdem, welche der folgenden Dimensionen für ein Unternehmen besonders wichtig sind:

① politische Dimensionen,

② technische Dimensionen,

③ wissenschaftliche Dimensionen,

④ ökonomische Dimensionen,

⑤ soziokulturelle Dimensionen.

Für Interfusion ist die letzte Dimension, nämlich die soziokulturelle Dynamik, am wichtigsten. Das ist der Quellgrund, aus dem die neuen Werte und innovative Orientierungen für Märkte geboren werden.

Instrumentell kann das Monitoring in vier Sektoren aufgeteilt werden:

① *Die Content-Analyse*

Hier geht es um die Inhalts-Analyse von *frühen Medien* hinsichtlich bestimmter Trend-Impulse. Man sammelt also diejenigen neuen Themen, die in Pionier-Medien auftauchen, um die Dynamik und den zeitlichen Verlauf der Themen (Habermas: »Die Karriere von Themen«) dokumentieren zu können. Dadurch erhält man die Weak-Signals. Im Prinzip handelt es sich um die methodische Erfassung differenzierter Bewußtseins-Strömungen in der Gesamtgesellschaft, repräsentiert durch offizielle Medien und »graue Medien« (zum Beispiel Info-Letter von Initiativen).

② *Teilnehmende Beobachtung*

Die teilnehmende Beobachtung gilt in der Sozialforschung neben dem Experiment und der Befragung als die dritte Erkenntnis-Säule. Hier geht es darum, sich regional oder thematisch zu integrieren in bestehende *soziale Netzwerke und Szenen*. Im Prinzip handelt es sich um einen Lernprozeß des Beobachters durch die zu beobachtende soziale Einheit. Man integriert sich so sehr in die bestehende Gruppendynamik, daß man auch die *informellen Orientierungen*, Projektionen und Werte der sozialen Fragmente kennenlernt, also auch diejenigen, die nicht oder zu spät in den Medien auftauchen.

③ *Experten-Befragung*

Hier handelt es sich um einmalige oder sich wiederholende Auskünfte von Szenen-Leadern oder Netzwerk-Regisseuren. Dazu gehören aber auch die Befragungen von Futurologen und der abgleitende Austausch mit Trend-Beratern und Trend-Instituten.

④ *Reisen und Anschauungen*

Hierzu gehören Beobachtungs-Reisen in die Metropolen der Welt, um frühzeitig neue Trend-Impulse außerhalb des eigenen Kulturraums erkennen zu können. Dazu gehören aber auch Beobachtungen von Seminaren, Workshops und Kulturveranstaltungen, sofern es sich um alternative Kultur, zum Beispiel Sub-Kultur (Pop- und Rock-Konzerte) handelt.

Der Ablauf des Monitorings ist auf *Mitfließen* ausgerichtet. Deshalb gibt es drei ineinander verschachtelte Funktionen:

① entdecken,

② analysieren,

③ begleitend interpretieren.

Das Monitoring kann deshalb nicht als einmalige Bestandsaufnahme durchgeführt werden, sondern sollte über viele Jahre hinweg als kontinuierliches *drittes Auge* neben der üblichen Statistik und der klassischen Marktforschung durchgeführt werden.


## Die Diagnose der Dynamik von Szenen

Zuerst einmal: Was ist eine Szene? Am besten hat das Ronald D. Laing in seinem Buch »Phänomenologie der Erfahrung« beschrieben. Danach ist »jede menschliche Szene eine Szene von Vorspiegelungen«. Was ist der Charakter dieser Vorspiegelungen? Es handelt sich um *Pseudo-Realitäten*: »Alle glauben, alle anderen würden daran glauben.«

Daran erkennt man schon den Grund-Charakter von Szenen: Es handelt sich um *kollektive Projektionen*, durch die Menschen sich subjektive Gewißheit darüber verschaffen, daß auch andere ähnliche Orientierungen und Glaubensmuster wie sie aufweisen.

Das führt uns zu folgender exakter Definition:

### Szenen sind Glaubens-Prozesse im sozialen Raum.

Szenen sind deshalb nicht unbedingt echte Gruppen. Zuerst einmal sind sie Projektions-Prozesse, und zwar oft im Sinne von David Bohm, der sie in seinem Buch »Die implizite Ordnung« die »implizite Ordnung der Wirklichkeit« nennt, das heißt, es ist diejenige mentale Ebene, auf der *Orientierungen erfunden* und wechselseitig in Glauben überführt werden. Die implizite Ordnung entfaltet ihre Dynamik also *vor der eigentlichen Soziosphäre*. Es ist der Übergang von geistigen Erfindungen zur sozialen Diffusion. Hier werden die Trends gemacht. Hier werden die neuen Werte gefestigt und geformt. Hier werden die Lebensstile und die öffentlichen Feelings konturiert.

Die meisten Marketing-Experten kommen mit der anders gelagerten Dynamik der Szenen nicht so gut klar. Sie sind zu stark auf verläßliche Segmentierungen und Zielgruppen festgelegt. Deshalb können sie die mentale *Eigendynamik der Neubildung*, die das wesentliche Kennzeichen von Szenen ist, nicht erfassen.

Typisch dafür ist zum Beispiel die Arbeit von Blickhäuser und Gries mit dem Titel »Individualisierung des Konsums und Polarisierung von Märkten als Herausforderung für das Konsumgüter-Marketing«. Das ist ein Beitrag zum 3. Ideen-Wettbewerb von Unilever und der *WIRT-SCHAFTSWOCHE*. Dieser 1988 publizierte Beitrag beschreibt zwar richtig, daß »Otto Normalverbraucher tot ist« und daß der »Homo individualis« die eigentliche neue Zielgröße des kommenden Marketings sein wird, aber dann beschreiben die beiden Autoren ausführlich die sogenannte *Segmentations-Falle*. Und das liest sich wie folgt: »Es wird erforderlich, immer tiefer zu segmentieren, wie sich dies auch durch die zunehmende Zahl von Typen in den jüngsten Zielgruppen-Typologien zeigt. Hierbei muß den Anforderungs-Kriterien der Markt-Segmentierung eine größere Beachtung geschenkt werden. Erreichbarkeit der Zielgruppe, zeitliche Stabilität der Einstellungen und ökonomische Ergiebigkeit müssen ebenso gegeben sein wie die Kaufverhaltens-Relevanz.«

»Unterzieht man beispielsweise die Yuppies einer qualitativen Analyse, so zeigt sich bei den 20- bis 39jährigen lediglich ein Anteil von 1,4 % und innerhalb der Gesamtbevölkerung ein Anteil von 0,4 %. Diese Zahlen lassen doch starke Zweifel an der Wirtschaftlichkeit und Erreichbarkeit derartiger Zielgruppen aufkommen. Wie die Mode-Zielgruppen der letzten Jahre gezeigt haben, ist die zeitliche Stabilität dieser Typen eher als gering einzustufen.«

Hier spürt man bereits das falsche Denk-Schema. Die beiden Autoren denken klassisch *linear-kausal*. Und deshalb bemängeln sie, daß die neuen Szenen, die neuen Werte-Fragmente als Zielgruppe so schlecht zu erreichen sind und auch keine »zeitliche Stabilität« aufweisen.

Wie Paul Watzlawick in dem Buch »Münchhausens Zopf« beschrieben hat, kann dieses linear-kausale Denken, das auf Festigkeit, Erreichbarkeit und Wiederholungs-Relevanz ausgerichtet ist, alle Phänomene der Neubildung nicht richtig begreifen. Das, was in der Wissenschafts-Theorie *Emergenz* genannt wird, also die spontane Selbstentfaltung neuer Orientierungen, Stile und Bewußtseinsformen, kann mit einer inneren Haltung, die von Linearität und Kausalität getragen wird, weder wahrgenommen noch instrumentell genutzt werden. Mit anderen Worten: Die von den beiden Autoren beschriebene »Segmentations-Falle« gibt es nur dann im Sinne einer »Falle«, wenn man dem alten Ratio-Denken (kartesianische Maschine) folgt. Ist man in der Lage, biologisch-prozessual zu denken, bekommen die Szenen plötzlich eine ganz andere Wertigkeit und Pragmatik:

- Szenen sind erreichbar, indem man sich mit ihnen verschmilzt.

- Szenen haben eine zeitliche Stabilität. Sie wandeln sich zwar; wenn man aber mit den Wandlungen »mitsurft«, ist man immer in der Stabilität der Wandlungen.

- Szenen haben eine starke ökonomische Ergiebigkeit, weil sie ansagen, was angesagt wird. In der kommenden Epoche des High-Speed-Managements ist man dringend auf Szenen-Kooperationen und Szenen-Sponsoring angewiesen, um seine Attraktivitäten und Präferenzen vor dem Bedarf formen und sichern zu können.

Wir erkennen an dieser Stelle, wie wichtig das *Weltbild* für die kommende Interfusions-Arbeit ist. Markt-Manager, die dem kartesianischen Weltbild folgen, für die also die Welt eine riesige Maschine ist, denken in der Regel überwiegend linear und kausal. Für sie muß deshalb immer Berechenbarkeit, Wiederholung und Relevanz hergestellt sein, bevor sie eine Wirklichkeit als »wirklich« erkennen und stringent handeln können.

Deshalb ist es wichtig, in seiner eigenen Denk-Persönlichkeit den folgenden Metapher-Wechsel zu vollziehen:

| Marketing | Interfusion |
|---|---|
| Treffen: | Surfen: |
| Festigkeit/Stabilität | Fließen/Instabilität |
| Erkennbarkeit | Offenheit/Überraschung |
| Optimierbarkeit | Wandelbarkeit |

Die Metapher des Surfens führt uns auch zu der neuen und dominanten *Rolle des Entlernens* für das kommende Markt-Management. Denn surfen kann nur derjenige, der sich immer wieder von seinen mentalen Strukturen und von seinem geformten Geist von gestern trennen kann. Die Auflösung von persönlichen Glaubensmustern wird deshalb eine wesentlich qualifizierende Voraussetzung für das Markt-Management der nächsten Epoche.

Die Wichtigkeit der Szenen wird in Zukunft noch größer werden. Wie Helmut Dubiel in seinem Beitrag »Die Ökologie der gesellschaftlichen Moral« schreibt, werden sich die Szenen zu den eigentlichen *Prägungs-Instanzen* für gesellschaftliche Orientierungen und gesellschaftlichen Wandel entwickeln. Und die traditionellen Organisationsformen für die Bildung und Durchsetzung neuer Lebensmuster erodieren immer mehr. Helmut Dubiel sieht drei Sozio-Trends als Ursache dafür:

① Wir beobachten einen Bedeutungszuwachs nachtraditionaler Gemeinschaftsbildungen. In den Metropolen der westlichen Welt übersteigt die *Bindungs-Wirkung von Szenen*, Jugendkulturen und Freundschafts-Netzen zwischen Gleichaltrigen, Lebensstil-Gruppen und politischen Subkulturen schon längst die Verpflichtungskraft von Familien und Verwandten.

② Es entstehen frei flutende, von traditionalen Orientierungs-Marken *losgerissene Identifikations-Potentiale*. An dem steigenden Aufwand der Wahl-Soziologen und der Marktforschung ließe sich demonstrieren, daß kollektive Wertorientierungen in einem historisch einzigartigen Maß für Versuche medialer Beeinflussung offen geworden sind, ohne freilich in diesen Versuchen restlos aufzugehen. Was sich auf seiten der Anbieter von Waren und politischen Dienstleistungen als gestiegene Notwendigkeit der Einflußnahme darstellt, begründet auf seiten der Nachfrage-Individuen jene – von Robert Bellah so genannte – Einstellungen eines ›utilitaristischen Individualismus‹. Die Gesellschaft präsentiert sich solchen Individuen nur noch als Supermarkt individueller Optionen, die sie mit der moralisch neutralen Rationalität eines Marktteilnehmers durchmustern.

③ Es werden traditionelle Bereiche zwischen der Privatsphäre und der Öffentlichkeit abgetragen. *Das Private wird politisch.* Die öffentliche Sphäre öffnet sich hin zur Subjektivität. Subjektive Reaktionen wie Angst vor Hochrüstung, moralische Empörung über Gewalt in Intimbeziehungen, Arbeitsunzufriedenheit etc. werden zu legitimen Themen im politischen Diskurs.«

Netzwerke und Szenen sind also das eigentliche Medium der Interfusion, weil in Netzwerken und Szenen die Fließ-Dynamik von Werten und Bedeutungen stattfindet. Es gibt in Deutschland schon heute keinen Durchschnittsmenschen mehr, aber es gibt Netzwerke und Szenen, deren Eigendynamik sehr gut beschrieben und genutzt werden kann, vorausgesetzt, man integriert sich in diese Eigendynamik der Szenen.

Die von Dubiel beschriebene Tendenz, daß sich die »veröffentlichte Öffentlichkeit« immer mehr zur Subjektivität hinwendet, wird in den neunziger Jahren dazu führen, daß die Identität von Menschen mehr und mehr über diese Rückkopplung der *szenischen Öffentlichkeit* gebildet, verstärkt, aufgelöst und weiterentwickelt wird.

Wie Gary Snyder in seinem Buch »Landschaften des Bewußtseins« beschreibt, ist die wachsende Strukturierung unserer Gesellschaft in Netzwerken und Szenen eine wichtige Quelle für die Fähigkeit der Individuen, ihre Identität nicht mehr an geschlechtlichen Rollen, Berufsrollen oder an traditionellen Standards festzumachen, sondern sie frei fließen zu lassen. Das Entstehen einer Netzwerk-Gesellschaft gibt den Teilnehmern der Gesellschaft die Möglichkeit, eine zukunftsoffene und zugleich verbindliche Identität aufzubauen: eine *fließende Identität.* Snyder dazu: »Weil das Netzwerk einen tatsächlich darin bestärkt, sich wichtig zu nehmen, die Gemeinschaft aber nicht.«

## Monitoring –
## Lernen durch integrierte Interaktion

Unsere Gesellschaft war eigentlich noch nie eine *formierte Gesellschaft*, wie sie Ludwig Erhard einmal als Ideal vorschwebte, so nach dem Motto: Jeder bleibe an seinem Platz, damit das Ganze möglichst reibungslos funktioniert.

Im Gegenteil. Unsere Gesellschaft ist inzwischen eine *Diskurs-Gesellschaft* geworden. Streit, Reibungen und kulturelle Kontroversen machen inzwischen die Vitalität der Gesellschaft aus. Und dadurch hat sich die Gesellschaft natürlich permanent differenziert. Im Hintergrund wirkt hier auch der individuelle *Wertewandel*, der die soziologische Dynamik in Deutschland grundsätzlich verändert hat.

In unserer Gesellschaft gibt es deshalb viele Menschen, die in vielen sozialen Fragmenten beheimatet sind und die dadurch in ihrem privaten Wertekostüm im Prinzip *mehrere Menschen in einem Individuum* repräsentieren.

Das hat dazu geführt, daß nicht nur die Konsummuster vielfältiger geworden sind, sondern daß auch immer mehr Personen immer mehr und

widersprüchlichere Konsummuster in sich vereinigen. *Die Gleichzeitig-*
*keit des Ungleichen in einer Person.*

Peter M. Hejl hat in einem Aufsatz über die »Konstruktion der sozialen
Konstruktion« diese neuartige Tendenz wie folgt beschrieben:

»Da in unseren intern differenzierten Gesellschaften jedes Individuum
eine Vielzahl von sozialen Systemen mitkonstituiert, ist es konsequent,
*Individuen soziologisch* als ›Schnittpunkte‹ oder ›Berührungspunkte‹
sozialer Systeme zu verstehen. Ein Individuum ist zur gleichen Zeit
Komponente mehrerer sozialer Systeme, die durch ›Multi-Komponenten-Individuen‹ verbunden werden. Dies gestattet, *Gesellschaft* als ein
Netzwerk sozialer Systeme mit den Individuen als ›Knoten‹ zu verstehen. Es sollte klar sein, daß jeder Beobachter oder jede Beobachter-
Gemeinschaft ebenfalls Teil dieses Netzwerkes ist.

Dies hat die Konsequenz, daß es für jede Analyse sozialer Systeme, und
damit auch ihre Grenzen, nicht ausreicht, sie als *externer Beobachter* zu
definieren. Wenn wir wissen wollen, wo die Grenzen dessen verlaufen,
was wir hypothetisch als ein soziales System fassen, dann müssen wir
empirisch versuchen zu konstruieren, welches die konstitutiven Interaktionen sind und wie die Beteiligten das System ›sehen‹, das sie konstitu-
ieren.«

Hejl betont dann, daß die empirische Wahrnehmung der multikompo-
nenten Individuen und ihrer Vernetztheit nur »*durch Interaktion* mit den
betreffenden Individuen« möglich ist.

Was bedeutet das für das neue Markt-Management?

- Die Zeit geht zu Ende, in der man Zielgruppen »sauber« definieren
  konnte und in denen diese definierten Zielgruppen eine echte Zielbarkeit, weil Stabilität, aufwiesen.

- Der neue Weg empfiehlt, sich in Netzwerke zu integrieren, weil unsere Gesellschaft sich mehr und mehr zu einer Netzwerk-Gesellschaft umformt, die dem Prinzip der Multi-Option folgt.

- Netzwerke, soziale Fragmente und Szenen werden damit zu den
  neuen Instrumenten des modernen Markt-Managements.

- In diesen Netzwerken und Szenen wird das eigentlich Neue, was den
  Konsum betrifft, von »Multi-Komponenten-Individuen« erfunden
  und gestaltet.

- Das sind die Werte-Pioniere und die Szenen-Leader. Man kann die Eigendynamik der Netzwerke und ihre soziale Dynamik nicht mehr von außen, quasi objektiv beobachten, sondern man muß sich mit diesen Szenen und Leadern verschmelzen, um sie dadurch beobachten zu können.

- Mit anderen Worten: Interaktion ist das neue Instrument für die Wahrnehmung, und Verschmelzung ersetzt die distanzierte Marktforschung.

Deshalb brauchen wir das Instrument des Monitorings. Hierunter ist ein methodisches Erfassen der Kommunikations- und Interaktions-Prozesse in Szenen zu verstehen.

## Das Szenen-Sponsoring und das Networking

Ein weiteres Instrument neben dem Monitoring ist das Szenen-Sponsoring. Dies ist der dynamischste Aspekt der Wahrnehmung. Hier verschmilzt Interaktion, die der Wahrnehmung dient, mit der Interaktion, die der Beeinflussung dient.

Szenen-Sponsoring läßt sich definieren als die *bewußte Förderung des anderen Wollens*, um sich damit in die Eigendynamik des anderen Systems integrieren zu können.

Maturana hat wiederholt besonders darauf hingewiesen, daß man Bedeutungen und Werte in eigendynamischen Systemen nie von außen empirisch ermitteln kann, sondern nur dadurch, *daß man etwas zusammen erlebt*. Bedeutung ist also immer das Ergebnis von gemeinsamen Handlungen und von gemeinsamen Erlebnissen.

Wenn man also den Werte-Fluß und die Bedeutungs-Dynamik von Szenen und Netzwerken erfahren will, muß man sich *in diese Szenen und Netzwerke integrieren*. Dieses ist jedoch nicht im Sinne einer anonymen oder getarnten Agentenschaft zu verstehen, sondern als offene und »teilnehmende Verschmelzung«. Das beste Instrumentarium dafür sind Szenen-Sponsoring und Networking.

## Die Szenen als Dolmetscher

Das neue Weltbild geht davon aus, daß es keine realen Wirklichkeiten gibt, sondern nur *erfundene Wirklichkeiten*. Alles beruht auf Erfindungen und den Glaube an diese Erfindungen. Also sind Wirklichkeiten und Werte nicht objektiv, sondern immer nur selbstreferentiell, das heißt, sie sind Entwicklungen im Raume des Geistigen durch das Geistige. Sie werden geglaubt durch soziale Prozesse im Raum der Soziosphäre.

Da der Mensch ein *Ohne-Input-System* (Heinz von Foerster) ist, wird es darum gehen, die Szenen und Netzwerke dafür zu nutzen, daß diejenigen Wirklichkeiten erfunden werden, an die später größere Gruppen der Gesellschaft glauben können. Das ist eine Art Spiral-Effekt: Die kommenden Meinungsfelder und Wertstrukturen sind das Ergebnis von Szenen, realisiert durch *authentische Kommunikation*.

Authentische Kommunikation, das sind tatsächlich stattfindende gruppendynamische Prozesse und reale Dialoge. Sie werden an die Stelle der »künstlichen« Kommunikation gesetzt, zum Beispiel an die Stelle der Zielgruppen-Werbung.

Durch das Szenen-Sponsoring lernt der Anbieter, der die Meinungs-Spiralen initiieren und »hochschrauben« möchte, die jeweilige Sprache der sozialen Fragmente und das *Alphabet der Szenen*.

Es ist keineswegs so, daß in einer multi-optionalen und fragmentierten Gesellschaft die Sprache das allseits verbindende Medium ist, im Gegenteil: Die neunziger Jahre werden den Trend der achtziger Jahre fortsetzen und verschärfen – den *Trend zum Zerfall der homogenen Sprache* in viele Szenen-Sprachen. Die Sprache selbst wird damit zum Instrument der Differenzierung und Fragmentierung. Und auch die Sprache erhält damit ihre Eigendynamik und ihre Eigenzeit.

Vor mir liegt gerade eine Anzeige der Firma Siemens: vierfarbig, Doppelseite, plaziert in den teuersten Medien, also ein sehr teurer Spaß. Die Headline: »Wir lassen junge Leute ran«. Absender: Siemens. Mutmaßliche Zielgruppe: Die Karriere-Elite der Jugend, denn es geht um Chips und Nachwuchs für die Chip-Entwicklung.

Diese Anzeige ist ein krasser Fall von künstlicher Kommunikation: Gerade die Chip-Freaks und die Computer-Fans sind in Deutschland über relativ überschaubare Szenen und diverse Netzwerke erreichbar. Sie haben ihre völlig eigenständige Werte-Landschaft und auch eine sehr spezifische und nicht für jedermann zugängliche *Szenen-Fremdsprache*.

Wenn also Siemens diese Freaks erreichen und frühzeitig auf sich aufmerksam machen möchte, braucht man nicht mit Massen-Kommunikation in vier Farben zu kommen, sondern Siemens müßte durch Szenen-Sponsoring, also durch kooperative und fördernde Maßnahmen innerhalb der Szene, diejenigen szeneeigenen Sprach-Rituale kennenlernen, die man praktizieren muß, um beim Dialog mit dieser Szene verstanden und ernst genommen zu werden. Darüber hinaus kann man durch die Förderung von Projekten innerhalb der Szene die aktuellen Sehnsüchte, Orientierungen und Werte-Kategorien derjenigen erfassen, die man gewinnen möchte.

Alles in allem:

**Szenen sind die Dolmetscher für die Eigendynamik in den Fragmenten.**

**Durch Szenen-Sponsoring lernt man die Fremdsprache der sozialen Fragmente.**

Am Beispiel der künstlichen Kommunikation von Siemens (»Wir lassen junge Leute ran«) erkennt man einige Bedingungen für die Kommunikation mit Netzwerken und Szenen:

- Die meisten Manager verwechseln Szenen mit Zielgruppen: Auf Zielgruppen zielt man – in Szenen lebt man.

- Zielgruppen folgen dem Muster der linearen, einseitigen Manipulation – Szenen folgen dem Muster der wechselseitigen Co-Evolution.

- Netzwerke können nur instrumentell genutzt werden durch teilnehmende Integration – Teilnahme ist beidseitige Manipulation.

- In den Netzwerken gibt es eine innere Zeit – man kann an Netzwerken und Szenen nicht außerhalb dieser inneren Zeit teilnehmen.

## Netzwerke ersetzen das breite Database-Marketing

Langfristig wird man die elektronischen Möglichkeiten der Datenverarbeitung immer mehr nutzen, um ein Höchstmaß an Fragmentierung und Variation zu erreichen. Stichwort: Database-Marketing. Auf der anderen Seite wird es für viele Unternehmen zu teuer, immer an Hunderttausende von Kunden Mailings, Lifestyle-Magazine und Club-Offerten zu verschicken. Allein schon die Portokosten schieben dem einen Riegel vor.

Deshalb ist es wichtig, darauf hinzuweisen, daß die Netzwerke auch als **Stellvertreter im Rahmen des Database-Marketings** funktionieren. Man kann zum Beispiel durch *Filtertechniken* die besonders engagierten Szenen und die Netzwerk-Knotenpunkte herausfiltern. Man operiert dann kommunikativ (und dieses eher in häufiger als in seltener Frequenz) mit denjenigen, die diese Leadership-Funktionen innerhalb von Szenen und Netzwerken wahrnehmen. Man benutzt also bestimmte Funktionsträger innerhalb der Szenen und Netzwerke als Medium, um die Meinungs-Spiralen im Sinne der Intentionen steuern zu können.

Wichtig dafür ist zweierlei:

① Man muß die Szenen-Pioniere mit Schlüsselbegriffen, Materialien, Ressourcen und vielfältigen Hilfen ausstatten, damit sie ihre Pionier- und Leading-Funktion innerhalb der Szenen auch wirklich erfüllen können.

② Oft ist es wichtig, die Szenen-Pioniere aufzubauen, so daß sie eine Entwicklung vom Unbekannten zum »Szenen-Star« vollziehen. Dadurch entsteht so etwas wie subjektive Prominenz. Und diese wirkt dann im Rahmen der Szenen wie ein Vergrößerungsglas-Effekt.

Beides zusammen sorgt dafür, daß man mit relativ geringen Mitteln ein Höchstmaß an *selbstorganisiertem Bewußtsein* in den Szenen und Netzwerken erreicht.

**Die Szenen sind das Medium, an das die Szenen am meisten glauben.**

Aus dieser Sicht werden Szenen zu einem Medium, das vorrangig den Mitgliedern gehört. Wenn man nun für die Szenen spezielle Medien (Closed Circulation/Lifestyle-Magazine etc.) initiieren möchte, dann sollte bedacht werden, daß hier eine Art Sponsoring-Effekt stattfindet, aber *kein linearer Manipulations-Prozeß*.

Lineare Kommunikations-Prozesse sind laut Naschhold dadurch gekennzeichnet, daß Intention und Kommunikation eins sind. Die Intention (»Ich möchte Deine Einstellung ändern«) schlägt sich direkt in den Anzeigen, Prospekten oder Kunden-Magazinen nieder.

Bei der Interfusion wird die Szene als Medium aufgefaßt (»Das Medium sind wir«). Und Szenen-Medien können zwar von außen, das heißt von Herstellern und Markenartiklern, initiiert oder auch finanziert werden, aber es sollte dabei bedacht werden, daß auch diese Medien letztendlich *immer der Szene gehören*, das heißt, die wesentlichen inhaltlichen und wertkategorialen Impulse müßten aus der Szene kommen. Und die globale Gesamt-Regie der Inhalte sollte ebenfalls aus der Szene kommen.

Der Hersteller oder Markenartikler kann zwar zum *Netzwerk-Knoten* im Rahmen eines Netzwerkes oder auch vollwertiges Mitglied einer Szene werden, aber er sollte seine Aktivitäten *als Förderer* verstehen, nicht jedoch als Besserwisser, Vortänzer oder linear-einseitiger Manipulateur.

Das bedeutet für die Szenen-Medien:

**Interfusion versteht sich nicht als Themen-Schöpfer für die Szenen, sondern als Themen-Förderer im Dienste der Szenen.**

## Zur Praxis der Szenen-Arbeit – die Mythologie des Networkings

Zuerst einmal sollte man sehen, daß es unterschiedliche Formen der Vernetzung und unterschiedliche Typen der Netzwerke gibt, zum Beispiel Ad-hoc-Netzwerke, versteckte und offene Netzwerke, stabile, feste Netzwerke, ungeregelte und geregelte Netzwerke. Und man sollte bedenken, daß in den nächsten 10 bis 15 Jahren mehr und mehr Netzwerke so etwas wie Patenschaften bekommen werden. Beispielsweise kann heute schon vorhergesagt werden, daß der Handel in vielfältiger Form eigenständige Netzwerk-Organisationen finanzieren und realisieren wird.

Da nun nicht jede Szene von unterschiedlichen Interessenten gesponsert und gepflegt beziehungsweise »gepachtet« werden kann, werden sich schon bald *Rivalitäten und Konkurrenz-Blockaden* ergeben. Für diejenigen Unternehmen, die den Weg der Interfusion frühzeitig beschreiten wollen, ist es deshalb wichtig, sich hier rechtzeitig in die Szenen einzubringen. Derjenige, der eine Szene frühzeitig gepflegt und gefördert hat, wird langfristig immer einen gewissen Vorsprung festigen können.

Das Kernmodell des Networkings umfaßt zwei Phasen:

① *Die erste Phase ist der Aufbau.* Hier ist ein Kristallisations-Prozeß zu managen. Darunter versteht man das »Schöpfen« einer Szene quasi aus dem Nichts. Man setzt dafür bestimmte Formierungs-Themen ein und »sammelt« über mehrfache Dialog-Angebote und Rückkopplungs-Angebote diejenigen Menschen, die dann später »hochgepflegt« und zur Szene werden.

② *Die zweite Phase ist die Pflege.* Hier ist die Analogie die des chinesischen Tellerdrehers, wie man ihn im Zirkus des öfteren sieht. Auf dünnen Bambusstäben rotieren zerbrechliche Teller, und der Künstler hat die Aufgabe, rechtzeitig diejenigen Stäbe wieder in Schwung zu bringen, auf denen die Teller bereits ins Trudeln kommen. Wer Netzwerke wirklich pflegen will, muß linearstrategisches Denken beiseite lassen und die unterschiedlichen Diskurse, Sehnsüchte und Intentionen der Zielgruppe pflegen, auch wenn sie ihn vorrangig ablenken oder nichts mit seiner Sache zu tun haben. Wer eine Szene pflegen will, muß ihrer Richtung und Dynamik folgen, egal, ob es ihm immer paßt.

## Die Bedingungen für Networking

① *Abkoppeln des Absatzes vom Netzwerk:*
Das Netzwerk dient nicht dem Absatz, sondern es dient der Verbesserung der Beziehungspflege. Networking ist ein soziales Instrument, das sich nur dann zu voller Effizienz entfalten kann, wenn es nicht direkt an die Marktdynamik oder die Absatz-Intentionen des Unternehmens gekoppelt ist.

② *Netzwerke brauchen Kontext-Vermittlung:*
Nur derjenige, der immer wieder neue Kontexte in Netzwerke und Szenen einbringt, wird zum offenen oder heimlichen Führer, weil er neue oder attraktive Herausforderungen oder Orientierungsmuster einbringt. Die Relevanz des Netzwerk-Knotens baut sich durch die Qualität dieser Kontext-Vermittlung auf.

③ *Networking operiert in einem herrschaftsfreien Raum:*
Deshalb sollte Macht soweit wie möglich abgekoppelt werden. Networking ist ein Instrument der Manipulation. Es funktioniert aber nur, wenn Intention und Kommunikation keine enge Einheit mehr bilden und wenn Macht und Kommunikation weitestgehend entkoppelt werden.

④ *Networking benötigt Verlaufsoffenheit der Prozesse:*
Es ist deshalb eine antistrategische Haltung erforderlich.

⑤ *Netzwerke entwickeln eine autonome Gruppendynamik der Beziehungen:*
Das bedeutet, daß der Initiator nicht automatisch der Führer ist. Er steht auch nicht automatisch im Mittelpunkt der Beziehungen. Häufig entwickeln sich Netzwerke so, daß die Unabhängigkeit vom Initiator immer größer wird.

⑥ *Netzwerke verfügen über eine eigenständige Lernfähigkeit:*
Sie lernen ihre Identität im Laufe der Interaktionen. Netzwerke können deshalb durch richtiges Sponsoring mehr und mehr identisch geformt werden, so daß aus lockeren Szenen und Netzwerken sehr formierte und dynamische Gruppen entstehen können.

Die Lernfähigkeit der Netzwerke ist am größten in der Instabilität. Wer in Netzwerken arbeitet, muß deshalb den Mut haben, sich und die Netzwerke immer wieder in die konstruktive Instabilität zu stoßen, zum Beispiel durch Diskurse und Perturbationen (»Verletzungen«). Das benötigt eine andere Grund-Konzeption von Kommunikation. Die klassische Marketing-Kommunikation ist auf Verständlichkeit und Akzeptanz ausgerichtet, das Kommunikations-Modell der Interfusion ist dagegen auf Instabilität, Perturbation und Entlernen ausgerichtet.

⑦ *In den Netzwerken herrschen Dialog und Interaktion vor:*
Einseitige Monologe und anonyme Kommunikation gelten als kontraproduktiv.

⑧ *Netzwerke sind gekennzeichnet durch offene Programmierung:*
Sie können nicht nur ihre Identität, sondern auch ihre Problematik im Laufe der Netzwerk-Erfahrungen und der Netzwerk-Eigendynamik verändern. Sie sind in dem Sinne wesentlich überraschender als kategoriale Zielgruppen, wie man sie in Form von Typologien und Marktforschungs-Gruppen kennt (zum Beispiel sozio-demographische Gruppierungen). Netzwerke entwickeln im Laufe ihres Bestandes eine autonome Dynamik, in der sie dazu tendieren, immer größer und vernetzter zu werden, indem sie sich mit anderen Netzwerken vernetzen. Es entsteht oft eine *mehrfach vermaschte Gruppendynamik* aus übereinstimmenden Teilen und Teilen, die sich widersprechen und die Dynamik zum Teil blockieren.

In den Netzwerken gibt es unterschiedliche Rollen und Rollen-Speziali-
sten, zum Beispiel:

- Träger eines Netzwerkes (Initiator, Motor),

- Mentor eines Netzwerkes (das sind oft diejenigen Lotsen, die zwischen den Netzwerken und Szenen einerseits und den Entschei-
  dungs-Gremien in den Unternehmen, beispielsweise Vorstände, andererseits vermitteln; sie funktionieren häufig auch als sprachliche
  Dolmetscher und Werte-Vermittler),

- Partner und Mitglieder des Netzwerkes,

- Experten (Themen-Spezialisten),

- Sprecher (Öffentlichkeits-Spezialisten),

- Sympathisanten (sie übernehmen die Gefühlsrolle per Netzwerk-
  Dynamik),

- Moderatoren,

- Regler (das können Ombudsmänner für bestimmte Regeleinhaltun-
  gen sein; die meisten Netzwerke verfügen über informelle Regler, in
  vielen Fällen bewährt es sich aber auch, diese Rollen zumindest im
  Rahmen bestimmter Intentionen und Planungsphasen offiziell zu
  machen),

- Organisatoren (Experten, die bestimmte Schwerpunktaufgaben
  übernehmen, zum Beispiel Finanzen, Organisation, Mitgliederwer-
  bung etc.).

## Die Prinzipien des Networkings

- Das Leben des Netzwerkes gestaltet sich durch Dialoge. Das Netzwerk ist ein geistiges und soziales System, das hauptsächlich durch
  Projektion und Glaubensvermittlung zusammengehalten und entwickelt wird.

- Die Mittelachse eines Netzwerkes wird häufig von einem Initiator
  bestimmt. Später entwickelt sich aber die Mittelachse durch Kontext-Vermittlung, so daß also wechselnde Initiatoren im Rahmen der
  Eigendynamik des Netzwerkes beobachtbar sind.

- Die meisten Netzwerke bilden einen stabilen Netzwerkknoten heraus. Das sind zum Teil ritualisierte Dialog-Formen (zum Beispiel Jahrestreffen), aber auch bestimmte Rollenträger, die immer wieder durch besondere Leistungen aufgefallen sind und deshalb bevorzugt angesprochen und genutzt werden.

- Wenn man mit Netzwerken und Szenen arbeiten möchte, sollte berücksichtigt werden, daß ein informeller und teilweise auch formeller »geistiger Vertrag« vollzogen werden sollte, der bestimmte Regeln, Ziele und Konsens-Vereinbarungen beinhaltet. Dazu gehört auch, daß man die Manipulations-Freiheit und die Verlaufsoffenheit indirekt garantiert. Zur Netzwerk-Regie gehört es, die Sub-Vernetzungen zu fördern, so daß eine möglichst reagible und flexible Heterarchie entsteht. Wer mit Netzwerken merkantil arbeiten möchte, sollte berücksichtigen, daß die finanzielle Gestaltungsfreiheit unbedingt sichergestellt werden muß. Nichts zerstört die Netzwerk-Konstruktion mehr, als wenn durch finanzielle Reduktionen (Spar-Programme) oder finanzielles Desinteresse das Gefühl von Abhängigkeit und Erpressung auftaucht. Für den Faktor Abhängigkeit ist generell zu sagen: Das Obligo-Gefühl (zum Beispiel dankbare Verpflichtung) sollte von den Netzwerk-Teilnehmern freiwillig aufgebaut werden, nicht jedoch durch finanzielle Hilfe erpreßt werden.

- Netzwerke benötigen immer wieder konstruktive Fluktuationen und Diskurse, also Impulse zur geistigen Neuorganisation. Unternehmen können diese Aufgabe besonders gut übernehmen. Erforderlich dafür ist jedoch ein Ideen- und Zukunfts-Monitoring.

## Die Werkzeuge des Networkings

- Meetings
- Foren
- Workshops
- Labors für Experimente
- Projekt-Teams
- Partys/Feiern
- Rituale
- Infoletter für Interne und Externe

- Magazine (*Closed Media*)

- Dialog-Konferenzen (zum Beispiel mit der Presse)

## Interfusion und Club-Organisation

Wir sollten davon ausgehen, daß die Marken-Loyalität der Verbraucher in den neunziger Jahren immer deutlicher abnehmen wird. Die derzeitigen Trendsignale zeigen, daß besonders die Jugend eine ausgesprochen »hüpfende« Treue, gepaart mit einer sehr *dosierten Bindung*, präferiert. Wechsel, Widerspruch und Erlebnis-Experiment sind die neuen Größen, die dafür sorgen, daß die klassische Marken-Loyalität immer mehr erodiert.

In den USA ist dieser Trend etwas stärker als in Deutschland. Das hat die Unternehmen dazu geführt, den Faktor der Untreue und des Marken-Hoppings genauer zu analysieren. Die aktuellste Untersuchung hat ermittelt, daß schon eine zehnprozentige Steigerung der durchschnittlichen Lebensdauer einer Kundenbeziehung die langfristigen Erlöse eines Unternehmens um über 40 Prozent verbessern kann. Dementsprechend wird in amerikanischen Marketingkreisen intensiv diskutiert, was man tun kann, um die Bindung zu verbessern.

Eine erste Antwort lautet: Wir müssen die Dienstleistungen rund um das Produkt qualifizieren und ausweiten.

Typisch für diese Überzeugung ist der neueste Schritt von IBM. Früher war IBM sehr arrogant, was Kundenbeziehungen betraf. Man arbeitete lange Zeit nur auf Leasing-Basis und verteilte mehr, als daß man verkaufte. Inzwischen hat sich das – wie man weiß – grundsätzlich geändert. Wie John F. Ahers, der Präsident von IBM, betont, haben die Computer-Freaks die Kunden von IBM regelrecht gezwungen, von der linearen Aktions-Programmierung umzuschalten auf einen *offenen Interaktions-Prozeß*.

Aber IBM ist nun noch weiter gegangen, um die Kunden intensiver zu binden. Bis vor kurzem hat IBM nur diejenigen Computer und Produkte gewartet, die von ihnen kamen. Nun hat sich das geändert. Nun repariert IBM auch die Produkte des Wettbewerbs. Und man geht noch weiter. Wenn zum Beispiel ein Unternehmen umzieht, dann war es bisher üblich, daß IBM nur diejenigen Computer transportierte und umrüstete, die von ihr selbst kamen. Nun macht man das auch hier anders. Man nimmt den Klienten das Gesamtproblem des Umzugs und der Installation ab. Natürlich alles gegen Kostenerstattung, aber immerhin: Es ist ein riesiger Schritt, wenn man dem Kunden grundsätzlich in allen Bereichen zu helfen versucht und nicht nur egoistisch dort, wo es um die eigenen Produkte geht.

IBM tut das, was Professor Kotler anläßlich eines Seminars mitgeteilt hat, nicht aus reinem Altruismus, sondern einfach deshalb, weil diese Schwerpunktverlagerung auf Service und Software immer wichtiger wird und weil es selbst für einen derartigen Giganten wie IBM in Zukunft von entscheidender Bedeutung ist, feste, netzwerkartige Beziehungen zu den Kunden aufzubauen; es entsteht so etwas wie ein *indirekter Club* oder eine intensive Funktions-Partnerschaft.

Auch der Handel in den USA ist aufgewacht und arbeitet mit Networking-Methoden in Form der Clubbildung. Über die POS-Möglichkeiten nutzt man die immer reichhaltiger anfallenden Daten über die Kunden und über das Einkaufsverhalten. Das speziell dafür entwickelte Software-Paket, das unter anderem von der City Corp entwickelt wurde und derzeit bei den Ukrop's-Supermarkets getestet wird, gibt dem Handel die Möglichkeit, alle Sonderaktionen so auszurichten, daß das fragmentierte Kaufverhalten der Kunden optimal berücksichtigt wird. Im Prinzip kann Ukrop's schon heute detailliert feststellen, wer welche Einkaufs-Gewohnheiten hat, so daß dann per Computer ein Werbebrief oder eine Unikat-Sonderaktion entwickelt werden kann. Im Testlauf bei Ukrop's haben rund 180 000 Konsumenten sofort an diesen Programmen, die außerdem eine Art Rabatt-System bieten, teilgenommen. Seit der Einführung dieser Vernetzung vor vier Jahren sind die Einnahmen um 10 Prozent gestiegen.

## Kleine Auswahl an Club-Aktivitäten

Club-Formierungen findet man derzeit am meisten im Markt der Zigaretten-Anbieter, unter anderem dadurch verursacht, daß hier langfristig ein ziemlich rigides, wenn nicht sogar totales Werbe-Verbot droht und daß schon heute bestimmte Medien (etwa Fernsehen) für Zigaretten-Werbung verboten sind.

Philip Morris, der Hersteller von Marlboro, hat zum Beispiel ein »Abenteuer-Team« zusammengestellt. Rund 230 000 junge Leute haben sich gemeldet. Nur 10 davon dürfen jedoch nach Amerika reisen. Aber immerhin: Durch derartig spektakuläre Aktionen formt man aus einer unbekannten Großgruppe eine spezifische Szene, die dann durch verschiedene Maßnahmen (siehe Tellerwäscher-Analogie) immer wieder auf Flamme gehalten und somit gepflegt wird.

Marlboro geht auch noch in andere Richtungen. Beispielsweise vertreibt man eine Herrenkollektion mit dem Namen »Marlboro Classics«. Diese Kollektion wurde 1984 eingeführt und hat ihren Umsatz bis Ende 1988 fast verfünffacht. Und kürzlich wurde in Paris sogar eine eigene Boutique nur für diese Kollektion eröffnet. In der Regel wirbt man in internationalen Zeitgeist-Zeitschriften. Die Kleidungsstücke folgen prinzipiell einer sanften Cowboy-Linie, so wie es sich für Marlboro gehört.

Camel, die große Marke von Reynolds, arbeitet ebenfalls mit Szenen-Sponsoring und Club-Formierung. Dort hat man eigene Camel-Shops. Rund 180 000 Menschen in der Bundesrepublik kaufen dort auf der Basis eines Spezialversand-Systems. Helmut Hagenlücke, einer der Initiatoren und Berater für diese Networking-Strategie, dazu: »Markentreue entsteht aus permanenter rückkoppelnder Kommunikation mit hoher Bedarfsorientierung.« Camel ist dabei, eine eigenständige Szene zu entwickeln.

Camel veranstaltet – ähnlich wie Marlboro – ebenfalls Abenteuer-Trophies. Und das schon seit rund zehn Jahren: Abenteuer als Dauerbrenner. Begonnen hatte die Sache erst als einmalige Promotion-Idee, aber inzwischen ist daraus längst eine internationale Szenen-Aktion geworden. Inzwischen gehen 14 internationale Teams pro Jahr in das Abenteuer einer Tausend-Meilen-Ralley. Vorab läuft ein Trainings-Camp auf Teneriffa. Die Club-Formierung vollzieht sich über ein spezielles Magazin, in dem ausführliche Bewerbungs-Bögen und Unterlagen enthalten sind. Rund 10 000 Bewerber meldeten sich allein aus Deutschland. Weltweit 600 000.

Detlev Fey, einer der Berater für den Trophy-Club, formuliert die zukünftige Richtung wie folgt: »Die Trophy muß stärker in Richtung Lifestyle und Zeitgeist entwickelt werden, ohne den Grundgedanken zu verändern.« Auch Camel setzt also auf professionelle Interfusion.

Wenden wir uns den USA zu: In New York gibt es den Club »21«. Den hat der internationale Möbelhersteller Knoll International eingerichtet. Es ist ein *Lifestyle-Club*, der weit über das Thema Möbel hinausreicht.

Es gibt eine Club-Zeitschrift, ein spezielles Club-Parfüm für Männer und Frauen usw.

Werfen wir einen Blick auf die Schweiz: Philips Schweiz hat den Confetti-Club initiiert, hauptsächlich, um jugendliche Konsumenten intensiv an sich zu binden. Man operiert mit einem weitestgehend firmenneutralen *Freizeit-Club*. Er wurde 1985 gegründet, kostet pro Jahr 9,80 Mark Mitgliedsbeitrag und hat schon über 50 000 Mitglieder. Zentrales Medium ist die zehnmal im Jahr erscheinende Club-Zeitschrift. Auch hier geht die Tendenz in Richtung Szenen-Sponsoring und Lifestyle-Kooperation. Dazu kommen vergünstigte Einkaufsmöglichkeiten in mehr als 300 Schweizer Geschäften, vom einfachen Friseur bis zur Edel-Boutique. Auch der Schweizerische Bankverein ist dabei.

Philips geht davon aus, daß der Confetti-Club schon *bald nicht mehr subventioniert werden muß:* Im Club-Magazin gibt es schon bezahlte Anzeigen, und langfristig wird man durch Kooperationen diese Networking-Aktivität so gestalten können, daß sie sich weitestgehend selbst finanziert.

Bleiben wir in der Schweiz. Ein ebenfalls vielbeachteter Erfolg ist *MU-SENALP.* Das ist ein reines Szenen-Networking-Konzept, initiiert von Othmar Beerli. Kern des Netzwerkes ist eine Zeitschrift, die nicht von Redakteuren geschrieben wird, sondern von den Lesern selbst, also eine tatsächlich praktizierte *Do-it-yourself-Manipulation,* hauptsächlich auf Basis von Teenager-Sehnsüchten, Weltschmerz und Sentimentalität. Eine imponierende Erfolgs-Story, denn Musenalp hat in der Schweiz eine Auflage von über 300 000, in Deutschland über eine Million und in Österreich rund 300 000 erzielen können, und das hauptsächlich bei Jugendlichen zwischen 15 und 29 Jahren. Dahinter steht ein Versandhandel-System, das den eigentlichen Umsatz bringt.

Die Verbindung von Club-Magazin und Waren-Katalog setzt sich ohnehin immer mehr durch. Diese Kombination wird *Magalog* genannt und ist in den USA inzwischen einer der großen Renner des Versandhandels. Durch den kommenden Boom der Club-Karten, des POS-Systems und der wachsenden Dynamik der Selbstorganisation in Szenen werden Clubs auf Magalog-Basis sicher nicht nur vom Versandhandel angeboten. Schon jetzt zeichnet sich der Trend ab, daß sich immer mehr *Marketing-Kooperationen* zusammenfinden, um per Magalog und Club-Organisation eigenständige Lifestyles und teilweise auch innovative Szenen zu gründen und zu pflegen.

Amerikanische Experten wie Milt Kaplan glauben, daß sich die Magaloge langfristig immer mehr zu *Lifestyle-Service-Katalogen* weiterentwickeln werden. Das Lager der orientierungsuchenden Konsumenten wird immer größer. Und durch die Fragmentierung und den Fashion-Charakter der meisten Branchen wird der Bedarf an »mehr als nur Ware« immer größer werden. Die Produktion von Lifestyles wird damit immer wichtiger.

In Deutschland arbeitet Flötotto seit längerer Zeit mit dem System des Magalogs. Er ist deutlich über 200 Seiten stark. Man kann ihn nur bekommen durch Response-Anzeigen in Publikums-Zeitschriften. Und er bietet exklusive Möbel an. Man bietet jedoch nicht nur die nackte Ware, sondern vermittelt *komplette Wohnkonzepte* »in nicht geschönter Umgebung«, wie Fred Baader von der betreuenden Werbeagentur Baader, Lang und Behnken in Hamburg, betont. Ein echter Wohn-Service, der inzwischen 350 000mal in Deutschland vertrieben wird.

Einen besonders interessanten Weg in Sachen Szenen-Formierung geht Sisley, die Tochter des erfolgreichen Modeunternehmens Benetton. Mehrmals im Jahr präsentiert Sisley eigenständige *Lifestyle-Magazine*, die als *Zeitschrift in der Zeitschrift* (zumeist am Schluß einer Zeitschrift und auf den Kopf gestellt) präsentiert werden. Man arbeitet also nicht nur mit Anzeigen, sondern man benutzt wichtige Publikums-Zeitschriften, um seine eigene Zeitschrift transportieren zu lassen.

Die Grundidee ist relativ einfach, wird aber auf höchstem Niveau realisiert: Sisley präsentiert völlig eigenständige Lebensstil-Konzepte, indem man die Street-Fashion-Impulse veredelt und in konkrete Ware umsetzt. Das Ganze wird in einer perfekten Ganzheitlichkeit inszeniert, das heißt von der Bekleidung bis zu den kleinsten Accessoires, vom Text-Styling bis zum angepaßten Foto-Styling. Dazu die jeweils aktuelle Zeitlichkeit: Mal ist es Moskau, mal New York, mal Capri, also immer das, was in wichtigen Szenen ohnehin gerade als neuer Orientierungs-Kontext angesagt ist.

## Der Fall Bölkstoff

Vielleicht kennen Sie die Comic-Figur Werner, gestaltet von Rötger Feldmann. Er ist einer der bekanntesten Comic-Autoren in der Bundesrepublik. Und sein Superheld Werner ist so ein richtig unkonventioneller Supermann der Unterschicht. Immer bereit, mit viel Witz und krawalligem Getöse das, was feine Pinkel lieben, zu zerstören. Werner ist der Held der Underdogs.

Seit September 1989 kann man nun im Norden der Republik das Bier kaufen, das Werner, inzwischen die populärste deutsche Comic-Figur, »Bölkstoff« genannt hat: sein Bier. Zu diesem Zweck wurde in Hamburg eine Handelsgesellschaft mit dem Namen »Flaschenbier plus Bölkstoff GmbH« gegründet. Die hat mit der Gilde Brauerei zusammen in Hannover ein eigenständiges Werner-Rezept entwickelt. Mit 4,9 Prozent Alkohol und 12,4 Prozent Stammwürze ein typisch hartes Bier für die Underdogs der Nation.

Kurz nach der Ankündigung dieses Bieres kam es zur größten Sensation auf dem Biermarkt seit seinem Bestehen: »Kein Bier ist jemals so populär gewesen, bevor es auf den Markt kam«, so Gert Rönnau von der Hamburger Handelsgesellschaft.

Der Hintergrund ist schnell erzählt: Hier hat sich seit Jahren eine eminent große und intensiv *emotionalisierte Szene* entwickelt. Beim Werner-Rennen 1988 (Porsche gegen Spezial-Motorrad) kamen 250 000 Besucher in ein norddeutsches Örtchen. Es war damals das größte Openair-Ereignis des Jahres. Die Brauerei und die Handelsgesellschaft wollen und brauchen auch keine typische Bierwerbung zu machen. Man wird allerdings mittelfristig »Bölkstoff-Veranstaltungen« durchführen. Und zum Erscheinen des Bieres gab es ein eigenes Bölkstoff-Comic-Buch.

Alles in allem: Dieser Fall, der sicher eine Ausnahme ist, zeigt die Kraft und die Wichtigkeit der Szenen in prototypischer Form. Wenn Szenen Projektions-Prozesse sind, die für eine fließende Identifikation sorgen, dann ist die Werner-Szene seit Jahren eine hochattraktive Szene. Das erste Werner-Produkt (Bölkstoff) war deshalb ein typisches Produkt der Interfusion. Wie sagte Rönnau so schön: »Kein Bier ist jemals so populär gewesen, bevor es überhaupt auf den Markt kam.«

Man hat den Bedarf gemacht, bevor der Bedarf da war. Und zwar in dem, was typisch für die Interfusion ist, nämlich »in dem gemeinsamen Geistigen«.

## Wie sieht die Zukunft der Clubs aus?

Im Moment werden Clubs hauptsächlich eingesetzt, um die Bindung wichtiger Gruppen an die Produkte und Marken zu verstärken. Die meisten Hersteller benutzen die Clubs also nur als Instrument zur Qualifizierung der Markentreue, aber schon mittelfristig wird – wie der Experte Dr. Michael R. Peters in *ABSATZWIRTSCHAFT* 2/89 schrieb – dieser Trend eine Wandlung und *Qualifizierung* erfahren: Man wird die Clubs zu *Self-Liquidators* machen, das heißt, sie sollen sich kostenmäßig selbst tragen können und möglichst auch Gewinn bringen.

Typisch dafür ist zum Beispiel der vor rund 25 Jahren gegründete Club der *Weight-Watchers*. Das Ganze war eine Art Selbsthilfegruppe, damals gegründet von der Amerikanerin Jean Nidetch. Inzwischen gibt es diesen Club fast weltweit. Rund 30 Millionen Frauen haben durch ihn die Diät-Programme realisiert. Inzwischen gibt es überall Lizenz-Produkte. Dieser Club ist längst über Self-Liquidating hinaus. Er ist ein komplettes Profit-Center.

Fassen wir an dieser Stelle zusammen: Die Club-Formierung ist sicherlich ein wesentliches und zukunftsträchtiges Instrument. Die langfristige Entwicklung wird zum *vollwertigen Erlebnis-Club* mit folgenden Zielsetzungen gehen:

● Maximierung der Bindung von Kunden,

● Maximierung der Dialoge und des wechselseitigen Lernens,

● Maximierung der Kooperations-Bereitschaft.

Ein solcher Erlebnis-Club sollte im Rahmen der Interfusion hauptsächlich drei Erlebnis-Qualitäten anzielen:

① *Lifestyle-Erlebnisse*

Hier geht es um das Wir-Feeling, um Nähe und Wärme.

② *Service-Erlebnisse*

Hier geht es um die Effizienz der Kooperation und das Erlebnis der Effizienz des Herstellers (Performance), hauptsächlich realisiert durch Special Events, Sonderangebote und Kooperationen.

③ *Immaterielle Erlebnisse*

Hier geht es um die Vermittlung von Stolz, hauptsächlich durch Sponsorship und Mäzenatentum.

## Szenen verlangen eine andere Kreativität

Der französische Sozialwissenschaftler Woesler de Panafign hat den zukünftigen Verbraucher als eine *Multi-Facetten-Persönlichkeit* bezeichnet: »Konsum ist nicht mehr Mittel zum Zweck, sondern zur Selbstdarstellung.« Und weiter: »Produkte müssen gar nicht mehr fertig sein, sondern nur noch die Konzepte. Produkte entwickeln sich von selbst weiter, passen sich dem Verbraucher an.«

Ähnlich formulierte es Rudolf von Bennigsen-Foerder, der damalige Vorstandsvorsitzende der VEBA: »Seit etwa zehn Jahren erleben wir einen neuerlichen Wandel der Determinanten des Konsumverhaltens. Wo einst ein abgegrenztes, von eigenen Regeln beherrschtes Spiel ausgetragen wurde, fühlt sich heute nahezu jeder zum Mitspielen aufgerufen und auch kompetent dazu.«

*Der Konsum wird also spielerisch.* Und die Produkte sind nicht mehr fertig, sondern Rohmaterial, mit dem man weiter spielt. Natürlich muß man das nicht technokratisch verstehen. Die Produkte selbst sind funktionsfertig in dem Sinne, daß sie tauglich sind. Nur ihre *soziale Interpretation* und ihre zeitgeistige Bedeutung – das ist unfertig, das bleibt im Fluß, und das wird zum Spielfeld für die fragmentierten Intentionen von Szenen und Netzwerken.

Aber genau das wird die Verlagerung der bisherigen Kreativität von einer einseitigen Kreativität zu einer interaktiven Kreativität bewirken.

Besonders die *Werbebranche* dürfte hiermit Probleme bekommen. Seit Jahren schon kann man in den Fachzeitschriften der Werbebranche (zum Beispiel *W&V*) lesen, daß die kreativen Heroen vom Art Directors Club immer wieder betonen, daß »die Kreativität ein Opfer der neuen Entwicklung geworden ist«. Der eine Vorzeige-Kreative beklagt den eklatanten Kreativ-Mangel der derzeitigen Werbung, weil die Agenturen zu groß geworden seien. Der andere weist darauf hin, daß die ersehnte Kreativität durch zuviel Marktforschung zerstört worden sei. Und ein anderer wiederum hat betont, daß der heroische Mythos werblicher Kreativität auf der Strecke geblieben sei, weil der Wettbewerbs-Druck der Märkte zu stark geworden sei. Reinhold Scheer, auch ein Gläubiger in Sachen werblicher Kreativität, geht davon aus, daß die derzeitige Situation im Markt, also zum Beispiel die zunehmende Fragmentierung, Widersprüchlichkeit und zeitgeistige Dynamik, mehr werbliche Kreativität benötige, weil für ihn *die Kreativität zur Errettung der Marke wichtiger wird.*

Das ist das alte Credo der Werbe-Kreativität: Die Kreativen machen eine Werbung, die von Konsumenten als besonders kreativ erlebt wird, zumindest jedoch von Kollegen. Und das gibt dann Goldmedaillen.

Aber durch die Trends zum Networking und zur Szenen-Verschmelzung ergibt sich eine völlig andere Auffassung von Kreativität:

**Der Empfänger der Botschaft wird kreativ. Seine Deutungs-Kreativität macht die Produkte einzigartig.**

Diesen Trend hat der Werber Michael Schirner vielleicht als erster einigermaßen richtig erfühlt, schrieb er doch in der Zeitschrift *MEDIEN*: »Kampagnen, bei denen nicht mehr die, die dafür bezahlt werden, daß sie die Kreativen sind, sondern die, die sie entschlüsseln . . .«, das sei die nächste Etappe der Werbung, die nächste Epoche der Marketing-Kommunikation.

In der Tat wird in einer telekommunikativen Gesellschaft Szenen-Sponsoring und Networking eine völlig neue *kooperative Form der Kreativität* initiieren. Warum?

- Interfusion ist kooperativ produzierte Selbst-Manipulation, deshalb nutzt sie das kreative Engagement, das in den Netzwerken und Szenen herrscht. Kreativ ist das, was in den Szenen neu ist.

- Interfusion formt zusammen mit den Szenen die geistigen Felder, die über den Bedarfs-Strukturen der Märkte plaziert sind. Kreativ ist deshalb das, was Konsumenten zum Neuen führt. Kreative Formulierungen sind in diesem Kontext nicht kreativ.

Diese beiden Intentionen bedeuten eine deutliche Achsenverlagerung im Sektor der Werbung. Die Do-it-yourself-Informationen sind sowohl in den Netzwerken als auch in den Szenen der eigentliche Mainstream der Manipulation. Hier herrscht selbstorganisierte Glaubwürdigkeit vor. Diese Glaubwürdigkeit ist ein eigenständiges Medium, denn man glaubt sich selbst im Zweifelsfall immer am meisten.

In einer telekommunikativen Gesellschaft wird es dann auch das geben, was Maxwell die *Mikro-Information* genannt hat, also merkantil verkaufte Lebensberatung per Computer-Netzwerk. Diese Informationen aus dem Sektor der Lebens-Services werden eine höhere Glaubwürdigkeit haben als die klassischen Werbe-Informationen (Anzeigen, TV-Spots etc.).

Interfusion berücksichtigt also die völlig neuartige Verteilung der Glaubwürdigkeiten in einer telekommunikativen Gesellschaft:

**Je mehr Do-it-yourself, um so höher die Glaubwürdigkeit.**

Deshalb ist es für das Markt-Management der neunziger Jahre wichtig, sich in die selbstorganisierende Informations-Dynamik der Szenen und der Netzwerke *zu integrieren*. Wenn wir tatsächlich auf dem Weg zu einer telekommunikativen Netzwerk-Gesellschaft sind, die zugleich eine Multi-Options-Gesellschaft ist, dann ist derjenige ein guter Manipulator, der zum »Netzwerk-Knoten« oder zu einem glaubwürdigen Partner in diesen Netzwerken werden kann. Kreativität mißt sich also auch an dieser Integrations-Fähigkeit.

Interfusion berücksichtigt aus dieser Sicht die kommende Bewußtseins-Struktur, die durch Telekommunikation und High Tech immer mehr möglich wird. Netzwerke und Szenen werden die *Vermittlung von Wirklichkeiten* und die Formung von Bewußtsein entscheidend mitgestalten. Und diese Formungs-Arbeit wird den Charakter eines *offenen Werdens* aufweisen. Deshalb benötigt das Markt-Management der Zukunft eine frühzeitige Integration und Verschmelzung mit der Eigendynamik der Szenen und Netzwerke. Diese Integration ist die eigentliche Kreativität der Interfusion. Je perfekter die Integration, um so kreativer die Interfusion.

Warum das so wichtig ist, erkennt man an dem Charakter der Netzwerke, wie ihn Lipnack und Stamps in der Zeitschrift THE FUTURIST (7–8/87) beschrieben haben:

① *Whole in its entirety*

Alle Dinge sind etwas Ganzes, aber sie sind trotzdem nur ein Teil von etwas Größerem. Genauso ist ein Netzwerk einzustufen.

② *Stufen*

Netzwerke sind nicht hierarchisch organisiert, sondern in Stufen oder Ebenen.

③ *Dezentralisierung*

Netzwerke sind dezentralisiert und flexibel.

④ *Augen wie Fliegen*

Netzwerke sehen durch viele Perspektiven. Es gibt also keine eindeutige Wirklichkeit mehr, sondern nur noch unterschiedliche soziale Interpretationen.

⑤ *Polyencephalous – also Viel-Hirn*

Auch Netzwerke benötigen eine Art der Führung, wobei diese Führung von allen durchgeführt wird. Vielhirnige Führung. Jeder beeinflußt jeden. Alle Führungs-Impulse interagieren per Shifts und Drifts.

⑥ *Beziehungen*

Hierbei handelt es sich um dynamische Beziehungen zwischen den Menschen des Netzwerkes und der Umfeld. Diese dynamischen Beziehungen sind nicht vorhersehbar, sondern gestalten sich im Sinne des offenen Werdens.

⑦ *Verschwommenheit*

Netzwerk-Modelle arbeiten in einem Auf und Ab und richten sich nach den äußeren Bedingungen. Sie arbeiten also nicht wie eine Maschine mit klaren Ziel-Funktionen.

⑧ *Knoten und Verbindungen*

Ein Netzwerk ist genauso wie der Mensch Knotenpunkt und Verbindung, das heißt, er muß immer fließend und flexibel sein. Nur wenige Attraktoren geben ein gewisses Maß an struktureller Stabilität.

⑨ *Wir und ich*

In allen Gebieten der Netzwerke spielen die Verbindungen zwischen Menschen und den einzelnen Stufen der Netzwerke eine sehr wichtige Rolle. Letzlich ist Networking nur möglich durch direkten personalen Kontakt.

⑩ *Werte*

Netzwerke sind auf Werten und nicht auf Objekten aufgebaut.

Die Konsumenten für das Markt-Management lassen sich schon heute sehr deutlich erkennen:

① *Netzwerke bedeuten Machtverlust*

In einem Netzwerk hat niemand totale Macht oder eine Art Hundert-Prozent-Kompetenz. Wer in Netzwerken mit Erfolg operieren will, muß sich so integrieren, daß er sich ein großes Stück weit selbst entmachtet. Wer klassische, lineare Macht-Strategien beibehält, wird in Netzwerken relativ schnell ausgegrenzt.

## ② Netzwerke verpflichten zur Kontinuität

Wer in Netzwerken erfolgreich operieren will, kann nicht mit seiner eigenen Zeitlichkeit (zum Beispiel seinem Kampagnen- oder Kalender-Rhythmus) arbeiten. Er muß so lange in einer Szene oder einem Netzwerk bleiben, wie die Szene eigendynamisch operiert, das heißt, wer integriert werden möchte, lebt in einem *Dauerzwang zur Mitwirkung*. Und diese interne Zeitlichkeit der Netzwerke entwickelt sich völlig unabhängig beispielsweise von der Zeitlichkeit der Märkte und des Wettbewerbs. Deshalb ist es für die Interfusion wichtig, daß sich die Pflege der Beziehungen (der Szenen-Beziehungen und der Netzwerk-Beziehungen) abkoppelt von der Eigen-Rhythmik des Konsums, von der internen Zeitlichkeit des Marktes und besonders von der Zeit-Dramatik des Wettbewerbs (so ist es etwa für die Interfusion völlig unwichtig, wann ein Konkurrent welche Maßnahmen ergreift, die Beziehungs-Zeitlichkeit allein diktiert die Zeitabfolge der Beziehungs-Maßnahmen).

## ③ Netzwerke bringen das Ende der Linearität

In Netzwerken und Szenen ist alles ein offenes Werden. Man fängt an und weiß nicht, wie es weitergeht. Die Inhalte und Orientierungs-Brüche in den Netzwerken entsprechen dem Muster der Selbststeuerung und der Selbstorganisation. Hier kann kein Externer von außen linear einwirken. Deshalb ist für denjenigen, der Interfusion betreiben will, die Aufgabe seiner rationalen und linearen »Denk-Strategien« (Dörner) wichtig.

## ④ Netzwerke haben wenig Medienglanz

Interfusion findet sehr häufig nur in der *engen Öffentlichkeit* der Szenen und Netzwerke statt. Es ist also keine breite, massenmediale Öffentlichkeit. Das ist besonders für diejenigen Produkt-Manager und Werbeleiter ein Problem (aber zum Teil auch für Vorstände!), die öffentliche Akklamationen und Sichtbarkeiten ihrer werblichen Maßnahmen benötigen, um ihre Funktion und Wichtigkeit zu rechtfertigen. Aber hier gilt der Satz: Nicht die Massen-Öffentlichkeit ist entscheidend, sondern die soziale Prägekraft.

## Die neue Rolle der Haltung

Also: Wer Akzeptanz will, darf Akzeptanz nicht wollen. Das ist die Basis für Co-Evolution, verstanden als *Prozeß des gemeinsamen Wachsens*, der sich im Geistigen des Marktes vollzieht. Wichtig ist dabei die Haltung des Anbieters.

*Haltung.* Darunter versteht man das, was in der Quantenphysik (David Bohm und andere) die *implizite Botschaft* genannt wird. Diese Botschaft ist nicht ausdrücklich formuliert. Sie wird quasi mit einem Ereignis mit repräsentiert. Und genau diese unsichtbare Qualität wird in Zukunft so entscheidend. Warum?

Wenn es stimmt, daß es kein Sender-Empfänger-Modell gibt, sondern nur eine Art Do-it-yourself-Manipulation der Konsumenten, dann sucht im Prinzip jeder Konsument aufgrund seiner eigenen Lebensprozesse (Selbstreferentialität) und aufgrund seines fließenden Bewußtseins (Deformationen) diejenigen Informationen, die ihm maximal weiterhelfen. Kurz: Kein Mensch sucht eigeninitiativ und eigendynamisch diejenigen Informationen, die ihm maximal schaden werden.

Deshalb gibt es bei diesem autonomen Suchprozeß zugleich auch immer einen *darüber liegenden Bewertungs-Prozeß*, eine Art Meta-Suche, die da lautet: Wer bietet mir mehr integere Orientierung?

Und dieser höhere Bewertungsprozeß ist also ein Suchen nach Integrität, Glaubwürdigkeit und Offenheit. Der Bewertungs-Prozeß selbst benutzt dabei jene implizite Botschaft, die unausgedrückt als *Fairneß-Haltung* und mitschwingende Integrität des Anbieters im geistigen Feld vorhanden ist.

Diese implizite Botschaft kann man qualifizieren. Sie wird um so schlechter und negativer, je rigider und direkt-manipulativer sie ist. Sie wird aber um so besser, je mehr sie dem Muster des *egoistischen Altruismus*, wie ihn Maturana und Varela beschrieben haben, folgt (»Der Baum der Erkenntnis«).

Was ist der egoistische Altruismus? Man ist auf altruistische Weise ein Egoist und zugleich auf egoistische Weise ein Altruist, wenn man erkannt hat, daß die eigenen Intentionen und die individuellen Verwirklichungen die strukturelle Kopplung mit dem Umfeld oder dem Konsumenten mit einschließen.

Das bedeutet: Das autopoietische Modell des Absatz-Managements führt uns zu einer anderen Haltung der Kommunikation. Man hat am meisten Vorteile, wenn man für den Interaktions-Partner, mit dem man zirkulär und kontinuierlich im geistigen Prozeß verbunden ist, *ein Maximum an Hilfe organisiert*. Konsumenten nutzen die angebotenen Offerten im Rahmen ihrer Do-it-yourself-Manipulation dann am häufigsten und tiefsten, wenn sie wissen, daß sie davon am wenigsten verletzt werden.

Das ist der Grund dafür, daß die Interfusion mit wertvollem *Sponsoring und Info-Services* operiert.

Ja, es heißt Abschied nehmen vom Sender-Empfänger-Modell. Das bedeutet aber auch, Abschied zu nehmen vom Modell der einseitigen, linearen Manipulation, das letztendlich ein egoistisches Modell ist, *das sich selbst schadet*. Ich bin ganz sicher, daß ein Großteil der derzeitigen Werbe-Malaise in diesem Sinne hausgemacht ist.

## Vom Nachrichten-Transport zur Formung von Ursachen

Werbliche Interaktionen transportieren also nie pure Botschaften, sondern orientieren die Kommunikations-Teilnehmer jeweils innerhalb ihres eigenen kognitiven Bereichs. Die folgenden Zitate bestätigen dies:

»Die basale Funktion der Sprache als eines Systems des Orientierungsverhaltens besteht *nicht in der Übermittlung von Information* oder in der Beschreibung einer unabhängigen Außenwelt, über die wir sprechen können, sondern in der *Erzeugung eines konsensuellen Verhaltensbereiches* zwischen sprachlich interagierenden Systemen im Zuge der Entwicklung eines kooperativen Interaktionsbereiches« (Maturana, 1982).

»Erfolgreiche Kommunikation wird also nicht primär durch Konventionalität erklärt, sondern vielmehr *durch die Parallelität* des Gebrauchs kognitiver Funktionen in sprachproduktiven und sprachrezeptiven Zusammenhängen. Erst diese Parallelität macht Konventionalität überhaupt möglich« (Rusch, 1985).

Und noch einmal Maturana: »Aufgrund der Art des kognitiven Prozesses und der Funktion der sprachlichen Interaktion können wir nichts über das aussagen, was unabhängig von uns ist und womit wir nicht interagieren können. Dies würde eine Beschreibung implizieren, und eine

289

Beschreibung als Verhaltensweise repräsentiert lediglich in Interaktionen gegebene Relationen. Da die Logik der Beschreibung die gleiche ist wie die Logik des beschreibenden Systems, können wir zwar die epistemologische Notwendigkeit eines Substrats für die möglichen Interaktionen behaupten, wir können jedoch dieses Substrat hinsichtlich seiner vom Beobachter unabhängigen Eigenschaften nicht kennzeichnen.

Daraus folgt, daß eine Realität als eine Welt unabhängiger Gegenstände, über die wir reden können, *notwendigerweise eine Fiktion* des rein deskriptiven Bereiches ist und daß wir den Begriff der Realität gerade auf den Bereich der Beschreibungen anwenden sollten, indem wir die beschreibenden Systeme mit unseren Beschreibungen so interagieren, als ob diese unabhängige Gegenstände wären.

Diese veränderte Auffassung des Begriffs der Realität muß richtig verstanden werden. Wir sind es gewöhnt, über die Realität so zu reden, daß wir einander durch sprachliche Interaktionen auf das hin orientieren, was wir für sensorische Erfahrungen konkreter Gegenstände halten, was jedoch, wie im Falle von Gedanken und Beschreibungen, in Zuständen relativer Aktivität zwischen Neuronen besteht, die wiederum neue Beschreibungen erzeugen. Die Frage ›Was ist der Gegenstand der Erkenntnis?‹ wird damit sinnlos. Es gibt keine Gegenstände der Erkenntnis.

*Wissen heißt fähig sein, in einer individuellen oder sozialen Situation adäquat zu operieren.* Wir können über das Substrat, in dem unser kognitives Verhalten gegeben ist, nicht reden, und worüber wir nicht reden können, darüber müssen wir schweigen, wie Wittgenstein betont hat.

Dieses Schweigen bedeutet jedoch nicht, in Solipsismus oder irgendeine Art metaphysischen Idealismus zu verfallen. Es bedeutet, daß wir anerkennen, daß wir als denkende Systeme in *einem Bereich von Beschreibung leben* und daß wir durch Beschreibungen die Komplexität unseres kognitiven Bereiches unbeschränkt vergrößern können.

Unser Weltbild und die von uns gestellten Fragen müssen sich daher entsprechend verändern. Diese Neufassung der Realität als eines Bereiches von Beschreibungen widerspricht außerdem weder dem Determinismus noch der Voraussagbarkeit in den verschiedenen Interaktionsbereichen, im Gegenteil, sie liefert das Fundament dafür, indem sie zeigt, daß sie eine notwendige Folge des Isomorphismus der Logik der Beschreibung und der Logik des beschreibenden Systems sind. Dies macht außerdem deutlich, daß Determinismus und Voraussagbarkeit nur im Bereich die-

ses Isomorphismus Geltung haben, das heißt, daß sie nur für die Interaktionen, die einen Bereich definieren, gültig sind« (Maturana, 1982).
Mit anderen Worten: *Vorhersagbar ist nur das, was man weiß.*

Durch den Einzug der Evolution in unser Denken werden also *selbstreferentielle Prozesse* schlagartig erkennbar und nutzbar. Das traditionelle
Marketing wird damit überwunden, weil es fast ausschließlich mit Input-
Output-Modellen arbeitet, also mit der Vorstellung, daß Systeme (der
Markt) auf Maßnahmen des Aktors (Unternehmen) reagieren und mehr
oder weniger – im Sinne einer trivialen Maschine – gezwungen sind, ihre
eigenen Strukturen an die Intentionen und Offerten des Anbieters anzupassen.

Der evolutionäre und konstruktivistische Ansatz dagegen – wie er typisch für die Interfusion ist – legt seinen Schwerpunkt nicht mehr auf
Input und Output, sondern versucht, die autonomen und eigendynamischen Prozesse, die in den beteiligten Systemen (Anbieter und Bedarfsträger) stattfinden, *in ihrer Selbsterzeugung zu verstehen.* Erst durch dieses Verständnis der parallel laufenden Eigendynamik unterschiedlicher
Systeme kann man die zirkulären Interaktionen, die ja schließlich permanent zwischen den Systemen stattfinden, wie *von einer höheren Warte
aus besser verstehen.* Und besser verstehen heißt auch immer besser gestalten.

Fazit: **Interfusion gestaltet die Ursachen von Verhalten und verzichtet auf die direkte Steuerung des Verhaltens.**

Deshalb ist es so wichtig, daß der Planer der Interfusion sich auf das
*Geistige des Marktes* einstellt, weil diese höhere Dimension praktisch die
Ursache ist, die die beiden agierenden Systeme, nämlich Hersteller und
Bedarfsträger, wechselseitig beeinflußt im Sinne der beschriebenen
»Deformation« (Rusch).

Natürlich ändern sich auch die Planungs-Methoden, wenn sich das
Markt-Management auf das Geistige des Marktes ausrichtet und nicht
mehr auf die Materie des Marktes, zum Beispiel das Produkt (Hardware). Produkte sind viel stabiler als Geist und Bewußtsein. Produkte
können deshalb linear optimiert werden. Das Geistige ist permanent
sprunghaft im Werden, deshalb verlagert sich die Zielplanung deutlich,
wie das folgende Schaubild zeigt:

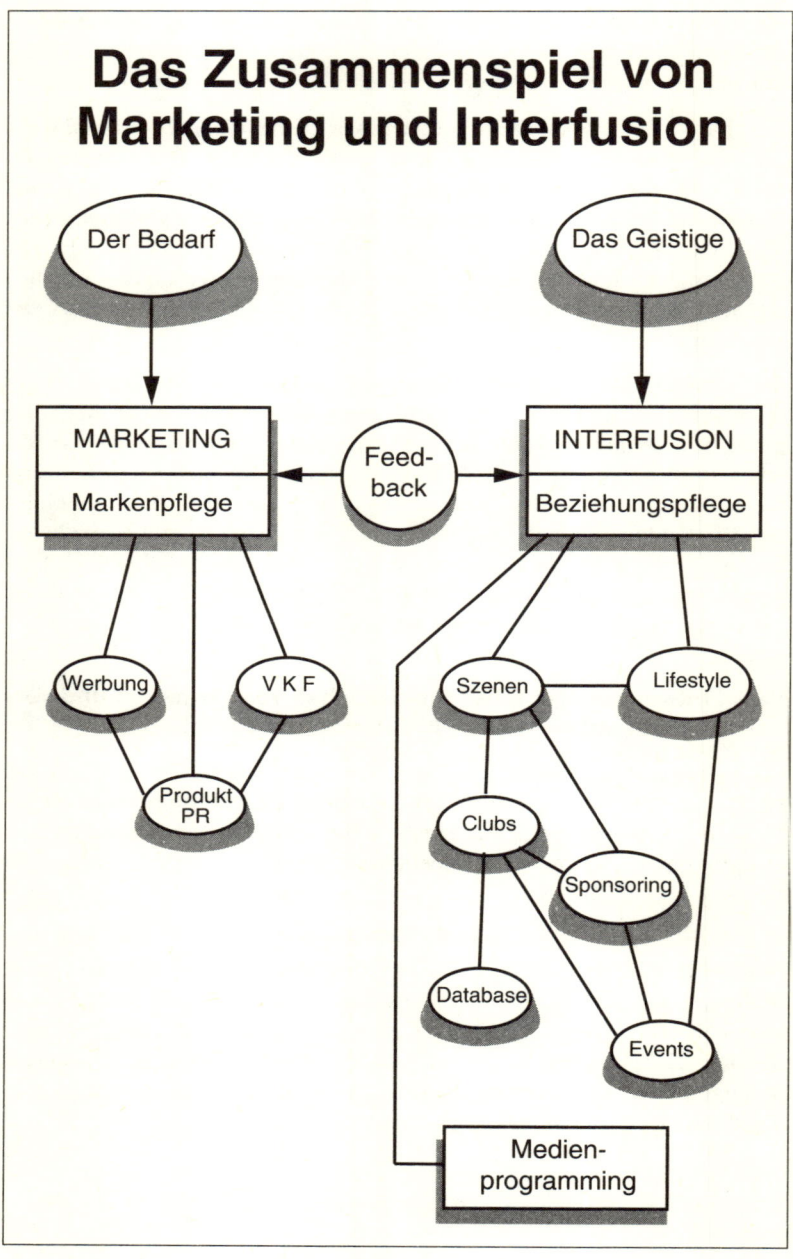

# Das Zusammenspiel von Marketing und Interfusion

Der Bedarf

Das Geistige

MARKETING

Markenpflege

Feed-back

INTERFUSION

Beziehungspflege

Werbung

V K F

Produkt PR

Szenen

Lifestyle

Clubs

Sponsoring

Database

Events

Medien-programming

Wir erkennen, daß die Zielplanung der Interfusion im Prinzip eher eine *Versuchs-Planung* darstellt. Interfusion operiert nicht wegen des Bedarfs oder bei Bedarf, sondern überwiegend vor dem Bedarf. Deshalb kann es keine lineare Zielplanung geben, sondern eher eine auf Trial-and-Error ausgerichtete Planung mit »versuchsweisen Sollwerten« (Kade).

Die Planung für Interfusion verlangt also eine **Haltung der Offenheit**.

Aber auch beim Handlungs-Konzept ist diese Offenheit dringend erforderlich. Man kann hier nicht mehr – wie im Rahmen der üblichen Strategieplanung – »nach Plan« arbeiten. Interfusion konzentriert sich hauptsächlich auf das Geistige des Marktes. Da dieses Geistige immer ein »gemeinsames Geistiges« ist, kann der Planer nie die Intentionen und Reaktionen des mit beteiligten Konsumenten in seinen Plan einbauen. Er handelt also im Kontext des gemeinsamen Geistigen und handelt deshalb permanent *im Feld der Kooperation*.

Das hat weitreichende Konsequenzen: Das Handeln erfindet sich innerhalb des kooperativen Prozesses. Man beginnt mit seinen Planungen und Handlungen irgendwann und irgendwie, und danach formt es sich in einem selbstreferentiellen Prozeß, das heißt, es formt sich selbst durch sich selbst. In diesem Sinne ist Interfusion ein offenes Handlungs-Konzept.

## Der Abschied vom Massen-Modell des Marketings

*MARKETING NEWS* berichtete im Januar 1989 von einer Umfrage, die man in den USA durchgeführt hatte zum Thema Marketing. Dabei war herausgekommen, daß der Stellenwert des Marketings im Rahmen der Unternehmens-Politik ganz hoch angesiedelt wird. Die US-Manager wissen um den zentralen Rang des Marketings.

Zugleich ergab die Umfrage aber auch, daß man sich de facto nur sehr wenig um das Marketing kümmert. Besonders das Top-Management. Nur kümmerliche 15 Prozent der obersten Bosse schenken dem Marketing und seiner Arbeit die Aufmerksamkeit, die Marketing ihrem Lippenbekenntnis zufolge bekommen müßte.

Bleibt die Frage, worum sich die Bosse nun vorrangig kümmern? Hauptsächlich um den Vertrieb. Der Verkauf ist also nach wie vor das Lieblingskind.

Was bedeutet das? Obwohl Marketing schon seit so vielen Jahrzehnten praktiziert wird und Marketing die prinzipielle Abkopplung des Markt-Managements vom Diktat des Verkaufs bedeutet, kümmert man sich am liebsten um das tägliche Geschäft und um das ganz konkrete Auf und Ab der Marktanteile. Alles, was mit Verkauf und Vertrieb zusammenhängt, scheint nach wie vor konkreter und zupackender zu sein. Und das erzeugt die Illusion, daß der Verkauf nach wie vor am wichtigsten sei.

Wenn man nun die nächste Etappe in der Evolution des Markt-Managements angehen will, nämlich Interfusion, dann wird es noch komplexer und zugleich geistiger. Dann steht nicht mehr der Bedarf im Mittelpunkt, sondern das Geistige des Marktes. Das ist für viele Manager gleichbedeutend mit Entmachtung, verlangt doch die Interfusion schlichtweg ein faires Dauer-Arrangement mit Szenen und eine Haltung, die wir mit egoistischem Altruismus bezeichnet haben. Die scheinbare Attraktivität des Verkaufs verblaßt da. Und das Geistige scheint zu abstrakt, als daß es auf Anhieb faszinieren könnte.

Nun kann man vielleicht die amerikanischen Verhaltensweisen nicht unbedingt mit der deutschen Situation vergleichen. Dennoch kann für das deutsche Management folgendes prognostiziert werden:

- Nur wenige Manager werden in der Lage sein, mit ihrer mentalen Innen-Ausstattung und mit ihrem fachlichen Können ohne weiteres von Marketing auf Interfusion umzuschalten.

Das könnte dazu führen, daß lang anhaltende Querelen und Auseinandersetzungen um die Interfusion stattfinden, vergleichbar in etwa mit den ebenfalls intensiven Wortgefechten, die in Deutschland stattfanden, als man vom Verkaufen auf das Marketing umschaltete (ich habe einige der damaligen schriftlichen Auseinandersetzungen in Fachzeitschriften nachgelesen: Man muß unwillkürlich schmunzeln, wenn man bedenkt, mit welchen Argumenten früher viele das Marketing abgelehnt haben, die heute eifrigste Anhänger sind).

- Es wird sich wahrscheinlich eine emotionale Blockade entwickeln, weil viele Manager mit Interfusion gefühlsmäßig die Vorstellung verbinden werden, sie würden auf Umsatz verzichten, wenn sich ihr Instrumentarium in dem beschriebenen Sinne vom Markt abkoppelt.

Das wird dazu führen, daß eine Art Schattenboxen stattfinden könnte zwischen den Anhängern des Massen-Marketings und den Anhängern einer auf Fragmentierung und Instabilität ausgerichteten Interfusion.

- Ein anderes Pseudo-Konfliktthema könnte die Markenführung betreffen.

Wenn man sich mit den fragmentierten und eigendynamischen Szenen der Gesellschaft teilnehmend vernetzt, dann braucht man eine andere Markenpolitik. Sie muß quasi multi-optional sein. Und das paßt den Gralshütern der Markenpflege überhaupt nicht. In der letzten Zeit warnen sie deshalb des öfteren in Fachzeitschriften, daß »die Kompetenz der Marke und ihre Glaubwürdigkeit überstrapaziert wird« (Wontorra).

Wenn wir alles zusammenfassen, sieht man, daß es hauptsächlich drei Konflikt-Themen gibt, die sich mit den neuen Modellen der Interfusion verbinden werden:

- Lineares Verkaufen contra Formung des Marktgeistes,

- Massen-Marketing contra Fragment-Marketing,

- Marken-Konzentration oder Marken-Öffnung.

Betrachten wir zuerst den letzten Punkt, die Konflikte um die Markenführung. Hier gilt folgendes Gesetz:

**Je mehr Nähe durch Interfusion, um so mehr Distanz für die Marken.**

Ich will das näher beschreiben: Interfusion bedeutet, sich mit der Eigendynamik eines Systems (zum Beispiel Nachfrage) in optimaler Form zu verschmelzen. Das tut man, um mehr Lebendigkeit und Kraft zu bekommen, ausgehend von dem soziologischen Gesetz, daß zwei interagierende Partner nur im Feld der Nähe ihre wechselseitige Kraft nutzen können. In diesem Feld der Nähe entsteht für das angebotene Produkt das, was man *Faszinosum* nennt. Dieses Faszinosum entsteht durch

- Zeitgeistigkeit,

- Kopplung an aktuelle Lebensstile,

- Formung neuer Emotionen.

Man sieht, daß die Produkte durch Nähe trotz der wachsenden Fragmentierung und der damit einhergehenden inhaltlichen Paradoxien deutlich an Faszinosum gewinnen können. Es ist also keineswegs so, daß die teilnehmende Verschmelzung mit den immer differenter werdenden Fragmenten zu einer *Profillosigkeit* führt. Genau das aber fürchten Anhänger des Marketings.

Es ist auch keineswegs so, daß die Verschmelzung automatisch zu *Widersprüchlichkeiten der Aussagen* (für jedes Fragment eine andere Aussage) und damit zu einer Irritation und Kraftlosigkeit führt. Auch das wird häufig befürchtet.

All diesen Befürchtungen liegt ein falsches Modell zugrunde, nämlich das Modell, daß die Konsumenten nicht autopoietisch seien, sondern eher so etwas wie eine triviale Maschine, die man mit Input- und Output-Gesetzen steuern könne.

Das Gegenteil ist der Fall: Wenn man sich mit den unterschiedlichen Szenen und Fragmenten der Gesellschaft vernetzt, kann man deren Do-it-yourself-Manipulation mitgestalten.

Nur dort, wo ein *Optimum an Nähe* praktiziert wird, lassen sich Menschen führen, »deformieren« und mental korrigieren. Nur dort, wo diese fast intime Wir-Nähe existiert, findet sich auch der Raum für Gemeinsamkeiten, zum Beispiel, um gemeinsam neue Konsum-Moden oder Lifestyle-Konzepte zu erfinden. *Co-Operation braucht Nähe.*

Nötig ist dafür, daß die Produkte über die *Strategie der sozialen Interpretation* in den höheren Geist des Marktes eingeführt werden. Networking heißt zum Beispiel aus dieser Sicht, Produkte so zu interpretieren, daß sie dem *Selbstlauf der Szenen* wie eine eigene Interpretation erscheinen. Also nicht einseitige Manipulation, sondern konstruktive Mithilfe für die autonome Interpretation der Konsumwerte in den Szenen durch die Szenen. Stichwort: *Der ehemalige Empfänger wird kreativ.*

Das ist die eine Seite der Interfusion, ausgerichtet auf die Steigerung des Faszinosums durch Nähe und differenzierte soziale Interpretation.

Kommen wir jetzt zu der zweiten Seite. Das ist das Problem, um das es hier vorrangig geht: die Markenführung. Hier muß der Interfusions-Manager völlig anders arbeiten, also nicht fragmentiert, differenziert und paradox, sondern bewußt *breit und überzeitlich.*

Hier folgt er der *Strategie der Ewigkeit*, was natürlich nur eine Metapher ist, um auszudrücken, wie überzeitlich und global in Zukunft Marken geformt und gepflegt werden müssen, wenn unter ihrer Aura ein Maximum an Unterschiedlichkeit und Nähe praktiziert werden soll.

Es geht also darum, *die Marke im Feld der Mythen zu plazieren,* ihr also eine Persönlichkeit zu geben, die ganz bewußt auf zwei Dimensionen ausgerichtet ist:

- Die Marke soll zur *Projektions-Fläche* für die unterschiedlichen Sehnsüchte und Intentionen der Konsumenten werden.

- Die Marke soll eine *eigenständige Repräsentations-Kraft* aufweisen, die unabhängig von den Fragmenten und zeitgeistigen Fließprozessen ist.

Im Prinzip handelt es sich also um eine Erneuerung der Markenpolitik, darauf ausgerichtet, die Marken aufzufassen *wie ein eigenständiges Produkt*. Das würde bedeuten, daß man zum Beispiel aufhört mit der Praxis, die Markenpflege überwiegend der Werbung zu überlassen.

Die Marke bekommt dann ihre eigene Werbung, ihre eigene Kampagne, ihre eigene Pflege. Nur so kann sie in das *Feld der »Erhabenheit«* geführt werden, wo sie das bekommt, was Marken im Rahmen der Interfusion brauchen: *Glanz*.

Das folgende Schaubild zeigt noch einmal diese Zusammenhänge:

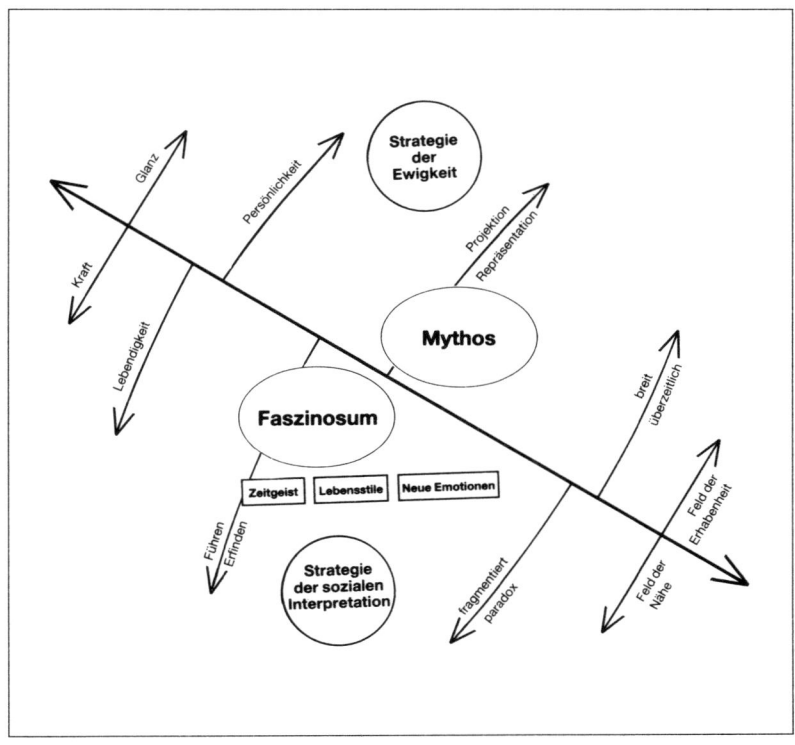

Kommen wir nunmehr zur Frage »Massen-Marketing oder Fragment-Marketing«. Werfen wir zuerst einen Blick auf die Statistik. Die Nielsen-Werbeforschung zeigt deutlich, daß – alle Wirtschaftsbereiche zusammengefaßt – in Deutschland die Anzahl der Etats und damit die Anzahl der Produkt-Offerten deutlich zugenommen hat. Von 31 984 im Jahre 1979 auf 40 862 im Jahre 1987. Es findet also bereits ganz offensichtlich eine nicht zu übersehende *Differenzierung* und Fragmentierung statt.

Auf einer Veranstaltung des Axel Springer Verlages im Dezember 1988 zum Thema »Zwischen Standardisierung und Individualisierung« präsentierte Hans-Jürgen Anders von der GfK ebenfalls statistische Daten, die beweisen, daß der Massenmarkt, obwohl ihm fast alle folgen und Treue schwören, in Deutschland längst nicht mehr Realität ist. Die GfK-Zahlen zeigen deutlich den *Zerfall der Massenmärkte* und das Entstehen eines Sets von vielen differenzierten Teilmärkten.

Beim Handel sieht man das besonders. Die GfK hat für den Zeitraum zwischen 1973 und 1987 23 Marktführer aus dem Food-Bereich hinsichtlich ihrer Varietäten betrachtet. Die Zunahme belief sich in diesen 14 Jahren auf 75 Prozent. 1973 gab es 2,4 Varietäten, 1987 4,2 Varietäten. Und dabei hat sich der Varietäten-Zuwachs laufend beschleunigt.

Auch hierzu einige Zahlen: Seit dem Jahre 1945 wurden circa 4 Millionen Produkte über den Einzelhandel eingeführt. Bis zum Jahre 2000 rechnet man mit circa 10 Millionen Produkten. Der Handel selbst hatte 1970 2750 Artikel pro prototypischem Geschäft präsent. 1985 waren es schon 4770 Artikel.

Das gleiche zeigen die Sub-Märkte. Bei den Deo-Marken gab es 1980 4,3 Marken im Handel, 1987 waren es 5,2 Marken. Bei den Biersorten waren 1980 5 Sorten im Handel, 1987 6,2 Sorten. Das gleiche bei Farbfernsehgeräten oder auch Video-Rekordern.

Wenn man genau hinschaut: Es gibt ihn nicht mehr, den Massenmarkt. Anders dazu: »Wir haben Multi-Funktions-Produkte in einer Multi-Options-Gesellschaft. Dieser Trend zur *Multi-Options-Gesellschaft* ist seit langem zu beobachten.«

Mit anderen Worten: Die Produkt-Seite hat längst freiwillig oder zähneknirschend auf die zunehmende Autonomisierung und autopoietische Eigendynamik der Konsumenten reagiert. Lediglich das Marketing versucht immer noch, das so bequeme Massen-Konzept über die Zeit zu retten.

298

Man erkennt an dieser Stelle deutlich, daß das ganze Fragmentierungs-Thema nicht etwa ein Medien-Thema ist, sondern in erster Linie ein *Macht-Thema*. Diejenigen, die für das klassische Massen-Marketing votieren, glauben unbewußt, daß eine Verschmelzung mit den immer unterschiedlicher werdenden Gruppierungen, Fragmenten und Szenen die Anbieter ohnmächtig machen würde.

Aber Interfusion bedeutet:

**Wir müssen lernen, auch dann mit unseren Kunden zu reden, wenn wir nichts zu verkaufen haben.**

**Dieses Reden kann nicht als eine Ansprache an alle verstanden werden, weil diese Input-Output-Kommunikation weder den neurologischen Prozessen der Informations-Verarbeitung noch dem inzwischen gestiegenen Selbstwert der Konsumenten entspricht.**

Bei der oben erwähnten Springer-Tagung kam es – wie *W&V* Nr. 3 vom 20. 1. 89 schrieb – zu einer »heftigen Streiterei um die heutigen Massen-Märkte«. In der Tat ist auffällig, daß sich *gerade Praktiker* so schwertun, sich von der Idee der Massenmärkte zu trennen. Ganz offensichtlich bedeutet für sie Fragmentierung und Verschmelzung mit Szenen automatisch so etwas wie Umsatz-Verzicht und freiwillige Markt-Aufgabe. Motto: Man kann nur dann auf breiter Front erfolgreich sein, wenn man die Konsumenten *auf breiter Front erreicht* beziehungsweise manipuliert.

Nun zeigt aber das neue Paradigma, daß die echte Ansprache der Breite eine *naive Illusion* ist. Die Selbststeuerung der Soziosphäre und die Selbstgestaltung der Lebensorientierungen durch den Konsumenten machen diese gewollte Massen-Manipulation unmöglich.

Und noch eines kommt hinzu: Wenn man die Marketing-Kommunikation in diesem Sinne »an alle« adressiert, dann wird die Chance, überhaupt jemanden zu erreichen, immer geringer. Wenn man alle erreichen möchte, spricht man im Prinzip für sich allein. Aber Praktiker erkennen das noch nicht.

Der Opel-Marketing-Direktor Dr. Dieter Dahlhoff vertrat bei dieser Streiterei zum Beispiel die Meinung: »Wer 450 000 Autos im Jahr verkaufen will, *braucht Massen-Konzepte* und die Leit-Ausrichtung der klassischen Werbung.«

Man sieht, der Konsument ist bei diesem Denken nicht Partner, sondern so eine Art Melk-Kuh. Und man sieht auch, daß man zwar immer differenziertere Produkte herstellt (übrigens auch Opel mit seinen diversen Typen und Serien), daß man aber bei der kommunikativen Marketing-Arbeit nicht bereit ist, auf die Differenzierungs-Forderungen der Konsumenten einzugehen, geschweige denn, sich in den autopoietischen Prozeß des Konsums zu integrieren.

Ein anderer Diskussionsteilnehmer meinte bei der Veranstaltung: »Die Marke mit ihrer überzeugenden Leistungs-Komponente gewährleistet den *Erhalt der Massenmärkte*, auch angesichts zugegebener Aufsplitterung der Märkte.«

Auch hier schlägt wieder das alte Paradigma voll durch. Allerdings merkt dieser Manager das nicht. Wie kann eine Marke eine eigenständige Leistungs-Komponente sein angesichts der »zugegebenen« Aufsplitterung? Und wie kann eine Marke trotz der Aufsplitterung helfen, Massenmärkte zu erhalten? Magische Wirkungen verspricht man sich von den Marken.

Man sieht an diesen wenigen Beispielen, die ja nur exemplarisch für viele aktuelle Auseinandersetzungen und Mißverständnisse sind, wie schwer das neue Paradigma zu Beginn zu verstehen ist und wie schwer es einigen Marketing-Experten fallen wird, sich vom Diktum des Massenmarktes zu trennen, um eine eigenständige zirkuläre Interaktion mit den Fragmenten und Prozessen der Gesellschaft in stabiler Form aufzubauen. Zu stark noch wirkt das nach, was ich vorab beschrieben habe, das *materielle Denken in Sachen Verkaufszahlen*, und zu heftig wirkt der hausgemachte Ad-hoc-Druck, also die Kurzatmigkeit der Kommunikation. Markt-Kommunikation ist immer eine hektische Kommunikation, weil die Märkte hektischer werden. Interfusion – verstanden als *Beziehungs-Kommunikation* – ist ein stabiler Prozeß mit einer abgekoppelten, eigenen Zeitlichkeit.

## Drei neue Strömungen attackieren das Marketing

Es sind drei Strömungen, die diese kommende Realität formen werden. Diese drei Strömungen lassen sich etwas schlagwortartig wie folgt definieren:

① Zunächst gibt es eine Bewegung, die sich von den materiellen Qualitäten fortbewegt und sich den *immateriellen und informationellen Qualitäten* von Produkten und Märkten nähert. Hier wird wichtig sein, wer sich als Führer im emotionalen und im mentalen Bereich des Konsums darstellen kann. Diese Dimension wird wichtiger werden als zum Beispiel die Hardware-Qualität.

② Eine zweite Strömung flankiert und verschärft dieses Problem der Verkleinerung und der Instabilität. Immer mehr Menschen möchten als echtes Individuum, ja eigentlich *als soziales Unikat angesprochen werden*. Und das führt dazu, daß alle großangelegten Kommunikations-Kampagnen (also Werbung), in zunehmendem Maße unterschwellig als »langweilige Veranstaltungen« erlebt werden. Der Versuch, über Gags und Infotainment, also über Lustigkeit und Amüsement, trotzdem Nähe, Relevanz und Verschmelzung herzustellen, ist ein nur begrenzt tauglicher Versuch, landet aber langfristig doch wieder in der Uniformität, solange das Marketing sich nicht trennen kann vom Massen-Konzept und von den Massenmedien.

Was sich uns heute eigentlich entgegenstellt, ist eine zunehmende Tendenz zur Multi-Option, zur Vielmöglichkeit, und das bedeutet im Grunde die notwendige *Gleichzeitigkeit von sehr ungleicher Kommunikation*. Viele Unternehmen, die ich berate, haben mit diesen Phänomenen bereits gravierende Probleme. Denn die Schwierigkeit besteht darin, sich vorzustellen, daß man für eine Marke sehr widersprüchliche, ja *kontroverse Nutzen-Versprechen* und Positionierungen vor der versammelten Öffentlichkeit des Restkonsumfeldes artikulieren muß. Also zeitgleiche, aber inhaltlich unterschiedliche Kommuniqués. Ein neuartiges Problem.

Aber wenn wir Mikrosegmentierung ernst nehmen, können wir nicht sagen, derzeit rede ich nur mit dem Mikrosegment A, und alle anderen haben sich taub zu stellen. Wenn wir wirklich dem Informationsbedarf der Mikrosegmente folgen, müssen wir uns mit der Tatsache konfrontieren, daß die Rest-Öffentlichkeit immer gewahr wird, wie widersprüchlich unsere Inhalte sind.

Folglich operieren wir zumeist auf der Basis einer Art *Kompromiß-Kommunikation*, und dies ist in zunehmendem Maße eine Veranstaltung mit der Tendenz zur Ineffizienz, die nur noch schwache Vibrationen und matte Sympathien freisetzen kann, wie es auch jüngste Werbeforschungen der GfK bereits belegen. Wer den Unikat-Trend mißachtet, macht sich durchschnittlich. Und Durchschnittlichkeit ist müde.

③ Betrachten wir den dritten Aspekt: Das Bewußtsein der *fließenden Zeit* wird zu einer neuen Herausforderung.

*Stetiger Wandel* wird von immer mehr Menschen, und nicht nur von den 14 Prozent der Optimisten in der Bundesrepublik (vor einigen Jahren waren es übrigens erst 2 Prozent), als eine *positive Emotion* erlebt. Fortwährende Transformation, also der permanente Wandel, mündet in eine neue Dimension der Kribbeligkeit des Erlebens. Wandel und Wechsel werden zum neuen Bedarf.

Diese Phänomene, die man auch *Kinetik* nennt, fordern von uns nicht nur die Beherrschung der Mikrosegmentierung und der Instabilität, sondern auch eine bewußt *kooperative Strategie*. Wer den fließenden Zeitgeist nutzen will, muß produktübergreifende Marketing-Kooperationen organisieren können. Doch sind dies Intentionen, die nicht allein mit den klassischen Marketing-Instrumenten erreicht werden können.

Drei Faktoren resultieren also aus dem Trend zur Verkleinerung der Märkte. Zunächst einmal verstärkt sich die Tendenz, daß wir es heute nur noch über *emotionale Führung* und soziale Interpretation schaffen, die Eintrittsschwelle für die Konkurrenz in unserem Markt-Fragment so hoch wie möglich zu legen.

Der zweite Aspekt: Wir haben die *Gleichzeitigkeit ungleicher Kommunikation* zum gleichen Zeitpunkt mit immer mehr widersprüchlichen Inhalten zu bewältigen.

Drittens: Wir haben *fließende Inhalte* für immer kleiner werdende Fragmente der Gesellschaft zu organisieren und nicht mehr statische Inhalte, wie ihn zum Beispiel der USP repräsentiert.

Versuchen wir zusammenzufassen: Weil sich die Potentiale fragmentieren, differenziert sich auch der neue Konsum. Parallel dazu werden die Verhaltensweisen immer paradoxer – die Amerikaner bezeichnen dieses Phänomen ja auch als »hybrides Verhalten« –, also widersprüchlicher, zugleich aber auch fließender und zugleich auch innovativer, variabler. Der neue Konsum ist also eine *fließende Vielmöglichkeit*, die immer schwerer in den Griff zu bekommen ist. Das Ende der klassischen Zielbarkeit.

Jene Stabilität, die wir vermeintlich sehen und die viele Unternehmen als real existierende Markt-Stabilität erleben und über die wir im Marketing glauben verfügen zu können, ist hauptsächlich nur die *Stabilität unseres eigenen Wahrnehmungssystems.*

Gleichwohl ist die Wirklichkeit viel instabiler, chaotischer und turbulenter. Offenbar sehen wir alles viel stabiler, geordneter und gruppierter, als es draußen im Markt inzwischen ist. Und wer nicht mitfließt mit diesen Geschehnissen, und das ist ja die neue Zielfunktion für das kommende Markt-Management, wer also nicht mitfließt, kann dieses Fließen auch nicht wahrnehmen. Und wer nicht mitfließt, kann das Fließen auch nicht manipulieren. Das Marketing von morgen wird ein *Management der Prozesse* sein.

Wenn Sie den Vergleich gestatten: So, wie es in der Architektur eine Art Postmoderne gibt, gibt es auch so etwas wie eine Postphase des Marketings. Ich glaube, daß wir bereits in der Phase des Post-Marketings sind. Das heißt nichts anderes, als daß alle Versuche, mit Zielgruppen, Typologien, Segmentierungen und Massenmedien zu operieren, langsam immer untauglicher zu werden beginnen. Alle Versuche, hier *Festigkeit zu retten*, wo doch alles fließt, sind Vermeidungsversuche, weil wir das Fließen nicht organisieren wollen.

Ich höre in diesem Zusammenhang sehr häufig das Wort *Chaos.* Diese Metapher vom Chaos wird ergänzt durch weitere Menetekel wie strategische Wirrnisse, Verlust der Planungshoheit, Unberechenbarkeit, Unbezahlbarkeit und Machtverlust.

Denn es ist evident, daß man nicht nur *Planungs-Ruhe*, sondern auch ein Stück *Macht verliert*, wenn man mit den immer kleiner werdenden Fragmenten immer heftiger mitfließt. Hierin manifestiert sich die elementare Angst der Marketing-Experten vor dem Fließen und vor dem *offenen Verlauf*, also auch vor der offenen prozessualen Planung.

Philip Kotler, einer der Vordenker aus den USA, ist vielleicht der einzige, der das Phänomen des Fließens auf einem Symposium erkannte und versuchsweise vorformulierte.

So bedeutet uns dieser Marketing-Vordenker, daß bei hüpfendem Bedarf in fließenden Szenen eine neue Art des Marketings implementiert werden müßte. Kotler nennt das *Turbo-Marketing*, also eine Art von *Just-in-time-Marketing.* Solche Begriffsprägungen zeigen, daß tatsächlich die ersten Vordenker anfangen, das Marketing mehr und mehr mit einer taoistischen, fließenden Komponente auszustatten, was wir ja übrigens in computergesteuerten Produktionstechnologien (zum Beispiel CIM) bereits vorfinden. Bei den fließenden Produktionsprozessen wird ja nichts anderes versucht, als die Herstellung durch Elektronik zu beschleunigen bei gleichzeitiger Erhöhung der Varietäten. Also müssen wir das Marketing ebenso beschleunigen und fragmentieren. Denn das neue Muster lautet: *Mehr Unterschiede in kürzerer Zeit.*

Kotler nannte auch eine zweite Komponente, die in den neunziger Jahren zunehmend benutzt werden wird, um diese Zappeligkeit in immer kleineren Fragmenten in den Griff zu bekommen – die *Marketing-Netzwerke.* Networking und Vernetzung sind in der Tat mögliche Formen der Selbstorganisation, um *sozialen Anschluß zu halten,* wenn alles kleiner und zugleich widersprüchlicher und innovativ fließender wird.

Erste Zweifel am herkömmlichen Marketing kommen auch im deutschen Sprachraum auf. So tauchte auf dem zitierten Symposium die Frage auf: Bis wann lohnt eigentlich diese Massenkommunikation bei wachsender Mikrosegmentierung noch? Und wie lange hält sich noch die Rentabilität der von uns bevorzugten Kommunikationsform? Und sind unsere Konsumlogik und unsere Marketing-Strategien vielleicht nur eine Art Selbsttäuschung? Und ist das, was wir als Effizienz konstatieren, vielleicht nichts anderes als die Mindesteffizienz, die immer da ist – haben wir vielleicht die volle Effizienz schon lange verloren?

Aus diesem Dilemma werden nun bereits die ersten vorsichtigen Konsequenzen gezogen. Ich sehe hier drei generelle Trends:

- Ein erster Trend entfernt sich von den kategorialen Zielgruppen, das heißt den abstrakt beschriebenen Zielgruppen, und nähert sich wieder den *echten Gruppen.* Der Weg führt also fort von der Stabilität einer kategorialen Gruppe – denn deren Stabilität erreiche ich ja gerade durch meine eigene Definition –, hin zu der echten Widersprüchlichkeit und Fließdramatik von authentischen Gruppen.

- Ein zweiter Trend lautet: sich zu entfernen von den theoretischen Kommunikations-Prozessen (theoretischen deshalb, weil es reine Annahmen sind, mit denen wir die durch unsere Kommunikation ausgelösten Wirkungen einschätzen), um sich den *echten Kommunikations-Prozessen* anzunähern – so schwierig das auch werden wird. Also ist ein Weg zu den authentischen Kommunikationsflüssen zu suchen. Es genügt nicht, auf abstrakte Modelle des Meinungsflusses, wie etwa das Konzept der Two-step-flow-of-Communication, zu setzen, so nach dem Motto: Drei Kontakte für die Spitze der Pyramide –

und anschließend landet die Botschaft dann schon irgendwie über die Dynamik der Opinionleader ganz unten bei Tante Emma.

- Ein dritter Trend entfernt sich vom Konsumbedarf und erschließt den wachsenden Informationsbedarf. Mit der *Entdeckung des Informationsbedarfs* haben wir es mit einer wirklich wichtigen paradigmatischen Wendung zu tun. Denn die Informationsbedürfnisse haben sich in den letzten Jahren immer stärker von den eigentlichen Konsumbedürfnissen und vom eigentlichen Produktbedarf abgekoppelt. Immer mehr Menschen sehen ihre Informationsdefizite als ein autonomes Problem und versuchen dieses zu organisieren. Dadurch entsteht *Beziehungs-Information* – eine neue Dimension im Markt. Genau diesen Tatbestand haben auch die zurückliegenden Versuche in Amsterdam und Biarritz mit der Telekommunikation erbracht.

Sobald eine telekommunikative Gesellschaft verwirklicht ist – und dies wird im nächsten Jahrhundert soweit sein –, dann laufen die Informationsbedürfnisse hoch emotional und losgelöst von den Konsumbedürfnissen.

**Die Beziehungs-Kommunikation koppelt sich also ab von den Konsum-Prozessen.**

Diese drei generellen Trends lassen uns nun zu folgender Problematik kommen: Was also können wir tun, wenn sich alles immer mehr fragmentiert, wenn die Informationsbedürfnisse sich von den immer kleiner werdenden Mikrosegmenten immer mehr abkoppeln?

Die Antwort lautet: Entfernen Sie sich vom Modell der Masse, und entfernen Sie sich vom Modell der Zielgruppe, und verzichten Sie auch auf den Versuch der Mikrosegmentierung, denn diese wird bald unrentabel sein. Es klingt paradox: Doch wenn alles immer kleiner wird, müssen wir alsbald *das Große hinter dem Kleinen* wiederentdecken, das Große wiederfinden. Denn das Große ist rentabel.

Doch das Große manifestiert sich nicht mehr als Gesellschaft insgesamt, also als Masse, sondern zeigt sich in *Szenen und Netzwerken*, das heißt, wir müssen uns den mentalen Projektionen größerer Fragmente und den fließenden geistigen Prozessen in diesen Fragmenten nähern. Szenen sind *kollektive Projektionen*, sind also offene geistige Verläufe, die über den Mikro-Märkten und über den Fragmenten existieren. Lifestyle-Szenen und Werte-Szenen sind *selbstreferentielle Orientierungs-Prozesse* von Menschen. Dazu die sozialen Netzwerke, also echte Gruppierungen, die sich kommunikativ vernetzt haben. Das ist das Große, auf das wir wieder zielen können. So ist *Szenen-Sponsoring* auch nicht zufällig zu einem neuen Thema in der Zigaretten-Industrie geworden.

In der Tat werden zur Zeit viele Versuche gemacht unter dem Aspekt der Mimesis, das heißt der *Verschmelzung mit Szenen* und der Integration in echte soziale Netzwerke. Als Integration in die wirklichen Gespräche der Beziehungs-Dynamik in den Netzwerken und Integration in die fluktuierenden Orientierungen der Szenen.

Wir sehen: Dadurch, daß alles immer kleiner wird, entsteht auch wieder Großes. Allerdings nicht im Sinne der klassischen, massenkommunikativen Zielgruppen, sondern in Form von Orientierungs-Szenen und echten Netzwerken. Bereits heute gibt es in Deutschland über 100 000 bestehende Netzwerke, über 40 000 davon geben sich aktiv, viele sehr aktiv sogar, viele davon arbeiten auch international. In diesen Netzen findet sehr viel Gespräch statt, sehr viel echtes Gruppengespräch. Uns fehlen nur die Instrumente, um uns mit diesen authentischen Gesprächen so zu verbinden, daß wir als Mit-Redner wieder beeinflussen können. Wer redet, beeinflußt wenig. Wer mitredet, beeinflußt viel.

Ein Wegweiser zur neuen Auffassung von Marketing zeigt sich bereits. Sie haben das sicherlich ebenso verfolgt wie ich: die zunehmend heftiger diskutierte *Ablösung des Produktmanagement-Prinzips.* In der Diskussion sind jetzt die Kategorien. Das Category-Management, so nennen es die Amerikaner, soll das lineare Produktmanagement, das ja so lange Zeit sehr tauglich war, ablösen. In den USA haben es Procter&Gamble sowie Campbell's-Soup bereits abgelöst, und andere werden folgen.

Auch im Hause Nestlé wird überlegt, ob das Kategorie-Management nicht eines Tages besser geeignet sein könnte, die unterschiedlichen und widersprüchlichen Fragmentierungs-Strömungen präziser in den Griff zu bekommen. Die Produkte werden so fragmentiert und widersprüchlich vom Markt genutzt, daß man mit linearer Produkt-Steuerung nicht mehr lange klarkommen wird.

Was bedeutet nun Kategorie-Management? Das heißt, zum Beispiel Szenen-Management und Szenen-Teams auszubilden, die nicht mehr allein ein Produkt durchsteuern, sondern die eine Szene bedienen und die verschiedenen Produkte eines Unternehmens dann für die Szenen interpretieren. Das neue Ziel heißt nämlich *soziale Interpretation für die Szene.*

306

Mit diesen Konsequenzen verbindet sich eine weitere entscheidende Frage: Was wird aus der Marke, der Markenpolitik und der Markenführung? Schließlich ist die Marke im Zuge der Massenwerbung ja quasi mit profiliert worden. Mit jeder Werbekampagne hat die Marke automatisch ihre Pflege erhalten.

Der neue Weg, mit dem wir jetzt konfrontiert werden, heißt *Interfusion*. Interfusion meint ja nichts anderes als eine Verschmelzung mit real existenten Prozessen in real existierenden Gruppen. Und je mehr Nähe wir herstellen zu dieser *echten Soziosphäre*, um so mehr Distanz muß die Marke haben.

Die ersten Pioniere dieser Interfusion haben erkennen müssen, daß zunehmende Nähe und Verschmelzung mit den Gruppen geradezu nach einer *Überhöhung der Marke* verlangt. Je mehr Nähe ich also in den unterschiedlichen Fragmenten herstelle, desto mythischer muß die Marke sein. Nur *mythische Marken* sind in der Lage, eine Vielzahl sich teils heftig widersprechender Szenen (nehmen wir als Beispiel die Marke Marlboro: Von Feministinnen über New Ager bis hin zu Freizeit-Abenteurern wollen alle auf ihre Weise angesprochen sein) mit gewissermaßen »mütterlicher Harmonie« umfassend zu überdecken. Mythen harmonisieren über den Fragmenten.

Mythen, so weiß es die Mythenforschung, sind Glaubensinhalte, an die man glaubt, ohne zu merken, daß man an sie glaubt. Folglich sind Elemente aus dem Feld der Mythen für das gesuchte »Große« tauglich. Fazit: *Von den Massen-Marken zu den Mythen-Marken.*

Dafür wird es zukünftig eigenständige Werbekampagnen geben, das ist meine Prognose, die nur Marken pflegen und Marken mythologisch entwickeln. Und zwar ohne die Problematisierung von Defiziten auf der Verbraucherseite, ohne Positionierungen, ohne Problemlösungen anzubieten und auch ohne die klassische Verkaufsabsicht. Werbung für den *Spirit der Marke pur* – das könnte zu einer Domäne der Massenmedien werden, um Marken zu pflegen und Marken zu mythologisieren.

Mit etwas Mut könnten wir prognostizieren, ähnlich wie Alvin Toffler es für die USA getan hat, daß zwischen 30 und 40 Prozent der heutigen Werbeetats gleitend umstrukturiert werden. Meine Prognose lautet, daß etwa ab dem Jahr 2000 für Interfusionen und für Networking, für Vernetzungskonzepte unter Ausschluß massenmedialer Öffentlichkeit, bis zu 40 Prozent der heutigen Kommunikations-Budgets eingesetzt werden.

Die Etats gehen von den Massenmedien zu den *sozialen Medien* der Interfusion.

Denn es gibt vier wichtige neue Parameter für Wirkung in einer sich fragmentierenden und widersprüchlichen Gesellschaft:

- Zum einen formieren Nähe und *Sympathie* eine neue Wirkungsklasse. Nähe, also auch Sympathie, ist kaum allein durch Massenmedien herstellbar.

- Ein zweiter wichtiger Aspekt heißt *Glaubwürdigkeit*. Hier stimmen wir mit Herrn Professor Röglin überein, wenn wir sagen, Glaubwürdigkeit ist eigentlich ein selbständiges Medium. Ohne das Medium überzeugender Glaubwürdigkeit kann vieles von den Problemlösungsversprechen oder Positionings kaum noch effektiv transportiert werden.

- Aktualität ist ein weiteres Kriterium: Der Nutzen unterliegt zunehmend modischen Aspekten, er wird zur *sozialen Interpretation des Zeitgeistes*. Die herkömmliche produktspezifische Hardware wird, wie die Japaner es nennen, verwandelt in Softnomics oder *Socialware*.

- Der vierte Wirkungsparameter bezieht sich auf die *Lebens-Relevanz* der Kommunikation. Produktversprechen führen zu positiver Resonanz, sofern sie den echten und situativen Informations-Bedürfnissen folgen und nicht allgemeinen kategorialen Konsumbedürfnissen. Die neue Kommunikation, ich nenne das gern *Lifeware*, muß sich also mit den wirklichen Problemen auseinandersetzen und nicht ersatzweise Entertainment anbieten.

Es sind also folgende vier Parameter, die für die kommende Interfusion wichtig werden:

- Nähe und Sympathie,

- Glaubwürdigkeit,

- Socialware,

- Lebens-Relevanz.

Diese vier neuen Wirkungs-Parameter könnten uns veranlassen, nach einer neuen Symbiose zu suchen. Nämlich einer Symbiose zwischen Interfusions-Strategien, das heißt Verschmelzungs-Strategien, sowie der massenkommunikativen Markenpflege und auch des massenkommunikativen Positionings, wie wir es auch bisher unter dem Dach der Werbung erfolgreich praktiziert haben.

Die gesuchten neuen Instrumente erfordern aber ein neues Paradigma des Markt-Managements. Denn die neuen Herausforderungen verlangen von uns auch, eine andere Ideologie unserer Techniken zu entwickeln. Und die Basis für dieses neue Paradigma des Post-Marketings könnte lauten:

Das Unternehmen wird immer mehr durch das Umfeld gesteuert. Das Unternehmen wird gewissermaßen zum Spielball des Umfeldes. Aber zugleich fließt dieses Umfeld, es ist nicht stabil, es läßt sich nicht mehr wie gehabt anzielen. Es wandelt sich wie ein Chamäleon und fordert zugleich immer heftiger, daß wir uns mit ihm arrangieren. Dabei sind die Inhalte und die Ansatzpunkte für ein solches Arrangement immer mehr *in den eigenen Medien dieses Umfeldes zu suchen.* Das Umfeld hat eigene Beziehungs-Medien und eigene Kommunikationsströme in seinen Gruppen und Netzwerken.

Der paradigmatische Wandel ist für viele Ebenen der Gesellschaft inzwischen präzise belegbar. Es formieren sich neue Konsumwerte, neue Orientierungsmuster und Konsumfelder, und es entstehen neuartige Gefühlswelten. Dies alles sind wichtige Zielfunktionen des Marketings, und diese werden schon heute in zunehmendem Maße in den verschiedenen Gruppen der Gesellschaft geformt und variiert. Dies hat für uns die Konsequenz, daß wir die Medien der Orientierungs-Szenen und Netzwerke finden müssen. Wir müssen uns mit der tatsächlich stattfindenden Kommunikation verbinden. Wir müssen Wege finden, um an der echten Kommunikation teilnehmen zu können. Das würde bedeuten, daß das Post-Marketing ein *Management der Beziehungen* sein wird. Dieses wiederum würde das Massen-Modell, also die derzeitige Grundauffassung von Marketing, entscheidend verändern.

Erinnern Sie sich noch daran, als wir das Verkaufen ablösten zugunsten von Marketing? Was da einige gesagt haben, die schon so lange erfolgreich beim Verkauf waren? Die behaupteten, Marketing sei nur ein neues Wort, dahinter stecke überhaupt nichts. Alsdann haben wir die Marketing-Clubs aufgebaut. Und wieder sagten viele, dies sei doch nichts anderes als eine Wortschöpfung: Verkauft werden müsse immer, trotz der neuen Marketing-Theorie.

Doch inzwischen sehen wir, daß Marketing tatsächlich mehr war als nur verkaufen und auch sinnvoll war. Denn Verkauf und Marketing haben unterschiedliche Paradigmen.

Das Paradigma des Verkaufens lautet: Es wird das verkauft, was produziert worden ist. Das ist das heimliche Motto der großen Verkäufer.

Marketing dagegen hat ein ganz anderes Paradigma: nur das zu produzieren, was verkaufbar ist. Eine mentale Drehung um 180 Grad.

Aber dieses so lange Zeit erfolgreiche Paradigma des Marketings reicht nun in Zukunft nicht mehr aus. Zwar hat man sich mit der Formulierung des Marketing-Gedankens *abgekoppelt vom alten Primat der Produktion*. Hier bin ich mit Philip Kotler und anderen Theoretikern einig, daß dies eine der herausragenden Leistungen von Marketing war, aber ich glaube auch, daß wir uns morgen nicht nur abkoppeln von der Produktion, sondern zugleich auch *abkoppeln vom Primat des Marktes*. Das neue Markt-Management, das vor uns steht, koppelt sich also ab vom Markt. Warum?

Das, was sich ab 1990 langsam entwickeln wird – nennen wir es vorläufig mal Interfusion –, hat ein völlig anderes Credo und eine völlig andere Philosophie als das alte Marketing, und zwar:

Interfusion sagt nicht, nur das ist zu produzieren, was verkaufbar ist, sondern sagt, nur noch das ist *zu kommunizieren, was die Beziehungen verlangen*.

Es geht also um Beziehungs-Kommunikation per sozialer Teilnahme. Lassen Sie uns morgen wieder mit mehr Effizienz manipulieren, denn im jetzigen Marketing ist vieles an Effizienz verlorengegangen. Aber lassen Sie uns dort ansetzen, wo wirkliche Effizienz wiedergefunden werden kann. Und zwar nicht durch kreative Werbe-Ideen oder »klügere Strategien«, sondern durch neuartige Systeme der Verschmelzung, die die sozialen Beziehungen pflegen.

## Teil 3

# Issue-Politik statt PR

# Das Management
# des sozialen Arrangements

## Hysterien dringen in die Wirtschaft ein

Seit längerer Zeit ist zu beobachten, daß sich Phobien und *Hysterien* breitmachen, und zwar in der Seele einzelner Menschen, aber auch in der Gesellschaft. Es gibt einen deutlichen *Trend zu unbestimmten Ängsten* und auch zu kurzfristigen Wahnvorstellungen in allen Altersgruppen. Ganz offensichtlich entwickelt sich aufgrund der vielfältigen Super-Transformationen, die unsere Epoche jetzt durchmacht, ein *Gefühl der Bodenlosigkeit* und der extremen Verletzbarkeit. Dieses Klima der Hysterie war bisher hauptsächlich auf den privaten Sektor beschränkt. Es mehren sich nun aber die Trend-Zeichen, die darauf hinweisen, daß auch das Busineß mitmacht.

Der letzte Breakdown der internationalen *Aktien-Börse* am 16. 10. 1989 ist ein typisches Signal dafür. Selbst die alten Börsenhasen konnten nicht ruhig bleiben und wurden Opfer dieser neuartigen Hysterie, die Anleger und Spekulanten gleichermaßen befiel. Obwohl in Deutschland die Konjunktur wesentlich besser als in den USA dasteht, schmissen viele Anleger ihre Aktien auf den Markt nach dem Motto: Nur raus, bringe es, was es wolle.

Die neue Tendenz zeigt, daß sich emotionale Ängste sehr schnell öffentlich machen können und daß wir in Zukunft immer häufiger das Phänomen des *schnellen Hochschaukelns* erleben werden. Das ist nicht nur für die Börse ein Problem, sondern mittelfristig auch für die gesamte Wirtschaft.

Es entstehen dadurch immer mehr *Scheinprobleme*, die durch diese Mixtur von Öffentlichkeit einerseits und Hysterie andererseits sehr schnell zu heftigen und falschen Reaktionen führen können. In Frankfurt zum Beispiel ist es praktisch über Nacht zu einer rigiden *Anti-Auto-*

*Hysterie* gekommen. Das hat sich sehr schnell hochgekocht. Nun will der Umwelt-Dezernent Frankfurts plötzlich für alle Parkhäuser ein Verbot durchsetzen, und zwar für *alle Wagen ohne Katalysator.*

Man sieht, daß die hysterische Tendenz zu Überreaktionen immer dann auftritt, wenn unverarbeitete Ängste ungefiltert in wirtschaftliche und politische Themen einfließen. Die breite Durchsetzung der Öko-Ängste in unserer Gesellschaft bildet das Fundament dazu.

Wir empfehlen dringend, diesen Trend zur Hysterisierung ernst zu nehmen. Das kann morgen die Nahrungsmittel-Industrie treffen. Übermorgen die Mode-Industrie oder die Kosmetik-Industrie. Im Prinzip alle Branchen, weil Hysterien dazu tendieren, *Augenmaß und Überprüfungs-Logik* auszuhebeln. Das, was zum Beispiel derzeit an Anti-Raucher-Hysterie praktiziert wird, ist sicherlich auch eine Art Vorwarn-Erlebnis für viele andere Wirtschafts-Bereiche.

Das bedeutet: Mit Sicherheit sollte man jetzt, spätestens aber Anfang der neunziger Jahre, eine *eigenständige Issue-Politik* aufbauen, die an die Stelle der klassischen PR tritt. Die PR-Methoden der Unternehmen sind durchweg nicht geeignet, Hysterien, Vorverurteilungen und sich aufschaukelnde Diskriminierungen zu reparieren. Dazu sind sie zu einseitig und auch zu kurzfristig.

Im Gegenteil: Der Trend zur Hysterisierung der Wirtschaft zerstört die *Glaubwürdigkeit von PR.* Wenn erst einmal ein Produktbereich ins hysterische Klima abrutscht, wirkt die zumeist schnell eingesetzte *Gegen-PR* eher kontraproduktiv, also wie das berühmte Öl, das man in das Feuer gießt.

Deshalb Issue-Politik: eine auf Fairneß und Kooperation ausgerichtete Strategie der *gemeinsamen Erarbeitung von gemeinsamem öffentlichem Bewußtsein.* Wenn die Issue-Politik wirklich gut realisiert wird, kann eine Branche oder ein Unternehmen, dessen Produkt ins hysterische Klima abrutscht, fast vollständig auf Abwehr-PR und Entschuldigungs-PR verzichten.

In Amerika ist der Issue-Trend inzwischen schon recht stark geworden, während sich in Deutschland noch nicht einmal das Wort durchgesetzt hat. Es ist nun wichtig, auch in Deutschland die wichtigsten organisatorischen Vorbedingungen für diese Issue-Politik anzugehen. Dazu gehört beispielsweise die strikte Abkopplung der Issue-Abteilung von allen PR-Maßnahmen und Werbe-Operationen. Dazu kommt ein co-evolutionäres Instrumentarium, das anders arbeitet als die klassische PR, zum Beispiel viel mehr mit *bewußtseinsbildenden Workshops.*

Generell ist die Issue-Politik dann am erfolgreichsten, wenn sie sich darauf einstellt, daß die Issue-Abteilung die Drehscheibe wird, durch die das Unternehmen die Intentionen der Gesellschaft optimal lernt. Erforderlich ist also eine *lernende Haltung* und weniger ein kommunikativer Aktions-Habitus.

Fazit: **Die Hysterisierung der Gesellschaft trifft das Busineß. Issue-Politik sollte an die Stelle der PR treten, weil die Unternehmen durch Issue-Politik dasjenige neue Verhalten lernen, das zu einer Verbesserung des gemeinsamen öffentlichen Bewußtseins führt.**

## Issue-Politik und Trend-Regie – die neuen Erfolgsfaktoren für die neunziger Jahre

Die neuartigen Erfolgsfaktoren für die nächsten Jahre beziehen sich auf machtvolle Trends und soziale Strömungen, die unübersehbar sind. Es handelt sich schlicht um die Frage: Was müssen die Firmen tun, um sich besser mit der Gesellschaft zu vertragen?

In Deutschland ist etwa der Trend zum *Öko-Sozialismus* und zur öffentlichen Partizipation immer stärker geworden. Die Firmen sehen sich immer mehr externen Zielsetzungen, Korrektur-Ansprüchen und Mitbestimmungs-Forderungen gegenüber, denen sie nicht ausweichen können. Die Gesellschaft versucht immer kraftvoller, die Wirtschaft zu lenken. Die *Laisser-faire-Zeiten* sind vorbei. Die Re-Integration der Wirtschaft in das gesellschaftliche Normen- und Wertesystem ist längst in Gang.

Wirtschaft ist kein frei schwebender »Werte-Satellit« mehr, sondern wird immer mehr gezwungen zu beweisen, daß die wirtschaftlichen Zielsetzungen konstruktiv und nützlich sind für die gesellschaftlichen Global-Ziele. Ein wichtiger Management-Trend für die neunziger Jahre lautet deshalb: *die Kunst des sozialen Arrangements.*

Wir haben in unseren Studien diverse Male auf diese neuartige Umfeld-Strömung hingewiesen. Und in den USA gibt es bereits vielfache Bemühungen, diese *neue Macht-Dualität* sowohl in der Theorie als auch in einer neuen Praxis zu verankern. Wir werden deshalb auf das *Super-Ma-*

*naging* von Brown und Werner zu sprechen kommen und ebenso auf das *Mega-Marketing* von Kotler.

Aber es gibt noch einen Trend, der für dieses Thema wichtig ist: der *Trend zur Multi-Options-Gesellschaft.* Fast alle Wirtschaftszweige sehen sich mit der Tatsache konfrontiert, daß sich unsere Gesellschaft immer mehr fragmentiert und daß immer unterschiedlichere und immer zahlreichere Orientierungs-Fraktionen auftauchen. Weder gibt es den normierten Menschen noch die formierte Gesellschaft. Die Multi-Option wird das Schlagwort für die nächsten Jahre sein.

Die Gesellschaft wird immer widersprüchlicher, vielfältiger, aber nicht nur die Gesellschaft. Auch in jedem Menschen selbst vervielfachen sich die Rollen, die Orientierungs-Muster und die Verhaltens-Konzepte. Der Mensch selbst pluralisiert sich. Er wird *Besitzer mehrerer Persönlichkeiten.*

Dies erzeugt eine historisch nie dagewesene Vervielfachung von persönlichen Zielen, sozialen Strömungen und globalen Werten. *Soziale Fluktuation* und *Dauer-Turbulenz* sind die Themen. Schon spricht man von der »neuen Unübersichtlichkeit« (Habermas). Und die Gesellschaft organisiert sich dementsprechend grundsätzlich neu: von einer geschichteten Gesellschaft mit klassischen Gruppen-Hegemonien und Rollen-Zuteilungen zu einer *Netzwerk-Gesellschaft.*

Für das Erfolgs-Management der neunziger Jahre bedeutet das eine erhebliche *Verkomplizierung* der Lage. Denn wenn sich der Fragmentierungs-Trend verbindet mit dem Partizipations-Trend, dann kommt es zu folgender Problem-Konstellation: Immer mehr unterschiedliche Menschen wollen immer heftiger mitbestimmen, was für sie richtig und gut ist. Das Ergebnis ist der Zwang, sich mit der Gesellschaft per Netzwerk-Dialog zu verbinden, um frühzeitig *Bewußtseins-Kompromisse* gestalten zu können.

Fazit: **Die Wirtschaft wird immer stärker von außen mitbestimmt. Öko-Sozialismus und Re-Integration der Wirtschaft in die Gesellschaft, das sind die zentralen Trends. Die Antwort der Wirtschaft wird in einer völlig neuen Kommunikations-Technik liegen, Issue-Management genannt. Eine neue Epoche der Öffentlichkeits-Arbeit beginnt.**

**Der globale Trend zur Multi-Options-Gesellschaft mit seinen beiden Einzel-Trends (Fragmentierung und Partizipation) sorgt dafür, daß immer mehr Bürger immer Unter-**

schiedlicheres immer heftiger fordern und wollen. Eine Netzwerk-Gesellschaft entsteht, und das öffentliche Bewußtsein, sowohl das globale als auch das fragmentspezifische, wird immer mehr abhängig von der internen Kommunikation in den Netzwerken.

Die Firmen sind deshalb gezwungen, sich in die Netzwerke zu integrieren, um dasjenige Bewußtsein mitzugestalten, das für sie merkantil günstig ist. Sie sind gezwungen zum Trend-Management.

## Neue Kompetenzen: Themen-Regie und Netzwerk-Regie

Damit haben wir die wichtigsten Trend-Aspekte und Neuerungen bereits kurz skizziert:

① *Die wachsende Bedeutung des gesellschaftlichen Umfeldes zwingt die Unternehmen zum Issue-Management*

Das Issue-Management wiederum verlangt neuartige Kompetenzen und Instrumente für die notwendigen, permanenten *Konflikt-Dialoge*. Das zentrale Stichwort hierfür: *Themen-Regie.*

② *Der Trend zur Multi-Options-Gesellschaft schafft eine Netzwerk-Gesellschaft*

In diesen Netzwerken entstehen die eigentlichen Meinungen, Werturteile und Verhaltens-Präferenzen. Die Konsequenz für die Firmen: *Trend-Management.* Die neue, spezifische Kompetenz, die die Unternehmen hierzu brauchen, ist die Fähigkeit, *Bewußtseins-Kompromisse* organisieren zu können. Stichwort: *Netzwerk-Regie.*

*Die Multi-Options-Gesellschaft entsteht*

Die Kern-These der Soziologen lautet: Je mehr gesellschaftliche Turbulenz, um so mehr psychologische und soziale Fragmentierung in der Gesellschaft. Aus einer formierten Gesellschaft wird dann eine multioptionale Gesellschaft. Und aus einem Entweder-Oder-Leben wird ein Leben voller Optionen.

## Die Fragmentierung – ein Ergebnis der kulturellen Evolution

Betrachten wir den Trend zur Multi-Options-Gesellschaft aus der Theorie der kulturellen Evolution, so wird ebenfalls sichtbar, daß dieser Trend zu erwarten war und logisch ist. Jedes offene System (etwa eine Gesellschaft) reagiert auf Turbulenzen mit drei Strategien:

① *Die Erhöhung der Handlungs-Varietäten*

Die Gesellschaft tendiert dazu, sehr viel heftiger zu handeln, das heißt, die Handlungs-Menge erhöht sich.

② *Trial-and-Error-Tendenz*

Die Gesellschaft wagt auch riskante und nicht immer überschaubare (also nicht sichere oder berechenbare) Handlungen.

③ *Die Konflikt-Polarisierung nimmt zu (Entformung der Gesellschaft)*

Der Dauer-Konflikt wird nicht als Negativum, sondern als kreatives Potential entdeckt. Es entsteht ein duales Verhältnis zwischen Offizial-Wirtschaft und Para-Wirtschaft.

Die zentrale Konsequenz dieser drei System-Strategien ist die *zunehmende Fragmentierung*: das Entstehen eines *neuen Pluralismus*, der Trend zur Multi-Options-Gesellschaft, den wir jetzt etwas genauer beschreiben wollen, weil dieser Trend besonders für die Innovations-Politik, für die Absatzpolitik und die Kommunikations-Politik von Unternehmen bedeutsam werden wird.

## Die wichtigsten Faktoren des neuen Pluralismus

① *Es entsteht eine zunehmende Toleranz für Unterschiede*

Heterogenität und persönliche Wahlfreiheit nehmen zu. Die Gesellschaft lernt, sich vom Entweder-Oder zu trennen.

② *Zunehmende Wichtigkeit der indirekten menschlichen Kommunikation*

Die jüngeren Generationen lernen, daß auch intime und emotionale Kommunikation nicht nur als private mündliche Kommunikation praktizierbar ist. Die Konsequenz ist die *abnehmende Bedeutung geographischer Nähe* als Voraussetzung sozialer Beziehungen.

③ *Auftreten neuer sozialer Normen*

Je mehr Sub-Gruppen existieren (man betrachte in diesem Zusammenhang die *unterschiedlichen Sub-Gruppen* in der Jugend, von den Teds über die Punks und Neo-Hippies bis hin zu den Poppern), um so mehr und unterschiedlichere soziale Normen können trainiert werden.

④ *Eine höhere Ordnung von Vertrauen in die Gesellschaft entsteht*

Die Umfragen zeigen deutlich, daß das ehemals unkritische Vertrauen in Institutionen der Gesellschaft fast ganz zerstört ist (»Der Staat ist klüger«). Die Gesellschaft hat einen gesunden Skeptizismus gegen Experten, Professionelle und Offizielle gelernt. Gerade die Öko-Krisen (siehe die Tschernobyl-Katastrophe) geben den Bürgern ein *neues Gefühl von Wichtigkeit und Wertigkeit.* Gleichzeitig lernen sie immer stärker, daß sie selbst die Geschicke weitestgehend mitbestimmen können. Viele Bürger haben es als emotional positiv erlebt, daß ihre eigenen Ansichten, Proteste und Initiativen zum Erfolg geführt haben. Sie wissen, daß dieser Staat immer stärker auch von ihnen mitbestimmt wird. Das ergibt diesen höheren Typus von Vertrauen in die Gesellschaft.

⑤ *Dezentralisation großer Organisationen*

»Small is beautiful« gilt nicht nur für Firmen, sondern wird über Regionalismus und neue Lokal-Politik immer stärker auch zu einer allgemeinen mentalen Strömung.

⑥ *Beurteilung des Pluralismus als positiver Wert*

Noch in den fünfziger Jahren sahen sich die Menschen, wie Fotos eindrucksvoll beweisen, relativ ähnlich. Es gab deutliche formale und soziale Diktate. Inzwischen hat sich eine neue Mode von unten nach oben entwickelt, die daraus resultiert, die jeweiligen Unterschiede im Verhältnis zur Norm zu signalisieren. Je mehr bürgerliche Gruppierungen dieses *weg von der Durchschnitts-Norm* praktizieren, um so mehr wird Pluralismus zur populären Durchschnitts-Orientierung und damit zu einem positiven Wert an sich.

Betrachten wir einige Prognosen und Zukunfts-Tendenzen für die fragmentierte Multi-Options-Gesellschaft:

## Eine neue Qualität
## sozialer Vernetzung entsteht

In formierten Gesellschaften wurde das originäre Bedürfnis nach Gesellichkeit und Kommunikation nur lokal und interpersonal möglich. Jetzt werden Interaktionen immer stärker auch mit Hilfe neuer Techniken möglich. Wenn die *Netzwerk-Gesellschaft* auf der Basis unterschiedlicher Netzwerke (Mailbox-Systeme etc.) existent sein wird, wird es zu einer Pluralisierung der sozialen Kontakte kommen. Man wird rein elektronisch mit Menschen interagieren, die man vielleicht nie im Leben gesehen hat und auch nie sehen wird, die aber dennoch außerordentlich bedeutsam für das eigene Leben werden können. Wichtig ist auch, daß man mit Menschen intensiv in Beziehung kommen kann, ohne daß man deren Freund oder intimer Sympathie-Partner wird.

Man kann also ohne die übliche »Eintrittskarte« der Bekanntschaft mit Menschen interagieren, selbst mit Personen aus völlig anderen Kreisen und Schichten. Zum Beispiel kann ein Computer-Freak mit einem hervorragenden Wissenschaftler interagieren und dialogisieren. Im Prinzip werden die kommenden technischen und medialen Möglichkeiten die Kontakte praktisch unendlich werden lassen, besonders wenn man sie über »Parking-Methoden«, wie sie typisch sind für Mailboxes, jederzeit abrufen kann.

Darüber hinaus entsteht eine neue Formierungsquelle: Je mehr Interessen, je mehr Hobbys und je mehr *Freizeit-Engagement*, um so mehr und um so unterschiedlichere Vernetzungen. Früher gab es klassischere und festere Normen, so etwa: Die Oberschicht spielt Golf und Tennis. Die Mittelschicht Fußball etc. Derartige Zuordnungen und Standards sind deutlich in der Erosion. So können zum Beispiel über Hobbys und Interessen-Schwerpunkte sehr unterschiedliche Gruppen und Persönlichkeiten zueinanderfinden, die sonst im Laufe ihrer normalen Lebensformen nie zueinandergefunden hätten.

Ein weiterer wichtiger Aspekt des neuen prosozialen Verhaltens ist das Aufblühen der *Selbsthilfe-Gruppierungen* in allen Industrienationen. Hier werden für bestimmte Ambitionen und Interessen Menschen zusammengeschweißt, die sonst nicht zusammenkommen würden (siehe lokale Bürgerinitiativen). Auch dadurch wird der Trend zur Multi-Option und zur neuen Toleranz für Unterschiede gefördert.

In den USA gehören schätzungsweise 15 Millionen Menschen solchen Gruppen an, von denen es dort ungefähr 500 000 gibt. Die Selbsthilfe-

Gruppen in Deutschland werden zwischen 40 000 und 60 000 geschätzt mit ca. 2 bis 4 Millionen Beteiligten, weniger Dauerbeteiligte, aber dafür mehr Ad-hoc-Beteiligte.

## Die Familien-Normen erodieren

Der Mensch braucht nach wie vor vielfältige und emotional befriedigende Sozial-Kontakte, aber die Familie wird immer weniger die einzige Quelle für diese »psychische Nahrung« sein. Die General-Tendenz ist eindeutig: Der traditionelle Familien-Typus verliert an Bedeutung. Es gibt eine *Familie der Freunde*, Gemeinschafts-Foren und cliquenhafte Gruppierungen, in denen sinnlich-emotionale und auch intime Fragen und Probleme geregelt werden. Die Kern-Familie bekommt immer mehr die Rolle eines biologisch verankerten Auffang-Netzes. Es wird also ein genetisch begründetes Sicherheitsnetz. Durch diese neuen und *offenen Freundschafts-Strategien* werden Mißtrauen, soziale Vorurteile und bürgerliches Status-Denken immer mehr überwunden.

## Der Trend zum neuen Liberalismus: partizipative Demokratie

In den vergangenen 20 Jahren ist in den meisten Industrienationen das Vertrauen in die staatlichen Institutionen erheblich gesunken. Das Bürgertum weiß jetzt um die Begrenztheit politischer und administrativer Klugheit. Wie Lipset und Schneider 1983 anhand umfassender Datenübersichten beweisen konnten, empfindet sich der größte Teil der Gesellschaft als »permanent nicht gut geführt«. Gleichzeitig hat man aber gelernt, mehr auf sich selbst und auf seine eigenen Initiativen zu vertrauen (siehe beispielsweise das Selbstbewußtsein von Greenpeace bis hin zu den Land-Kommunen). Je mehr sich das Bürgertum als *konstituierte Gegenkraft* empfindet (partizipative Demokratie), um so stärker wächst die Bereitschaft, sich auch mit denjenigen Bürgern und Menschen zu »vereinen«, die man bisher nicht beachtet hatte oder zu denen man keine Sympathie aufbauen konnte. Dadurch wiederum werden unterschiedliche Lebensformen und fremde Orientierungs-Muster gelernt und können auf ihre Eignung getestet werden. Durch die *Graswurzel-Revolution*, wie es die Soziologen nennen, lernen die Bürger, daß es in einer Gesellschaft unterschiedliche Welten, Handlungsmuster und Überzeugungen gibt. Die fremden Dimensionen werden immer weniger verurteilt. Durch die neuen Interaktions-Formen können diese im Gegenteil wie im Labor überprüft werden. Die Härte der Abgrenzung nimmt ab wegen der Pluralisierung der Lebensstile.

## Selbstentfaltung schafft die Differenzierungen der Lebensstile

Dieser Aspekt, die wichtigste Säule des Wertewandels, wird besonders von den Jugendlichen artikuliert. Typische Formulierungen dafür: »Ich will versuchen, ganz ich zu sein«, oder: »Ich möchte mich bei all dem, was ich tue, voll einbringen.« Diese Strömungen zur Selbstentfaltung forcieren sehr stark das Klima der Differenzierung. Besonders in der Jugendkultur hat sich ein Mythen-Wechsel vollzogen: vom Mythos der Effizienz zum *Mythos der Freiheit*. Ein wichtiges Orientierungs-Muster lautet deshalb: »die Freiheit, anders zu sein«.

Das führt zu sehr unterschiedlichen Handlungs-Linien, Lebensstil-Konzepten und Konsum-Mustern.

## Die Differenzierung der Arbeit und der Rollen

Im Kontext dieser neuen Freiheit kommt es auch zur wachsenden Differenzierung der Arbeit und damit auch zu *neuen sozialen Rollen*. Parallel zur Erosion der klassischen Familien-Ideologie erodiert auch für viele Sub-Gruppen die klassische Arbeits-Disziplin (Kader-Mentalität). Die in Zukunft kommende *Flexibilisierung der Arbeit* (hier wird auch das Grundgeld, also Staats-Geld ohne Arbeit, besonders einflußreich sein) wird dazu führen, daß es zu einer *Desynchronisierung der Partnerschaften* kommt. Es kann nicht mehr davon ausgegangen werden, daß die klassischen Rollen (»die Frau ist für die Kinder und das Essen da«) beibehalten werden können. Fluktuierende Rollen (in der ersten Phase als »neue Partnerschaft« tituliert) werden typisch werden. Dies erweitert die Toleranz und den Orientierungs-Rahmen sowohl der Frauen als auch der Männer und erhöht insgesamt das Klima zum experimentellen Verhalten im Alltag und in der Partnerschaft.

## Dezentralisation:
## kleine Firmen als Übungs-Chance

In unserer Welt werden einige Dinge immer zentralistischer, immer größer und wachsen auch immer mehr in Richtung Mega-Dimension (siehe Flughäfen, Telekommunikation, Super-Stores etc.). Auf der anderen Seite wächst zugleich das Bedürfnis nach regionaler Nähe, nach Überschaubarkeit und nach »neuer Beweglichkeit«. In Deutschland, aber besonders in den USA, hat das dazu geführt, daß gerade in den letzten Jahren extrem *viele kleine Firmen gegründet worden* sind. In hohem Umfang auch von Frauen. Einige Zahlen dazu: Die Zahl der Kleinunternehmen stieg in den USA von 93 000 im Jahre 1950 auf 600 000 im Jahre 1980. Und diese kleinen Betriebe haben die meisten neuen Jobs geschaffen. Immer mehr Menschen arbeiten in sehr kleinen Betriebsgrößen, und sie lernen dadurch eine spezifische *Multi-Flexibilität*. Dieses wiederum reduziert den Aspekt der *Kader-Disziplin* (»Rädchen in einer großen Maschine«) und fördert experimentelles Verhalten und individuelle Expressivität (»sich selbst so leben, wie man ist«). Dies alles wiederum führt zu einer immer stärkeren Ausformung von Persönlichkeit. *Die multi-optionale Persönlichkeit* entsteht: viele Personen in einer Person.

## Wachsende Komplikationen
## und Konflikte

Gesunde Systeme, so erkannten wir, reagieren auf Turbulenzen mit einer Erhöhung ihrer Handlungsmuster und mit einer deutlichen Zunahme von Trial-and-Error. Das führt zu unterschiedlichen Interpretationen, zu einer Erhöhung der Komplikationen und natürlich zu einer *deutlichen Steigerung der Konflikt-Rate*. Deshalb haben alle Industrienationen diesen Mega-Trend gemeinsam: von einer formierten, ruhigen Gesellschaft zur *fragmentierten Konflikt-Gesellschaft*.

Konservative Kritiker sehen darin überwiegend eine Spaltung der Gesellschaft und eine Lähmung ihrer Kreativität, so als sei Kreativität mit Einigkeit gleichzusetzen. System-Theoretiker betonen jedoch, daß die derzeitigen Trends zur Fragmentierung und Konflikt-Steigerung im Gegenteil Ausdruck dafür sind, daß die Gesellschaft heftiger, engagierter und kreativer als zuvor neue Wege sucht, weil sie nötiger denn je sind.

## Die zarte Liebe zum Paradoxon

Wichtig ist dabei eine langsam erwachende neue Liebe zum Paradoxon. Immer mehr nimmt man Abschied von linearer Logik, linearer Stringenz nach dem Muster:»Wenn ich X will, muß alles andere auch zu X passen.« Immer mehr Menschen verspüren eine stille Sehnsucht, in sich selbst die Widersprüche der Gesellschaft abzubilden. Man sieht das sehr stark an den aktuellen Lebensstilen und an den modischen Attitüden. Tagsüber eher konservativ, abends modisch-aggressiv. Oder: am Wochenende schlampig-relaxed, für das Restaurant geradezu overstyled.

Das bedeutet eine *extreme Polarisierung* in Richtung »Freude an Widersprüchen«. Es wird nicht mehr ein durchschnittlicher (»stimmiger«) mittlerer Weg gesucht, sondern die eigentliche *Lebens-Spannung entsteht aus der Unterschiedlichkeit* der Handlungen und Muster. Damit gewinnt auch das Individuum ein großes Stück Flexibilität und erprobt seine persönliche Gestaltungs-Freiheit.

Alles in allem erodieren dadurch sämtliche »gutbürgerlichen« Werte, die in Richtung Anpassung, Kompromiß, öffentliche Akzeptanz, »Wohlverhalten« und Unterordnung laufen.

Fazit: **Die Zukunfts-Strömungen entwickeln langsam, aber doch unübersehbar eine multi-optionale Gesellschaft, die sich vom Entweder-Oder-Dogma zum Sowohl-Als-auch-Freistil entwickelt. Alle Berechenbarkeiten nehmen deshalb ab (Segmentierungen, Typologien und Schichtungs-Modelle). Die Diversität der Trends und das wachsende Volumen der Konflikte spiegeln sich immer stärker im kreativen Verhalten der einzelnen Menschen wider: Auch sie werden multioptionaler. Auch sie leben mehrere Leben in einem Leben. Es entstehen mehrere Persönlichkeiten in einer Person. Das bedeutet das Ende aller klassischen typologischen Marketing- und Werbe-Strategien.**

Betrachten wir einen weiteren Impulsgeber für den Trend zur Multi-Options-Gesellschaft:

## Die Weltkultur und die Medien

Die Weltkultur ist in erster Linie als eine *internationale Volkskultur* (Kultur der Jugend und Kultur von unten) zu verstehen. Die Internatio-

nalisierung der Pop-Kultur zum Beispiel transportiert in immer schnel-
lerer Folge sehr unterschiedliche Leitbilder und Orientierungsmuster in
die Szenen. Dieser Trend ist jetzt schon sehr stark, wird aber durch die
kommenden Medien (Verbindung von Computer und Video) sicherlich
noch drastischer verstärkt werden. Schon heute sind die Video-Clips für
die Jugend eine internationale Quelle für die *dramatische Pluralisierung
von Moden, Ideen und Leitlinien.*

Hier wird auch das zentrale Wirkungs-Gesetz der elektronischen Medien und der Telekommunikation sichtbar: Es kommt zugleich zu einer
Vereinheitlichung (Internationalisierung) und zu einer Differenzierung.
Immer mehr Menschen wissen immer einheitlicher, wie differenziert
man leben kann.

John Naisbitt in seinen »Megatrends« hat ebenfalls einige Aspekte der
multi-optionalen Gesellschaft beschrieben. Sie decken sich vollständig –
bis auf eine Ausnahme (ethnische Gruppen, Verschmelzung von anderen Rassen und Nationen) – mit den europäischen und deutschen Trend-
Impulsen, wie sie in RADAR für TRENDS dokumentiert sind. Naisbitt
nennt fünf Beschleunigungs-Faktoren in Richtung Multi-Options-Socie-
ty:

① *Die Entstehung einer neuen Familie: Neue Rollen werden nötig*

Die Familie wird immer mehr eine Kooperation von Einzel-Indivi-
duen und immer weniger eine schicksalhafte Gemeinschaft. Darüber
hinaus sind immer mehr Familien nicht »klassisch«. In den USA arbeiten immer häufiger beide Familien-Mitglieder. 1960 gab es noch
in 43 Prozent aller Haushalte nur einen berufstätigen Partner. 1990 –
so eine Studie mit dem Titel »The Nation's Family 1960 –1990« –
werden nur noch 14 Prozent aller Haushalte klassisch sein. Ehefrau-
en werden 1990 etwa mit 40 Prozent zum Familien-Einkommen beitragen, während es heute in den USA etwa 25 Prozent sind. Es wird
zu einer *Pluralisierung der Haushalts-Typen* kommen. Man schätzt,
daß 1990 wenigstens 17 unterschiedliche Haushalts-Typen existieren
werden. Darunter Kategorien wie »weibliches Familien-Oberhaupt,
verwitwet, mit Kindern« und »männliches Familien-Oberhaupt, getrennt lebend, mit Kindern«. Mehr als ein Drittel aller Ehepaare, die
erstmals in den siebziger Jahren geheiratet hatten, werden 1990 ge-
schieden sein. Mehr als ein Drittel aller Kinder, die in den siebziger
Jahren geboren wurden, werden bei nur einem Elternteil aufwach-
sen.

Alles in allem: Immer mehr Familien bestehen aus zwei Menschen mit zwei unterschiedlichen Berufen. Damit entstehen auch zwei unterschiedliche Lebensformen. Immer mehr Kinder leben nicht mehr in einer klassischen Familie. Sie lernen deshalb, daß viele Bindungen und Rollen normal und möglich sind.

② *Die »Explosion« der Frauen, hauptsächlich in Beruf und Politik: Neue Lebensstile werden möglich*

Die Multi-Options-Gesellschaft wird laut Naisbitt sehr stark von den Frauen beeinflußt. Eine Tendenz geht in Richtung weniger Kinder, eine zweite Tendenz in Richtung »wenn schon Kind, dann wesentlich später«, also zwischen 30 und 40. Damit prägen besonders die jüngeren Frauen sehr viel länger und aktiver das soziale und politische Bild einer Nation. Und auch in Deutschland sorgen junge, aktive Frauen für *deutliche Akzentverschiebungen* und damit für die Aufweichung klassisch-männlicher Weltbilder. Dieses wird insgesamt ebenfalls dazu beitragen, daß sich die Lebens-Optionen vervielfachen und differenzieren.

③ *Wandlungen der Arbeitswelt: Neue Verhaltensformen werden möglich*

Hier sieht Naisbitt in erster Linie zwei Trends: zum einen die stärkere *Integration der Frauen* in die Arbeitsprozesse und damit das Entstehen völlig *neuartiger Arbeits-Mentalitäten* (andere Sinn-Definition, andere Beziehungs-Qualitäten etc.). Zum anderen den auch in Deutschland sehr wichtigen Trend zur *Flexibilisierung der Zeit*, was ebenfalls eine wichtige Schubkraft für die Fragmentierung der Gesellschaft sein wird. Wenn in einer Familie alle Beteiligten arbeiten, und wenn diese Arbeit dann auch noch zu unterschiedlichen Zeitpunkten stattfindet, funktionieren so klassische Rituale wie das gemeinsame Abend- und Mittagessen immer weniger. Das wird nicht nur den Aspekt »Fast-food und Convenience« in den nächsten Jahren massiv beeinflussen, sondern wird auch die persönliche Identität, das alltägliche Verhalten von Mann, Frau und Kind massiv verändern. Je weniger *Handlungs-Homogenität* in der Familie, um so mehr Differenzierung in den Perspektiven, Weltbildern, Moden und Konsummustern. Je weniger man gemeinsam macht, um so weniger hat man gemeinsam.

④ *Die post-moderne Kultur: Der Zeitgeist wird zum Medium*

Die Kultur selbst – so Naisbitt – hat bereits auf den Trend zur Multi-Options-Gesellschaft reagiert. Es ist eine *post-moderne Mixtur* entstanden, am besten sichtbar durch die seit Jahren anhaltende Mischung von Retro-Kultur (wiederholende Neu-Interpretation gelaufener Stile) in Verbindung mit neuartigen Formen (Neon, Laser, Computer-Styling etc.). Der Post-Modernismus ist im Grunde eine *Kombinations-Kultur*. Es herrscht deshalb auch kein verbindlicher Stil vor. Der ist ein *Stil der Stile*. Das Besondere ist in den achtziger Jahren eben nicht eine Einheitlichkeit, sondern das einheitlich Pluralistische. Und diese Mixtur hat einen Beschleunigungs-Effekt, den die meisten Prognostiker nicht vorhergesehen haben. Dadurch, daß sich immer mehr Stile wechselseitig beeinflussen und miteinander verbinden (siehe zum Beispiel Rock und Jazz, New Rock, New Jazz und Country Rock), kommt es zu einer immer schnelleren Pluralisierung der Tendenz, daß alles möglich ist, daß alles gut ist.

Damit erodieren auf einer höheren Ebene – wenn man so will, symbolisch – alle Bestrebungen nach Verbindlichkeit und alle Vorlieben für das *qualitativ Feste*. Es ist sicher so, wie Habermas es beschrieben hat: In Turbulenz-Zeiten wird der Zeitgeist zum eigentlichen Medium der Gestaltung neuer Wirklichkeiten.

(5) *Der Einfluß der Medien: Die Unikat-Medien kommen*

Auch sie individualisieren sich. Naisbitt weist darauf hin, daß es immer mehr Medien gibt und daß sich ein Großteil der Medien immer mehr individualisieren wird durch Spezialisierung. Da gibt es Sender, die bringen nur Video-Clips, da gibt es Sender, die bringen nur Sport usw. Aber das wird nicht der letzte Schritt sein. Ende der neunziger Jahre werden *Unikat-Medien* möglich. Was ist das? Durch Künstliche Intelligenz (KI) kann man sich entsprechend seinem Such-Raster und seiner thematischen Vorlieben diejenige »Zeitung« per Computer ausdrucken lassen, die man gerade benötigt.

Es gibt dann nicht mehr die vorproduzierte Information (mag sie auch noch so sehr thematisch gesplittet sein). Man kann sich dann aus dem Gesamt-Konvolut aller Nachrichten diejenigen herausfiltern lassen, die man sehen möchte. Der Computer macht das blitzschnell. Im Grunde entsteht ein personalisiertes Info-Unikat. Der selektierte Extrakt ist in dieser Form einzigartig. Und wenn die Telekommunikation und die Computer-Netze weiter vorangetrieben werden (in etwa ab 1995 zu erwarten), wird es immer mehr Menschen geben, die sich neben den normalen Medien, die sich ebenfalls immer mehr thematisch pluralisieren und fragmentieren, ihr eigenes Medium per elektronische Intelligenz zusammensuchen lassen.

Auch das wird dazu führen, daß immer mehr Menschen sich ganz bewußt so formen können, daß sie zu einer »ausweisbaren Einzelpersönlichkeit« werden.

Fazit: **Die Multi-Options-Gesellschaft lebt von unberechenbaren Bürgern mit sprunghaften Verhaltensmustern.**

## Empfehlungen:

Die meisten Unternehmen sind nach wie vor strategisch orientiert. Unabhängig davon, wie ausgebaut die jeweilige strategische Planung ist, dominiert doch überall eine »strategische Grundhaltung«.

Jede strategische Planung hat – trotz ihrer eindeutigen Vorteile – die Tendenz zur Inflexibilität und zur punktuellen Konzentration. Damit wird die strategische Planung zu einem geistigen Instrument der Konzentrierung von Handlungen.

Wie ich bereits beschrieben habe, sind aber turbulente und multioptionale Situationen so komplex, instabil und widersprüchlich, daß sie sich den strategischen Kriterien überwiegend entziehen.

Die Konsequenz: Die strategische Planung tendiert dazu, die neue Multi-Option in der Gesellschaft und im Markt zu negieren.

Auch in der amerikanischen Philosophie der strategischen Planung beginnt man nunmehr, die Grenzen der Strategie im Hinblick auf eine flexible Umwelt zu entdecken. Neben anderen hat auch Prof. Hayes von der Harvard Business School vor einiger Zeit prononciert auf die Krise der strategischen Planung hingewiesen, die darauf beruht, daß die Strategie einen Automatismus in Richtung Inflexibilität erzeugt und damit die schnellen Veränderungen im Umfeld mißachtet. Des weiteren ist die Strategie oft sehr schwer zu korrigieren, wenn sie erst einmal genehmigt und etatisiert worden ist.

Hayes empfiehlt, deckungsgleich mit meinen Empfehlungen, neue Planungs-Konzepte mit mehr Flexibilität zu entwickeln. Dazu gehören die Aspekte der Selbstorganisation, der flexiblen Organisation und der Vision statt der strategischen Pläne.

Wenn sich die Multi-Options-Gesellschaft immer intensiver durchsetzt, wird die strategische Planung noch mehr erodieren, weil dann paradoxe Situationen und »fließende Faktoren« wesentlich häufiger anzutreffen sind als heutzutage. Und jede strategische Planung benötigt vorrangig Eindeutigkeit, Festigkeit und Konzentration auf ein Fix-Ziel.

Eine Multi-Options-Gesellschaft (und damit auch der multi-optionale Konsument) verlangt im Gegensatz dazu eine prozessuale Auffassung von Planung und diversifizierten Handlungen, die oft nicht einmal »logisch« ist. Trial-and-Error, typisch für Turbulenz-Situationen, verlangt ein Umschalten auf parallel laufende Optionen. Dabei sind die einzelnen Entscheidungen, welche Option wie weiterentwickelt werden soll, oft nicht mehr »oben« zu fällen, sondern vor Ort und in autonomen Teams. Strategie, so Hayes, ist aber prinzipiell von »oben nach unten« orientiert. Es stellt sich die Frage, ob das Top-Management mental und informationell in der Lage ist, die kommende multi-optionale Situation in den Märkten und im Umfeld »strategisch zu verarbeiten«.

Wir empfehlen deshalb eine völlig neuartige Konzeption der »Selbst-Informierung« für alle Ebenen des Managements, damit die paradoxen, fließenden und instabilen Prozesse, die typisch sind für eine Multi-Options-Gesellschaft, früher und besser erkannt und verarbeitet werden können. Die Multi-Options-Gesellschaft verlangt nicht nur ein Umschalten von strategischer Planung auf »prozessuelle Planung« (Kade), sondern auch eine Sensibilisierung der Wahrnehmungs-Systeme eines Unternehmens.

Die Multi-Options-Gesellschaft offenbart sich dem Planer in Form instabiler Fragmente. Der zukünftige Erfolg liegt deshalb in der Fähigkeit, sich stärker als je zuvor mit diesen fließenden Fragmenten identifizieren und verbinden zu können. Hierzu ist die Issue-Politik ein geeignetes Instrument, weil sie zugleich auch die Basis ist für ein gesellschaftliches Arrangement in Konflikt-Zeiten.

## Wie wirkt sich das alles in der Praxis aus?

Wir haben den Trend zur Hysterisierung beschrieben und ebenso den Trend zur Multi-Options-Gesellschaft. Dadurch entsteht ein stabiles *Sozio-Klima der Diskurse* und der konstruktiven Konflikte. Dieses Klima wird das Management verändern. Aber wie?

Wir wollen in diesem Zusammenhang über das *Milchpulver von Nestlé* berichten, weil es eine »traumatische Erfahrung und ein Lehrstück für Manager ist« (James E. Post). Es ist ein Beispiel für die Zukunft, die auf alle Branchen und alle Unternehmen gleichermaßen wartet. Es ist ein konkreter, realistischer Fall für das Issue-Management.

James E. Post, Professor für Management und öffentliche Beziehungen an der Boston University, Berater der Weltgesundheits-Organisation (WHO) und vieler anderer Institutionen, hat diesen rund 15 Jahre dauernden *öffentlichen Streitfall* analysiert. Er ist Mitglied der Nestlé Infant Formula Audit Commission und hat als Mitglied und Experte für den amerikanischen Senat gearbeitet, als es darum ging, die Fragen des *Marketings von Milchpulver* in den USA und in den Entwicklungsländern kritisch zu überprüfen. Er ist also sozusagen Fachmann in Sachen Nestlé-Milchpulver und zugleich ein politischer Experte, also alles andere als ein Agitator, ein Grüner, ein Linker oder ein Anarchist. Seinen Ausführungen kann man deshalb ein sehr großes Stück weit Vertrauen schenken – auch wenn man konservativ ist.

Post hat seine prägenden Erfahrungen in Sachen »negative Öffentlichkeitsarbeit« vor einiger Zeit in der Zeitschrift *GDI-IMPULS* sehr ausführlich beschrieben. In seiner Schlußbemerkung schreibt Post: »Nestlés traumatische Erfahrungen mit der Milchpulver-Auseinandersetzung sind schließlich zu einem Abschluß gekommen, aber die Nachwirkungen werden wohl noch für viele Jahre spürbar sein. Der Ruf der Firma und die Moral der Mitarbeiter haben einen empfindlichen Schlag erhalten. Es wirkt traumatisch für die Mitarbeiter, sich sagen zu müssen, man arbeite für eine Firma, die ›Babys tötet‹. Heute bemüht sich das oberste Management von Nestlé darum, das ökonomische und kulturelle Gewebe der Firma wiederherzustellen. Ihre Zukunft wird von mehr als nur Umsatz und Gewinn abhängen, denn ökonomisch erfolgreich war sie schon immer.«

Da haben wir gleich zwei wichtige Aspekte formuliert:

① *Die öffentliche Meinung wird immer mehr zu einem Machtfaktor, der über Umsatz und Rendite steht*

Es gibt Fälle, in denen die Öffentlichkeit in kürzester Zeit Umsätze stark reduziert oder grundsätzlich vernichtet. Es gibt aber auch ebenso Fälle, in denen die öffentliche Kritik die Umsätze nicht negativ beeinflußt. Es kann einem Unternehmen »öffentlich« schlecht gehen, auch wenn die Geschäfte gut gehen.

② *Unabhängig von Umsatz und Rendite wirkt jedoch jede negative Öffentlichkeit immer stärker auf die interne Kondition eines Unternehmens ein*

Die gerade in den letzten Jahren entdeckte »Firmenkultur« wird sich in den neunziger Jahren immer stärker von einer reinen Binnen- Kultur zu einer *sozialen Außen-Kultur* entwickeln. Stimmt der *soziale Mehrwert* eines Unternehmens oder eines Produktes nicht mehr, so hat das schwerwiegende destruktive Auswirkungen auf die Firmenkultur. Da die Firmenkultur für die meisten Mitarbeiter eine der wesentlichen *Sinn-Quellen* ist, zerstört eine negative Öffentlichkeit fast immer auch die Sinn-Qualität des täglichen Arbeitens.

## Nestlé auf der Bühne der Anklage – 15 Jahre lang

Nun zur Sache selbst: die Milchpulver-Affäre. Die Kontroverse um das Milchpulver währte beinahe 15 Jahre. In der Regel sind öffentliche Pannen und Konflikte kürzer. Sie haben eher den Charakter von Strohfeuern. Man denke an Union Carbide mit der Explosion in Bhopal, Indien. Post weist auf ähnliche Vorfälle in anderen Ländern hin. So etwa, als ein Waschmittel in England bei einigen Verbrauchern ernsthafte Hautverletzungen hervorrief, als in einem Kopfschmerzmittel in den USA das Gift Cyanid enthalten war usw. Alle diese Vorfälle sind eher als *produktqualitative Pannen* zu bezeichnen oder als überraschende Katastrophen. Und alle diese Vorfälle »erwiesen sich als kostspielig, schwer zu kontrollieren und äußerst schädlich für den Ruf der betroffenen Firmen« (Post).

Aber derartige Fälle beschränken sich eben auf eine kurze Zeitspanne. Beim Milchpulver von Nestlé war das alles ganz anders. Die Kontroverse ging über viele Jahre und verlor nichts an ihrer Heftigkeit. Post vergleicht das mit dem Unterschied zwischen einem Herzinfarkt und einer zähen, langwierigen Krebserkrankung. Ein Herzanfall kann einen Menschen schnell töten. Überlebt jedoch der Patient diesen Anfall, so kann er oft recht vergnügt weiterleben. Krebs jedoch ist dagegen wie schleichendes Gift, bis zum Tod.

Der Trend zur *Umfeld-Dominanz*, der entsprechend unserer Recherchen seit Anfang der achtziger Jahre häufiger mit wachsender Intensität zu beobachten ist, wird die Firmen immer häufiger mit derartigen Strohfeuer-Konflikten konfrontieren. Aber eigentlich wird der grundsätzliche, *krebsartige Vertrauensschwund* typischer sein für die neunziger Jahre, typisch für Firmen mit ökologisch problematischen Produkten, für Firmen im Gentech-Bereich, für Firmen mit kriegstechnologischer Produktion, für Firmen im Ernährungsbereich, typisch im Grunde für alle Firmen, die Produkte herstellen, die kontrovers diskutiert werden können.

Am Beispiel der Katalysator-Diskussion in Deutschland kann man zeigen, daß ganze Branchen in relativ kurzer Zeit in ein Feld von Vorwürfen, Vorverurteilungen und Krisen geraten können, wenn das Spiel zwischen Öffentlichkeit, Politik und Management nicht mehr funktioniert. Jedes Unternehmen, das öffentlich sichtbare und öffentlich nutzbare Produkte herstellt, wird in den neunziger Jahren potentiell auf der Anklagebank sitzen können.

Die Kritikfähigkeit der Konsumenten und die informelle Macht der Gegen- Öffentlichkeit wird immer größer. Die klassischen Vermarktungs- und Kommunikations-Strategien der Hersteller funktionieren deshalb immer weniger. Sie geraten sogar in die Gefahr, kontraproduktiv zu werden, worauf wir später noch kommen werden.

Der Fall Nestlé begann 1970, als die Kritik an den Herstellern von Milchpulver lauter und prononcierter wurde. Es hatte zwar schon vorher vereinzelt Kritik gegeben, auf die man nicht gehört hatte. Beispielsweise Kritik von Ärzten und Experten aus dem Gesundheitswesen. Diese hatten hauptsächlich die Werbe-Praktiken und die Marketing-Feldzüge kritisiert.

Aber erst 1970 organisierte sich dann die Kritik und fand dadurch die Kraft zu einer kontinuierlichen *öffentlichen Opposition*. Ein Meilenstein war das Treffen der Protein Advisory Group der Vereinten Nationen in Bogotá. Man diskutierte die Unterernährung und Krankheit von Kindern in den Entwicklungsländern. Und dabei beschuldigten einige Teilnehmer die Industrie, ihre Produkte auch solchen Müttern per Marketing aufzudrängen, die überhaupt nicht in der Lage waren, diese Produkte risikofrei zu verwenden. Wegen der Pulverform der Milchprodukte, so der Vorwurf und die Beobachtungen, mußten die Mütter die Kindernahrung mit dem Wasser anrühren, das zwar vorhanden, aber oft unsauber war. Damit kam es zu Infektionen und Krankheiten bei den Neugeborenen. Das Milchpulver selbst also tötete nicht Babys, sondern es war in seiner Form und Handhabung für die gedachte Problemlösung inadäquat. Dazu kam, was die Firmen hätten wissen müssen, daß die

Mütter in der Regel gar nicht lesen konnten, um das Milchprodukt entsprechend den Vorschriften herstellen zu können. Hinzu kam die Gefahr, daß das Milchpulver, das trotz des Milchüberschusses in der EG relativ teuer war, von den Müttern verwässert wurde, um es zu strecken. Das bedeutet zwar für die Mutter, daß sie mit weniger Geld länger ernähren konnte, aber für das Baby bedeutete das eine deutliche Reduzierung der täglichen Nährstoff-Menge und damit eine Schwächung der Konstitution, was im Falle von Infektionen oft tödlich ist.

Die Milchpulver-Hersteller hatten in ihrer gemeinsamen *Werbung* kontinuierlich behauptet, daß die Flaschennahrung besser sei als Muttermilch. Die Proteste in Bogotá wurden scharf und konsequent geführt. Die Industrie war plötzlich nicht nur ein fahrlässiger Gegner, sondern rutschte in die Nähe eines gewissenlosen *Mörders aus Profit-Interesse.*

In seiner Diagnose weist James E. Post darauf hin, daß die Firmen kontinuierlich diese massiven *Signale der Gegen-Öffentlichkeit* und die Intensivierung der Kritik übersehen hätten. Er verweist darauf, daß die Gegen-Öffentlichkeit zyklisch funktioniert und daß der Lebens-Zyklus öffentlicher Anliegen »als Maß der zunehmenden Besorgnis der Öffentlichkeit über das jeweilige Anliegen verstanden werden kann«.

Für die Auseinandersetzung in Sachen Milchpulver gab es folgenden zyklischen Verlauf: In den frühen siebziger Jahren veränderten sich die öffentlichen Erwartungen, zumindest seit der Konferenz in Bogotá 1970. Denn 1974 kam das Buch *The Baby-Killer,* publiziert von Peter Muller, heraus. Von da an interessierten sich eine breitere, engagiertere Öffentlichkeit und auch die ersten karitativen Institutionen für dieses Thema und für diesen Konflikt. Von diesem Zeitpunkt an bündelten sich die Aggressionen und die Kritik an Nestlé, weil dieses Unternehmen schon immer der größte Hersteller und auch der wichtigste Verkäufer gewesen war. Der Autor Muller fand einfach besonders viele Beispiele, die mit Nestlé zusammenhingen. Nestlé rückte in den Mittelpunkt der Konfrontationen.

In der zweiten Phase kam es dann zu *politischen Auseinandersetzungen.* Nestlé begriff die Zeichen der Zeit immer noch nicht, fühlte sich offensichtlich stark und zugleich auch falsch behandelt. Nestlé ging vor Gericht. Man klagte eine Schweizer Initiative an, die sich »Aktionsgruppe Dritte Welt« nannte. Sie hatte das Muller-Buch in der Schweiz publiziert, allerdings mit einem noch deutlicheren Titel: *Nestlé tötet Babys.* Die Richter sollten also helfen, was an sich schon aus kommunikativer Überlegung Unsinn ist. Aber es kam zur Verhandlung, und die Medien zeigten dadurch ein gesteigertes Interesse für diesen Fall. Schließlich untersuchte man öffentlich nicht mehr nur den Fall Nestlé, sondern die gesamte Milchpulver-Industrie und ihr Verhalten in den Entwicklungsländern.

Der Gerichtsfall wurde zum Bumerang und zu einem Wendepunkt in der Entwicklung dieser Auseinandersetzungen. Warum? Die betroffene Industrie reagierte auf die kritische Öffentlichkeit (die sie weitestgehend selbst verursacht hatte), indem sie eine internationale Vereinigung gründete unter dem Namen »International Council of Infant Food Industries« (ICIFI). Man versuchte umgehend, einen internationalen *Marketing-Codex* aufzustellen, um wenigstens das zu regeln, was am stärksten kritisiert worden war. Kritiker, Medien und Industrie begannen sich also in diesen Fall immer tiefer und instrumenteller einzugraben. Die wechselseitigen Vorwürfe und die Gegenargumente und Verteidigungs-Versuche seitens der Industrie mögen insgesamt ausgewogen gewesen sein, aber für die Öffentlichkeit bedeutete das, daß das Thema immer mehr *affektiv negativ* besetzt wurde.

Der politische Druck auf die Industrie wurde dementsprechend immer größer. Und dann kam es zum Höhepunkt: 1977 wurde in den USA ein *offizieller Konsum-Boykott* gegen Nestlé und ihre Produkte organisiert. Nun engagierten sich auch randständig betroffene Institutionen (so zum Beispiel das National Council of Churches). Die Träger des Boykotts konnten den Mitarbeiterstab von *Senator Edward Kennedy* dazu bringen, eine öffentliche Anhörung über die Marketing-Praktiken durchzuführen. Die Anhörungen fanden im Mai 1978 statt. Für Kennedy eine willkommene Bühne bei seinen Überlegungen, eventuell gegen den amtierenden Präsidenten Carter anzutreten. Dieses wiederum aktualisierte das Thema ungemein. Dementsprechend wurden die *Kennedy-Anhörungen* zu einem Markstein in der Geschichte dieser Kontroverse. Längst hatten sich die Hersteller des Milchpulvers und erst recht die Firma Nestlé die eigentliche Lenkung der kommunikativen Konflikt-Prozesse aus der Hand nehmen lassen müssen. Man konnte nur noch reagieren. Von Strategie oder gar offensiver Öffentlichkeitsarbeit konnte keine Rede mehr sein.

Trotzdem: Die Firmenvertreter hatten immer noch *keine Sensibilität* für den Umgang mit einer kritischen und »aufgeweckten« Gegen-Öffentlichkeit entwickelt. Sie bezeichneten den Konsum-Boykott sogar als eine »*Verschwörung* kirchlicher Organisationen und als indirekten Angriff auf die freie Marktwirtschaft« (hier schimmert allzu deutlich die klassische Ökonomie-Lehre durch: die Wirtschaft als eigenständiges, isoliertes System mit Laisser-faire-Regeln). Senator Kennedy bekam bei diesen Anschuldigungen einen – nicht gespielten – Wutanfall. »Die Ausführungen von Nestlé erwiesen sich als *politische Katastrophe*«, schreibt Post, zumal die Fernsehanstalten diese Aussagen und die Reaktion der anwesenden Politiker breitest publizierten.

Der ganze Konflikt rutschte nunmehr in die dritte Phase: die Erarbeitung formeller politischer Entscheidungen. Man erarbeitete einen internationalen Marketing-Codex, der von der Industrie und den Regierungen unterstützt wurde. 1979 begann man mit dem Entwurf, und erst 1981 konnte dieses Dokument von der Generalversammlung der WHO verabschiedet werden. Gott sei Dank war Nestlé an diesem ganzen Prozeß beteiligt, denn sie konnten dadurch bestimmte Intentionen zur Geltung bringen und Fehlperspektiven korrigieren. Diesen Einfluß bekam Nestlé auch nur, weil es vor der Abstimmung in der Generalversammlung das einzige Unternehmen in der Milchpulver-Branche war, das erklärt hatte, »daß sie sich den Bestimmungen des Codex unterwerfen würden, falls er angenommen würde«. Die kooperative und konstruktive Mitarbeit seitens Nestlé kam. Aber sie kam viel zu spät – erst nach der Blamage und kurz vor der Niederlage.

Der Übergang zur vierten Phase begann ungefähr 1981. Jetzt ging es darum, die Entscheidungen zu institutionalisieren und zu implementieren. Papier ist geduldig, zumal viele der neuen Termini im Codex unpräzise waren und vieles nicht verbindlich und endgültig festgelegt worden war. Die Weltgesundheitsbehörde war aber nicht bereit, diese Implementierungs-Arbeit zu leisten. Da aber der Konsum-Boykott in den USA und in Europa unverändert anhielt, sah sich Nestlé gezwungen, *direkt mit seinen Gegnern zu verhandeln*, das heißt mit den Mitgliedern des Boykott-Komitees. Dieses hatte sich inzwischen gewandelt und nannte sich International Nestlé Boycott Committee (INBC).

Aus der ehemals lockeren Gegen-Öffentlichkeit war ein gut organisierter und fest institutionalisierter Markt-Gegner geworden. Nestlé verhandelte mit diesem Gegner. Und im Sinne des *Trends zur Co-Evolution* bemühten sich beide Seiten, eine gemeinsam tragbare, neue Wirklichkeit herzustellen (Co-Evolution ist die Kunst des gemeinsamen Wachsens). Erst durch diese Bereitschaft zur Co-Evolution kam es zu vielen detaillierten Arrangements. Für die Öffentlichkeit stellte sich das 1984 als »endgültiges soziales Arrangement« dar.

In den Medien war plötzlich weltweit zu lesen, daß die internationale Boykott-Gruppe den Nestlé-Boykott aufgehoben hatte, nachdem man sich umfangreich geeinigt hatte, zum Beispiel über die Beschriftung der Produkte, Marketing und Gesundheitswesen, Geschenke an Mitglieder des medizinischen Apparates, Gratispackungen für Neugeborene etc. In einer *gemeinsamen Pressekonferenz* gaben die Boykott-Führer und die Nestlé-Manager, nebeneinandersitzend, bekannt, daß der Fall nunmehr zur gemeinsamen Zufriedenheit geregelt sei. Nach rund 15 Jahren hatte es Nestlé endlich – wenn auch mit vielen Fehlern und Schäden – geschafft, »die Auseinandersetzung um ihre Marketing-Praktiken zu beenden«. Soweit der Fall, in Zeitraffer-Manier geschildert.

## Einige Essentials für die Produkt-Ethik

Professor Post hat daraus einige Essentials formuliert, die sicherlich nicht nur für Nestlé und für Produzenten gelten, die an die dritte Welt liefern:

① Produkte, die einer bestimmten sozialen Umwelt geeignet und annehmbar sind, können in der sozialen Umwelt eines anderen Landes ungeeignet sein.

② Auch gute und sichere Produkte können sich wegen der Risiken in der Umwelt des Verbraucherlandes als ungeeignet erweisen.

③ Die Firmen sollten das Produkt nicht aus den Augen verlieren, auch wenn es bereits verkauft ist. Es gibt eine Verantwortung, die auch den weiteren Weg des Produktes umfaßt, wie Weiterverkauf und den letztendlichen Konsum sowie die Umstände des Konsums. (Post: Marketing-Kontrollen erweisen sich hierbei als erforderlich.)

④ Produkte, die an Konsumenten verkauft wurden, die sie nicht sicher verwenden können, müssen aus dem Verkehr gezogen werden. Das kann sogar Rücknahme, Rückruf, Verkaufs-Beschränkung oder gar Verkaufs-Stopp bedeuten.

⑤ Die Marketing-Strategien müssen den Umständen der Konsumenten, der sozialen und ökonomischen Umwelt und den politischen Gegebenheiten entsprechen.

⑥ Marketing-Techniken sind unangemessen, wenn sie die Verwundbarkeit von Konsumenten ausnutzen.

⑦ Marketing-Strategien sollten so angelegt werden, daß sie Flexibilität und Anpassung an veränderte Umstände erlauben (hier sieht man auch bereits die Grenzen des derzeit so eindringlich geforderten globalen Marketings).

Soweit einige wichtige Maximen von James E. Post als Lehre aus dem Fall Nestlé, der inzwischen eine gut dokumentierte Historie darstellt. Der theorieerfahrene Professor aus Boston geht aber noch weiter und formuliert nun »eine Reihe wichtiger Lektionen für eine *völlig andere Öffentlichkeitsarbeit*«. Diese Empfehlungen von Post decken sich weitestgehend mit den aktuellen Trends, so daß sie hier beschrieben werden sollen:

## Konflikte sind eine natürliche Sache

Zuerst einmal sollten die Firmen lernen, daß öffentliche Auseinandersetzungen um ihre Produkte, Programme, Philosophie und Moral etwas völlig Natürliches sind. Wenn man erst einmal Abschied genommen hat von dem Phantasie-Glauben, die Wirtschaft sei ein System mit eigenen Regeln und eigenen Werten, das sich nur sich selbst gegenüber verantworten muß, so sind derartige Konflikte eine völlig normale und notwendige Erscheinung. Sie könnten mit den Stichworten *Konsum-Demokratie* und *ökonomische Zielpartizipation* beschrieben werden.

## Die klassische PR reicht nicht mehr

Für derartige Auseinandersetzungen reichen jedoch die üblichen PR-Instrumente nicht aus. Deshalb gibt es den neuen Trend zum *Issue-Management*. Das Issue-Management ist das Instrumentarium für permanente Konflikt-Dialoge und ist alles andere als die berühmt gewordene Formel der PR-Spezialisten »tue Gutes und rede darüber«.

Der Konflikt von Nestlé zum Beispiel bestand aus drei Schauplätzen: einmal die internationalen Organisationen wie die WHO, dann die Boykott-Gruppen und dann die Regierungen und die Senats-Anhörungen. Für ein derartiges Konfliktfeld ist die Methodik der PR nicht geeignet.

Für das Issue-Management reicht die normale *kommunikative Kompetenz der Firmen* in der Regel nicht aus. Selbst ein Unternehmen wie

Nestlé, erfahren in internationalen Konferenz-Techniken, versagte deutlich, als es darum ging, *mit der Gegen-Öffentlichkeit erfolgreich zu kommunizieren*. Das Issue-Management muß also berücksichtigen, daß es unterschiedliche Konflikt-Kulturen, Stil-Formen, Medien-Gewohnheiten und Taktiken gibt; unterschiedlich bei den Unternehmen und in der *Para-Wirtschaft*.

Was ist Para-Wirtschaft? Hierunter sind alle öffentlichen Gegner zu verstehen, deren Verhalten darauf ausgerichtet ist, die Zielsetzungen und Strategien der offiziellen Wirtschaft zu beeinflussen und zu korrigieren.

Wie James E. Post schreibt, ist es nicht verwunderlich, daß viele Nestlé-Manager diesen »Test der politischen Selbstdarstellung nicht bestanden«. Das Issue-Management kann nicht von erfahrenen Konzern-Strategen und Vorständen übernommen werden. Dazu bedarf es einer speziellen »Box of instruments«, die auf der Basis der *Konflikt-Psychologie* aufgebaut ist und durch die man unterschiedliche Handlungs- und *Sprachsysteme* gegnerischer Gruppen begreifen und nutzen kann. Es bedarf also auch einer völlig neuartigen Informations-Kompetenz. Die Sprachsysteme zwischen Wirtschaftsführern und den Anti-Szenen sind so unterschiedlich, daß ohne ein methodisches Issue-Management das angestrebte soziale Arrangement kaum realisiert werden kann.

## Ein anderer Umgang mit der Wahrheit

Die Strategie einer neuartigen Issue-Arbeit muß davon ausgehen, daß das Interesse der Firma an der Erhaltung des Status quo zwar berechtigt ist, daß dieser Status quo aber wiederum ganz entschieden abhängig ist von der Wahrnehmung der Berechtigung der Argumente der Kritiker. Neue Strategie: *kein kommunikativer Kampf, wenn die Wahrheit bewußt ist*.

Die Analysen von Post zeigen deutlich, daß Nestlé sich auch dann noch »falsch verteidigt« hat, als der Wahrheits-Gehalt einer Reihe von Anschuldigungen durch andere Industrie-Vertreter bereits anerkannt und bestätigt wurde. Für die Nestlé-Manager, die ihre Aufgabe im Sinne eines *Krisen-Managements* übernommen hatten, war es unvorstellbar, der *Macht der Wahrheit* nachzugeben, allein schon aus Profit-Interesse. Hier kollidierten zwei Wert-Systeme und zwei globale Handlungsmuster. »Für Manager, die aufgrund ihrer Umsätze und Gewinne beurteilt werden, war es völlig undenkbar, irgendwelche Veränderungen zuzulassen, die sie bei ihrer Arbeit behindert hätten.«

Daraus läßt sich für die nächsten 15 Jahre eine bedeutsame Konsequenz erkennen: *Das Issue-Management muß von Profit und Umsatz weitestgehend separiert werden.* Die Issue-Manager dürfen – was ihre Strategien und ihre Effizienz-Beurteilung betrifft – nicht abhängig gemacht werden von *merkantilen Zielen.* Issue-Management und Merkantilisierung sind im Prinzip wie Feuer und Wasser. Oder anders ausgedrückt: Issue-Management hat einen anderen Werte-Rahmen als das Profit-Management. Wenn man jedoch die neuen gesellschaftlichen Trends anerkennt (Trend zum umweltbezogenen Management, Öko-Marketing, Öko-Sozialismus etc.), dann wird klar, daß hier eine eindeutige Abhängigkeits-Hierarchie vorliegt: Das sozialethische Umfeld des Issue-Managements ist genauso wertvoll und wichtig wie das klassische Profit- Umfeld. Im Konfliktfall jedoch muß das Issue-Anliegen »das Sagen haben«, weil bei einer aggressiver, intelligenter und kritischer werdenden Bevölkerung das soziale Umfeld wichtiger ist für die Erhaltung des Status quo (das heißt für die Überlebensfähigkeit der Firma) als der kurzfristige Umsatz.

## Im Mittelpunkt der Issue-Politik steht das eigene Lernen

Ein anderer Aspekt aus der Diagnose von Post: »Strategien der Öffentlichkeitsarbeit sind begrenzt durch die *Anpassungsfähigkeit der Firma* an veränderte soziale, ökonomische und politische Verhältnisse.«

Erst nachdem der Nestlé-Boykott mehr als sechs Jahre gedauert hatte, änderte sich etwas in den Köpfen der Nestlé-Manager. Es veränderte sich ihre *Wahrnehmung der Kritiker.*

Und es änderte sich ihre *Sensibilität* gegenüber den Vorwürfen. Zwar hat es von Anfang an Manager im Hause Nestlé gegeben, die für Gesprächsbereitschaft und auch für Kompromisse mit den Widerständlern eingetreten waren, die große Linie war jedoch eine »Widerstands-Haltung gegen störende Externe«.

Das Management verstand nicht, daß seit vielen Jahren und Jahrzehnten der Trend auf eine immer stärkere Partizipation der Konsum- und Produktwelt hinauslief. Man reagierte auf die sozialen Reaktionen da draußen wie auf eine *Kriegserklärung ohne Grund.* Man verstand seine eigene Rolle in dem co-evolutionären Feld, das Wirtschaft genannt wird, nicht. Dementsprechend fehlte es den Nestlé-Managern an den wichtigsten Voraussetzungen für eine erfolgreiche Issue-Politik: Anpassungsfähigkeit durch *Social Monitoring*.

Es ist in der Psychologie vielfältig bewiesen, daß die Wahrnehmung von Wirklichkeit stark abhängig ist von den Affekten und von den Intentionen. Falsche Intentionen und falsche Affekte sorgten also dafür, daß man die Wirklichkeit, also den Berechtigungsgrad der Gegen-Argumente, nicht wahrnehmen konnte.

Das soziale Monitoring wird in Zukunft Profis benötigen, die in der Lage sind, unterschiedliche Weltbilder innerlich nachzubilden und emotional zu akzeptieren.

Darüber hinaus waren die Nestlé-Manager nicht in der Lage, ihre Tradition, ihre *Firmenkultur* und ihre wirtschaftlichen Interessen zu überwinden. Sie hatten kein Social Monitoring. Sie waren also nicht in der Lage, die Gegen-Öffentlichkeit systematisch und kontinuierlich und – wichtig! – vorurteilsfrei zu erfassen und zu diagnostizieren. Ihre Intention verhinderte die nötige Anpassung, und das *fehlende Trend-Auge* verhinderte die Konzeption guter sozialer Kompromisse.

## Die Gesellschaft beurteilt die Ereignisse, nicht die Absichten

Eine weitere Schlußfolgerung von Post: »Manager stellen manchmal fest, daß ihre proklamierten Ziele von der Öffentlichkeit anders ausgelegt werden. Dies belegt nur die Tatsache, daß die proklamierten Ziele unwichtig sind gegenüber den tatsächlich verfolgten Zielen, die von der Öffentlichkeit im Handeln der Unternehmung ausgemacht werden.«

Für das Issue-Management der Zukunft ist es wichtig, daß die Manager lernen, daß die Unternehmen nach dem beurteilt werden, was sie effektiv tun, und *nicht danach, was sie zu tun beabsichtigen*. Dies war für den Weltkonzern Nestlé von Anfang an ein großes Problem, das die Manager nie wirklich lösen konnten. Das Management von Nestlé versicherte wiederholt, »daß es nicht ihre Absicht sei, ihre Milchpulver-Produkte an Menschen zu verkaufen, die sie nicht risikolos verwenden könnten«. Aber man hatte tatsächlich beweisen können, daß Nestlé nichts getan hatte, um solche »falschen Verkäufe« zu verhindern. Im Gegenteil: Man hat nach wie vor die Verkäufer des Milchpulvers belohnt. Man kennt das ja: Bonus-Systeme, Prämien etc. Die tatsächlichen Handlungen standen also im krassen Widerspruch zu den proklamierten Absichten.

## Unternehmen werden durchsichtig wie Glashäuser

Für das Issue-Management der neunziger Jahre kommen in diesem Zusammenhang völlig neuartige Konstellationen auf die Unternehmen zu. Die Firmen werden immer mehr zu *Glashäusern*. Immer mehr Mitarbeiter wissen aufgrund ihrer Rolle, ihrer Intelligenz und ihrer Funktionen, was in den Firmen wirklich gespielt wird. Und da das klassische Kaderprinzip immer mehr erodiert, haben auch immer weniger Mitarbeiter Angst, in ihrer privaten und sozialen Umwelt darüber zu berichten, was sie tun und was ihr Unternehmen tut. *Es gibt kein Schweigen aus Angst mehr.*

In den letzten Jahren berichten auch die Journalisten und Medien übereinstimmend darüber, daß die Unternehmen immer transparenter würden und man immer mehr »Helfer« finden würde, die bei offensichtlicher Unwahrheit berichten, was in den Firmen intern die wirkliche Wahrheit ist.

Kurz: **Die Firmen werden zum Glashaus. Die proklamierte Moral muß immer mehr mit der Wirklichkeit übereinstimmen.**

## Kann Issue-Politik von einer Stabsstelle gemanagt werden?

Hier ist für das Issue-Management ein bedeutender Konflikt vorgezeichnet. Die Zeit geht mit Sicherheit zu Ende, in der öffentliche, soziale Kommunikation eine Stabsstelle sein kann, die abhängig von den globalen Vorgaben (Unternehmens-Strategie) funktioniert. Vielmehr müßte Issue-Politik à la longue ein eigenes Vorstands-Ressort mit kraftvoller *Direktions-Macht* werden. Und der Issue-Vorstand müßte die gleichen Rechte und Kompetenzen haben wie etwa der Finanz-Vorstand. Nur so wäre einigermaßen sicherzustellen, daß das Issue-Management nicht entartet zum »nachgelagerten Verkaufen von fixierten Zielen und vollzogener Faktizität«. Denn das Issue-Management kann nur diejenigen Wahrheiten in der Gegen-Gesellschaft und in den öffentlichen Szenen durchsetzen, die auch tatsächlich Wirklichkeit sind.

## Je größer der blinde Fleck,
## um so schlechter die Issue-Politik

Kommen wir zur letzten Schlußfolgerung von Post: »Die Fehleinschätzung einer politischen Situation kann die Firma sehr teuer zu stehen kommen. Wie die Erfahrungen mit Nestlé zeigen, gibt es *verschiedene Arten von Fehleinschätzungen*, die es zu vermeiden gilt.«

Hier haben wir es mit einem Kardinal-Problem zu tun. In Deutschland gibt es kaum Firmen, die wirklich vorbildliche Sozial-Kommunikation leisten. Die meisten Unternehmens-Chefs sehen in den Anti-Gruppen, in der Gegen-Öffentlichkeit und in den Kritik-Pionieren prinzipiell Gegner, die das »an sich gute Wollen der Unternehmen« torpedieren. In der Regel werden offiziell oder unbewußt diese Gegen-Strömungen in das linke Lager oder – heute etwas moderner – *in das grüne Lager plaziert.* Das RADAR-Team hat in diesem Zusammenhang Äußerungen prominenter Politiker und Unternehmensführer zum Thema »ökologisches Bewußtsein und Umwelt« gesammelt. Weit über 10 Jahre haben die Führungs-Eliten (die ja ein hohes Maß an Trend- und Zukunfts-Sensibilität aufweisen sollten) die tatsächlichen Zeitströmungen verkannt und bis zuletzt behauptet, daß linke oder grün-anarchistische Agitationen im Spiele seien.

Nun kann man ein derartiges Spiel vielleicht aus taktischen Gründen verstehen. Man behauptet dann derartiges, weiß aber dennoch, daß es in der Wirklichkeit deutlich anders ist. Das Problem jedoch liegt in der Firmenkultur. Wenn der Vorstand eines Unternehmens bei einer internen Rede und später auch durch einen Fachartikel zum Beispiel den Wertewandel als »Neuaufguß einer linken Zersetzungs-Strategie« brandmarkt, dann kann er nachher stundenlang beteuern, daß er das nur aus taktischen Gründen gesagt habe; man wird es ihm nicht glauben. Die Öffentlichkeit verlangt heutzutage immer ein großes Stück *Wahrhaftigkeit.* Und die Firmenkultur eines solchen Unternehmens wird sicherlich dadurch maßgeblich mitgestaltet. Der offizielle Habitus der Firmenkultur rückt dadurch in Richtung Konservativismus und »Angst vor sozialer Innovation«. *Jede taktische Kommunikation prägt die Firmenkultur falsch.*

Derartige Feindbilder verhindern auch das klare Sehen. Tatsächlich haben die Nestlé-Manager in den USA nicht richtig hinschauen können, weil sie an ihre eigenen Ideologien und Möchtegern-Feinde geglaubt haben. Wie Post schreibt, haben die Manager tatsächlich zahlreiche Aktionen organisiert, die sich auf den Glauben stützten, der Boykott sei in erster Linie das Produkt einer Verschwörung einiger weniger kirchennaher Extremisten. »In der Tat war die Unterstützung sehr viel breiter und vielschichtiger, als sie von der Firma je vermutet wurde. Es war eher ein Boykott der Mittelschicht als ein linker.«

Hier zeigt sich ein deutliches Problem: Issue-Politik muß versuchen, den *blinden Fleck im Auge* zu überwinden. Auch Nestlé ist erst »sehender« geworden, als die Öffentlichkeitsarbeit in die Hände von *außenstehenden Fachleuten* gelegt wurde. Die internen Manager und Öffentlichkeits-Experten waren *Opfer ihrer eigenen Doktrin* geworden. Erst die extern verankerten (also nicht ideologisch abhängigen) Berater konnten dem Management klarmachen, mit welchem Gegner Nestlé tatsächlich seit vielen Jahren gekämpft hatte.

Post zieht daraus einige Schlußfolgerungen, die ebenfalls mit dem *Trend zur Interfusion* übereinstimmen:

① *Mache dich mit der Situation vertraut*:
Nur durch Kontext-Verschmelzung mit den Gegnern und der Gegen-Öffentlichkeit kann man den Sinn der Anti-Offensive verstehen.

② *Verstehe das Problem*:
Es gibt kein statisches Problem, sondern Probleme sind immer beweglich. Beim Beispiel Nestlé war es zuerst nur ein Streit über korrektes oder unkorrektes Marketing-Verhalten. Aber es wurde dann durch den Einfluß der WHO schnell zu einem größeren Problem: öffentliche Gesundheit. Und es wurde dann überwiegend durch die falsche Kommunikations-Strategie von Nestlé zu einem generellen Problem der gesellschaftlichen Verantwortung von Unternehmen, einschließlich der Menschenrechte. *Das Problem selbst kann modelliert werden* und verändert sich. Und die jeweilige Veränderung des Problems ergibt jeweils neue Chancen zur Verständigung, aber auch neue Gefahren.

*Öffentliches Bewußtsein ist gestaltbar*
Die Issue-Politik der neunziger Jahre benötigt deshalb eine ausgefeilte Kompetenz für *Dauer-Konflikt-Dialoge*. Es gibt keine inhaltliche Position, die nicht gestaltbar wäre. Bewußtsein ist gestaltbar. Trends sind gestaltbar. Positionen sind gestaltbar. Und in dieser fließenden Gestaltbarkeit liegt auch für die Unternehmen immer die Chance zur Mitgestaltung. Es fehlt ihnen derzeit nur an zwei Dingen:

- Die meisten Unternehmen sind nicht bereit, die neuen Trend-Strömungen in Richtung *gesellschaftliche Partizipation* wirklich tiefgreifend ernst zu nehmen.

- Die meisten Unternehmen haben *kein Issue-Instrumentarium*, um diese kontinuierliche Dialog-Arbeit wirklich professionell betreiben zu können.

③ *Erkenne dich selbst*:
Ich habe bereits in meinem Buch »Der neue Manager« mehrfach darauf hingewiesen, daß *Selbst-Transzendenz* ein immer wichtiger werdender Faktor für den Erfolgs-Manager der Zukunft werden wird.

Darunter ist die Fähigkeit zu verstehen, sein eigenes ideologisches Kostüm wie von außen zu betrachten und sich selbst korrigieren zu können (Evolution des eigenen Bewußtseins).

Im Fall Nestlé war dieses Weltunternehmen zum Beispiel nicht in der Lage, die eigenen Grenzen, Verwundbarkeiten und *Schwächen zu erkennen*. Wie Post analysierte, bestand eine der größen Schwächen von Nestlé in der *personellen Instabilität*. Das klingt witzig: Das Unternehmen Nestlé ist riesengroß, dennoch war es nicht in der Lage, mit immer gleichen Managern den gleichen Kampf zu kämpfen. Der personelle Wechsel auf der Führungs-Ebene war zu groß. Immer kamen neue und sehr unterschiedlich geeignete Manager in das Spiel hinein. Die politische Führung der Gegner jedoch, etwa beim Boykott-Komitee, war stabil. Die Kritiker hatten also den Vorteil eines akkumulierenden Wissens. Man lernte kontinuierlich hinzu und bekam eine Konflikt-Datenbank, während die zum Teil besser ausgebildeten Manager der Firma Nestlé oft in dieser Sache echte Anfänger waren. Das untergrub unzweifelhaft »ihre Handlungsfähigkeit in der politischen Arena« (Post).

Ein anderer Aspekt der Selbst-Transzendenz ist die *Firmenkultur*. Nestlé hatte eine Firmenkultur, die ausgesprochen konservativ, kognitiv-logisch und planungsorientiert war. Für politische und *taktische Phantasie* ist im Rahmen dieser Firmenkultur kein Platz gewesen. Für derartige soziale Konflikte benötigt man aber häufig Spontaneität, Intuition und »kühne Aktion« (Post).

Nestlé kam erst dann besser ins Spiel, als man abgetrennte Organisationen gründete und dann noch eine unabhängige Prüfungs-Kommission, die den Auftrag hatte, die Erfüllung der eigenen Richtlinien zu überwachen. Hierfür hatte man einen Mann als Führer gefunden: den ehemaligen amerikanischen Staatssekretär Edmund Muskie, der nun alles andere als ein Nestlé-Mann war. Er war kühn und phantasievoll genug, um die Kritiker und die Regierung zu überzeugen.

Man kann daraus lernen, daß eine wirklich effiziente Issue-Politik das Kunststück fertigbringen muß, sowohl Bewahrer der Firmenkultur zu sein als auch kontinuierlich außerhalb der Firmenkultur zu stehen. Dazu ist ein Stück *konstruktive Illoyalität* erforderlich, um als Issue-Manager der Firma durch gezielten Themen-Transfer von außen nach innen zu helfen.

## Was heißt Issue-Management?

Soweit Nestlés Trauma aus der Vergangenheit. Kommen wir nun zu einem ersten Röntgenbild der Issue-Politik. Was heißt Issue-Management? Man könnte es bezeichnen als *Management für die Gestaltung und Führung öffentlicher Themen.* Issues sind soziale Themen. Man könnte darin auch ein Instrument der *öffentlichen Bewußtseins-Regie* sehen. Wie auch immer: Issue-Politik ist darauf ausgerichtet, mit den unterschiedlichen Öffentlichkeiten einen kontinuierlichen Dialog zu führen.

In den USA gibt es ein sehr wichtiges Basis-Buch mit dem Titel »Issue Management-Origins of the Future« von Howard Chase. Er hat einige wichtige Bausteine für eine erfolgreiche und konstruktive Politik formuliert, die sicher im Rahmen der allgemeinen Trend-Entwicklung auch für deutsche Unternehmen wichtig werden könnten:

## Die Ziele des Issue-Managements

Howard Chase formuliert es wie folgt: »Teilnahme an der Formation öffentlicher Gesetzgebung (Public Policy), die eine Institution beeinflussen, anstatt sich am empfangenen Ende äußerer und normalerweise adversativer Kräfte zu befinden.«

Dementsprechend wird als Funktion für die Issue-Politik angegeben: »Management von Profit und Richtlinien (Policy) durch disziplinierten Prozeß – nicht durch gefühlsmäßigen Impuls.«

## Neunziger Jahre: Profit-Management braucht Issue-Management

Chase geht so weit, daß er die Gleichstellung von Profit-Management mit Issue-Management als eine wichtige Überlebens-Voraussetzung für Unternehmen darstellt. Seiner Argumentation zufolge haben in den letzten 100 Jahren drei Hauptereignisse die Struktur des Managements grundsätzlich revolutioniert:

① die Einführung der doppelten Buchführung,

② die Verschiebung vom Eigentümer-Manager zum professionellen Manager,

③ die Einführung des Computers.

Als *vierte Revolution* bezeichnet Chase die Gleichstellung von Profit-Management und Issue-Management. Das deckt sich nicht im Detail, aber doch, was die große Linie betrifft, mit den RADAR-Diagnosen in bezug auf den neuen Manager.

Auch hier wird erkannt, daß sich die Management-Trends auf eine *Ganzheit* zubewegen, die dadurch gekennzeichnet ist, daß das systemische Management sich immer mehr verbindet mit dem parasystemischen Management (kulturellen Management). Und die kulturellen Prozesse sind überwiegend umfeldorientiert beziehungsweise umfeldabhängig. Die Gesellschaft, also das soziale Umfeld, muß dementsprechend genauso mitgestaltet werden wie das Unternehmen und seine interne Dynamik (Product Output etc.).

## Von der Trend-Anpassung zur Trend-Gestaltung

Die Amerikaner, unter ihnen Chase, sehen deshalb im Issue-Management in erster Linie eine *neuartige Offensivkraft*, um im zappeliger werdenden Umfeld bestehen zu können. Ihr Argument: Es genügt nicht, sich *passiv-reaktiv* den gesellschaftlichen Trends anzupassen, weil dadurch die Unternehmens-Politik immer noch von äußeren Kräften und nicht vom Unternehmen selbst bestimmt wird. Die amerikanischen Issue-Theoretiker betonen deshalb, daß es wichtig ist, gesellschaftliche Trends ganz früh in ihrer Entstehungsphase zu erkennen, um sie dann *pro-aktiv* über konsequentes Issue-Management zu gestalten. Hier wird der kreative Gestaltungs-Aspekt sichtbar. Es handelt sich also nicht um eine Contra-Aktivität, auch nicht um eine reine Anpassungs-Aktivität, sondern es handelt sich um eine *Pro-Aktivität mit deutlich konstruktivem Charakter.*

Um ein Beispiel zu bringen: Wenn ein Unternehmen unter gesellschaftlichen Dauerbeschuß kommt, muß frühzeitig auf *pro-aktive Trend-Gestaltung* und Bewußtseins-Formung umgestellt werden. Wenn zum Beispiel einem Verpackungs-System vorgeworfen wird, teuren und überflüssigen Müll zu produzieren, ist es falsch, zu schweigen oder nur eine stille Bonner Lobby-Politik zu betreiben (»Scheckheft-PR«). Diese Zeiten sind vorbei. Politik ist immer weniger als Erfüllungshilfe unternehmerischer Ambitionen geeignet. Es hat auch keinen Sinn, direkte Contra-Aktivitäten mit Flugblättern zu entfalten, die das Gegenteil der Vorwürfe behaupten, nach dem Motto: Sagst du A, sage ich B.

Die große Chance liegt in einer pro-aktiven Strategie. Das würde bedeuten, daß zum Beispiel die angegriffene Packungs-Industrie das Müll-Problem frühzeitig ernst nimmt (was bis heute nicht getan worden ist) und mithilft, für die Gesellschaft beispielsweise die *Bio-Kompostierung* und die automatische Müll-Sortierung zu entwickeln und durchzusetzen und zum Teil auch zu finanzieren. Opferbereitschaft und Engagement sind bei den Bürgern und erst recht bei den engagierten Ökologen reichlich vorhanden. Es gibt also reichlich Gelegenheit zur Kooperation.

In der amerikanischen Issue-Praxis wird immer wieder darauf hingewiesen, daß gesellschaftliches Arrangement nur dann erfolgreich ist, wenn das *Wahrnehmungs-System* funktioniert und wenn ein langer Atem für einen *Dauer-Dialog* vorhanden ist. Auf der Basis dieser beiden Vorbedingungen werden in der amerikanischen Literatur überwiegend fünf Planungs-Schritte definiert:

① Issue-Identifikation,
② Issue-Analyse,
③ Issue-Veränderungs-Strategie-Optionen,
④ Issue-Aktions-Programm,
⑤ Resultats-Auswertung.

Betrachten wir diese einzelnen Handlungsschritte etwas detaillierter:

① *Die Issue-Identifikation*
Sie wird heutzutage in den meisten Unternehmen nicht konsequent durchgeführt. Hier fehlt es an einem methodischen Umfeld- und Trend-Monitoring. Die meisten Manager gehen mehr oder weniger

stillschweigend davon aus, daß ihr eigenes Wahrnehmungs-System ausreicht, um die Entwicklung in Szenen, Sub-Gruppen und Zirkeln zu erkennen, in denen sie nicht zu Hause sind und wozu sie keinen Zugang haben. Das ist ein Irrtum.

Jedes *Trend-Monitoring* muß so aufgebaut werden, daß gerade die externen Meinungen, die Contra-Meinungen und die Extrem-Meinungen sichtbar gemacht werden. Die Analysen von Battelle und anderen Institutionen haben gezeigt, daß soziale und klimatische Innovationen in der Regel von außerhalb, oft von unten und meistens nicht von Themen-Experten initiiert wurden.

Je mehr sich die Gesellschaft fragmentiert und je weiter die Netzwerk-Struktur ausgebaut wird, um so wichtiger wird es, eine Pipeline zu den unterschiedlichen Netzwerken aufzubauen. Dies kann nicht im Mafia-Stil oder in Agenten-Manier geschehen. Dazu sollte man Mitglied in den unterschiedlichen Netzwerken sein, indem man Mitarbeiter oder Beauftragte bittet, sich offiziell, nicht anonym in diese Netzwerke zu integrieren. Nur so können öffentliche Problem- und Konflikt-Themen (Issues) frühzeitig entdeckt werden. Chase definiert in diesem Sinne Issues auch als »unerledigte Angelegenheiten, die reif zur öffentlichen Entscheidung sind«.

② *Die Issue-Analyse*
Für die Issue-Analyse sind die Firmen fast alle nicht vorbereitet. Hier ist wichtig, eine *Trend-Landschaft* zu erstellen und die Trends dann auf ihre politischen, sozialen, ökonomischen und technologischen Hintergründe zurückzuführen. Erst wenn man auf diese Art zum *Ursachen-Szenario* gekommen ist, kann man den nächsten Schritt vollziehen: strategische Optionen definieren für die Veränderung von Issues.

③ *Die Issue-Veränderungs-Strategie*
Diese Issue-Strategie wird in der Literatur häufig als reaktiv, adaptiv oder dynamisch angegeben:

Eine *reaktive Strategie* versucht, ein Thema (Issue) zu unterdrücken, wenn das möglich und sinnvoll ist. Es gibt schließlich auch unsinnige, gefährliche und irrelevante Konflikt-Themen in der Gesellschaft.

Eine *adaptive Strategie* versucht eine Anpassung an eine unvermeidliche Änderung. Das ist meistens nur dann erforderlich, wenn die Vorwürfe wirklich stimmen oder wenn das Issue-Management viel zu spät gestartet wurde.

Die *dynamische Strategie* versucht, eine pro-aktive Gestaltung eines Konflikt-Themas in die Hand zu nehmen, indem sie Konflikt-Dialoge mit den Gegnern und Kritikern organisiert.

Fazit: **Unsere Gesellschaft entwickelt sich immer mehr zu einer gläsernen Gesellschaft. Alles wird öffentlich. Deshalb ist es meistens wichtig, eine pro-aktive, dynamische Issue-Strategie zu wählen, das heißt, die öffentliche Meinung bewußt zu gestalten. Das Unternehmen wird sich durch diese Dialog-Prozesse mit Sicherheit auch selbst verändern. Oder — wie es so schön heißt —: Man kommt aus so einem Prozeß auf jeden Fall anders heraus, als man hineingegangen ist (siehe hierzu das Beispiel Nestlé).**

④ *Das Issue-Aktions-Programm*
Das ist die vierte Stufe. Hier wird ein Set an organisatorischen, politischen, psychologischen und ökonomischen Maßnahmen festgelegt. Hier geht es darum, die Voraussetzungen für den lernenden, co-evolutionären Dialog herzustellen. Und hier läuft der Trend in Richtung »Netzwerk-Regie«. Ich werde darauf auf den folgenden Seiten noch zu sprechen kommen.

⑤ *Die Resultats-Auswertung*
Der fünfte und letzte Schritt ist die Kontrolle und Auswertung der Resultate. Die jeweiligen Effekte und Wandlungen im öffentlichen Bewußtseinsfeld müssen erkannt und intern berücksichtigt werden. Das Unternehmen muß lernen, die strategische und kulturelle Seite der jeweils neuen Situation anzupassen. Hier werden bei den deutschen Firmen ebenfalls viele Fehler gemacht, etwa beim Thema Unternehmenskultur.

## Die Unternehmenskultur in den neunziger Jahren

Die meisten Unternehmenskulturen, sofern sie wirklich als geplante Kultur initiiert und aufgebaut worden sind, existieren zumeist nur als Binnen-Kultur. Sie wirken nach innen, aber nicht nach außen. In den neunziger Jahren wird es wichtig werden, die *Lern-Effekte*, die durch Issue-Politik, das heißt durch das kontinuierliche soziale Arrangement, ermöglicht worden sind, in die Firmen zurückzukoppeln, damit sich die

Binnen-Kultur permanent anpassen kann an die sich wandelnden Be-
wußtseins-Qualitäten in der Gesellschaft. Man kann daraus folgende
Thesen ableiten:

① Firmen, die sich ausschließlich auf systemisches Management, also
auf rationale Strategie, konzentrieren, werden in Zukunft immer
mehr gefährdet sein, da sie die *weiche Seite der Wirklichkeit* übersehen und damit auch nicht im Griff haben.

② Firmen, die neben der Strategie auch die Unternehmenskultur planen und gestalten, werden immer dann gefährdet sein, wenn diese
Unternehmenskultur eine reine Binnen-Kultur ist und damit einen
zu geringen evolutionären und lernenden Charakter hat.

③ Diejenigen Firmen werden für die nächsten 15 Jahre das richtige Instrumentarium haben, die zwei Abstimmungs-Prozesse managen
können:

- die Abstimmung zwischen *Außen- und Innenkultur* und

- die Abstimmung zwischen *Unternehmenskultur und Strategie* (siehe
hierzu Craig A. Hickmans und Michael A. Silvas Bemerkungen über
das New-Age-Management: Für diese beiden Unternehmensberater
liegt gerade in diesen Abstimmungs-Prozessen das eigentlich Neue
am neuen Management/»Der Weg zu Spitzenleistungen«).

Die Issue-Experten aus den USA prognostizieren, daß die klassische
Public Relations in amerikanischen Firmen, insbesondere bei den Großunternehmen, zunehmend an Einfluß und Prestige verloren hat und
auch weiterhin verlieren wird. Dennoch ist es für die Unternehmen sehr
schwierig, ein konsequentes und umfangreiches Issue-Management einzuführen. Folgende Hindernisse stehen nämlich im Wege:

① Die *Ignoranz der Manager* bezüglich der wachsenden Literatur und
die Unerfahrenheit im Policy-Management.

② Die *Innovations-Angst* und die sozialen Lernwiderstände hauptsächlich beim Top- und Middle-Management.

③ Die Tendenz der *Berufs-Organisation*, sich zu institutionalisieren
und damit die ursprünglichen Verbands-Ziele aus den Augen zu verlieren (»die Beziehungen zur Gesellschaft verbessern«).

④ Das *Ausblenden von Wirklichkeiten*: Viele Firmen versuchen, die sozialen Konflikte gar nicht erst zu sehen, indem man die Themen auf
die Verbands-Ebene abschiebt und sich selbst still verhält (Verdrän-
gung).

⑤ Die häufige Neigung der Vorstände, die Verantwortung für Außenbeziehung, Trend-Monitoring und Issue-Management als eine *Aufgabe für das Middle-Management* zu definieren. Man delegiert es dann an die Werbe-Abteilungen, an die PR-Abteilungen oder überläßt es zum Teil auch den externen PR-Agenturen, die man beschäftigt. Das führt zu falschen Rekrutierungs-Praktiken, zu schlechten Teams und dementsprechend schlechten Ergebnissen.

Diese Kommunikations-Experten auf der mittleren Ebene beherrschen zwar professionell den Transport von Informationen, sie sind aber kaum in der Lage, die Unternehmens-Ziele (die fix bleiben) den veröffentlichten Versprechungen anzupassen. Die Konsequenz: Also verspricht man nur das, was man ohnehin tut. Kurz: Man lernt nicht mehr. Oder man verspricht etwas, was mit der wirklichen Handlungs-Realität des Unternehmens nicht in Einklang zu bringen ist. Kurz: Man lügt.

Um ein Unternehmen durch *Dauerkonflikt-Dialoge* lernfähig und anpassungsfähig zu machen, muß die Organisation dieses Dauer-Dialoges »ganz oben« etabliert werden, eine *Vorstands-Aufgabe* also.

⑥ Die *grundsätzliche Kampf-Orientierung*: Chase nennt das den Neandertaler-Drang, Feuer durch Feuer zu bekämpfen (siehe hierzu das abschreckende Beispiel von Nestlé).

Werfen wir einen Blick auf diese Disziplin in den USA: Im Jahre 1976 war Issue- und Policy-Management nur ein theoretischer Begriff für eine noch undefinierte Disziplin. Kurz darauf besaß jedoch die Issue-Management-Association (IMA) bereits 550 Mitglieder. Und die amerikanischen Autoren gehen davon aus, daß hier in den neunziger Jahren ein *völlig neues Berufsfeld* mit einer eigenständigen Methodologie entstanden sein wird.

Es gibt auch schon Beispiele von Firmen, die das Issue-Management ganz oder teilweise in den letzten Jahren eingeführt haben. Ein Beispiel ist American Can, ein Unternehmen, das den »dramatischsten Restrukturierungs-Prozeß in der amerikanischen Unternehmens-Geschichte« durchgeführt hat. Da wurde das Issue-Management zu einem Instrument für die Organisations-Transformation. Wenn das Issue-Management wirklich kontinuierlich, wirklich professionell (das heißt lernend-evolutionär) und wirklich ganz oben plaziert verwirklicht wird, bekommen die Firmen eine ausgesprochen *positive Dynamik*, um sich selbst permanent zu tranformieren, also qualitativ zu verändern und gesellschaftlich anzupassen. Aber es ist nicht nur Anpassung. Sie gewinnen eine Kompetenz für die Führung von Konflikt-Themen und für die Produktion neuer sozialer Themen und für die wichtige Trend-Regie.

## Empfehlung:

Es reicht nicht aus, daß sich Unternehmen und Manager auf den breiten Öko-Trend einstellen. Auch reicht die inzwischen vollzogene grundsätzliche Bejahung des Umweltschutzes für ein erfolgreiches Management in den neunziger Jahren allein nicht aus.

Die Unternehmen werden gezwungen sein, eine völlig neuartige Kompetenz zu entwickeln, die sie zu mehr befähigt als nur zur »ökologischen Anpassung«. Diese neue Kompetenz liegt in der Fähigkeit der Unternehmen, kontinuierliche Konflikt-Dialoge mit der Gesellschaft zu führen.

Hintergrund ist der eindeutige Trend zur Macht-Dualität: Das offizielle System (zum Beispiel Wirtschaft) gestaltet die gewünschte Wirklichkeit immer intensiver durch die Zusammenarbeit mit dem Para-System (Gegen-Wirtschaft und kritische Gegen-Öffentlichkeit).

Ich empfehle deshalb, das Thema Issue-Politik grundsätzlich firmenintern zu durchdenken, um es – im Top-Management angesiedelt – frühzeitig instrumentell und organisatorisch verwirklichen zu können. Ich rechne mit einer Implementierungs-Zeit von ungefähr 4 bis 5 Jahren, so daß auch Sofort-Entscheidungen für ein Issue-Management erst Mitte der neunziger Jahre Früchte tragen können.

In erster Linie ist ein erfolgreiches Issue-Management abhängig von einer neuartigen Organisation der eigenen Wahrnehmung. Issue-Politik benötigt ein »spezielles Auge« für die Sozial-Dynamik in der Gesellschaft.

Ich empfehle, dieses »Auge« qualifiziert und methodisch aufzubauen und davon Abstand zu nehmen, das soziale Umfeld sporadisch und individualistisch beobachten zu wollen. Das ist keine

Herausforderung, die mit der linken Hand mit erledigt werden kann.

Ich rate deshalb zu einem systematischen Monitoring von Trends, Konflikt-Themen und sozialen Strömungen. Vermutlich ist es je nach Unternehmens-Typus und Branche ratsam, eine Mischung zwischen externem Monitoring und internem Monitoring zu installieren.

Ein zweiter Bereich, der für das Issue-Management bedeutsam ist, ist die Verbindung zwischen Firmenkultur und der Steuerung öffentlicher Konflikt-Themen. Hier liegt eine große Chance für die Unternehmen: Die allermeisten Firmenkulturen sind eindeutig zu stark auf interne Prinzipien und Standards ausgerichtet. Diese sogenannte Binnen-Kultur kann – wie der Fall Nestlé drastisch zeigt – dazu führen, daß reale Wirklichkeiten ausgegrenzt beziehungsweise fehlinterpretiert werden und daß es zu einem verhängnisvollen Umgang mit einer kritischen Öffentlichkeit kommt.

Darüber hinaus entstehen Firmenkulturen überwiegend durch Rituale, Anekdoten und soziale Inszenierungen.

Sie entwickeln also überwiegend aus dem »internen« Fundus. Um sie für den gesellschaftlichen Dialog zu öffnen, ist das Issue-Management die richtige Pipeline.

Ich rate deshalb, das Issue-Management so zu organisieren, daß es nicht nur zu einer Abteilung für »Statements nach draußen« wird, sondern auch zu einer Drehscheibe von außen nach innen. Dies setzt jedoch voraus, daß der Issue-Manager eine deutlich andere Job-Description erhält als etwa der klassische PR-Manager.

Die erfolgreiche Issue-Politik wird außerordentlich abhängig sein von der Netzwerk-Kompetenz des Unternehmens. Es muß kritisch gesehen werden, daß die meisten Firmen keine oder nur eine geringe Kompetenz für die Netzwerk-Kommunikation aufweisen. Ich empfehle deshalb, den gesamten Themen-Komplex Netzwerk-Organisation ebenso intensiv zu trainieren und zu professionalisieren, wie es zum Beispiel in den sechziger Jahren beim Marketing üblich war. Es wird nicht ausreichen, den einen oder anderen Mitarbeiter vereinzelt zu einem Netzwerk-Seminar zu schicken. Die gesuchte Netzwerk-Kompetenz muß im Unternehmen breit verankert und konditioniert werden.

Ein anderer, ebenfalls wichtiger Aspekt für das kommende Issue-Management ist die organisatorische Konstruktion im Unternehmen. Ich empfehle, davon auszugehen, daß sich die kommunikative Kompetenz, die Voraussetzung für eine erfolgreiche Issue-Politik ist, nicht entwickeln kann auf der allgemein üblichen Organisations-Basis für normale kommunikative Prozesse (Werbung, PR, Lobby etc.). Ratsam wäre es, zum Beispiel zu prüfen, inwieweit das Issue-Management vom Rendite-Management abgekoppelt werden kann, so daß sichergestellt wird, daß das Rendite-Management nicht zum offenen oder heimlichen Sollwertgeber für die Issue-Kommunikation wird.

Desgleichen ist es ratsam, frühzeitig Berater und Issue-Experten an das Unternehmen zu binden, die in der Lage sind, aufgrund ihrer Unabhängigkeit die eigentliche Netzwerk-Arbeit zu betreiben. Der Fall Nestlé hat eindeutig gezeigt, daß für bestimmte Analysen und Dialoge überwiegend externe Issue-Experten geeignet sind, weil sie unabhängig sind von der firmeninternen Ideologie und Dynamik.

Besonders wichtig ist es, daß die Issue-Politik nicht von der Werbe- oder PR-Abteilung »mit übernommen wird«. Warum? Die Issue-Politik muß in erster Linie darauf ausgerichtet sein, Vertrauen zu produzieren. Deshalb ist Glaubwürdigkeit ihr eigentliches Medium. Issue-Politik benötigt deshalb eine andere Kommunikations-Stilistik, als sie im Rahmen der klassischen Öffentlichkeitsarbeit und im Rahmen der Marketing-Kommunikation üblich ist (keine taktische Kommunikation).

Ich empfehle deshalb, das Issue-Management mit einer eigenständigen Abteilungs-Organisation durchzuführen. Bauen Sie sich eine Issue-Abteilung auf.

## Die Methoden der Issue-Politik

Wir haben im bisherigen Teil unserer Analysen zum Thema Issue-Management darauf hingewiesen, daß einer der wichtigsten Theoretiker dieser neuen Disziplin, Howard Chase, die Einführung des Issue-Managements als *vierte Revolution des Managements* bezeichnet hat.

Chase geht davon aus, daß bisher drei Ereignisse die Struktur des Managements grundsätzlich revolutioniert haben. Zum einen die Einführung der doppelten Buchführung, danach die Verschiebung vom Eigentümer-Manager zum professionellen Manager und dann schließlich die Einführung des Computers.

Nun ist die Wirtschaft gerade dabei, den Computer und die Informatisierung des Busineß einigermaßen in den Griff zu bekommen (was schwierig genug ist), da kommt bereits eine neue Dimension auf das Top-Management zu: das Issue-Management.

## Der unaufhaltsame Aufstieg des Issue-Managements

Besonders wichtig dabei ist die bereits erwähnte Tatsache, daß das Issue-Management und das Profit-Management gleichgestellt werden müssen, um überhaupt wirksam zu sein. Das allein ist schon eine geistige Revolution: Ein Non-Profit-Ziel bekommt den gleichen Rang wie das Profit-Ziel.

Die Begründung hierfür sei noch einmal wiederholt: Je stärker die Offizial-Wirtschaft mit dem Umfeld kämpft, je problematischer also die Außenbeziehungen zwischen Wirtschaft und Para-Wirtschaft sind, um so mehr wird *Glaubwürdigkeit zu einem eigenständigen Wert*. Ein Großteil der Maßnahmen, die das Profit-Management heutzutage durchführt, sind nicht dazu angetan, dieses Vertrauen glaubwürdig herzustellen.

Aber je wichtiger und je machtvoller die Gegenseite wird (Para-Szene), um so besser muß die öffentliche Glaubwürdigkeit hergestellt und gepflegt werden. Deshalb Issue-Management: zum »gesellschaftlichen Überleben« der Firmen, nicht für den Profit. Der kommt danach.

Die Trends zeigen bereits heute, daß in den neunziger Jahren der Faktor *öffentliche Glaubwürdigkeit* der höhere Rendite-Faktor sein wird. Es geht nämlich um den Status quo. Das Profit-Management soll dafür sorgen, daß die finanzielle Überlebensfähigkeit der Firma garantiert bleibt. Das Issue-Management aber soll dafür sorgen, daß das Profit-Management möglich bleibt. Also ist das Issue-Management die Voraussetzung für das Profit-Management.

Das Beispiel von Nestlé zeigt deutlich, wie ökonomisch gefährlich die *Mißachtung der Para-Szene* sein kann. Dabei muß bedacht werden, daß sich der Fall Nestlé schließlich vor vielen Jahren ereignet hat, als die Gegenseite bei weitem noch nicht so intelligent, so kritisch und so aktiviert war wie heute. In den neunziger Jahren kommt's drastischer!

## Die Elektronik hilft den Bürgern, kritischer zu werden

Und es muß zugleich auch bedacht werden, daß die achtziger Jahre ruhige Schonjahre waren im Verhältnis zu dem, was in den neunziger Jahren auf uns zukommt. Warum? Weil die *elektronische Intelligenz* kommt. Die Trend-Daten, die das RADAR-Team gesammelt hat, zeigen überdeutlich, daß die elektronische Intelligenz immer mehr *zur Basis wandert*, das heißt zum einfachen Mann, zum normalen Konsumenten, zum schlichten Bürger. Schon sind *Software-Systeme* entwickelt, die es Bürgerinitiativen möglich machen, extrem professionelle Datenbanken und Dokumentationen herzustellen und zu pflegen. Das, was früher nur mit ungeheurem Aufwand und großer personeller Kapazität gewährleistet werden konnte, kann nun heute ein Vier-Mann-Team genausogut. Die *Kritik-Kompetenz* von unten wächst.

① *Die Bürger informieren sich selbst*
Die erste Schlußfolgerung daraus: Das Wissen um wirkliche Zusammenhänge entwickelt sich immer mehr zu den Bürgern und zu den Szenen. Die Konsequenz daraus: Die Gegen-Wirtschaft und die kritische Gegen-Öffentlichkeit können sich immer besser, immer schneller und immer effizienter das wirkliche Bild hinter dem schönen PR-Vorhang und hinter der glorifizierenden Marketing-Kommunikation selbständig erarbeiten. Die *kommunikative Wahrheit* wird nicht mehr von den üblichen Sendern (Unternehmen) empfangen. Die ehemaligen Empfänger (Konsumenten, Bürgerinitiativen etc.) werden zu *eigenen Sendern für ihr eigenes Bewußtsein*. Das allein schon ist eine Revolution, weil es die klassischen Kommunikations-Rituale und die tradierten informationellen Austausch-Systeme grundsätzlich und in historisch einzigartiger Form überwindet und obsolet macht.

② *Die Bürger vernetzen sich immer professioneller*
Die Telekommunikation wird in den neunziger Jahren dafür sorgen, daß immer mehr Menschen immer schneller und immer gezielter Informationen austauschen können. Je leistungsfähiger die Breitband-

ISDN-Vernetzungen werden, um so mehr *Vernetzungs-Intelligenz* entsteht in den Gegen-Szenen.

Schon heute ist sichtbar, daß die technischen Möglichkeiten eines Tages dafür sorgen werden, daß die lokalen Netzwerke jederzeit miteinander interagieren oder dialogisieren können. Beispielsweise soll ein Berliner Pilot-Programm dafür sorgen, daß sich die *Netzwerke vernetzen können*. Die Konsequenz daraus: Die unterschiedlichen Szenen, Initiativen, Konsumerismus-Gruppen und Einzelkämpfer können immer schneller ihre Daten miteinander austauschen.

Und in den neunziger Jahren sind dazu keine großen Reisen, lokalen Versammlungen und schwerfälligen Komitee-Bildungen mehr erforderlich, das kann per Mailbox-System elektronisch funktionieren. So kommunizierten bereits 1986 in den USA 20 000 bis 40 000 Menschen in den Local Networks miteinander, also ohne großen zeitlichen und materiellen Aufwand.

## Die neue Rolle des Zeitgeistes

In den Worten von Jürgen Habermas: »Der Zeitgeist wird zum Medium, in dem sich fortan das politische Denken und die politische Auseinandersetzung bewegen. Der Zeitgeist entzündet sich an dem Zusammenstoß von geschichtlichem und utopischem Denken.«

Eine Konsequenz für die kommende Issue-Politik: *Issue-Politik muß Zeitgeist-Politik sein.* Issue-Politik kann sich dem Zeitgeist nicht verschließen, sondern muß sich im Gegenteil verstehen als aktiver »Produzent von Zeitgeist«.

Manager, die über einen *konservativen Habitus* verfügen, sind im Prinzip deshalb für Issue-Politik nicht geeignet. Firmen, die eine stolz-konservative Firmenkultur haben, sind ebenfalls für eine offensive und erfolgreiche Issue-Politik kaum geeignet.

## Die Balance zwischen Offizial- und Para-System

Die neue Unübersichtlichkeit bringt aber nicht nur eine neue Bedeutung des Zeitgeistes, sondern führt auch zu einer neuen Balance zwischen Offizial- und Para-System.

Je heftiger die Unübersichtlichkeit und je schneller die Fluktuations-Abfolge (und beides bedingt sich!) – um so mehr Veränderungen bei wachsendem »Nebel« –, um so weniger können die Offizial-Systeme von sich aus strategisch den Weg finden. In derartigen Turbulenz-Situationen reagieren gesunde, offene Systeme entsprechend der Evolutions-Theorie mit einer verstärkten *Hinwendung zur Partizipation*, das heißt Lernen durch Konflikt und Lernen durch Dialoge mit Andersdenkenden.

Spätestens das ist dann die Geburtsstunde einer neuen Balance zwischen Wirtschaft und Para-Wirtschaft, zwischen Offizial-Politik und Para-Politik, was es ja bereits seit längerer Zeit gibt (siehe die effiziente, wenn auch immer konfliktschmerzliche Zusammenarbeit zwischen den unterschiedlichen Regierungsstellen und Verwaltungen und den Bürger-initiativen).

## Mehr Intelligenz durch das Contra

Das, was in der Politik seit ungefähr 10 bis 15 Jahren gang und gäbe ist, nämlich daß bis runter zur Kommunalpolitik das Offizial-System seine Intelligenz *durch das Contra des Para-Systems* erhält, das wird in den neunziger Jahren auch für die Wirtschaft zur Normalität werden.

Für den Issue-Manager stellt sich nunmehr die Frage, wie er sein Unternehmen mit diesen Para-Szenen verbinden kann. Und hierzu gehört eine *professionelle Netzwerk-Regie*.

Diese wiederum benötigt eine andere Handlungs-Philosophie und auch ein anderes Instrumentarium. Bleiben wir zuerst einmal bei der Philosophie. Das Issue-Management – und darin unterscheidet es sich existentiell vom Profit-Management – geht davon aus, daß die neuen wirtschaftlichen Strukturen, die neuen wirtschaftlichen Arbeits-Formen und die neuen Konsum-Muster nicht mehr durch strategisch-administrative Programmatik erstellt werden können. Die Firmen können nicht mehr von sich aus wissen, was richtig und was gut ist. Um mit Habermas zu sprechen: Mit der Hervorbringung neuer Lebensformen »ist das Medium Macht überfordert«.

Wie gesagt, das gilt nur in extrem turbulenten Zeiten, aber wir werden diese turbulenten Zeiten wegen der jetzigen Übergangsphase von einer Schornstein-Industrie zu einer Informations-Industrie vermutlich bis weit in das nächste Jahrtausend haben.

## Das Konzept für die Netzwerk-Regie: auf Selbstorganisation setzen

Das politische System reagiert immer stärker und klüger dadurch, daß man die Selbstorganisation und Selbsthilfe stärker denn je ins Spiel bringt (Trend zur *partizipativen Demokratie*). Das Wirtschafts-System, wesentlich stärker para-militärisch und strategisch orientiert als das Polit-System, hat hier noch eindeutige Defizite. Und es wird die Aufgabe der Issue-Manager sein, für diesen philosophischen Bewußtseinswandel zu sorgen. Erst wenn das Top-Management erkennt und innerlich akzeptiert, daß die Para-Wirtschaft mit ihren diversen Netzwerken eine *wichtige Mitgestaltungskraft* ist und daß die dort akkumulierte Intelligenz genauso wertvoll und effizient ist wie die eigene Intelligenz, erst dann kann die eigentliche Netzwerk-Regie, die ein wichtiges Element jeglicher Issue-Politik ist, durchgeführt werden.

Interessant ist in diesem Zusammenhang der in allen Industrienationen – auch in Japan – zu beobachtende Trend zur stärkeren Betonung der *Selbstorganisation und Selbstgestaltung* (Autopoiesis) für gesellschaftliche Prozesse. In der soziologischen, aber auch in der juristischen Dimension sind hier in den letzten Jahren grundsätzlich neue Ansätze sichtbar geworden. Es gibt sogar schon ein Buch, das darauf hinweist, daß es selbst in einem der festesten Bereiche unserer Gesellschaft, der Justiz, wichtig wäre, in Turbulenz-Zeiten die Gesetze evolvierend und »fließend« zu machen, was nur möglich ist durch eine stärkere Mitarbeit der Para-Kräfte.

## Der neue Wert der Selbstbeschränkung

Es mag dahingestellt sein, ob das für die Justiz je ein begehbarer Weg sein kann, aber für Politik und Issue-Management sind diese neuen Konzepte der Selbstorganisation unverzichtbar. Habermas weist zum Beispiel darauf hin, »daß eine von außen ansetzende, indirekte Einflußnahme auf Mechanismen der Selbststeuerung etwas Neues erfordert, nämlich eine höchst innovative *Kombination von Macht und intelligenter Selbstbeschränkung*«. Und damit sind für das Issue-Management zwei zentrale Faktoren genannt worden:

① Der neue kommunikative Machtfaktor heißt »maximale Glaubwürdigkeit«.

② Die intelligente Selbstbeschränkung liegt darin, daß sich das Issue-Management in die Netzwerke integriert als »lernender Teilnehmer« und nicht als dirigierender Steuermann.

Soziologische Analysen haben ergeben, daß die Szenen und die Para-Organisationen in der Regel zwar über eine besonders gut ausgebaute Sensibilität verfügen (siehe die Anti-Atom-Bewegung, die Bio-Agrar-Bewegung, die feministische Bewegung etc.), daß sie aber in der Regel über eine völlig unterentwickelte Handlungsfähigkeit verfügen. Die Para-Szene ist also sehr wissend, aber zumeist sehr aktionsschwach.

Die Chance, die hier durchschimmert, lautet: Es müßte ein Austausch zwischen der Offizial-Wirtschaft und den Para-Szenen stattfinden in der Form, daß die sensiblen Erkenntnisse der Para-Szene übertragen werden auf das Wirklichkeits-Muster der Unternehmen, während die Szene gleichzeitig Kapital, Manpower und instrumentelle Hilfestellungen bekommt von den Unternehmen oder ihren Verbänden.

## Zukunfts-Foren
## statt 08/15-Presse-Konferenzen

Ein zaghaftes Beispiel für eine derartige Vernetzung war die Initiative der Bausparkasse BHW. Unter dem Rubrum »BHW-Forum« wurden gesellschaftliche Konflikt-Dialoge organisiert. Das erste dieser Foren fand auf Lanzarote statt zum Thema »Bauen und Wohnen in der Zukunft«. Weitere Foren folgten.

Sicher reichen derartige Foren (in der Regel nur wenige Tage und pro Thema nur einmal) nicht aus, um eine wirklich effiziente Issue-Politik zu betreiben, aber sie stellen doch einen ersten Schritt in dieser Richtung dar. Auch bei dem BHW-Forum hat es sich gezeigt, daß hier alle Dimensionen des direkten Profit-Managements kontraproduktiv sind. Man kann Themen-Pioniere, Wissenschaftler, Experten und kreative Experimentatoren nicht einspannen wollen für eine klassische PR-Strategie. Issue-Politik muß deshalb nicht nur langfristig und kontinuierlich angelegt werden, sondern zugleich auch einen völlig eigenständigen Organisations-Hintergrund erhalten und nach völlig eigenständigen Richtlinien bewertet werden, zum Beispiel nach produzierter Glaubwürdigkeit.

## Überall Mangel an Visionen

Entsprechend den Analysen von Karin Knorr-Cetina (»Die Fabrikation von Erkenntnis«) ist diese typische Unbestimmtheit eine ideale Voraussetzung für *progressive Selbstorganisation* und für das, was sie »rekonstruktiven Wandel« nennt. Die überall sichtbar werdende Visionslosigkeit kann vom Issue-Management genutzt werden, um eine intensive und seriöse Rolle zu spielen bei den großen Such-Debatten nach neuen Wegen und Auswegen.

Wie Knorr-Cetina schreibt, wird die typische Indeterminiertheit der Situation dann von den Beteiligten, also auch von Unternehmen, nicht nur als Störfaktor aufgefaßt, sondern geradezu als Conditio sine qua non für eine progressive Neuordnung des Systems.

Diese Überlegung zeigt bereits eine weitere Vorbedingung für ein erfolgreiches Issue-Management: Der Wirklichkeits-Wandel um uns herum muß vom Manager nicht als destruktiv erlebt werden, sondern als konstruktiv. Er ist Chance für eine Verbesserung nach vorn. In diesem Sinne gibt es keine Krisen, sondern nur Chancen.

Für den Issue-Manager liegt hier jedoch ein großes Problem: Wie kann er es schaffen, diese Krisen-Bejahung nicht nur für seine Rolle »genehmigt« zu bekommen, sondern soweit wie möglich in das Unternehmen hineinzutragen?

Es ist hoch wahrscheinlich, daß Firmen mit einer konservativen Firmenkultur vermutlich gar nicht oder erst sehr spät zum Issue-Management gelangen werden. Das professionelle Issue-Management verlangt also eine *sozial-innovative Firmenkultur*.

Daraus lassen sich zwei Schlußfolgerungen formulieren:

(1) Das Issue-Management der neunziger Jahre muß im *Top-Management* eine solide Verankerung finden, wenigstens einen Mentor im Kreis der Vorstands-Kollegen, wenn nicht sogar ein eigener Vorstand die eigentliche zentrale Regie für das Issue-Management übernehmen sollte (neues Vorstands-Ressort?).

(2) Das Issue-Management muß kontinuierlich verbunden (vernetzt) werden mit der *Firmenkultur*. Issue-Politik benötigt zwingend eine verträgliche Firmenkultur.

# Die Unternehmensführung
## wird gesellschaftsorientiert

In Turbulenz-Zeiten werden Unternehmen immer mehr gefordert, sich sozial zu verhalten. Einen sehr guten Überblick über diese neue Strömung gab Prof. E. Brauchlin (St. Gallen) mit seinem Plädoyer für eine *gesellschaftsorientierte Unternehmensführung*. Wesentliche Aspekte davon decken sich mit meinen Diagnosen und sollen deshalb hier beschrieben werden, weil sie klarmachen, wie wichtig die Issue-Politik ist und wie problematisch es sein wird, sie wirklich effizient zu installieren:

- Brauchlin weist darauf hin, daß die im 19. Jahrhundert ziemlich streng vollzogene Differenzierung von gesellschaftlichen Rollen und Funktionen verschiedener Institutionen (wie Staat, Kirche und Unternehmen) immer weiter abgebaut wird.

  Die klaren Rollen-Zuweisungen gehen deshalb verloren. Und es ist historisch einzigartig, wie sich die ehemals getrennten *Sub-Systeme immer mehr vermaschen*. Schon heute wird Wirtschafts-Politik nicht mehr nur von Wirtschaftspolitikern gemacht, und das eigentliche Management wird immer stärker von den Szenen befruchtet (siehe den Bio-Trend, den grün-ökologischen Trend, die Marketing-Einflüsse durch den feministischen Trend etc.). Die Spezialisten steuern ihr Sub-System nicht mehr allein.

- Diese »Erosion von Zuständigkeiten« fordert besonders von den Unternehmen eine völlig *andere Legitimations-Basis*. Je stärker die unterschiedlichen Sub-Systeme voneinander abgeschottet waren, um so konsequenter konnte eine *reine Zweck-Politik* durchgeführt werden. Für das Sub-System Wirtschaft war es deshalb richtig, ausschließlich wirtschaftliche Ziele zu erfüllen (siehe »Was gut ist für General Motors, ist auch gut für die USA«).

- Die Konsequenz daraus ist, daß Firmen neben der ökonomischen Zweck-Dimension immer mehr eine *neue, sozial-kreative Funktion* übernehmen müssen. Das Unternehmens-Ziel wird sich demnach in den nächsten Jahren immer stärker ausweiten über das rein Merkantile hinaus (Entökonomisierung der globalen Ziele).

- Das wird dazu führen, daß die bisher als externe Effekte beschriebenen sozialen Themen und ökologischen Probleme immer stärker zu betrieblichen Problemen werden. Die Problem-Struktur des Außen-Umfeldes wird immer stärker zur Problem-Struktur der Firmen, auch wenn sie in keiner Weise mit dem Rendite-Ziel und dem ökonomischen Betriebs-Zweck zusammenhängt.

Aus dieser Sicht hat Hazel Henderson recht, wenn sie in ihrem Buch »Das Ende der Ökonomie« schreibt, daß allein schon der Begriff externe Effekte praktisch einem Freudschen Versprecher gleichkommt. Wirtschaft wird immer stärker durch Faktoren gesteuert, die nicht zur Wirtschaft gehören.

- Für die Unternehmen bedeutet das eine lange und schmerzliche Lernphase. In dieser Phase lernen sie, daß die »gesellschaftlichen Orientierungen« eine genauso primäre Zweck- und Zielvorgabe sind wie die merkantilen Orientierungen.

- Aus diesem Grund ist zumindest in der Theorie (in Deutschland stärker als in den USA) eine neue Sicht entstanden, nämlich die für eine gesellschaftsorientierte Unternehmensführung. Dieses wird jedoch erst möglich werden, wenn das Profit-Management und das Issue-Management gleichwertig und gleichrangig im Unternehmen agieren können.

- In den USA ist die These der Social Responsibility formuliert worden. Das ist in etwa das, was in den RADAR-Lettern als »sozialer Mehrwert« und »öffentliche Sinnverantwortung« tituliert worden ist. Darunter verstehen zum Beispiel Autoren wie McGuire, Steiner & Steiner und Preston die Fragestellung, wie das Management »pragmatisch die *gesellschaftlichen Verpflichtungen* der Unternehmen wahrnehmen und in konkrete Aktionen überführen kann« (Brauchlin).

## Die historischen Etappen zum Supermanaging

Damit ergibt sich im Sinne einer evolutionären Entwicklung folgende Dreiteilung:

① *Partizipation*
In den sechziger/siebziger Jahren war die gesellschaftliche Orientierung rein intern plaziert, und zwar hauptsächlich in den Punkten *Mitbestimmung* und betriebliches Sozialwesen.

② *Ökologie*
In den achtziger Jahren konkretisierte sich die neue gesellschaftliche Orientierung hauptsächlich im *Umweltschutz*. In dieser Phase befinden sich die Unternehmen jetzt noch.

**361**

③ *Gesellschaftliche Verpflichtung*

In den neunziger Jahren kommt es zur dritten Phase. Der *soziale Mehrwert* muß organisiert und bewiesen werden: der *öffentliche Sinn*. Ökologie allein reicht da nicht mehr aus. Das wird die Geburtsstunde sein für das »Supermanaging« (Brown und Weiner). Und eine professionelle Issue-Politik gehört unabdingbar dazu.

Für die neunziger Jahre wird von den Unternehmen deshalb eine gesellschaftspolitische Trendwende erwartet: vom passiven Antizipations-Verhalten zur *aktiven sozialen Gestaltungs-Strategie*. Das wird auf drei Ebenen durchzuführen sein:

① auf der betrieblichen Ebene (Issue-Management),

② auf der Verbands-Ebene (hier erwarten Wissenschaftler wie Brauchlin völlig neue Verbands-Kulturen),

③ auf der Ebene von Stiftungen und eigenständigen Initiativen ohne Verbands-Charakter (siehe US-Netzwerke wie Briarpatch).

Die Konsequenz daraus: Das derzeitige Handlungs-Instrumentarium der Unternehmen reicht nicht aus, um die geforderten sozialen Gestaltungs-Strategien planen und durchführen zu können.

Nun könnte man darauf verweisen, daß diese Trends erst in den neunziger Jahren kommen werden und daß die Unternehmen im Moment alle Hände voll zu tun haben, um die Umwelt- und Öko-Maximen zu integrieren (zweite Phase). Aber es muß darauf hingewiesen werden, daß die Planung und Implementierung des Issue-Managements mindestens 4 bis 5 Jahre Vorlauf benötigt, so daß erste Erfolge ohnehin erst Mitte der neunziger Jahre erzielt werden können. Insofern ist das Thema Issue-Politik bei aller Langfristigkeit im Grunde ein Fünf-Minuten-vor-zwölf-Thema.

## Auch das Marketing verlagert seine Philosophie zur Gesellschaft

Interessant ist in diesem Zusammenhang, wie stark die neue Gesellschafts-Orientierung des Managements bereits auch das konkrete Marketing-Verständnis beeinflußt. Hierauf hat unter anderem Prof. Krulis-Randa, Zürich, hingewiesen. Die Marketing-Entwicklung ist seit jeher abhängig gewesen von unterschiedlichen *ideologischen Phasen*. Betrachten wir diese:

- *Ab 1950* etwa wurde das Marketing in erster Linie als eine Verbesserung für den »Nutzen-Transport der Ware vom Hersteller zum Abnehmer« verstanden.

- *Ungefähr ab 1960* wurde Marketing ausdrücklich als eine Kombination von Absatz-Tätigkeiten verstanden. Es war die Phase der Marketing-Mix-Modelle. Damit wurde das Marketing bereits komplexer.

- *In den siebziger Jahren* wurde Marketing in der Theorie überwiegend verstanden als Instrument zur Erleichterung von Austausch-Prozessen zwischen Menschen. Da war also der interaktive Aspekt erstmals in den Mittelpunkt gerückt.

- *In den achtziger Jahren* wird Marketing verstanden als ein sozialer Prozeß, der insbesondere auch die Distribution von Ideen beinhaltet (geistig-mentale Produkte).

- *In den neunziger Jahren* wird sich Marketing langsam umwandeln zur Interfusion, verstanden als Gestaltung und Lenkung *sozialer Transaktions-Systeme*, wobei die Impulse für diese Transaktion nicht mehr aus der Sphäre der Produkte und des Bedarfs kommen, sondern – und das ist neu – aus dem gesellschaftlichen Wandel, das heißt aus dem Geistigen des Marktes.

## Die thematische Globalisierung kommt

Wie Krulis-Randa betont, sind die Konsequenzen für das kommende Markt-Management bedeutend. Die Marketing-Experten werden lernen müssen, flexibler auf *gesellschaftliche Überraschungen* zu reagieren. Sie müssen auch gleichzeitig völlig neuartige Kompetenzen aufbauen, um pro-aktiv diese *Transaktions-Prozesse mitgestalten* zu können. Die alte PR reicht da nicht aus, weil es zu einer thematischen Globalisierung kommt. Damit wird die klassische Nutzen-Theorie (Kern-Nutzen und Neben-Nutzen) überwunden, und der *global-gesellschaftliche Nutzen* rückt nach vorn, wobei dieser gesellschaftliche Nutzen oft nur noch minimale Berührungspunkte zum eigentlichen Produkt aufweist.

Fazit: **Auch die PR assimiliert Lebenshilfe, Sozial-Patriarchat und mäzenatenähnliche Zielsetzungen.**

# Mega-Marketing von Kotler –
# der erste Schritt zur Issue-Politik

Philip Kotler, einer der großen Vordenker des Marketings, hat für diese neue Phase der Globalisierung vor einigen Jahren einen eigenen Begriff geprägt: Mega-Marketing. Er definierte es wie folgt: »Die strategisch koordinierte Anwendung wirtschaftlicher, psychologischer, politischer und PR-Fähigkeiten [hier hätte man besser Issue-Fähigkeiten sagen sollen] zur Erreichung der *Kooperation einer Anzahl von Kontrahenten*, um in einen bestimmten Markt eintreten bzw. operieren zu können.« Also ein Versuch, das klassische Marketing so sehr auszuweiten, daß es in Zonen gesellschaftlicher Konflikte zum *Instrument der Kooperation* wird. Diese Definition sagt bereits, daß es sich hier eindeutig um ein *Konflikt- Instrument* handelt und daß in diesem Rahmen die klassischen, linearen Strategien (»ich bin der Sender, du der Empfänger«) nicht mehr funktionieren.

## Marketing taugt nicht für blockierte Märkte

Kotler selbst weist darauf hin, daß sein Mega-Marketing auf den Eintritt in *blockierte Märkte* zielt, die nicht mit dem üblichen Marketing-Instrumentarium erschlossen werden können. Damit prognostiziert er indirekt, daß das klassische Marketing in den neunziger Jahren oft die Stufe der Ineffizienz erreichen wird, weil die immer stärker werdenden Szenen, Initiativen und interessierten Gruppen durch *eigenes Meinungs-Marketing* die Marketing-Maßnahmen der Firmen abschotten und ins Gegenteil verkehren können. Die Para-Wirtschaft betreibt ein autonomes Meinungs-Marketing.

Dementsprechend weitet Kotler auch die Zielgruppen-Definition des Mega-Marketings aus. Es handelt sich nicht mehr um die üblichen Marketing-Partner (potentielle Konsumenten), sondern der Schwerpunkt des Mega-Marketings liegt gerade *bei den Gegnern*, bei den Themen-Pionieren und bei den unterschiedlichen Netzwerken, also bei denen, die Märkte blockieren.

Kotler meint, daß sich nicht nur die Zielgruppe, sondern auch das Instrumentarium des Mega-Marketings erweitern wird. Er nennt zum Beispiel *politisches Taktieren*, aber auch direkte *Machtausübung*. Ebenso weist er auf die »Fähigkeit der PR« hin. In diesen Punkten ist Kotler aber hoffnungslos naiv, weil sowohl PR als auch Lobby-Taktik und direkte Macht-Repression in blockierten Märkten und Konflikt-Themen kaum positive Erfolge tätigen können, sondern eher kontraproduktiv sein werden. Kotlers Mega-Marketing verkennt ganz offensichtlich, daß es in den Industrienationen inzwischen längst zu einer neuen Machtverteilung gekommen ist: Die Netzwerke und die Bürgerdiplomatie regieren und bestimmen kräftig mit. Dort, wo es also Konflikte gibt (etwa beim FCKW, Atomstrom etc.), wird es sofort politisch. Und dort, wo es politisch wird, versagen die klassischen Wege des Marketings, die Werbung und die PR auf eklatante Weise. Der »mündige Bürger« läßt zwar Werbung und PR zu, aber nicht die Konflikt-Steuerung über Mega-Marketing à la Kotler.

Dementsprechend sind auch die Beispiele, die Kotler erwähnt, aus Ländern, in denen der kritische Emanzipationsgrad der Bürger gering ist (Indien) oder in denen die staatlichen Instanzen über eine höhere Koordinations- und Lenkungs-Macht verfügen (zum Beispiel Japan). So soll beispielsweise PEPSI-COLA der indischen Regierung für den Markt-Eintritt eine ganze Palette von Vorteilen, die von Gegen-Geschäften bis zum Technologie-Transfer in der Nahrungsmittel-Verarbeitung, Verpackung und Wasseraufbereitung reichen, angeboten haben. Und man soll damit Erfolg gehabt haben.

Das mag in Indien gehen, aber mit Sicherheit nicht in Europa und in den USA. Besonders dann nicht mehr, wenn die unterschiedlichen Gruppierungen durch Telekommunikation und elektronische Netzwerke eine *aktive Gegen-Öffentlichkeit* aufbauen und pflegen.

Aber immerhin: Das Beispiel des Mega-Marketings von Kotler zeigt, daß sich auch die Marketing-Theoretiker auf eine neue Phase einstellen, in der die gesellschaftlichen Ober-Ziele zu einem neuen Markt-Instrumentarium führen.

Fazit: **In den neunziger Jahren werden die Unternehmen mit der Situation konfrontiert werden, daß die wirtschaftlichen Zielsetzungen immer stärker vorgesteuert werden durch gesellschaftspolitische Zielsetzungen.**

**Dadurch wird mit einer hohen Wahrscheinlichkeit ein eigenständiges Issue-Management entwickelt werden. Dieses Issue-Management ist ganz bewußt darauf ausgerichtet, die positive Integration des Unternehmens und seiner Angebote in das gesellschaftspolitische Umfeld zu ermög-**

**lichen. Issue-Management produziert keine Renditen (wie Produkt-PR), sondern gesellschaftlichen Sinn.**

## Das Supermanaging und das Generations-Problem

Aber nicht nur das Marketing wird stark beeinflußt werden von der neuen gesellschaftspolitischen Strömung. Auch die *Führungs-Lehre* wird sich ausweiten und »neue Augen, neue Füße und neue Hände« bekommen. Dieser Trend wird in der fachlichen Diskussion *Supermanaging* genannt. Es ist sichtbar geworden, daß ein großer Wandel in den Management-Systemen kommt, weil die *Zeit der ungestörten Strategien vorbei ist*. Hier sind die drei wichtigsten Faktoren des Supermanagings:

① Die Öffentlichkeit erwartet immer mehr von den Firmen, und zwar vermehrt Leistungen, die nicht zum klassischen Busineß gehören. Das überfordert das *merkantile Management*.

② Die Wirtschaft als Ganzes beginnt sich immer mehr in die Gesellschaft zu re-integrieren. Das führt dazu, daß der *Wertewandel*, der in der Gesellschaft stattgefunden hat, immer weniger deckungsgleich ist mit den Werten der Unternehmen (Werte-Kluft).

③ Eine neue Bürger-Mentalität und eine neue Konsumenten-Cleverneß erhöhen den *Verantwortungs-Druck* für die Firmen. Das konsumkritische Potential steigt an. Dadurch ist die bereits beschriebene *Macht-Dualität* entstanden, und zwar in einer Form, wie es sie in der gesamten Entwicklung des Industrialismus noch nie gab.

Auf dieser Basis haben die beiden Amerikaner Brown und Weiner ihre Thesen und Methoden für das Supermanaging entwickelt. Dieses *komplexere Management-Modell* geht vom Modell der *Co-Evolution* aus. Es besagt, daß das gesellschaftliche Umfeld immer heftiger auf die Firmen einwirkt, daß die Firmen jedoch hinsichtlich der Wahrnehmung und der instrumentellen Reaktionen dafür keine geeigneten Konzepte aufweisen, so daß es zu einer »ernsten Bedrohung der Autonomie für die amerikanischen Unternehmen in den kommenden Jahren« (Brown und Weiner) führen wird.

Das Supermanaging ist weder in der deutschen noch in der amerikanischen Management-Szene sofort begeistert aufgenommen worden. Analysiert man genauer, so zeigt sich hier ein *deutliches Generations-Problem*. Die älteren Top-Manager, die heute mit Sicherheit die meisten Top-Positionen besetzen, können sich mit diesem Gedanken einer *Co-Evolution* nicht vertraut machen. Jüngere Manager (zwischen 35 und 45) können sich mit den Maximen des Supermanagings allerdings etwas besser identifizieren.

## Gemeinsames Wachsen
## statt Steuerung und Manipulation

Warum? Das Supermanaging verlangt vom Manager ein *gestaltendes Mitgehen* mit den Forderungen und Wertewandlungen des Umfeldes. Das ist mehr als nur eine neue Worthülse, denn es verlangt eine praktische, co-evolutionäre Haltung. Wobei Co-Evolution als die Kunst des gemeinsamen Wachsens definiert wird. Konservative und ältere Manager erleben aber gerade das als eine eindeutige Entmachtung und haben hier dementsprechend recht verständliche Blockaden.

Dennoch wird sich das Supermanaging durchsetzen, und zwar hauptsächlich durch die zunehmende Elektronifizierung und *Informatisierung unserer Gesellschaft.* Durch die elektronischen Netzwerke und durch hochgradig verbesserte Information von Szenen, Initiativ-Gruppen und engagierten Bürgern werden die Unternehmen immer mehr zu einem *Glashaus.* Das verlangt von den Unternehmen, wie Shapiro (»America's Third Revolution«) schreibt, daß die Firmen und die Manager in den neunziger Jahren immer stärker einen *öffentlichen Status erhalten.* Sie werden sich permanent öffentlich rechtfertigen müssen. Und im Grunde läuft der Trend dahin, daß die Firmen mehr und mehr der Öffentlichkeit gehören, unabhängig von ihren tatsächlichen Besitzverhältnissen.

Fazit: **Die Handlungs-Ethik der Unternehmen wird sowohl vom Faktor Kapital als auch vom Faktor Management abgekoppelt.**

## Umdenken bei den PR-Profis

Auffällig ist, daß selbst Brown und Weiner letztlich immer noch an die klassische PR glauben, wenn es darum geht, das Supermanaging zu praktizieren. Die Trend-Signale zeigen jedoch, daß selbst die PR-Profis in zunehmendem Maße begreifen, daß ihr kommunikatives Instrumentarium für die kommende gesellschaftspolitische Epoche nicht adäquat beziehungsweise effizient ist.

So erschien bereits 1982 in der *Welt* ein sehr eigenkritischer Bericht von Fritz Störi über das langsame Ende der PR unter dem Titel »Wozu einen Schirm, wenn das Wasser am Hals steht«? Störi weist darauf hin, daß für die PR die *guten Zeiten vorbei sind*. Und daß sich entweder die PR-Manager neue Konzepte und Instrumentarien einfallen lassen müssen oder ihre Profession zunehmend disfunktional wird. Betrachten wir das kommende Dilemma der PR etwas näher:

- Die klassische PR ist überwiegend darauf ausgerichtet, Optimismus und Beruhigung zu verbreiten.

- PR ist im Grunde eine Schönwetter-Kommunikation. Sie arbeitet hauptsächlich mit guten Nachrichten und ist für lang anhaltende Kritik-Dialoge nicht ausgerüstet (siehe die klassische Formel »Tue Gutes und rede darüber«).

- Das Haupt-Instrumentarium der PR ist *kommunizierte Information*. Je kritischer, kompetenter und informierter jedoch die Öffentlichkeit wird, um so mehr definiert sich Information nicht durch den Sender (PR-Spezialist), sondern durch den Empfänger selbst. Er selbst produziert seine eigene Information. Und damit wird auch eine seriöse PR immer häufiger ineffizient oder gar schädlich.

Beispiel: Wenn ein Unternehmen mitteilt, daß es ihm gelungen sei, den Schwefeldioxyd-Ausstoß um einige Prozent zu reduzieren, so ist das a) eine gute Tat, b) wahrheitsgetreu – und wird trotzdem genau den gegenteiligen Effekt haben, weil es das nichtgelöste Grundproblem (eben Schwefeldioxyd) noch einmal vor den Augen und Ohren vieler Bürger-Initiativen und kritischer Bürger offenbart. Würde die PR schweigen, so wäre das falsch. Würde die PR kommunizieren, so wird das immer häufiger auch falsch, weil kontraproduktiv.

- Darüber hinaus gibt es ein weiteres Problem: das *Problem der Glaubwürdigkeit*. Die PR hat sich inzwischen durch vielfachen Mißbrauch so sehr entlarvt und »sterilisiert«, daß selbst wohlwollende PR-Spezialisten darauf hinweisen, daß man nicht mehr wie selbstverständlich davon ausgehen kann, daß PR-Kommunikation von Glaubwürdigkeit getragen ist. Das ist ein globales Problem des PR-Instrumentariums und ist unabhängig von dem Inhalt der einzelnen PR-Nachrichten aus einem Unternehmen. Es ist die Glaubwürdigkeits-Erosion der ganzen Disziplin, was aber dazu führt, daß die einzelnen Firmen-Nachrichten immer weniger wirken können.

## Wenn Konflikte nötig sind, steht es schlecht für die PR

Auch auf einem Weltkongreß für Öffentlichkeitsarbeit, abgehalten in Amsterdam unter dem Motto »Between People and Power«, versuchte man, für die PR eine Art Rettung zu finden. So hat beispielsweise ein Referent darauf hingewiesen, daß Public Relations nicht mehr die Methode sein dürfte, die Meinungen einer Gruppe den anderen zu verkaufen. Statt dessen solle PR das *Verstehen der Menschen* untereinander fördern, damit sie sich näherkommen.

Auch hier im Grunde wieder der Schönwetter-Charakter der klassischen PR, wenn auch jetzt mit einer erweiterten Auffassung. Es wird gerade von den PR-Spezialisten immer wieder verkannt, daß das wechselseitige Gegeneinander des Offizial-Systems und des Para-Systems nicht mehr wegharmonisiert werden kann, sondern daß genau das Gegenteil wichtig ist: Die Konflikt-Rate und die Konflikt-Intensität werden erhöht, damit beide Seiten schneller lernen und effizienter die neue Wirklichkeit gestalten.

Fazit: **Die bisherigen Versuche, die klassische PR instrumentell auszuweiten, zeigen, daß die PR prinzipiell nicht geeignet ist, das Instrument für eine neue Konflikt-Kultur zu werden.**

Interessant ist auch, daß zum Beispiel Prof. Dr. Hans Raffée zusammen mit Klaus-Peter Wiedmann dieses Glaubwürdigkeits-Problem anläßlich ihrer Untersuchung »Dialoge – Der Bürger als Partner« erkannt hat. Sie fordern von den Firmen zu Recht eine neuartige Glaubwürdigkeits-Offensive. Und sie weisen auch darauf hin, daß diese neue Glaubwürdigkeit nur erzielt werden kann durch das, was sie *Wertekonsens* nennen. Aber gerade dieser Wertekonsens verlangt ein konsequentes Abtrennen der klassischen PR vom neuen Issue-Management.

**In einer Konflikt-Gesellschaft wird es Wertekonsens nur durch Konflikte geben. PR ist kein Konflikt-Instrument.**

## Die Rollen-Verteilung zwischen PR und Issue

Damit kann folgendes prognostiziert werden: Die klassische PR wird immer mehr Produkt-PR oder PR für Unternehmens-Darstellungen werden (Corporate Communication). Für die *Produktion des sozialen Mehrwerts* und für den neuartigen Faktor »Konflikt-Dialog und Co-

Evolution« ist die PR disfunktional, weil unglaubwürdig. Ein eigenständiges Issue-Instrumentarium muß theoretisch, praktisch und organisatorisch entwickelt werden. Issue und PR sind getrennte Kommunikations-Methoden für getrennte Aufgaben.

Wie unglaubwürdig PR für gesellschaftspolitische Themen inzwischen geworden ist, zeigen Umfragen: Danach nannten nur 2 Prozent der deutschen Bevölkerung »die Industrie als glaubwürdigen Informanten zu Fragen des Umweltschutzes«. Nun muß man wissen, daß zu der Zeit zwei Themen in der Rangskala der relevanten Probleme ganz oben plaziert waren, und zwar im repräsentativen Durchschnitt aller Bürger: Umweltschutz und Arbeitslosigkeit.

Das bedeutet konkret, daß eines der zentralsten Problemfelder der Bevölkerung von der Industrie in gar keiner Weise mehr glaubwürdig mit Informationen bedient werden konnte. Das besagt schon, wie grundsätzlich und tiefgreifend das Versagen der PR schon seit längerem ist, wenn es um soziale Konflikte geht.

## Die falsche Einstellung des Top-Managements

Zu diesem Versagen konnte es nur durch falsche Einstellungen des Top-Managements kommen. Professor Eugen Buß, Fachhochschule Gießen, hat darauf hingewiesen, daß die Unternehmen den Trend noch nicht begriffen haben. Und dieser Trend läuft darauf hinaus, daß die Öffentlichkeit selbst immer mehr das *eigentliche Forum wirtschaftlicher Prozesse* wird. Mit anderen Worten: Wirtschaft wird immer mehr öffentlich. Wirtschaft muß sich immer mehr einem kritischen öffentlichen Forum stellen. Buß zitiert in diesem Zusammenhang Prof. Gras von Harvard: »Die Wirtschafts-Ordnung des 19. und beginnenden 20. Jahrhunderts ging zurück auf die Exklusivität mittelalterlicher Zünfte, soweit es sich um ihr Verhältnis zur Öffentlichkeit handelt.« Das 21. Jahrhundert kennt diese Exklusivität nicht mehr.

Dadurch wird aber klar, daß die *kommunikative Abstinenz* der Unternehmen historisch verankert ist. Auch die dann später entwickelte klassische PR war in erster Linie »ein Forum der positiven Selbst-Darstellung«, aber eben kein Forum für wechselseitiges Lernen (Co-Evolution). Für Prof. Buß sind es hauptsächlich zwei empirisch gesicherte Fakten, die dafür sorgen werden, daß wirtschaftliche Prozesse *weder ge-*

*heim noch privat* gehalten werden können, sondern demnächst permanent auf einer öffentlichen Bühne stattfinden:

① *Der Trend zum neuen Verbraucher*
Der neue Verbraucher versteht sich auch bei seinem Konsum immer mehr als *neuer Staatsbürger* und kritisches Individuum. Er versteht sich nicht so sehr als ein »Sachwalter« für materielle Verbrauchsgewohnheiten. Dahinter steckt ein massiver *Mentalitäts-Wandel*. Der materielle Lebensbereich zieht sich immer mehr zürück, und die non-materiellen Dimensionen werden immer wichtiger. Im Grunde bedeutet das die Formel: *Lebenswelt regiert vor Konsumwelt.*

Die Konsequenz für die Unternehmen: *Rein materielle Befriedigung* reicht immer weniger aus. Der neue Verbraucher verlangt von den Firmen deshalb wesentlich mehr als nur »das Produkt pur«. Noch sind weder Hersteller noch der Handel in der Lage, dieses *soziale und mentale Produkt über den Produkten* zu organisieren und zu bieten. Aber alle Trend-Signale weisen darauf hin, daß genau hier die einzige Chance für die Unternehmen ist, um zu einer neuen Glaubwürdigkeit und zu einem *neuen Sozial-Patriarchat* zu kommen, unter anderem durch Telekommunikation und Künstliche Intelligenz für Lebens-Services.

② *Der Trend zur Konflikt-Kommunikation*
PR ist im Kern immer eine Kommunikation für das »Weißwaschen und Hemden-Aufpusten«, wie es die Amerikaner nennen, gewesen und hat auch diesen Grund-Charakter trotz methodischer Verbesserung in den letzten Jahren nicht ablegen können. Wenn sich aber eine Gesellschaft von einer ruhigen, formierten Gesellschaft (das Fünfziger-Jahre-Ideal) zu einer *gewollten Konflikt-Gesellschaft* entwickelt, wenn also die gesellschaftlichen Konflikte als positiv und effizient angesehen werden, so ist die Schönwetter-PR nicht nur überholt, sondern immer häufiger auch schädlich für die Unternehmen.

Die Öffentlichkeit verlangt Konflikt-Dialoge und von den Managern die Bereitschaft, auch öffentliche Konflikte mitzugestalten. In den Unternehmen jedoch gilt die Ideologie, daß Konflikte mit der Öffentlichkeit zu vermeiden sind. Auch die unübersehbar starke Bevorzugung der Unternehmen, Öffentlichkeits-Arbeit mit (diskreter) Lobby-Arbeit zu verbinden, zeigt hier die inzwischen überholte und deshalb falsche Grundeinstellung.

## Das Wachstum bürgerlicher Intelligenz

Der Wertewandel hat also dazu geführt, daß es den Typus eines neuen Verbrauchers gibt und daß die Bürger eine neue Konflikt-Bereitschaft entwickelt haben. Zugleich ist das *Intelligenz-Wachstum* der Bürger unübersehbar im Steigen begriffen. Die soziodemographischen Daten zeigen eindeutig, daß von 1985 bis 1995 der Anteil der Volksschüler abnehmen und der Anteil der Realschüler, Abiturienten und Studenten zunehmen wird. Der *Anteil der Höhergebildeten* wird sich von 30 Prozent (1986) auf 40 Prozent im Jahre 1995 erhöhen. Aber es geht nicht um diese 10-Prozent-Steigerung, sondern es geht darum, daß gerade die tonangebenden und *meinungsführenden Gruppen* praktisch zu 100 Prozent aus dem Lager Abitur und Universitäts-Studium kommen. Die eigentlichen Themen und Werte (Konflikt-Issues) werden also immer stärker von kritischen und außerordentlich gut ausgebildeten Bürgern beeinflußt und gesteuert.

Das führt zur Verbindung von zwei Strömungen:

① mehr Forderungskraft von unten (Para-Strömung),

② mehr Fragmentierung in der Gesellschaft (Diversitäts-Strömung).

Das Fazit daraus ist besonders für die Wirtschaft, aber auch in zunehmendem Maße für die Politik problematisch: *Es wird immer intensiver immer Differenzierteres gefordert.* Das ist die neue Konflikt-Konstellation, auf die sich die Unternehmen verstärkt einstellen müssen.

Noch versuchen die PR-Experten, ihr klassisches Instrumentarium für diese neue Konflikt-Phase umzurüsten. Beispielhaft dafür ist Albrecht Koch, ein anerkannter PR-Experte. Zwar weist auch Koch darauf hin, daß wir in Richtung einer Konflikt-Gesellschaft marschieren, denn er stellt mit dem Historiker Michael Stürmer zu Recht die richtige Frage: »Wo ist die Sprache, die uns noch verbindet?« *Konflikt-Gesellschaften* fragmentieren sich, also fragmentiert sich auch die Sprache. Und über die *fragmentierte Sprache* entstehen auch unterschiedliche Wirklichkeiten. Die Schönwetter-PR findet deshalb *keine verbindliche Sprache mehr.*

Koch sieht völlig richtig, daß immer dort, wo die verbindende Sprache fehlt, eine neue Kunst erforderlich ist, die des *Dialoges im Widerspruch.* Und dieser Widerspruchs-Dialog soll auch eine neue Aufgabe für eine erneuerte PR werden. Das erfordert, wie nicht nur Koch, sondern auch andere Kollegen immer häufiger in Fachartikeln fordern, eine »neue Generation von PR-Fachleuten«.

*Wie soll der neue PR-Mann aussehen?*

- Die neuen PR-Spezialisten sind nur noch locker in der Organisation verankert.

- Die Zukunft der PR-Fachleute soll nicht mehr in den Apparaten, sondern in der größtmöglichen Distanz zu ihnen liegen.

- Für die notwendigen Konflikt-Dialoge kann nur derjenige die richtige Sprache finden, der weitestgehend von den Apparaten und ihren hauseigenen Ideologien getrennt ist.

- Für den neuen PR-Fachmann kommt es auf die innere Festigkeit an, das heißt auf die gewachsene Identität mit der Institution, die man als PR-Fachmann in der Öffentlichkeit vertritt. Also Loyalität, die bis an den Grenzwert strapaziert wird.

Aber genau das kann eigentlich kein PR-Mann sein. Entweder wagt man den Schritt zum *echten Issue-Management* (= soziales Arrangement statt Nachrichten-Transport), oder man verbessert lediglich die PR.

Derartig neue PR-Spezialisten sind in den unterschiedlichen Netzwerken und Gegen-Szenen mit Sicherheit nicht integrationsfähig. Sie bleiben identifizierbare *Agenten des Unternehmens*. Sie haben deshalb nur einen beschränkten Wirkungs-Radius und sind in vielen Netzwerken und Szenen in gar keiner Weise zu integrieren.

## Der Issue-Mann ist ganz anders: ein Netzwerk-Regisseur

Die Issue-Politik benötigt also ein völlig anderes Vorgehen, das als *Netzwerk-Regie* gekennzeichnet werden kann. Der Issue-Manager selbst muß deshalb nicht unbedingt in den unterschiedlichen Gruppierungen, Initiativen und Szenen persönlich integriert sein. Das ist nicht seine Aufgabe. Denn je multi-optionaler und fragmentierter die Gesellschaft wird, um so weniger kann sich auch ein Mensch in den unterschiedlichen Szenen glaubwürdig verankern.

Die Aufgabe des Issue-Managers ist es, die unterschiedlichen Netzwerk-Partner (die mit Sicherheit nicht Angestellte oder bezahlte Mitarbeiter eines Unternehmens sind) zu betreuen. Der Issue-Manager ist in diesem

Sinne auch *kein Kommunikator mehr*, wenn überhaupt, dann ein Kommunikator nach innen, um das interne *Change-Management* (Brown und Weiner) voranzutreiben, was wiederum die Firmenkultur permanent befruchtet. Der neue PR-Ansatz von Koch und anderen übersieht auch eine wichtige These, die Alexander Demuth in die Debatte einbrachte und die folgendermaßen lautet:»Die Wirklichkeit des Unternehmens ist nicht die Wirklichkeit seiner Betrachter.« Die Wirklichkeits-Auffassung von Menschen ist nachweislich von Mensch zu Mensch unterschiedlich. Das zeigt die empirische Forschung beeindruckend. Ein PR-Manager, mag er noch so abgetrennt vom großen Apparat operieren, kann schon aus seinem Rollenverständnis, seiner betrieblichen Abhängigkeit und seiner Karriere-Motivation nur seine *erlaubte Wirklichkeit* konstruieren.

Er kann sich zwingen, toleranter und multi-thematischer zu werden, aber er wird nicht in der Lage sein, die vielfältigen Weltbilder, die für eine fragmentierte Gesellschaft typisch sind, zu seiner »privaten Wirklichkeit« zu formen. Auch Glauben kann man nicht lernen. Also kann der PR-Mann die fragmentierten Weltbilder nicht alle entdecken, meistens nicht verstehen und sich erst recht nicht zu eigen machen. Genau das aber wird benötigt, um sich erfolgreich in Netzwerke und Szenen zu integrieren. Verlangt wird also eine Art *Stallduft der Szene.*

## Die Issue-Politik braucht eine andere Konzeption für Kommunikation

Parallel zu den Diskussionen und Entwicklungen im Lager der klassischen PR-Spezialisten hat sich inzwischen eine andere Auffassung von gesellschaftlicher Kommunikation entwickelt. Typisch dafür ist Prof. Dr. Dr. Röglin. Seine vier grundsätzlichen Prinzipien stehen unter dem Credo:

**Wer Akzeptanz will, darf sie nicht wollen.**

Röglins Thesen formulieren bereits recht deutlich die völlig andere Auffassung von Information und Kommunikation, wie sie für das Issue-Management in den neunziger Jahren wichtig wird.

① *Das Prinzip der verhaltensorientierten Öffentlichkeitsarbeit, der personalen Kommunikation*
Da es bei den Akzeptanz-Problemen weniger um ein Informations-

Defizit als um eine Vertrauenskrise geht, kommt der Information als solcher kaum eine, der *Glaubwürdigkeit des Informanten* aber die entscheidende Bedeutung zu.

Da Papier geduldig ist und schon deshalb kein Vertrauen vermittelt, kommt alles auf das tatsächliche, konkret nachprüfbare und sichtbare Verhalten der betroffenen Personen an. Die amerikanische Chemical Manufactures Association (CMA) zum Beispiel hat sich an dieser Vorstellung orientiert.

② *Das Prinzip der mitwirkungsorientierten Öffentlichkeitsarbeit, der interaktiven Kommunikation*
Die hier beschriebene Überinformation führt zu einer *passiven Verweigerungshaltung gegenüber jeglicher Einbahn-Information. Aus diesem Grund ist die Auffassung, Information sei eine Bringschuld, gänzlich verfehlt.* Wir haben den Bürger nicht zu informieren – womöglich entsprechend unseren Vorstellungen von »notwendiger« Information – sondern ihm Gelegenheit zu geben, sich zu informieren.

Gerade die hoch komplexen Technologien werfen oftmals nicht vorgesehene, vielleicht nicht einmal vorhersehbare Fragestellungen auf, denen nur mit interaktiver Kommunikation begegnet werden kann. Wir haben mit rasanter Geschwindigkeit Hardware-Technik entwickkelt, haben aber keine Software-Kommunikationstechnologie eingesetzt, die diese Technik auch verständlich und damit konsensfähig machen.

③ *Das Prinzip der rückhaltlosen Öffentlichkeitsarbeit, der totalen Kommunikation*
*Psychologisch gesprochen, ist heute Glaubwürdigkeit das Medium, in dem allein sich Information ereignen kann.* Das in der Vertrauenswerbung anklingende »Tue Gutes und rede darüber« ist genau aus diesem Grunde verfehlt; denn es beschränkt sich expressis verbis auf den jeweils positiven Aspekt und schafft damit Erwartungen, denen die Wirklichkeit nicht entspricht; denn die wirkliche Wirklichkeit hat immer – mindestens – zwei Seiten: eine positive und eine negative. Es entsteht in der Öffentlichkeit der Eindruck, man werde getäuscht.

Steht hinter dieser Art von Öffentlichkeitsarbeit auch noch die Überlegung, nur keine schlafenden Hunde wecken zu wollen, handelt es sich nicht nur um Täuschung, sondern vor allem um *Selbsttäuschung*: Die Hunde sind immer schon wach. Die Chance der Akzeptanz kann

nur haben, wer begreift, *daß heute Akzeptanz des Positiven die zu-*
*treffende Darstellung des Negativen voraussetzt.*

Der Öffentlichkeit muß einfach mehr zugemutet und zugetraut werden. So manche peinliche Weinerlichkeit ist Folge einer verzärteln-
den und beschönigenden Öffentlichkeitsarbeit. Daß Angst allein
nicht glücklich macht, ist eine zu späte Erkenntnis.

④ *Das Prinzip der nichtakzeptanzorientierten Öffentlichkeitsarbeit, der*
*Open-end-Kommunikation*
Vieles auf dieser Welt ist von Menschen und Mehrheiten akzeptiert
worden, obwohl es nicht akzeptabel war, und vieles wird heute nicht
akzeptiert, obwohl es akzeptabel ist.

Den Fakten stehen die Werte und Wertungen gegenüber. Öffentlichkeitsarbeit hat die Fakten transparent zu machen, zu rationalem
Abwägen aufzubereiten, einen Entscheidungsprozeß der Öffentlichkeit vorzubereiten.

Sie hat die Entscheidungen aber nicht vorwegzunehmen, etwa weil
sie arroganterweise annimmt, im Besitz der Wahrheit zu sein; die anderen seien nur zu dumm, dies einzusehen, und nun bedürfe es einer
geeigneten *Akzeptanzstrategie.*

Diese »Heilsgewißheiten« führen zur Polarisierung, in der es nur die
Stimmung der Glaubenskriege, aber keine rationalen Auswege mehr
gibt. Öffentlichkeitsarbeit sollte unter Berücksichtigung der hier ge-
nannten Prinzipien *informieren, aber nicht überzeugen wollen.*

Sie soll rationale Entscheidungen bewirken, die auch dann ein Erfolg
der Öffentlichkeitsarbeit sind, wenn sie – argumentativ abgewogen,
aber anders bewertet – gegen das Unternehmen ausfallen.

Gefährlich ist die Irrationalität, nicht die andere Ansicht. Von der
leben wir alle; denn tagtäglich sind wir alle in irgendeinem Belang
anderer Ansicht.

Wer einem Menschen, mit einem Wort, den *Denkprozeß abnimmt*
*oder abnehmen will,* ist unglaubwürdig, weil manipulatorisch. Und
die Öffentlichkeit spürt dies sofort. *Wer Akzeptanz will, darf sie nicht*
*wollen.*

## Empfehlung:

Die Verbindung von elektronischer Intelligenz mit Telekommunikation ist im Moment noch keine Realität, was ihre intensive und breite Nutzung durch Bürgerinitiativen, Aktions-Gruppen und kritische Konsumenten-Komitees betrifft. Insofern könnte man den Eindruck bekommen, daß wir noch Zeit haben mit der Installation einer professionellen Issue-Politik.

Ich empfehle jedoch, sich dieser »Illusion der Ruhe« nicht hinzugeben, weil es in den Para-Szenen mehr als deutlich rumort und weil die technologischen und elektronischen Möglichkeiten sich immer schneller und konsequenter in eine Richtung bewegen, die in etwa lautet: »Bürger informieren Bürger, Bürger glauben Bürgern mehr als Unternehmen.«

Einige technologische Entwicklungen, die prototypisch dafür stehen:

In den USA und in Kanada wurde bereits 1986 an mehr als 1000 Expertensystemen gearbeitet. Die Expertensysteme – das kann mit einer Eintretenswahrscheinlichkeit von über 75 Prozent prognostiziert werden – stehen kurz vor einem Boom. Es sind hochkarätige Wissenschaftler und finanziell außerordentlich potente Unternehmen an einer populären Verbreitung der Expertensysteme interessiert. Die Expertensysteme versprechen nämlich hohe Produktivitäts-Gewinne bei einem vergleichbar begrenzten Kapital-Einsatz.

Eine andere Entwicklung geht in Richtung Datenbank und Info-Selektion. CBS, Time Inc., IBM und zahlreiche Zeitungsverlage fördern das Media Laboratory des Massachusetts Institute of Technology. Zwei Projekte werden als kleine Revolution für die schlagartige Verbesserung der Informations-Strategien in den Para-Szenen sorgen: Das ist zuerst einmal die personalisierte Zeitung: Dies ist ein Computer-Programm. Es sorgt dafür, daß für den Empfänger diejenigen Informationen selektiert und zusammengestellt werden, die seinem Interesse entsprechen. Die Druckmedien werden individualisiert und auf dem Bildschirm wie eine Unikat-Zeitung präsentiert. Das Besondere daran: Gespeichertes Archiv-Material wird ebenfalls selektiert und eingespielt. Danach erfolgt ein Ausdruck per Knopfdruck. Die Kommerzialisierungs-Reife wird bald erwartet. Ein Prototyp ist bereits da. Er heißt Newspeak.

Derartige elektronische Innovationen sind überall in der Entwicklung, und es gibt viel mehr, als ich hier schildern kann. Alle zusammen werden sie dafür sorgen, daß sich die Gruppen, Initiativen und
Komitees der Bürger immer schneller und qualifizierter orientieren
können.

Die Kommunikations-Flüsse in den Netzwerken werden dadurch
eine Qualität bekommen, die mit den offiziellen Informations-Flüs-
sen durchaus mithalten können. Das, was zum Beispiel Greenpeace
oder das Freiburger Öko-Institut an informationeller Effizienz leisten, sowohl intern in den Netzwerken als auch in der allgemeinen
Öffentlichkeit, das wird in den neunziger Jahren normaler Standard
werden. Spätestens in zwei Jahren wird es – kommunikativ gesehen
– immer zwei Wirklichkeiten geben: die der Wirtschaft und die der
Para-Szenen.

Ich empfehle deshalb dringend, sich der Frage »Wie produzieren
wir eine verläßliche Glaubwürdigkeit?« frühzeitig und engagiert zuzuwenden. Die Issue-Politik benötigt für ihre Installation 4 bis 5
Jahre und verlangt vom Management neuartige Organisations-
Schritte, Instrumente und Planungswege, die ich hier noch einmal
stichwortartig skizziere:

① Die Issue-Politik benötigt für die Organisation einen Issue-Manager, der in der Direktions- oder Vorstands-Ebene plaziert ist.
   Seine Aufgabe: Erarbeitung interner Strategie-Konsequenzen
   aufgrund der Forderungen und Strategien der Para-Szenen.

② Weiterhin benötigt eine effiziente Issue-Politik die Einschaltung
   von Issue-Generatoren. Hier empfehle ich, freie Mitarbeiter
   einzusetzen, die als Dolmetscher und Kontakter zwischen den
   Netzwerken und den Unternehmen fungieren.

③ Die Issue-Generatoren wiederum sollten eine kontinuierliche
   Zusammenarbeit mit den Issue-Pionieren organisieren. Issue-
   Pioniere sind keine normalen Opinionleader. Um sie zu gewin-
   nen, benötigt man deshalb auch andere soziale Konzepte.

④ Um die interne Firmenkultur – wie empfohlen – intensiver und
   flexibler auf die Para-Szenen einstimmen zu können (hier liegt
   die eigentliche Quelle für die vielzitierte neue Anpassungs-
   Flexibilität), empfehle ich, »Future Circles« zu installieren. Die

ersten Firmen in Deutschland experimentieren damit. In einem solchen Circle sind interne Mitarbeiter (hochmotivierte Champions für bestimmte Themen), freie Unternehmensberater und Issue-Pioniere vereint.

⑤ Um das Para-Umfeld permanent beobachten zu können, ist die Installation eines professionellen Trend-Monitorings zu empfehlen. Hier sind zwei Bereiche zu trennen: das Branchen-Monitoring und das allgemeine Trend-Monitoring. Die Unternehmen sollten wenigstens das für sie relevante Branchen-Monitoring systematischer durchführen und dafür sorgen, daß die privaten Informations-Strategien der Mitarbeiter umgewandelt werden zu einem kollektiven Trend-Wissen.

Das allgemeine Trend-Monitoring für das soziale und kulturelle Umfeld kann auch firmenintern betrieben werden, jedoch ist das häufig sehr teuer und bindet viel personelle Kapazität. Ich empfehle deshalb alternativ die Zusammenarbeit mit Trend-Beratern oder Unternehmensberatern, die über eine gute Szenario-Qualität verfügen. Darüber hinaus empfehle ich den Unternehmen, eine Art »Delphi-Beirat« einzurichten, in dem zum Beispiel Marktforschung und Sozialforschung arbeiten. Ein derartiger Beirat trifft sich zwei- bis viermal im Jahr. Mit ihm bearbeitet man die Ergebnisse des internen und externen Monitorings.

Ich empfehle darüber hinaus, sich intensiver als bisher auf die Konflikt-Gesellschaft einzustellen. Die ruhige, formierte Gesellschaft wird es in den nächsten Jahrzehnten mit hoher Wahrscheinlichkeit nicht mehr geben. Die Trends laufen in Richtung »Konflikte sind konstruktiv und wünschenswert«. Für die Issue-Politik wird deshalb der Faktor Sozial-Verträglichkeit von entscheidender Bedeutung. Wie C. F. v. Weizsäcker in der Einleitung zu einem Buch über die Grenzen der Atomwirtschaft geschrieben hat, werden sich Wirtschaft und Technologie immer intensiver nicht nur technisch und wirtschaftlich rechtfertigen müssen, sondern auch sozial und kulturell.

Der Trend: Das Machbare und das Rentable geraten immer häufiger in Konflikt mit dem sozial Verträglichen. Vom Top-Management wird ein anderer, bejahender Konflikt-Habitus verlangt.

Damit wird die Einrichtung und Durchführung des Issue-Managements zugleich auch ein psychologisches und geistiges Problem. Die subjektive Konfliktfähigkeit der Manager rückt hier in den Mittelpunkt. Ich empfehle, sich durch Weltbild-Seminare, Zukunfts-Workshops und Konflikt-Trainings für die kommende Epoche der Dauer-Konflikt-Dialoge fit zu machen.

# Bausteine der Interfusion

| Das Credo | Leitsatz | | | Die Merkmale der Co-Evolution |
|---|---|---|---|---|
| • Stimulation statt Manipulation | Interfusion gestaltet die Ursachen von Verhalten und verzichtet deshalb auf die direkte Steuerung des Verhaltens. | | | • Fließende Zeit |
| • Kooperation statt Steuerung | **Die vier Instrumente** | | | • Entlernen |
| • Konsens statt Überzeugung | Die neuen Ziele | Die neuen Methoden | Die neuen Effekte | • Verschmelzen |
| • Arrangements statt Behauptung | 1. Erzeugung des konsensuellen Bereichs | Monitoring | Wahrnehmung der anderen Wirklichkeit | **Das Monitoring** |
| **Die drei Parameter** | 2. Strukturelle Kupplung | Szenen-Sponsoring und Networking | Förderung des anderen Wollens | 1. Dimensionen<br>– Politische Dimensionen<br>– Technische Dimensionen<br>– Wissenschaftliche Dimensionen<br>– Ökonomische Dimensionen<br>– Soziokulturelle Dimensionen |
| • Nähe und Sympathie | 3. Kooperative Selbst-Referenz | Lifestyle-Kooperationen | Das Erlebnis des gemeinsam hergestellten Gemeinsamen | 2. Instrumente<br>– Content-Analyse<br>– Teilnehmende Beobachtung<br>– Experten-Befragung<br>– Reisen und Anschauungen |
| • Glaubwürdigkeit und Echtheit | 4. Konstruktive Instabilität | Emotional Leadership und Sozio-NLP | Neue Glaubens-Muster | |
| • Gemeinsamkeit | | | | |

# Bausteine der Interfusion

## Die zwei Konzepte

• Das Konzept der Beteiligung der Kommunikation

• Das Konzept der Entanonymisierung der Kommunikation

## Die zwei Voraussetzungen

• Die Gleichrangigkeit der Teilnehmer am Kommunikations-Prozeß

• Die echte Teilnahme des Herstellers am Leben des Konsumenten

## Die Funktion

| Altes Paradigma | Neues Paradigma |
| --- | --- |
| Reaktions-Zwang | Selbstgestaltung |
| Steuerung | Teilnahme |
| Zielgerichtetheit | Offenheit |
| Modell der trivialen Maschine | Modell der Autopoiesis |

## Die fünf Ziele

1. Die Produktion von gemeinsamen Identifikations-Zeichen (closed semiotic)
2. Die Produktion gemeinsamer Bewußtseins-Inhalte (kooperative Kontexte)
3. Die Produktion gemeinsamer Lebens-Stile
4. Die Produktion gemeinsamer Emotion und Geschichte (Erlebnis-Bank)
5. Die gemeinsame Produktion von Medien (closed media)

## Die vier Regeln

1. Bleib immer in dem Fluß der Ereignisse.
2. Gestalte den Fluß durch deine Teilnahme.
3. Kooperiere früh mit dem Neuen, damit es auch dein Neues wird.
4. Entferne dich freiwillig und gern.

| Altes Paradigma | Neues Paradigma |
| --- | --- |
| Marketing | Interfusion |
| Der Anbieter als Ordner | Das Geistige als Ordner |
| Manipulation | Co-Evolution |

## Das Geistige des Marktes

– Werte
– Orientierungs-Muster
– Kontexte
– Öffentliche Emotionen
– Lifestyle-Erfindungen

# Die Evolution des Markt-Managements
## - Vom Verkaufen über Marketing bis zur Interfusion -

| Die Phase des Verkaufens/ bis Ende der 50er Jahre | Die Phase des Marketings/ ab ca. 1960 | Die Phase der Interfusion/ ab ca. 1990 |
|---|---|---|
| **Paradigma** »Verkaufen, was produziert wird« | **Paradigma** »Produzieren, was verkaufbar ist« | **Paradigma** »Kommunizieren, was die Beziehungen verlangen« |
| Abkopplung vom Primat der Selbst-Versorgung | Abkopplung vom Primat der Produktion | Abkopplung vom Primat des Marktes |
| Zentraler Faktor: HERSTELLUNG | Zentraler Faktor: BEDARF | Zentraler Faktor: ZUGEHÖRIGKEIT |
| Organisation | Kommunikation | Vernetzung |

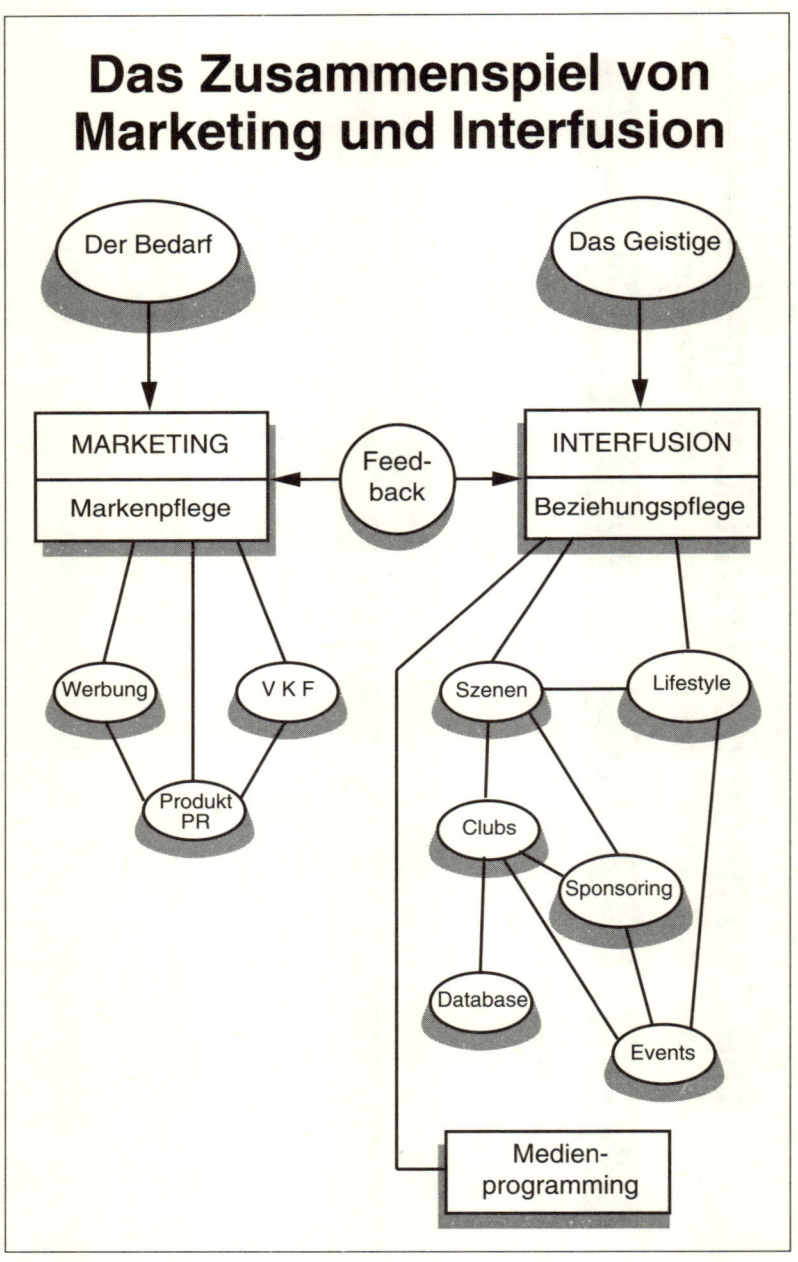

# Das Zusammenspiel von Marketing und Interfusion

Der Bedarf

Das Geistige

MARKETING

Markenpflege

Feed-back

INTERFUSION

Beziehungspflege

Werbung

V K F

Produkt PR

Szenen

Lifestyle

Clubs

Sponsoring

Database

Events

Medien-programming

# Transformations-Etappen

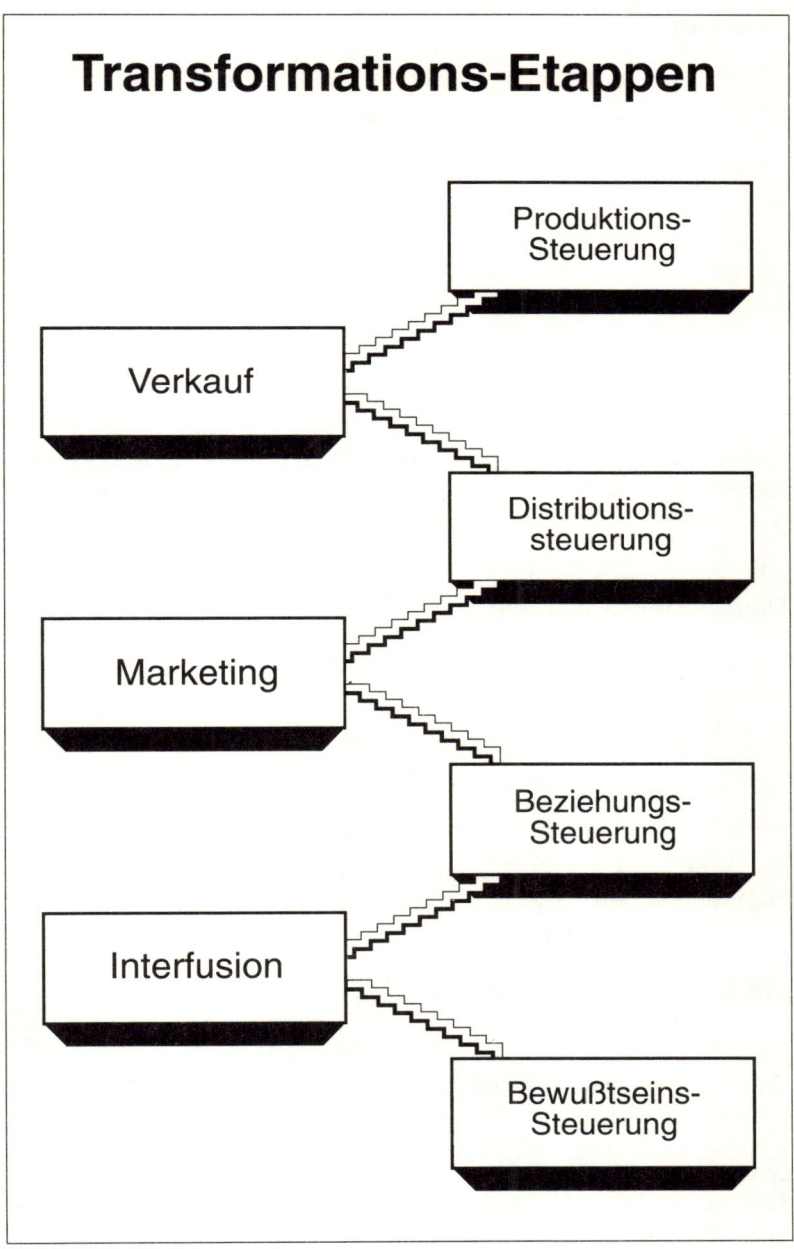

# Das Tao-Projekt

*»Paradoxerweise tut das Tao*
*nichts, aber es schafft alle Dinge.«*
J. C. Cooper

Dieses Buch gehört zum Tao-Projekt. Es ist das zweite Buch im Rahmen dieses Projektes. Das erste Tao-Buch wurde im März 1990 vom ECON Verlag veröffentlicht und trägt den Titel

## Management by Love

Dieses zweite Tao-Buch entwickelt die Prinzipien des Tao weiter, die sich auf folgendes konzentrieren:

- Die Erfahrung der Wirklichkeit als subjektive Konstruktion.
- Verschmelzen und Mitfließen als neue Instrumente der Planung.
- Liebe und Menschlichkeit als Quelle der Energie und Produktivität.

Vielleicht interessiert es Sie, warum ich dieses Tao-Projekt initiiert habe und was im weiteren geplant ist. Hier ist das vollständige Programm:

## Warum es das Tao-Projekt gibt

Ich hatte eine Verabredung mit einer Studentin. Sie wollte Auskünfte und Ratschläge von mir, weil sie eine Diplomarbeit schrieb. Sie studierte Betriebswirtschaftslehre bei einem der führenden Betriebswissenschaftler. Und diese Diplomarbeit war anders als die meisten anderen Diplomarbeiten, handelte sie doch vom Verhältnis zwischen Management und Spiritualität. Deshalb brauchte sie Hilfe, denn in der normalen Universitäts-Bibliothek fand sie kaum Materialien zu diesem Thema.

Die Studentin hatte ihre Arbeit in den Grundzügen schon fertig, so daß sie mir die gefundenen Beziehungen zwischen neuem Bewußtsein einerseits und dem Management in *fortschrittsfähigen Unternehmen* andererseits klarmachen konnte.

Ich hörte mir die vielen Argumente und Strukturen ihrer Recherchen an, und je länger sie vortrug, um so mulmiger wurde mir. Es handelte sich im Grunde um eine minutiöse Auflistung vieler Facetten des Managements im Hinblick auf innere Wandlungs- und Fortschritts-Fähigkeit. Und immer, wenn sie ihre Thesen, die weitestgehend abgestimmt waren mit dem, was »mein Professor von mir verlangt«, vorlas, hatte ich das Gefühl, daß das Gegenteil ebenso richtig sein könne. Obwohl das alles sehr akademisch klang und außerordentlich präzise in Kategorien und Dimensionen unterteilt war, hatte ich immer das Gefühl, daß es sich hier um eine willkürliche, *rein intellektuelle Ordnung* handelte.

Nachdem sie zum Schluß – ein bißchen müde vom vielen Reden – die letzte Schlußfolgerung vortrug, fragte ich sie: »Nun, Sie haben sehr umfangreich beschrieben, was New Age und Spiritualität ist und was ein fortschrittsfähiges Unternehmen ist. Nun stellt sich aber die Frage: Woher kommt nun die Energie für die notwendigen Wandlungen? Woher kommt die mentale Kraft für den Fortschritt im Unternehmen?«

## Die Quelle der Kraft

Darauf wußte meine Studentin keine Antwort. Und als ich sie immer wieder provozierte mit der Frage der Energie, meinte sie, das sei im Grunde eine überflüssige Frage. Die Mitarbeiter in den Unternehmen müßten arbeiten. Von daher käme die Energie. Es gäbe ja schließlich den Zwang zum Brotverdienen, das sei so etwas wie die Basis-Energie. In der Betriebswirtschaft, die sie jahrelang gehört und studiert hat, gäbe es keine andere Quelle für diese Energie.

Ich ließ nicht locker. Immer wieder provozierte ich sie mit der Frage, woher die mentale Energie für den Fortschritts-Prozeß in den Unternehmen kommt. Woher die geistige Kraft für die Transformation der Organisation kommt. Wieder dachte sie lange nach. Und dann verwies sie auf Pläne, auf Strategien, auf Ziele und auf das klassische Projekt-Management: Kurz: »Pläne erzeugen diese Energie!«

Dann schaute sie mich lange an, etwas ungläubig lächelnd, so als wollten ihre Augen ausdrücken, wie sehr sie im Innersten selbst daran zweifelte. Ich antwortete ihr: »Nein, die Energie für Fortschritts-Fähigkeit kommt von Glauben und Liebe.«

Da lachte sie und sagte, mit derartigen Vokabeln und mit soviel poetischem Ballast könne man das Problem der Betriebswirtschaft weder erfassen noch operationalisieren. Glauben und Liebe – das habe nichts mit Betriebswirtschaft und der Fortschrittsfähigkeit von Unternehmen zu tun. »Nein«, sagte ich, »aber es hat etwas mit Spiritualität und neuem Management zu tun. Denn wenn man schon die Frage der Fragen stellt, nämlich, woher die zentrale Energie für die vielfältigen Wandlungen in den Unternehmen kommt, dann muß man auch den Mut haben, hinzuschauen, woher die Energie immerzu fließt: Energie kommt aus dem Kosmos. Und die Frage stellt sich, wie kann ein Unternehmen oder ein Manager diese kosmische Energie anzapfen, um sie für seine Arbeit und für das Unternehmen nutzbar zu machen?«

Nein, die Frage nach der Energie beantwortet die Betriebswirtschaftslehre nicht, selbst wenn sie sich um Fortschrittsfähigkeit und innere Wandlung intensiv bemüht. Die Betriebswirtschaft spricht von der Fortschrittsfähigkeit der Organisation, ohne die energetische Quelle für diese Fähigkeit mit einzubringen.

Aber: Ohne Glaube kann ein Unternehmen sich nicht energetisieren. Und um Glauben zu erwecken, benötigt man die gemeinsame Liebe zu einer Vision. Vision kann man definieren als *ein Medium, das Glauben in eine Company trägt*. Nur wenn Gruppen einen gleich ausgerichteten Glauben haben (Kohärenz), sind sie in der Lage, mehr Energie zu produzieren, als sie durch ihre Aktivitäten in die Prozesse eingeben.

Und Liebe? Liebe ist ein Wort, das offensichtlich überhaupt nicht zum modernen, rationalen Management paßt, eher zu romantischen Gedichten, Pop-Musik und privaten Zärtlichkeiten. Aber Liebe definiert den Grad der Identifikation mit einer Aufgabe, mit einer Arbeit, mit einem Unternehmen, mit einem Team, mit einem Chef. Liebe ist die *Quelle für Sozialenergie*, wenngleich man auch in den Unternehmen kaum Liebe zur Liebe sagt, sondern eher von Handlungsleidenschaft oder – schlichter noch – überdurchschnittlichem Engagement spricht.

Das alles hatte sich die Studentin ruhig angehört. Dann fragte sie mich: »Meinen Sie wirklich, ich könnte in einer Diplomarbeit etwas über den energetischen Hintergrund von Glaube und Liebe schreiben? Die Arbeit würde nicht angenommen werden, und wenn, dann würde sie eine schlechte Benotung bekommen. Lassen wir das!«

Ja, das war mein Schlüsselerlebnis, das zum Tao-Projekt führte. Mir wurde damals schlagartig klar, daß die rationale und abstrakte Betriebswirtschaftslehre gar nicht in der Lage ist, die mentalen Kräfte hinter den Prozessen zu beschreiben, weil sie mit einer Sprache und mit einer Modellbildung arbeitet (also auch mit einem Wirklichkeits-Modell), das auf *Präzision und materielle Wirklichkeit* ausgerichtet ist. Die Universitäts-Lehre wird damit Opfer ihrer eigenen Mythologie, Kaufmann spricht in diesem Zusammenhang vom *myth of managerial omnipotence.*

Alles, was im metaphysischen oder mystischen Raum existiert – also zum Beispiel Sozialenergie, Glaube und Sympathie –, wird dadurch *automatisch weggefiltert* und damit instrumentell ausgegrenzt. Wenn man also fragt, was ein Unternehmen fortschrittsfähig macht, und dabei Liebe, Geist und Sozialenergie ausklammert, dann beantwortet man im Grunde nicht die Frage »Was bringt die Energie für diesen Fortschritt?«, sondern die Frage »Wie sieht dieser Fortschritt aus?«.

Und das ist das Dilemma der Betriebswirtschaftslehre. Sie beschreibt Phänomene und objektive Prozesse. Sie beschreibt aber nicht die Welt hinter diesen Prozessen. Sie negiert die unsichtbaren Kräfte hinter sichtbaren Prozessen.

Langfristig gesehen, wird das für die Betriebswirtschaftslehre, so wurde mir durch dieses Gespräch mit der Studentin klar, viele Probleme bringen. Denn in der internationalen Szene läuft die Betriebswirtschaft mehr und mehr auf das Paradigma komplexer, offener Systeme zu, das heißt zum Beispiel auf *Selbstorganisation*. Je mehr Selbstorganisation ein Unternehmen aber einsetzt, um so mehr Energie braucht es. Ich nenne das die *Dennoch-Energie*.

Das ist die Energie, die Fehler positiv überfluten läßt. Das ist die Energie, die zum Ziel wird, obwohl das Ziel ungenau formuliert ist. Das ist die Energie, die den Erfolg bringt, obwohl die Planung vielleicht nicht perfekt war. Das sind die »geheimnisvollen Kräfte«, die dennoch zum Ziel führen.

Das erinnert an das Paradigma der neuen Medizin. Auch dort beginnt man umzudenken. Man gibt den Organen nicht mehr direkte, lineare Hilfe oder Reparatur, sondern gibt den einzelnen Organen diejenige Energie, die sie befähigt, sich selbst zu heilen. Selbsthilfe, Selbstheilung und Selbstorganisation, das sind die neuen Prämissen, um in hoch komplexen Konstellationen flexibel und offen reagieren zu können.

Die Betriebswirtschaftslehre hat den Faktor Energie immer noch ausgeklammert. Oder – anders ausgedrückt – sie geht, wie meine Studentin, stillschweigend davon aus, daß immer genug Energie vorhanden ist. Motto: Die Menschen müssen ja arbeiten, um sich ihr »täglich Brot« zu verdienen. Damit wird eine *niedrige Basis-Energie*, die an der Grenze von Zwang und Pflicht angesiedelt ist, zur Grundlage betriebswirtschaftlicher Modellbildung gemacht.

Das Tao-Projekt versucht nun, dieses Energie-Dilemma zu überwinden. Und deshalb arbeitet es mit zwei Thesen:

① Wir brauchen eine Methodik, um soziale und persönliche Energien zu erwecken. Wir brauchen für Unternehmer und Manager eine Box of Instruments, um das Energie-Quantum zu steigern. Diese Arbeit wird eher mystischer, metaphysischer und geistiger Natur sein. Das Tao der Energie beantwortet die Frage, wie man die Energie in den Unternehmen steigern kann.

② Die rational-abstrakte Betriebswirtschaftslehre beschreibt ausschließlich vorbildlich, wie man diese Energien auf definierte Ziele steuern kann.

Mit anderen Worten: Die Betriebswirtschaftslehre beschreibt präzise Steuerungs-Prozesse, das Tao-Projekt beschreibt präzise Wege zur Energie-Erweckung.

Wenn es also richtig ist, daß die Unternehmen in Zukunft wesentlich wandlungsfähiger und fortschrittsfähiger sein müssen als bisher, dann müssen wir uns auch der Frage stellen, wie wir den Geist und die Sozialenergie weiterentwickeln können. Das Tao-Projekt versucht hier, begehbare Wege zu finden.

Am Schluß unseres langen Arbeitsgespräches war meine Studentin sichtlich resigniert. Sie sagte: »Es ist mir und meiner Arbeitsgruppe schon öfter aufgefallen, daß unser Professor in seinen Vorlesungen sehr nahe, bis an die Grenze von Liebe, Bewußtsein und Geist herangeht, aber irgendwie paßt es nicht zur *inneren Ideologie der Betriebswirtschaftslehre*, diese Energiefelder mit zu berücksichtigen. Vielleicht ist deshalb die Querverbindung zwischen New Age und fortschrittsfähigem Unternehmen eine Verletzung der ideologischen Muster dieser Disziplin.«

Nun, ich kann nicht einsehen, daß die Betriebswirtschaftslehre, nur weil sie rational und abstrakt ist, mentale Faktoren für alle Zeiten ausklammern sollte. Deshalb das Tao-Projekt. Es versucht die *energetische Seite des Managements* ebenso zu methodisieren, wie die Betriebswirtschaftslehre die prozessuale Seite methodisiert hat.

Natürlich weiß ich, daß die energetische Seite von der Betriebswirtschaftslehre aufgrund ihres rationalen Wissenschafts-Modells zwangsläufig ausgeblendet werden muß. Man kann mit rationalen Methoden eben das nicht beschreiben, was nicht rational ist. Energie ist eine mystische und mentale Angelegenheit. Und das Mystische und Mentale kann nur mental und mystisch beschrieben oder erfahren werden. Jede Dimension benötigt ihr eigenes Erlebnis- und Erfahrungs-System.

Das Tao-Projekt will die mystisch-mentale Seite des Managements mit mentalen Kriterien erfassen und instrumentell nutzbar machen.

Das Tao des Managements ist die Beschreibung des Weges zu persönlichen Energien und zu kollektiven geistigen Gruppen-Kräften. Und *diese Energien sind singulär*, das heißt, man kann sie nie beschreiben durch abstrakte Kategorien und Klassifizierungs-Systeme. Man muß sie persönlich erfahren. Man muß persönlich den Weg gehen, um über diese Kräfte verfügen zu können. Insofern verlangt das Tao des Managements auch eine *persönliche Transformation*, ein persönliches Engagement, das weit über Wissen und abstraktes Begreifen hinausgeht.

Den Spirit kann man nicht erfahren, indem man »Spirit« aufs Papier schreibt.

## BWL und Tao

*»Das Eigentliche wird ausgeblendet, wenn man das Eigentliche rational erfassen will.«*

Die klassische Dimension der Betriebswirtschaftslehre und die rationalen Instrumente der strategischen Planung beschreiben eher *die Seite der Technik* im Management. Das Tao-Projekt soll dagegen eher die Seite der *Kunst im Management* beschreiben. Die rational-abstrakte Seite ist gut für die Festlegung präziser Steuerungsfunktionen im Hinblick auf Ziele. Die mystisch-energetische Seite ist gut für die Erweckung derjenigen Energien, die ausschließlich durch Strategie und Ratio-Management zu steuern sind.

Beides zusammen ergibt das *ganzheitliche Management*, von dem so viele träumen und derzeit sprechen. Ganzheitliches Management – das ist sicher das Zusammenklingen beider Seiten: der technischen Seite des Managements, wie sie die Betriebswirtschaftslehre beschreibt, und der energetischen Seite des Managements, wie es das Tao-Projekt zu beschreiben versucht.

Auf dem Weg zum ganzheitlichen Management wird die Betriebswirtschaftslehre mehr umdenken müssen, als es den Experten derzeit klar ist. Warum? Die Betriebswirtschaftslehre ist eine Lehre, die man durch Wissensvermittlung lernen kann, denn sie ist eine *abstrakte Methode*.

Wie jede abstrakte Methode beruht sie auf Postulaten. Die Postulate der Betriebswirtschaftslehre sind die der *exakten Naturwissenschaften*. Und deren Grundüberzeugungen lauten nach Peter Eisenhardt, Dan Kurth und Horst Stiehl (»Du steigst nie zweimal in denselben Fluß«):

- Die Wirklichkeit ist feststehend,

- die Wirklichkeit ist identisch,

- die Wirklichkeit ist in ihrer Grundstruktur zeitlos,

- die Wirklichkeit ist an sich strukturiert.

Auf diesen Postulaten ruht die Betriebswirtschaftslehre mit ihrem Versuch, Präzision und Exaktheit in die Prozeß-Beschreibungen einzubringen. Wenn eine Wirklichkeit feststehend, identisch, zeitlos und zugleich strukturiert ist, dann kann sie – so die Annahme der Betriebswirtschaftslehre – *übersehen und vorausgesehen werden*. Deshalb beispielsweise benötigt die Betriebswirtschaft das System und nicht die persönliche Erfahrung.

Aber die Entwicklung der allgemeinen Wissenschaft ist inzwischen viel weiter. Viele Wissenschafts-Kritiker haben darauf hingewiesen, daß dieses Modell der Wirklichkeit im Grunde eine *Selbsttäuschung darstellt*, die lautet: Die Abstraktion ist die Wirklichkeit.

Und die Illusion, die dahintersteckt, lautet: »Man glaubt, die an sich seiende Struktur der Realität bildet sich im Denken ab.« Eisenhardt, Kurth und Stiehl nennen diese Illusion »eine rein ideologische Interpretation«.

Das Tao-Projekt versucht also auch, schädliche Ideologien in Betriebswirtschaftslehre und Management sichtbar zu machen. Und diese werden zumeist erst dann sichtbar, wenn man bereit ist, die andere Seite anzuerkennen. Und das, obwohl sich diese nicht rational-abstrakt darstellt. Wir dürfen also nicht den Fehler machen, nur das als logisch und wirklich zuzulassen, was abstrakt und rational formuliert ist. Wir dürfen nicht den Fehler machen, Täuschungen, Illusionen und Ideologien nur deshalb als Wirklichkeit zu »glauben«, weil sie mit rationalem Vokabular vorgetragen werden.

Werfen wir nun einen Blick auf das Tao des Managements. Auch das Tao ist nur eine Lehre, genau wie die Betriebswirtschaftslehre. Sie arbeitet nicht mit Wissensvermittlung, sondern mit einem Lehrsystem, weil sie weiß, daß Menschen erst einen *echten Weg gehen müssen*, um die Wirklichkeit hinter den Phänomenen erleben zu können.

Das Tao ist also kein Wissens-Gebäude, das man auswendig lernen kann, sondern eine Anleitung für jemanden, der gehen will – gehen zur Kraft.

Damit wird klar, wie das Tao des Managements als Energie-Modell arbeitet: Die eigentliche Wirklichkeit liegt hinter den Beschreibungen und Abstraktionen. Hinter diesen Phänomenen liegt die Energie für diese Phänomene. Hinter den Prozessen sitzt die Kraft für die Prozesse.

Der Weg zu dieser Kraft, so die Grundüberzeugung des Tao-Projektes, kann deshalb nicht durch Abstraktion und Wissens-Vermittlung gefunden werden, sondern nur durch eine *Kette von Erlebnissen*, die an die konkrete Wirklichkeit so nahe wie möglich heranreichen.

Tao benötigt deshalb den gegangenen Weg. Das Wirklichkeits-Modell des Tao beruht ebenfalls auf Postulaten, die versuchen, »möglichst abstraktionsfrei« Wirklichkeiten aufzufassen. Diese Postulate lauten:

1. »Die Wirklichkeit ist *prozessual* und keineswegs statisch. Sie wird und ist wesentlich in der Zeit.

2. Die Wirklichkeit ist *diskret und heterogen* und keineswegs kontinuierlich und homogen-identisch.

3. Die Wirklichkeit ist *lokal* und keineswegs global überschaubar. Sie ist jeweils nur örtlich – an den Orten möglicher Beobachtung – strukturiert.

4. Die Wirklichkeit ist *Wechselwirkung*, nicht an sich seiend, sie ist überhaupt nur existent, wenn sie auf einen Beobachter (der zum Beispiel auch ein Meßinstrument sein kann) eine Wirkung ausübt und von diesem Beobachter eine Wirkung erleidet.

Dieser wechselseitige Prozeß, in dem lokal-diskrete Größen ausgetauscht werden, kontinuiert erst die Wirklichkeit.«

## Warum das Tao-Projekt
## wichtig sein könnte

Weil es mit Energie zu tun hat. Weil es die Lehre des Weges zur Kraft ist. Tao wird definiert als »die transzendentale Erste Ursache« (J. C. Cooper: »Der Weg des Tao«).

Tao ist also die Erste Ursache, die *Ursache hinter den Ursachen*. Sie ist die energetische Quelle, die dauernd fließt. Und je näher ein Unternehmer oder Manager an diese Quelle herankommt, um so mehr Energien hat er für seine Vorhaben. Das Tao energetisiert also Strategien. Das Tao energetisiert Pläne und Konzepte. Das Tao energetisiert das Führen. Das Tao energetisiert Führungsprozesse. Das Tao energetisiert Gruppenhandlungen. Das Tao energetisiert kreative Findungsprozesse.

Warum ist der Faktor Energie jetzt plötzlich wichtiger als noch vor wenigen Jahren? Nun, das Umfeld, in dem Betriebswirtschaft und Management gehandhabt werden, hat sich entscheidend verändert. Wir entwickeln uns mit wachsendem Tempo auf eine Informations-Gesellschaft zu, die zugleich eine hoch komplexe und multi-vernetzte Weltwirtschaft sein wird.

Das führt zu folgenden neuen Herausforderungen:

① Der Grad der Komplexität für das Management nimmt zu.

② Der Grad der Unübersichtlichkeit nimmt zu (beides zusammen hat dazu geführt, daß seit einiger Zeit mehr und mehr Vordenker des Managements sich von Ratio, Logik und Strategie entfernen).

③ Die Turbulenz nimmt zu (also das Maß an Überraschungen und Brüchen).

④ Die Paradoxa nehmen zu (also nehmen die linearen Wahrheiten ab; wir müssen uns daran gewöhnen, daß gleichzeitig immer mehr Ungleiches oder Widersprüchliches richtig ist).

Darüber hinaus sind die Mitarbeiter in den Unternehmen anders als noch vor 10 oder 20 Jahren. Eine starke partizipative Welle hat sich durchgesetzt. Die Mitarbeiter sind kritischer, mündiger und in hohem Maße wertegewandelt. Das führt dazu, daß ein Teil der Mitarbeiter viel stärker als je zuvor echte Herausforderungen sucht, während ein anderer Teil sich auf eine »freizeitorientierte Schonhaltung« (Lutz von Rosenstiel) zurückgezogen hat. Es herrscht das Phänomen der »inneren Kündigung« vor. Experten sprechen davon, daß rund 50 Prozent der

Mitarbeiter innerlich gekündigt haben. Wir brauchen also neuartige Methoden, um die Sozialenergie in den Unternehmen deutlich zu erhöhen.

Faßt man all diese Aspekte zusammen, so ergibt sich folgendes Bild:

① Die neue Zappeligkeit des Umfeldes verlangt von den Unternehmen eine Flexibilität und Wandlungsfähigkeit, wie sie nie zuvor verlangt wurde. Für diese permanente Wandlung (permanente Transformation) benötigt jedes Unternehmen mehr Energie als zuvor. Fazit: *Wir benötigen mehr Energie für mehr Wandel.*

② Das Niveau der Sozialenergie in den Unternehmen ist zu gering, um im internationalen Wettbewerb bestehen zu können. In den meisten Industrienationen (bis auf einige wenige Ausnahmen im asiatischen Raum) sinkt seit Jahren das Produktivitäts-Niveau auch im Bereich des Büro-Sektors. Um die wachsenden Herausforderungen bewältigen zu können, muß ein neues Maß für Selbstmotivation und Handlungsleidenschaft entwickelt und entfacht werden: Fazit: *Wir benötigen mehr Energie für mehr Produktivität.*

## Was sind die drei Kräfte der Tao-Energie?

Energie ist also das neue Schlüsselwort, um die Umfeld-Probleme und die inneren Produktivitäts-Probleme zu lösen. Aber was ist nun Energie? Was ist der Unterschied zwischen einer normalen Energie (zum Beispiel Strom oder Dampf-Druck) und der Sozial-Energie? Was ist der Unterschied zwischen einer beobachtbaren physikalischen Energie und einer mentalen Energie?

Als Laotse, von dem man sagt, er sei der Gründer des Taoismus, um das Jahr 600 v. Chr. im Staate Chou lebend, das Buch »Tao Te Ching« schrieb, ging es ihm in erster Linie um die Urkraft, also um das, was man im Taoismus »die Erste Ursache« nennt. Der Weg des Tao ist der Weg zu den zentralen Kräften. Und es ist deshalb lohnend, zu überprüfen, welche dieser Kräfte auch für das moderne Management nutzbar gemacht werden können und welche Kräfte mit unserem neuen Weltbild und mit dem sich jetzt entwickelnden neuen Paradigma eines expandierenden Universums in Übereinstimmung gebracht werden können.

Analysiert man den Weg des Tao, wie er von Laotse selbst und vielen Autoren, die ihm folgten, beschrieben wurde, so erkennt man, daß es drei Kräfte sind, die von der Tao-Energie (Erste Ursache) verursacht werden:

1. **die Kraft des Werdens,**
2. **die Kraft der Liebe,**
3. **die Kraft des Nicht-Tuns (Wu-wei).**

## Die Kraft des Werdens

Die Kraft des Werdens beruht auf der Annahme, daß es einen Geist gibt, der die biologische und kulturelle Evolution des Menschen steuert. Das System einer höheren harmonischen Ordnung. Für das Tao ist wichtig, daß dieser Geist nicht vorschreibt, wohin die Reise zu gehen hat. Es gibt keinen Plan, nur die Absicht, zu werden. Die evolutionären Prozesse des Werdens werden im Taoismus als fließende Prozesse beschrieben, wobei sich das Fließen durch permanente Wandlungen vollzieht. Dabei sind Offenheit und Paradoxa die begleitenden Faktoren. Das Modell des Tao geht mit dem Geist folgendermaßen um: »Wo keine entsprechende Begabung ist, verweilt das Tao nicht. Wo keine äußere Korrektheit ist, wirkt das Tao nicht.«

Damit wird gesagt, daß nur derjenige die Kraft des Tao nutzen kann, der eine entsprechende mentale Form geformt hat. Das Tao fließt nur dort hinein, wo der Mensch eine adäquate Form bereitstellen kann. Um den Geist zu nutzen, benötigt man das *Instrument der geistigen Formung.* Um die Kraft der Evolution (also die Kraft des Werdens) energetisch nutzen zu können, benötigt man also die Fähigkeit, Evolution zu sehen oder Evolution zumindest fühlen zu können, um sich so in den evolutionären Prozeß einschwingen zu können.

Das alles sind geistige, ja mystische Prozesse. Denn wie formt man einen Geist? Und wie koppelt man sich an evolutionäre Strömungen an? Das sind Fragen, auf die die klassische Betriebswirtschaftslehre keine Antwort weiß. Deshalb das Tao-Projekt.

Im Tao ist es wichtig, daß alles fließt. Das wichtigste Stichwort für die Kraft des Werdens ist deshalb *Fließen.* Und dieses Fließen kommt zustande durch eine permanente Kette von Wandlungen. Die letzte Wandlung wird durch die neueste Wandlung wiederum gewandelt. Alles ist *permanente Wandlung.*

Im Taoismus gibt es kein strenges Entweder-Oder und auch keine feste Unterscheidung zwischen Schwarz und Weiß wie in der westlichen Logik, wie J. C. Cooper schreibt. Anders als die Griechen und Aristoteles hat man im Tao nicht versucht, Endgültigkeit und Verbindlichkeit einzubringen. Aristoteles ging von dem Credo aus, »tertium non datur«, also »es gibt kein Drittes«. Im Taoismus liebt man die Paradoxa sehr, also die *Unstimmigkeiten*. Und es gibt im Taoismus immer das dritte und das versöhnliche Element, durch das alle Stimmigkeiten wieder unstimmig werden, alle Festigkeiten wieder erodieren und der Fluß wieder zu fließen beginnt. *Die Kraft des Werdens geschieht durch offenes Fließen.*

## Die Kraft der Liebe

Im Taoismus wird die Kraft der Liebe durch den »Weg des Weisen« ausführlich beschrieben. Der Weise steht für Liebe. Es ist interessant, daß der Begriff der Liebe im Taoismus anders verwendet wird als in unserem Kulturkreis. Liebe hat hier nichts mit Leidenschaft, erhöhtem Adrenalinspiegel und verzückter Emotionalität zu tun. Für den Taoisten ist Liebe gleichbedeutend mit *im Mittelpunkt ruhen*. Allzu heftige Gefühle, allzu große Leidenschaften lassen den Weisen aus seiner Mitte fallen, und dann reduziert sich für ihn die Zufuhr der Tao-Kraft. Mit den Worten des Dichters William Wordsworth: »Mit einem Auge, das durch die Kraft der Harmonie und die tiefe Kraft der Freude still geworden, durchschauen wir das Leben der Dinge.«

Liebe hat im Taoismus etwas zu tun mit dem *Leersein*. Nur wer leer ist, was allzu egoistische Bestrebungen betrifft, kann Liebe schenken und kann sich mit dem Kraftstrom des Tao verschmelzen. Und nur wer in diesem Sinne »leer« ist, ist auch in der Lage, sich mit anderen zu verschmelzen und sie dadurch teilhaben zu lassen an dem Geheimnis der Kraft. »Der wahre Mensch ist leer und ist alles. Er ist unbewußt und ist überall. So vereinigt er auf geheimnisvolle Weise sein eigenes Selbst mit seinem anderen Selbst« (Laotse).

Laotse hat ausführlich darauf hingewiesen, wie wichtig diese *Ego-Leere* ist, um zur wirklichen Kraft zu kommen. Er sieht in diesem Sinne Künstler und Führer (also Politiker, Herrscher und – wie wir heute sagen – Manager) vor gleiche Probleme gestellt. J. C. Cooper hat das wie folgt beschrieben: »Wie der Weise nichts mit Persönlichkeitskult zu tun hat, so hatte der Künstler kein Verlangen danach, sein Ego auszuprägen oder durch seine Persönlichkeit zu beeindrucken. Im Gegenteil, das Ziel der heiligen Kunst liegt darin, das Ich in dem spirituellen Geist aufgehen zu lassen. So ›signierte‹ der taoistische Künstler selten seine Bilder. Sein Werk war nicht der Ausdruck einer individuellen Psyche oder – wie Albert Gleizes es ausdrückt – ›persönlicher physiologischer und psychologischer Konvulsionen‹, sondern des Wirkens des Geistes in der Kreativität: ›erzeugen ohne besitzen, handeln ohne Selbstbehauptung, *Entwicklung ohne Herrschaft*‹.«

Eine andere Quelle sagt dazu: »Zu wünschen, daß bekannt würde, daß ich der Autor bin, ist der Gedanke des Menschen, der noch nicht erwachsen ist. Es kann keine Urheberschaft für Ideen geben, sondern nur ein Vorzeigen. Und dabei ist es unwesentlich, ob von einem oder mehreren Köpfen.«

Man sieht, daß das Tao dem Weisen die Fähigkeit zuschreibt, so leer und so harmonisch und zugleich abgehoben zu werden, daß er die Kraft der Liebe als Katalysator nutzen und als Mittler weiterleiten kann. *Die Kraft der Liebe geschieht durch Absichtslosigkeit.*

## Die Kraft des Nicht-Tuns

Im Taoismus hat man sehr früh erkannt, daß nicht alle Wirkungen durch direkte, lineare Handlungen hervorgerufen werden. Da gibt es zum Beispiel sehr präzise Beschreibungen für die Kraft des »Redens ohne Reden«. Um diese Kraft geht es. Es handelt sich um den Faktor der *Selbstorganisation,* der jetzt auch vom Westen entdeckt wird. Ein idealer Führer, so beschreibt ihn zumindest Laotse, bewirkt Selbstorganisation und sorgt dafür, daß andere das können, was sie ohne den Führer sonst vielleicht nicht gekonnt hätten. Aber er ist nicht Führer in dem Sinne, daß er durch Anordnungen, Ge- und Verbote und Kontrolle Menschen wirklich führt, er ist eher so etwas wie ein Kultivierer, ein Katalysator. Heute würde man Coach dazu sagen.

Das deckt sich sehr mit den neuen, besonders aus den USA kommenden Meldungen über ein Umschalten des Managements vom klassischen Führungsprinzip (führen als vormachen und besser machen) zugunsten einer Selbstorganisation. Typisch hierfür ist das Buch von Tom Peters, »Kreatives Chaos«.

Es geht also um Selbstorganisation. Wie kann man die Selbstorganisation organisieren? Wie kann man durch das Nicht-Tun dafür sorgen, daß Selbstorganisations-Prozesse stattfinden und optimiert werden?

Das entscheidende Wort hierfür ist *Verschmelzen.* Die Grundüberzeugung des Tao lautet: Je mehr ich mich mit einer Situation oder Konstellation verschmelze, um so weniger Regeln brauche ich, um so weniger abstrakte Modellbildung benötige ich. Das deckt sich sehr mit dem, was hervorragende Unternehmer in letzter Zeit artikuliert haben: Der bemerkenswerte Unternehmer Schläpfer hatte einmal darauf hingewiesen, daß in seinem Unternehmen im Grunde alles falsch gemacht wird, wenn man die klassischen Prinzipien der Betriebswirtschaftslehre zum Maßstab nimmt. Auch Agha Abedi, der Gründer der BCCI-Bank – auch ein vorbildlicher neuer Manager mit viel Erfolg –, hat darauf hingewiesen, daß nach den klassischen Regeln sein Management überhaupt nicht funktionieren dürfte. Obwohl es mit hervorragender Effizienz und Rendite arbeitet.

Es geht also um den Erfolg trotz falscher Regeln oder um die *Wirkung ohne Regeln.* Durch indirekten Einfluß, verursacht durch Verschmelzen. Eine typische Stelle dazu aus dem Lehrgebäude des Tao: »Für ihn [den Weisen des Tao] besteht keine Notwendigkeit, Einfluß auszuüben. Er zieht die Menschen auf ganz natürliche Weise an. *Die Menschen folgen dem, der das Tao hat,* wie die Hungrigen der Nahrung folgen, die sie vor sich sehen. Weil er alle potentiellen Möglichkeiten des Menschen erfüllt, hat er das vollkommene Verstehen.« Mit anderen Worten:

**Wer das Tao hat, hat die Liebe.**

Für den Taoisten ist es sehr wichtig, daß die Gesetze und Regeln auf ein Minimum beschränkt werden. Wer die Energien bei sich und in Gruppen entflammen möchte, der muß auf Freiheit und *Entwicklung in Freiheit* achten. Deshalb sollten die Vorschriften, Regeln und Begrenzungen immer auf ein absolutes Minimum beschränkt werden. Selbstorganisation benötigt Selbstentfaltung. Und Selbstentfaltung ist nicht möglich, wenn Menschen auf den »Status von Sklaven« (J. C. Cooper) herabgewürdigt werden.

Heute würde man sagen: Wenn das heute übliche Modell der Kader-Disziplinierung nicht bald überwunden wird, wird das Umschalten auf Selbstorganisation, Selbstmotivation und Selbstkontrolle nicht möglich werden. Man kann die gewünschte neue *Flexibilität durch Selbststeuerung* nicht wirklich wollen, wenn man gleichzeitig nicht neue Modelle für mehr Freiheit, für mehr Sinnvermittlung und auch für mehr Spaß an der Arbeit organisieren kann. Das klassische Modell der Arbeits-Organisation ist nach wie vor rational, kartesianisch und – was die Werte betrifft – protestantisch-disziplinierend. Dieses Modell zu überwinden ist ein Anliegen des Tao-Projektes.

Die Kraft des Nicht-Tuns kommt aus taoistischer Sicht aus der Fähigkeit der Geführten, ihre *eigenen Potenzen* wachsend zu erfahren und zu entwickeln. Gibt es zuviel Strategie, zuviel Regeln, zuviel Vorgaben, zuviel Kontrolle, so werden die Geführten »abhängig von Regeln und Verordnungen und verwechseln die Mittel mit dem Zweck«. Mit taoistischen Worten: »Sie verlieren den Weg.« Sie verlieren also ihre Energie. *Die Kraft des Nicht-Tuns geschieht durch Loslassen und Zulassen.*

Fassen wir an dieser Stelle noch einmal zusammen, so erkennen wir:

Tao ist das Wort für die universelle Energie. Sie wird die »transzendentale Erste Ursache« genannt. Und aus dieser Ersten Ursache, die wie eine Quelle aufzufassen ist, entspringen drei permanent fließende Kräfte, die vom Unternehmer und Manager genutzt werden können: die Kraft des Werdens mit dem Faktor der Evolution, die Kraft der Liebe mit dem Faktor der Weisheit und die Kraft des Nicht-Tuns mit dem Faktor der Selbstorganisation.

Das folgende Schaubild zeigt noch einmal den Aufbau des Tao-Projektes mit den drei zentralen Kräften, die für das moderne Management wichtig werden können:

### Das Tao-Projekt

| Tao |
|:---:|
| Tao ist die transzendentale Erste Ursache |

Die Erste Ursache
ist die Quelle für
drei Kräfte

| Die Kraft des Werdens | Die Kraft der Liebe | Die Kraft des Nicht-Tuns |
|---|---|---|
| Evolution | Weisheit | Selbstorganisation |
| Offenes Fließen | Energie | Verschmelzen |

## Die fünf zentralen Management-Kriterien des Tao-Projektes

Natürlich hat auch die Betriebswirtschaftslehre (oft in Zusammenarbeit mit Unternehmensberatungs-Firmen) in den letzten 20 Jahren vieles entwickelt, um das Phänomen der Führung methodisch und wissenschaftlich zu beschreiben.

In *CAPITAL* 10/88 wurde zum Beispiel eine Analyse veröffentlicht zum Thema »Was Management-Theorien wirklich taugen«. Die Autoren gaben dem Beitrag die etwas süffisante Headline »Heldensagen«. Und in der Tat ist immer dann, wenn Theoretiker abstrakt das Phänomen der Führung – also die Kunst der Menschenführung – beschreiben, immer vieles dabei, was zwar vom Vokabular sehr eindrucksvoll klingt, aber oft nur sterile Methodik oder gar kurzlebige Mode ist. Da gibt es etwa »Symbolik-Management« oder »Attributs-Theorie der Führung« oder den »9,9-Stil« nach Blake/Mouton. All das sind rational-abstrakte Verhaltens-Methoden, die weder das Charisma eines Führers noch den Weg zur Kraft beschreiben.

Führung ist immer die Lösung eines Grund-Dilemmas, das *CAPITAL* richtig beschrieb: »Die Organisation effektiv und zugleich die Mitarbeiter zufrieden zu machen.« Also ist Führung *immer ein sozialer Prozeß*. Es bedeutet das Lebendigwerden von Visionen, das Herstellen von Kohärenz und Einheitlichkeit, das Aufbauen eines guten Klimas (Sozio-Sound) und das Herstellen einer kreativen Kultur. Das sind alles soziale, also zwischenmenschliche Prozesse. Deshalb ist es nicht verwunderlich, daß so viele »Management-by«-Methoden immer wieder präsentiert und gelobt werden, obwohl man schon wenige Jahre später nichts mehr davon hört.

Denn all diese rationalen Patentrezepte vernebeln im Grunde das eigentliche Problem: Führung ist in erster Linie die *Qualifizierung des Führenden*, und in zweiter Linie ist sie die Fähigkeit, Sozialenergie formen zu können. Also den Weg zur Kraft zu kennen.

Führung hat also wenig mit der Manipulation derjenigen zu tun, die geführt werden sollen, sondern vielmehr mit der Transformation derjenigen, die führen möchten.

Das Tao-Projekt will deshalb versuchen, den Weg zur Qualifizierung der Führung aufzuzeigen, jenseits von Patentrezepten, rationalen Modellen und linearen Wenn-Dann-Methoden.

Das Credo der Tao-Führung lautet demnach:

**»Man kann nur dann gut führen, wenn man den Menschen nicht im Wege steht.«**

Das Tao des Managements hat darauf fünf zentrale Faktoren abgeleitet:

① Energetisieren,

② Entfalten,

③ Formen,

④ Verschmelzen,

⑤ Fließen.

Das *Energetisieren* ist hauptsächlich eine Funktion von Liebe, Sozialenergie und *High Trust*. Was bedeutet High Trust? In jedem Unternehmen existiert ein ungeschriebener Vertrag über die Art und Weise, wie Menschen miteinander umgehen wollen. Und die Art, wie Menschen miteinander umgehen, ist praktizierte Liebe. Wenn ein Unternehmen einen High-Trust-Vertrag formulieren, statuieren und auch kontrollieren kann, dann *reduziert sich der Grad der Destruktivität* bei gleichzeitig aufblühendem geistigen Wettbewerb.

Beim *Entfalten* geht es hauptsächlich um die Vermittlung von Bewußtsein. Auch Bewußtsein kann geführt werden, und zwar durch Kontext-Vermittlung. Kontext und Bewußtsein sind in Zusammenhang zu bringen mit Zeit, weil es typisch ist für energetisches Führen, *früher das richtige Bewußtsein zu haben*. Die Dimension des *Formens* beinhaltet als zentralen Faktor die Vision. Vision wird definiert als ein Medium, das Glauben in ein Unternehmen trägt. Hier handelt es sich also um die Fähigkeit, Zukünfte imaginativ zu formen und durch schriftliche und mündliche Kommunikation anderen rational und emotional zugänglich zu machen, *damit ein gemeinsames Wollen entsteht* (Kohärenz).

*Verschmelzen* ist diejenige Dimension, die die Umfeld-Dynamik berücksichtigt. Das wichtigste Instrument ist das Networking, also die Vernetzung mit Szenen, Gruppen und sozialen Fragmenten, dazu kommen die Techniken der Interfusion, beispielsweise Szenen-Sponsoring und Dialog-Foren. Außerdem gehört die Issue-Politik dazu, die in zunehmendem Maße die klassische PR ablöst. Issue-Politik ist das Organisieren eines fairen Dialoges mit den Für- und Widersprüchen der Gesellschaft bei bewußter, garantierter Ausschaltung von Info-Manipulation. Die Verschmelzung *fördert die Kooperation des Unternehmens mit der Gesellschaft.*

Die letzte Dimension betrifft das *Fließen.* Es ist ebenfalls stark umfeldorientiert. Das wichtigste Instrument ist das *Monitoring,* das systematische Erfassen von Veränderungen, Trends und sozialen Strömungen. Dazu kommt die Abkehr vom Kampagnen-Denken, wie es im Marketing üblich ist, und vom strategischen Block-Denken, wie es typisch ist für zentral organisierte und hierarchisch gegliederte Unternehmen. Fließen wird nur möglich durch das Instrument der *prozessualen Planung,* die wiederum jedoch das erforderlich macht, was im amerikanischen Sprachgebrauch »Organization Transformation« (OT) genannt wird, die Fähigkeit, durch Zirkel-Techniken und flexible Gruppen-Strukturen Planung und Handlung kontinuierlich wechselseitig vernetzt durchführen zu können. *Planung geschieht dann immer, weil auch Handlung immer geschieht.*

## Der Aufbau des Tao-Projektes

Das Tao-Projekt will dort weitergehen, wo die Betriebswirtschaftslehre keine Worte mehr findet. Es will den rational-abstrakten Bereich überschreiten und den energetisch-mystischen Bereich für Unternehmen und Manager eröffnen. Insofern lautet das Ziel: einen Baustein zu finden für ein *ganzheitliches Management,* das die rational-strategische Dimension des Managens verbindet mit der neuen energetischen Dimension.

Es geht also auch um eine Balance zwischen Gefühl und Geist, zwischen Technik und Kunst. In der Theorie des Tao sagt man, daß die Gefühle zur Zerstreuung und Vergeudung tendieren, wenn sie nicht vom Geist oder vom Intellekt kontrolliert werden. Aber man sagt auch, daß der Geist, wenn er nicht vom Gefühl beeinflußt wird, zu Härte und Versteinerung neigt. Deshalb geht es darum, dem Management wieder die *zirkuläre Wirkung von Gefühl und Intellekt* zu eröffnen.

Das Ziel des Tao-Projektes ist es auch, den Unterschied zwischen Wissens-Sammlung und Weg-Gehen deutlich zu machen. Wie J. C. Cooper richtig schreibt, »bekommen wir im Wissen mehr und mehr, im Tao bekommen wir weniger und weniger«. Und dieses Weniger bedeutet, sich selbst weniger im Weg zu stehen, damit das Tao, also soziale Ur-Energie, fließen kann.

## Das Konzept

Das Tao-Projekt wird in zwei Etappen vorgehen. In der ersten Etappe wird das klassische Tao, wie es von Laotse entwickelt worden ist, genutzt werden. Die drei Schwerpunkte habe ich bereits beschrieben:

die Kraft des Werdens,

die Kraft der Liebe,

die Kraft des Nicht-Tuns.

In der zweiten Etappe werde ich neue Materialien vorlegen, um die Grenzen und Fehler des klassischen Tao zu zeigen. Ich werde also ein neues Buch vorlegen zum *Neuen Tao*. Denn auch das Tao wandelt sich. Und viele Dimensionen des Tao stimmen nicht mehr überein mit den neuen Erkenntnissen der Quantenphysik, der Kosmologie und den entstehenden neuen Paradigmen der Wissenschaft.

Beispielsweise betont das alte Tao, daß alles fließt. Fließen und Verschmelzen sind zwei wesentliche Elemente des klassischen Tao. Aber das zeitliche Modell des Fließens ist im alten Tao zyklisch, während die neue Lehre vom Universum gerade die zyklische Zeit als »Illusion von Menschen« erkannt hat. Das Universum selbst expandiert. Und die Wissenschaft hat eine neue Einstellung zur Zeit und Irreversibilität gewonnen. Nichts steht vorher fest, nichts gibt es zweimal. Alle zyklischen Modelle führen deshalb zur Passivität und reduzieren die Verantwortung für das irdische Leben. Genau das ist auch das, was man oft den Asiaten und den Taoisten vorgeworfen hat: die unterentwickelte Weltlichkeit und der fehlende Zugang zum Fortschritt.

Auf der Basis des neuen Wissenschafts-Paradigmas wollen wir in der zweiten Etappe versuchen, das Tao neu zu formulieren, um dann dieses neue Tao für Management und Führung nutzbar zu machen.

## Die wichtigsten Bücher

In der Phase I sind es drei Bücher. Jeder Baustein in Form eines Buches. Die folgende Übersicht zeigt den Aufbau der Phase I mit ihren fünf Dimensionen:

| Die Dimension des Tao | Die Management-Instrumente | Die drei Bücher |
|---|---|---|
| Energetisieren: | Liebe Sozial-Energie High Trust | Management by Love ECON, 1990 |
| Verschmelzen: | Networking Interfusion Issue-Politik | Interfusion: Abschied vom Marketing ECON, 1990 |
| Fließen: | Monitoring Prozessuale Planung | |
| Entfalten: | Bewußtsein Kontext Zeit | Führung durch Geist ECON, 1991 |
| Formen: | Vison Glaube | |

In der Phase II geht es um das neue Tao. Hier wird es folgende Bücher mit folgenden Inhalten geben:

- Das neue Tao

- Das energetische Management

- Tao und Lebenskunst

Zusätzlich ist ein Trainings-Programm entwickelt worden mit dem Schwerpunkt:

- Mentale Energie/Meta-Programmierung

Alles in allem: Das Tao-Projekt versucht, die Weisheit und Höhepunkte des alten Tao für das Management aufzuschließen und zugleich ein neues Tao zu entwickeln, das dem neuen Paradigma der modernen Wissen-

**405**

schaft entspricht, so daß neben den klassischen Aspekten des Fließens und des Verschmelzens auch die neuen Aspekte der Entfaltung von Evolution und der Formung von Geist enthalten sind.

## Das Tao erfahren und erleben

In den letzten Jahren habe ich sehr häufig Kontakt mit Studenten der Betriebswirtschaftslehre gehabt. Meistens ging es um Diplomarbeiten oder Dissertationen. Ich erinnere mich noch genau an ein Gespräch mit einem Studenten, der gerade im Abschluß-Semester war. Wir diskutierten sehr intensiv über die Sterilität und Kälte der Betriebswirtschaft und die Unfähigkeit dieses Lehrsystems, seine eigenen ideologischen Grenzen zu transformieren.

Wir analysierten unter anderem, wie modern die Führungs-Konzepte sind, die heutzutage gelehrt werden. Er hatte dazu seine Materialien, Skripte und Unterlagen mitgebracht. Wir verglichen seine Universitäts-Papiere mit den aktuellen Entwicklungen in der Praxis. Zum Schluß sagte er resigniert: »Mein Wissens-Material ist ja völlig veraltet und überholt. Ich glaube noch nicht einmal, daß es einsetzbar ist, wenn ich eines Tages in einer Führungsfunktion sein werde. Na ja, dadurch habe ich immerhin eines erreicht. Ich habe durch mein Studium der Betriebswirtschaftslehre Wissenschaft gelernt, ich habe gelernt, wie man wissenschaftlich arbeitet. Das ist auch etwas. Aber das Eigentliche, das, worum es wirklich geht, um als Unternehmer oder Manager erfolgreich zu sein, dieses Eigentliche habe ich nicht gelernt!«

Vielleicht kritisiert unser Student hier zu hart. Vielleicht kann die Betriebswirtschaftslehre den Weg zur Kraft, den Schlüssel zum Charisma und den Mut zu Liebe im Business nicht vom Katheder aus lehren. Denn das Eigentliche kann vielleicht überhaupt nicht gelehrt werden.

Das, worum es im Tao-Projekt geht, nämlich die vielfältigen Formen der Energie, das ist wissenschaftlich nicht lehrbar. Energie kann nur in der *persönlichen Erfahrung* erfaßt werden und nicht in den Begriffen über Energie.

Deshalb lernen die Studenten der Betriebswirtschaft, also der kommende Führungs-Nachwuchs, ein Beschreibungs-System, aber sie lernen nicht, wie man den Weg zu gehen hat, um zu dem Beschriebenen zu kommen. Sie lernen den Begriffs-Apparat für Erfolg, aber nicht den Weg zum Erfolg.

406

Was wir also in Zukunft brauchen werden, ist eine Trainings-Stätte für **Erfahrungs-Wissen**, um die spirituellen und mentalen Dimensionen der Energien persönlich und emotional erleben zu können. Was wir brauchen, ist vielleicht ein Trainings-Camp für die Elite des jungen Managements, damit sie die **Wirklichkeit der Energie** erleben können. Denn: *Wirklichkeit kann nur in der Erfahrung wirklich werden.*

Hören wir dazu Eisenhardt, Kurth und Stiehl: »Wirklichkeit ist ja nicht bloßes Komplement zu Abstraktion und Theorie, sondern etwas in der *Erfahrung* sich Offenbarendes. Die wissenschaftliche Erfahrung aber ist eine verarmte Erfahrung. Der Wissenschaftler ist ein umgebauter Mensch (Bacon), ein Mensch, der einer Gehirnwäsche unterzogen wurde. Sein Geist wurde gereinigt und von allen Stimmungen, Gefühlen und Empfindungen bei der Arbeit befreit, damit die Modelliteration störungsfrei verlaufen möge. Das gelingt natürlich nur teilweise.«

Das Tao-Projekt will versuchen, diese Erfahrungs-Lücke zu schließen, vielleicht als Grundlage für eine Lehre vom energetischen Management.

### The New Spirit of Management

Der Jugend im Management gewidmet.

Gerd Gerken                                    Worpswede 1990

# Glossar

| | |
|---|---|
| Altruismus | Durch Rücksicht auf andere gekennzeichnete Denk- und Handlungsweise; Selbstlosigkeit. |
| Autopoiese, Autopoiesis | Selbstherstellung eines Systems durch zyklische und zyklische und gegenseitige Produktion der Komponenten des Systems (Maturana). Die Entdeckung der Selbststeuerung und der Eigendynamik (Sich-selbst-Erzeugen). |
| Autopoietische Systeme | Dies sind selbstreferentielle Systeme, das heißt, sie beziehen sich im Prozeß der Aufrechterhaltung ihrer Organisation ausschließlich auf sich selbst. |
| Co-Evolution | Formung zwischen innen und außen. Der Prozeß des gemeinsamen Wachsens. |
| Deformation | fließendes Bewußtsein |
| Dissipativ | versprühend und zerfließend (Prigogine) |
| Entlernen | fließender Identitätswechsel; Abschiednehmen vom Gelernten. |
| Kognition | Die Erkenntnis betreffend. Ausdruck für einen Prozeß, durch den ein Lebewesen Kenntnis von einem Objekt erhält oder sich seiner Umwelt bewußt wird. |
| Kohärenz | Gleichförmigkeit von Verhalten. |
| Konstruktivismus | Die Lehre der Konstruktivisten, wie Maturana, Varela und andere, die besagt, daß man nur das sehen kann, was man vorab erfunden hat. |

| | |
|---|---|
| Mimesis | Verschmelzung |
| Monitoring | Die methodische Erfassung der Kommunikations- und Interaktions-Prozesse in den einzelnen Szenen. |
| Mythen | Mythen sind Glaubensinhalte, an die man glaubt, ohne zu merken, daß man an sie glaubt. |
| NLP | NLP steht für Neurolinguistische Programmierung und besagt: Der Mensch kann nur das an Verhaltens-Änderungen organisieren, was er zuvor als eigenständige Orientierungs-Veränderung im Mentalen realisiert hat. |
| Paradigma | Weltbild |
| Penetration | Durchdringung, Durchsetzung |
| Perturbationen | Dies sind die Störungen und Verletzungen, durch die Transformation möglich wird. |
| Selbstreferentialität | Selbstbezüglichkeit; semantische Abgeschlossenheit. Selbstreferentialität ist der Begriff, der alle Prozesse kennzeichnet, die nur aus sich selbst heraus möglich sind. |
| Sozio-NLP | NLP, auf größere Gruppen übertragen. |
| Synergetik | Die Lehre vom Zusammenwirken (Haken). Neuartiges Konzept zur Beherrschung von Komplexität. |
| Szenen-Sponsoring | Die bewußte Förderung des anderen Wollens, um sich damit in die Eigendynamik des anderen Systems integrieren zu können. |
| Wirklichkeit | Die neue Sichtweise: Das neuronale System des Gehirns baut sich seine eigene Welt auf. (Die Welt als Erfindung) |

# Literaturverzeichnis

Bretz, Hartmut, Unternehmertum und fortschrittsfähige Organisation, München 1988

Brocher, Tobias H./Sies, Claudia, Psychoanalyse und Neurobiologie, München 1986

Dörner, Dietrich, Die Logik des Mißlingens, Hamburg 1989

Eigen, Manfred, Stufen zum Leben. Die frühe Evolution im Visier der Molekularbiologie, München 1987

Eisenhardt, Peter/Kurth, Dan/Stiehl, Horst, Du steigst nie zweimal in denselben Fluß. Die Grenzen der wissenschaftlichen Erkenntnis, Reinbek 1988

von Foerster, Heinz, Sicht und Einsicht. Versuche zu einer operativen Erkenntnistheorie, Braunschweig 1985

Gerken, Gerd, Die Geburt der neuen Kultur. Vom Industrialismus zum Light Age, Düsseldorf 1988

ders., Der neue Manager, Freiburg 1988[2]

ders., Neue Wege für Manager. Erfolg zwischen High-Tech und Ethik, Düsseldorf 1989

ders., Die Trends für das Jahr 2000, Düsseldorf 1989

ders., Management by Love, Düsseldorf 1990

Gerken, Gerd/Luedecke, Gunther A., Die unsichtbare Kraft des Managers. Die Bedeutung des Inner-Managements für den äußeren Erfolg, Düsseldorf 1988

von Glasersfeld, Ernst, Wissen, Sprache und Wirklichkeit, Braunschweig 1987

Guim, Heinz/Mohler, Armin, Einführung in den Konstruktivismus, München 1985

Haken, Hermann, Synergetik. Eine Einführung. Nichtgleichgewichts-Phasenübergänge und Selbstorganisation in Physik, Chemie und Biologie, Berlin 1983

Harman, Willis W., Gangbare Wege in die Zukunft? Zur transindustriellen Gesellschaft, Darmstadt 1978

von Hayek, Friedrich A., Individualismus und wirtschaftliche Ordnung, Frankfurt 1952

Hawking, Stephen W., Eine kurze Geschichte der Zeit. Die Suche nach der Urkraft des Universums, Reinbek 1988

Hirsch, Joachim/Roth, Roland, Das neue Gesicht des Kapitalismus, Frankfurt 1984

Jantsch, Erich, Die Selbstorganisation des Universums, München 1979

Köck, Wolfram/Roth, Gerhard (Hrsg.), Wahrnehmung und Kommunikation, Zürich 1978

ders., Autopoiesis, Communication and Society, Frankfurt 1980

Koselleck, Reinhart, Vergangene Zukunft. Zur Semantik geschichtlicher Zeiten, Frankfurt 1989

Kotler, Philip, Marketing-Management Analyse, Planung und Kontrolle, Stuttgart 1982

Krulis-Randa, Jan S., Marketing-
Logistik, Zürich 1977
ders., Entwicklung zum strategischen
Denken im Handel
ders./Rühli, Edwin/Wehrli, Hans, Strategisches Marketing und Management, Zürich 1985
Laing, Ronald D., Phänomenologie der
Erfahrung, Frankfurt 1975
Maturana, Humberto/Varela, Francisco, Der Baum der Erkenntnis, München 1989
Meffert, Heribert, Marketing. Grundlage der Absatzpolitik, Wiesbaden 1986
Meier, Heinrich, Die Herausforderung
der Evolutionsbiologie, Stuttgart
1985
Meier, Alfred/Mettler, Daniel, Grund-
züge einer neuen Theorie der Wirtschaftspolitik, Zürich 1988
Mintzberg, Henry, Inside of our Strange
World of Organisations, o. O. 1989
Naisbitt, John, Megatrends, Bayreuth
1984
Naisbitt, John/Arburdene, Patricia,
Megatrends 2000. Zehn Perspektiven
für den Weg in das nächste Jahrtausend, Düsseldorf 1989
Peat, F. David, Synchronizität – Die
verborgene Ordnung. Das sinnvolle
Zusammentreffen kausal nicht ver-
bundener Geschehnisse – die moderne Wissenschaft auf der Suche nach
dem zeitlosen universalen Ordnungs-
prinzip jenseits von Zufall und Notwendigkeit, München 1989

Peters, Tom, Kreatives Chaos, Ham-
burg 1988
Probst, Gilbert, Kybernetische Geset-
zeshypothesen als Basis für Gestal-
tungs- und Lenkungsregeln im Mana-
gement, Bern o. J.
Prigogine, Ilya, Vom Sein zum Werden.
Zeit und Komplexität in den Natur-
wissenschaften, München 1988
Raffée, Hans (Hrsg.)/Wiedmann,
Klaus, Strategisches Marketing,
Stuttgart 1985
Rapp, Stan/Collins, Thomas L., Maxi-
Marketing, Hamburg 1988
Ries, Al/Trout, Jack, Marketing – Ge-
neralstabsmässig, Hamburg 1986
Schmidt, Siegfried J. (Hrsg.), Der Dis-
kurs des radikalen Konstruktivismus,
Frankfurt 1986
Snyder, Gary, Landschaften des Be-
wußtseins. Gespräche, Reden, o. O.
1984
Thurow, Lester, Die Null-Summen-
Gesellschaft, München 1981
Ulrich, Peter/Probst, Gilbert J., Anlei-
tung zum ganzheitlichen Denken und
Handeln, o. O. 1988
Watzlawick, Paul, Münchhausens Zopf,
München 1988
ders., Wie wirklich ist die Wirklichkeit?
Wahn – Täuschung – Verstehen,
München 1988
ders., Die erfundene Wirklichkeit,
München 1981

# Das Institut für Trend-Forschung
# Worpswede

Das Institut hat sich zur Aufgabe gemacht, der Wirtschaft im deutschsprachigen Raum wichtige zukunftweisende Trends in qualifizierter und regelmäßiger Form zu präsentieren. Basis ist das RADAR-SYSTEM, das Anfang der 80er Jahre von Gerd Gerken entwickelt wurde, um die Komplexität und Dynamik von Trends systematisch erfassen zu können.

Das RADAR-SYSTEM basiert derzeit auf 26 Mega-Trends und beobachtet kontinuierlich die dynamischen Verläufe von rund 160 Trends. Darüber hinaus werden globale Meta-Trends diagnostiziert und ganzheitliche Trend-Landschaften beschrieben, letztere besonders für Parteien und Groß-Unternehmen.

Die Methodik des RADAR-SYSTEMS beruht auf drei Säulen der empirischen Sozial-Forschung:

① Inhalts-Analysen von Medien mit frühen Inhalten,

② Experten-Auskünften und

③ teilnehmender Beobachtung, insbesondere in Szenen, Subkulturen und avantgardistischen Initiativen.

Das RADAR-SYSTEM fokussiert in erster Linie den deutschsprachigen Raum und konzentriert sich dabei hauptsächlich auf kulturelle, soziale und kollektiv-psychologische Trends. Darüber hinaus werden »öffentliche Feelings« und nationale Orientierungs-Metapher diagnostiziert, die wiederum wichtig sind, um die Dynamik der »Soft Factors« in einem Wirtschafts-Raum prognostizieren zu können.

Auf dieser Basis berät das Institut für Trend-Forschung seit vielen Jahren Unternehmer, Manager und Entscheidungsträger in Parteien und Institutionen. Im einzelnen umfaßt das Beratungs-Programm folgende Bereiche:

① **Den schriftlichen Trend-Service**
Dieser Service ist hauptsächlich auf Aktualität ausgerichtet. Deshalb offeriert er den Unternehmen zweimal im Monat einen

- ZUKUNFTS-LETTER mit je 20 Seiten, Spezialgebiet: deutsche Trends, sowie Trends aus USA, Japan, Moskau und dem High-Tech- Bereich. Dazu gibt es folgende Beilagen:

- BRAIN . . . die aktuellen Entwicklungen der Gehirn-Forschung und der Bewußtseins-Praxis

- WORLD . . . die aktuellen Trend-Signale aus den Metropolen der Welt

- CALIFORNIA . . . wichtige Trends aus der Pazifik-Region.
Außerdem bietet dieser Service einen speziellen Info-Letter, mit dem Titel:

- GERKEN-ZUKUNFT
Er präsentiert dem Top-Management grundsätzliche Richtungs-Trends für die Zukunft im Busineß.
Ergänzt wird dieser Service durch eine Serie von

- TREND-TREFFS
jeweils durchgeführt von Gerd Gerken in Hamburg und München.
Flankiert werden diese Service-Aktivitäten durch

- EXCLUSIV-SEMINARE,
die ganzheitliche und globale Meta-Trends aufarbeiten.

② **Zukunfts-Berater**
Das Institut für Trend-Forschung und Gerd Gerken bieten Unternehmen und Managern eine progressive Beratung, bezogen auf Zukunfts-Projekte und Langfrist-Planungen. Dabei werden alle relevanten Zukunfts-Aspekte in szenarischer Form, das heißt im Rahmen einer Zukunfts-Konferenz entwickelt und präsentiert. Sie beziehen sich auf

- die Zukunft der Führung,

- die Zukunft der Organisation,

- die Zukunft der Personal-Politik,

- die Zukunft der Fortbildung und Personal-Entwicklung,

- die Zukunft von Marketing und Interfusion,

- die Zukunft der Öffentlichkeits-Arbeit/Issue-Politik,

- die Zukunft der Lobby-/Verbands-Arbeit,
- die Zukunft der Produkt-Entwicklung/Innovation und
- die Zukunft von Design- und Identity-Architektur.

③ **Exklusiv-Monitoring**
Dieser Service beinhaltet eine »maßgeschneiderte Trend-Diagnose«, die als laufender Service von Top-Managern und Entscheidungs-Trägern genutzt wird. Entsprechend den strategischen Zielsetzungen des Unternehmens wird eine Exklusiv-Diagnose aller relevanten Trend-Signale durchgeführt, um damit dem Management verläßliche Orientierungs-Daten für zukunftsgerichtete Entscheidungen zu geben. Das Monitoring ist exklusiv, es kann also pro Branche nur einmal vergeben werden. Das RADAR-Team diagnostiziert die Trend-Strömungen kontinuierlich. Präsentiert werden die Ergebnisse zwei- bis dreimal im Jahr durch Gerd Gerken im Rahmen eines jährlichen Service-Vertrages.

Darüber hinaus bietet das Institut für Trend-Forschung in Worpswede innovative Konzepte für ein qualifiziertes
COACHING
an, das heißt: Trainings-Programme für die mentale Qualifizierung von Managern. Hierfür steht ein eigenes Coaching House mit vielfältigen Programmen und Systemen zur Verfügung.

Weitere mündliche Informationen über die Ziele und Services, sowie Probehefte, sind unter folgender Adresse zu erhalten:

**Institut für Trend-Forschung**
**Muditas GmbH**
**Postfach 12 06**
**D-2862 Worpswede**
**Tel.: 0 47 92/26 56**
**Fax: 0 47 92/26 86**

# Personen- und Sachregister